תלמוד בבלי

— מהדורת נאה —

חולין חלק ד

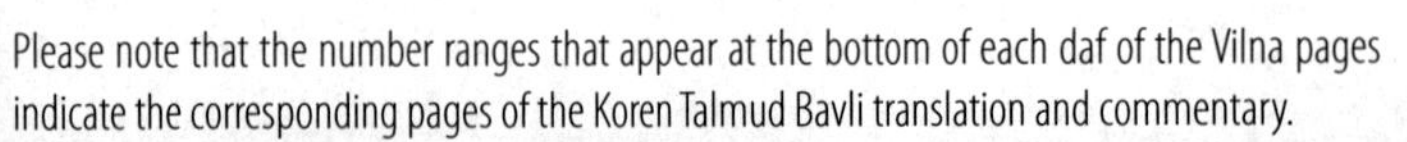

Please note that the number ranges that appear at the bottom of each daf of the Vilna pages indicate the corresponding pages of the Koren Talmud Bavli translation and commentary.

תלמוד בבלי

הוצאת קורן ירושלים

—— מהדורת נאה ——

מסכת חולין
דף סח. עד דף עח.

COMMENTARY BY

Rabbi Adin Even-Israel Steinsaltz

EDITOR-IN-CHIEF

Rabbi Dr Tzvi Hersh Weinreb

EXECUTIVE EDITOR

Rabbi Joshua Schreier

•

STEINSALTZ CENTER

KOREN PUBLISHERS JERUSALEM

בְּהֵמָה הַמַּקְשָׁה לֵילֵד, וְהוֹצִיא הָעוּבָּר אֶת יָדוֹ וְהֶחֱזִירוֹ – מוּתָּר בַּאֲכִילָה. *הוֹצִיא אֶת רֹאשׁוֹ, אע"פ שֶׁהֶחֱזִירוֹ – הֲרֵי זֶה כַּיִּלּוֹד. *חוֹתֵךְ מֵעוּבָּר שֶׁבְּמֵעֶיהָ – מוּתָּר בַּאֲכִילָה, מִן הַטְּחוֹל וּמִן הַכְּלָיוֹת – אָסוּר בַּאֲכִילָה. זֶה הַכְּלָל: דָּבָר שֶׁגּוּפָהּ – אָסוּר, *וְשֶׁאֵינָהּ גּוּפָהּ – מוּתָּר.

גמ' אָמַר רַב יְהוּדָה אָמַר רַב: וְאֵבֶר עַצְמוֹ אָסוּר. מַאי טַעְמָא? דְּאָמַר קְרָא: °"וּבָשָׂר בַּשָּׂדֶה טְרֵפָה לֹא תֹאכֵלוּ" – *כֵּיוָן שֶׁיָּצָא בָּשָׂר חוּץ לִמְחִיצָתוֹ – נֶאֱסַר. תְּנַן: בְּהֵמָה הַמַּקְשָׁה לֵילֵד, וְהוֹצִיא הָעוּבָּר אֶת יָדוֹ וְהֶחֱזִירוֹ – מוּתָּר בַּאֲכִילָה; מַאי לָאו, אַאֵבֶר? לָא, אַעוּבָּר. אִי אַעוּבָּר, מַאי אִירְיָא הֶחֱזִירוֹ? אֲפִילּוּ לֹא הֶחֱזִירוֹ נַמִי! הוּא הַדִּין אַף עַל גַּב דְּלָא הֶחֱזִירוֹ; וְאַיְּידֵי *דְּקָא בָּעֵי מִיתְנָא סֵיפָא: הוֹצִיא אֶת רֹאשׁוֹ, אַף עַל פִּי שֶׁהֶחֱזִירוֹ הֲרֵי זֶה כַּיִּלּוֹד – תְּנָא נַמִי רֵישָׁא: הֶחֱזִירוֹ. וְסֵיפָא מַאי קָמַשְׁמַע לָן, דְּכֵיוָן דְּיָצָא רֹאשׁוֹ הָוְיָא לָהּ לֵידָה? *תְּנֵינָא: אֵיזֶהוּ בְּכוֹר לְנַחֲלָה וְאֵינוֹ בְּכוֹר לַכֹּהֲנִים – הַבָּא אַחַר נְפָלִים, אַף עַל פִּי שֶׁיָּצָא רֹאשׁוֹ חַי, אוֹ בֶּן ט' שֶׁיָּצָא רֹאשׁוֹ מֵת; טַעְמָא – דְּרֹאשׁוֹ מֵת, הָא רֹאשׁוֹ חַי – הַבָּא אַחֲרָיו בְּכוֹר לְנַחֲלָה נַמִי לָא הָוֵי! וְכִי תֵּימָא: אַשְׁמְעִינַן בְּאָדָם, וְקָא מַשְׁמַע לָן בִּבְהֵמָה; דְּאָדָם מִבְּהֵמָה לָא יָלֵיף – דְּאֵין פְּרוֹזְדוֹר לִבְהֵמָה, וּבְהֵמָה מֵאָדָם לָא יָלְפָא – דְּחָשֵׁיב פַּרְצוּף פָּנִים דִּידֵיהּ; הָא נַמִי תְּנֵינָא: *שִׁלְיָא שֶׁיָּצְתָה מִקְצָתָהּ – אֲסוּרָה בַּאֲכִילָה, כְּסִימָן וְלָד בָּאִשָּׁה כָּךְ סִימָן וְלָד בִּבְהֵמָה! אִי אָמְרַתְּ בִּשְׁלָמָא הֶחֱזִירוֹ דְּרֵישָׁא דַּוְקָא – תְּנָא סֵיפָא אַטּוּ רֵישָׁא. אֶלָּא אִי אָמְרַתְּ לָא דְּרֵישָׁא דַּוְקָא וְלָא דְּסֵיפָא דַּוְקָא, לָמָּה לֵיהּ לְמִתְנְיֵיהּ כְּלָל? לָא, לְעוֹלָם אַעוּבָּר, וּכְדְאָמַר רַב נַחְמָן בַּר יִצְחָק: לֹא נִצְרְכָה אֶלָּא לִמְקוֹם חֲתָךְ, הָכָא נַמִי – לֹא נִצְרְכָה אֶלָּא לִמְקוֹם חֲתָךְ. ת"ש: בְּהֵמָה הַמַּקְשָׁה לֵילֵד, הוֹצִיא עוּבָּר אֶת יָדוֹ וְהֶחֱזִירָהּ, וְאַחַר כָּךְ שָׁחַט אֶת אִמּוֹ – מוּתָּר בַּאֲכִילָה. שָׁחַט אֶת אִמּוֹ וְאַחַר כָּךְ הֶחֱזִירָהּ – אָסוּר בַּאֲכִילָה. *הוֹצִיא אֶת יָדוֹ וַחֲתָכוֹ, וְאַחַר כָּךְ שָׁחַט אֶת אִמּוֹ; שֶׁבַּחוּץ – טָמֵא וְאָסוּר, וְשֶׁבִּפְנִים – טָהוֹר וּמוּתָּר. *שָׁחַט אֶת אִמּוֹ וְאַחַר כָּךְ חֲתָכוֹ – הַבָּשָׂר

תורה אור: שמות כב

רש"י

בְּהֵמָה הַמַּקְשָׁה לֵילֵד. בִּשְׁעַת שְׁחִיטָה. וְהֶחֱזִירוֹ. קוֹדֶם שְׁחִיטָה. מוּתָּר בַּאֲכִילָה. וּבַגְּמָרָא מְפָרֵשׁ מַאן מוּתָּר. הֲרֵי זֶה כַּיִּלּוֹד. וְתוּ לָא מְהַנְיָא לֵיהּ שְׁחִיטַת אִמּוֹ, וְצָרִיךְ שְׁחִיטָה לְעַצְמוֹ אִם נִמְצָא חַי, וְאִם נִמְצָא מֵת – הֲרֵי הוּא כִּנְבֵלָה. חוֹתֵךְ מֵעוּבָּר שֶׁבְּמֵעֶיהָ. וְהִנִּיחַ הַחֲתִיכָה בְּתוֹכָהּ. מוּתָּר. בִּשְׁחִיטָתָהּ, כִּדְיָלֵיף בַּגְּמָרָא מִ"כָּל בַּבְּהֵמָה תֹּאכֵלוּ". מִן הַטְּחוֹל וּמִן הַכְּלָיוֹת. שֶׁל בְּהֵמָה עַצְמָהּ. אָסוּר בַּאֲכִילָה. וְאַף עַל פִּי שֶׁהִנִּיחוֹ בַּבְּהֵמָה – לֹא הוּתַּר בִּשְׁחִיטָתָהּ. לְהָכִי נָקַט טְחוֹל וּכְלָיוֹת, מִשּׁוּם דִּמִידֵּי דְּלָא מִיטְרְפָה הוּא. גמ' וְאֵבֶר עַצְמוֹ אָסוּר. בַּאֲכִילָה, מֵאַחַר שֶׁיָּצָא מִמְּחִיצָתוֹ קוֹדֶם שְׁחִיטָה, וְאַף עַל פִּי שֶׁהֶחֱזִירָהּ קוֹדֶם לָכֵן. וּבָשָׂר בַּשָּׂדֶה. כְּלוֹמַר, חוּץ לִמְחִיצָתוֹ – דְּהַיְינוּ לַאֲוִיר, שֶׁכֵּיוָן שֶׁנַּעֲשָׂה זֶה הָוָה לֵיהּ מְחִיצָה לְהַתִּירוֹ בִּשְׁחִיטָה, וְכֵיוָן שֶׁיָּצָא הֲרֵי הוּא כִּטְרֵפָה וְלֹא תֹאכֵלוּ. וְכָל מִי שֶׁיֵּשׁ לוֹ מְחִיצָה וְיָצָא, כְּגוֹן בְּשַׂר קָדָשִׁים שֶׁיָּצָא, נַמִי מֵהָכָא נָפְקָא לָן (מכות דף יח.). לָא אַעוּבָּר. וְאַשְׁמְעִינַן דְּמִשּׁוּם יָד לֹא הָוֵי כַּיִּלּוֹד. אֲפִי' לֹא הֶחֱזִירוֹ נַמִי. דְּעוּבָּר נָפְקָא לָן לְקַמָּן מִ"בְּהֵמָה בַּבְּהֵמָה תֹּאכֵלוּ". וְסֵיפָא. גּוּפָהּ מַאי קמ"ל, דְּקָאָמְרַתְּ: רֵישָׁא תָּנֵי מִשּׁוּם סֵיפָא? בְּכוֹר לְנַחֲלָה. בָּעֵינַן וָלָד שֶׁיְּהֵא רָאוּי לִחְיוֹת, וְאִי לָא רָאוּי לִחְיוֹת – לֹא מַפְקִיעַ אֶת הַבָּא אַחֲרָיו מִלִּיטּוֹל פִּי שְׁנַיִם, דִּכְתִיב (דברים כא): "רֵאשִׁית אוֹנוֹ" – מִי שֶׁלִּבּוֹ דָּוֶה עָלָיו, יָצָא וָלָד שֶׁאֵינוֹ שֶׁל קַיָּימָא, שֶׁאֵין לֵב אָבִיו דָּוֶה עַל מוֹתוֹ. אֲבָל מִפִּדְיוֹן הַבְּכוֹר פּוֹטֵר הוּא אֶת הַבָּא אַחֲרָיו, שֶׁהֲרֵי זֶה פָּטַר אֶת הָרֶחֶם. נֵפֶל. שֶׁלֹּא כָּלוּ חֳדָשָׁיו. אע"פ שֶׁיָּצָא רֹאשׁוֹ חַי. וְהֶחֱזִירוֹ, וְיָלְדָה אָחִיו שֶׁכָּלוּ חֳדָשָׁיו – אֵין לֵידַת הָרִאשׁוֹן מַפְקַעְתּוֹ מִלִּהְיוֹת בְּכוֹר לְנַחֲלָה. שֶׁאֲפִילּוּ יוֹלֵד כּוּלּוֹ – אֵינוֹ מַפְקִיעַ אֶת הַבָּא אַחֲרָיו, שֶׁאֵין לִבּוֹ דָּוֶה עָלָיו, וְכָל שֶׁכֵּן אִם יָצָא רֹאשׁוֹ מֵת. וְהַאי דְּנָקַט רֹאשׁוֹ – מִשּׁוּם בְּכוֹר לַכֹּהֵן נָקַט לֵיהּ, וִיצִיאַת רֹאשׁוֹ הָוֵי יָלוּד, וּפוֹטֵר אֶת אָחִיו מִבְּכוֹר לַכֹּהֵן. אוֹ. הַבָּא אַחַר בֶּן תִּשְׁעָה, אֲפִי' יָצָא רֹאשׁוֹ שֶׁל רִאשׁוֹן מֵת – הָוְיָא לֵידַת הָרִאשׁוֹן לֵידָה, וְאֵין הַבָּא אַחֲרָיו בְּכוֹר לַכֹּהֵן. אֲבָל הַבָּא אַחַר בֶּן תִּשְׁעָה שֶׁיָּצָא רֹאשׁוֹ חַי – בְּכוֹר לְנַחֲלָה נַמִי לֹא הָוֵי. אַלְמָא, רֹאשׁ הָוְיָא לֵידָה. וְכִי תֵּימָא אַשְׁמְעִינַן בְּאָדָם. דִּיצִיאַת רֹאשׁוֹ הָוֵי כַּיִּלּוֹד, וַהֲדַר אַשְׁמְעִי' בִּבְהֵמָה. דְּאָדָם מִבְּהֵמָה לָא יָלֵיף, דִּבְהֵמָה לֵית לָהּ פְּרוֹזְדוֹר לִפְנֵי בֵּית הָרֶחֶם שֶׁלָּהּ, וְגָלוּי הוּא, וּמִכֵּיוָן שֶׁהָרֹאשׁ יוֹצֵא – לֵידָתוֹ נִיכֶּרֶת. אֲבָל אִשָּׁה – אֵין רַחְמָהּ בְּגָלוּי, שֶׁהַיְּרֵכַיִם סוּו לָהּ כְּעֵין פְּרוֹזְדוֹר, וְאֵין יְצִיאַת הַוָּלָד נִיכֶּרֶת עַד שֶׁיֵּצֵא רוּבּוֹ. הָא נַמִי תְּנֵינָא. בִּבְהֵמָה נַמִי תְּנֵינָא דְּמִתְנִיתִין בְּפִירְקִין דְּרֹאשׁ הָוֵי לֵידָה. דְּקָתָנֵי: שִׁלְיָא שֶׁיָּצְתָה מִקְצָתָהּ – אֲסוּרָה בַּאֲכִילָה, אֲפִילּוּ מַה שֶּׁהָיָה בִּפְנִים בִּשְׁעַת שְׁחִיטָה, לְפִי שֶׁהַשִּׁלְיָא סִימַן וָלָד בָּאִשָּׁה וְסִימַן וָלָד בִּבְהֵמָה, וְחָיְישִׁינַן דִּלְמָא בְּהַהִיא מִקְצָת דִּנְפֵיק יָצָא רֹאשׁ הָעוּבָּר וַהֲוֵי כַּיִּלּוֹד, הִלְכָּךְ כּוּלָּהּ אֲסוּרָה, דְּשָׁדֵינַן לָהּ בָּתַר רֵישָׁא. אַלְמָא, רֹאשׁוֹ תְּנַן דְּהָוֵי לֵידָה, וְסֵיפָא דְּקָתָנֵי הֶחֱזִירוֹ לָא אִיצְטְרִיךְ! א"א בִּשְׁלָמָא הֶחֱזִירוֹ דְּרֵישָׁא דַּוְקָא. וּלְמִישְׁרֵי אֵבֶר גּוּפֵיהּ, אִיכָּא לְתָרוֹצֵי סֵיפָא, דְּקָתָנֵי הֶחֱזִירוֹ מִשּׁוּם רֵישָׁא. אֶלָּא אִי אָמְרַתְּ מוּתָּר דְּרֵישָׁא אַעוּבָּר קָאֵי, אֲבָל אֵבֶר אָסוּר, דְּמוֹקֵי לָהּ לְעוֹלָם. מוּתָּר דְּקָתָנֵי – אַעוּבָּר. וּדְקַשְׁיָא לָךְ, חֲזָרָה מַאי אַהֲנֵי? לִמְקוֹם חֲתָךְ מְהַנְיָא, דְּאִם לֹא הֶחֱזִיר צָרִיךְ לְהַנִּיחַ מַה שֶּׁבִּפְנִים לְצַד הַחִיצוֹן וּלְחוֹתְכוֹ. שֶׁמְּקוֹם הַחֲתָךְ בִּדְלֶת הַחִיצוֹן וְהַפְּנִימִי אָסוּר, מִפְּנֵי שֶׁהוּא עוֹמֵד עַל שְׂפַת הָרֶחֶם, וְלָא קָרֵינָא בֵּיהּ "בְּהֵמָה בַּבְּהֵמָה", דְּלָאו בְּתוֹכָהּ הוּא. אֲבָל הֶחֱזִירוֹ – א"צ לַחְתּוֹךְ לְצַד פְּנִים, אֶלָּא מְגַלְגֵּל וְחוֹתֵךְ, וּמְקוֹם חֲתָךְ מוּתָּר, דְּקָרֵינָא בֵּיהּ "בְּהֵמָה בַּבְּהֵמָה". וּמִשּׁוּם "בָּשָׂר בַּשָּׂדֶה" לֵיכָּא, דְּהָא לֹא יָצָא מִמְּחִיצָתוֹ. וְהָא דְּרַב נַחְמָן לְקַמָּן. שֶׁבַּחוּץ טָמֵא. דְּיָלְפִינַן בְּ"הָעוֹר וְהָרוֹטֶב" (לקמן דף קכח:) שֶׁאֵבֶר מִן הַחַי מְטַמֵּא כְּאֵבֶר מִן הַנְּבֵלָה, מִ"וְכִי יָמוּת מִן הַבְּהֵמָה". שֶׁבִּפְנִים טָהוֹר. שֶׁמֵּחַיִּים לֹא קִבֵּל טוּמְאַת אוֹכָלִין.
הַבָּשָׂר

תוספות

בהמה המקשה. כיון שיצא בשר חוץ למחיצתו נאסר. כדדריש לקמן, דומיא דטרפה דאין לה היתר. סיפא מאי קמ"ל דכיון שיצא ראשו הויא לידה תנינא. וא"ת: ודילמא איצטריך לאשמועינן – אע"ג דהחזירו הוי כילוד, דמההיא דבכורות לא שמעינן אלא בלא החזירו! וי"ל: דפשיטא ליה, דכיון דלא חזרה הויא לידה – כי החזירו נמי לא כלום הוא. ומיהו, אי לאו ההיא דבכורות – לא הוה קשיא ליה אמאי איצטריך ליה למיתני החזירו, דכיון דאיצטריך לאשמועי' דיציאת ראש הויא לידה – אשמועינן נמי אגב אורחיה דחזרה לאו כלום הוא. אבל כוליה בבא לית ליה למיתני משום האי מידוק פורתא. וזה נמי אין להקשות: דהכא איצטריך לאשמועינן דאפי' מה שבפנים אסור. דלרב יהודה אסור קאי אעובר, והא לא שמעינן מההיא דבכורות! דהא נמי פשיטא, דכיון דחשיב כילוד, ואפי' מה שבפנים אסור, כיון שהולד שלם. ונהנתן הוא דמיבעיא ליה לקמן, כמו שמפרש לקמן בעזרת האל. טעמא דראשו מת הא ראשו חי כו'. תימה: דהוה ליה למפרך בפשיטות, מדקתני: ואין בכור לכהן, א"כ מכי יצא ראשו הוי כילוד! וי"ל, משום דאיכא למדחי: מאי ראשו – רובו. כדדחי בפ' "יש בכור" (בכורות מו:), דאמר שמואל: אין הראש פוטר בנפלים. ופריך ליה מהא דאין בכור לכהן. ומשני: מאי ראשו – רובו. פירוש: יצא ראשו וגם יצא רובו אח"כ. ופריך: וניתני רובו! ומשני, דנקט ראשו למידק: הא ראשו חי בכור לנחלה נמי לא הוי. הלכך עיקר פרכיה מהאי דיוקא. והוה מצי למיפרך הכא ממתני' דנדה דתנן (דף כח.): יצא כדרכו – משיצא רוב ראשו, ואיזו רוב ראשו – משתצא פדחתו. אדם מבהמה לא יליף דאין פרוזדור לבהמה. א] האי פרוזדור דהכא לא הוי כי ההוא ד"יוצא דופן" (נדה דף מג:) דאמר דמכי הוציא ולד ראשו חוץ לפרוזדור הוי כילוד. דאי כפרוזדור דהתם איירי הכא, מה היה יכול הפרוזדור לעכב הלידה כיון שהראש חוצה לו? אלא פרוזדור דהתם הוא בית החיצון, ודהכא הוא עובי הירכים המכסים את הרחם שבין הירכים, כדפי"ה. ומש"ה לא חשיב כילוד ביציאת ראש חוץ לרחם. ואין תימה על שהלשון שוה והפירוש משתנה, דכי האי גוונא אשכחן בפ' "הלוקח בהמה" (בכורות דף כ.) דאמר רבי [יהושע]: טינוף פוטר מבכורה, דחשיב הטינוף ולד, ולא הוי ההיא טינוף ולד כי האי דפ' "המפלת" (נדה דף כט.) דרוב יולדות מטנפות. שליא שיצתה מקצתה אסור באכילה. אפי' מה שהיה בפנים בשעת שחיטה. וא"ת: היכי מוכח מיניה דראש הוי כילוד? דלמא משום דגזרינן מקצתה! דמהא נמי דחי לה בפ"ק דב"ק (דף יא.), דקאמר אמילתא דרבי אלעזר: מאי קא משמע לן, דאין מקצת שליא בלא ולד? תנינא: שליא שיצתה מקצתה כו'! וי"ל: דאם איתא דיציאת הראש לא הויא לידה – לא היה ראוי לגזור, כיון דבמקצתה אי אפשר בשום פעם לבא לידי חשיבות לידה. ומהכא ליכא למפרך לשמואל, דאמר בפ' "יש בכור" (בכורות דף מו:) דאין הראש פוטר בנפלים. °דדילמא היינו דוקא בבהמה, אבל באדם לא שמעינן מהכא. דהא דקתני סיפא: כסימן ולד באשה כך סימן ולד בבהמה – היינו לענין שליא דהוי סימן ולד. כסימן ולד באשה כך סימן ולד כו'. ב] וא"ת: מאי פשוט יותר בזה מבזה? וי"ל: משום דתנן בנדה (דף כה.) דבאשה הוי שפיר סימן ולד, לכך קאמר דאע"ג דבבהמה לא הוי שפיר סימן ולד, מ"מ בשליא שוה לאשה*.
ואליבא

רבינו גרשום

בהמה המקשה לילד כו'. כלומר מחמת קישוי הוציא עובר את ידו מבית הרחם והחזיר ואח"כ שחטו את אמו מותר באכילה העובר דאע"ג דהוציא ידו לא חשוב יוצא חוץ ממחיצתו אבל הוציא ראשו הרי זה כילוד אע"פ שהחזירו ואסור כולו אע"ג דשחטו את אמו לא מעלי ליה שחיטה: מ"ט דאמר קרא ובשר בשדה טרפה כלומר כיון שיצא ממחיצתו הרי זה כטרפה מה טרפה דאין לה היתר אף זה אין לה היתר וטעם זה [בעינן] לפרושי לקמן: תנינא הבא אחר הנפלים כו'. כלומר א) ולד דאמר אדם הבא אחר הנפלים אע"פ שהנפל הוציא ראשו חי כלומר לא כלו לו חדשיו או הנפל היה בן ט' חדשים והוציא ראשו מת הבא אחריו בכור לנחלה דכתיב כי הוא ראשית אונו כיון דנפל לא כלו לו חדשיו ובן ט' שלא הוציא ראשו אלא מת לא חשוב ראשית אונו אלא הבא אחריו אין בכור לכהן דנפל כיון דהוציא ראשו חי הוא היה בכור או בן ט' שהוציא ראשו מת ואין לו לכהן חמש סלעים מן האחרון: דאין פרוזדור לבהמה וכיון דהוציא ראשו מיד חשוב כילוד דחשיב פרצוף פנים דידיה כלומר (כיון) [הלכך] דהוציא ראשו מיד חשוב כילוד וליכא (למימר) [למילף] בבהמה: הא נמי תנינא שליא שיצתה מקצתה. כלומר בהמה נמי תנינא דיציאת ראשו חשוב שליא שיצתה מקצתה דאמרי' אין שליא בלא ולד וכיון שיצתה מקצתה ודאי עם ראשו יצאה דיצאה חוץ למחיצתה: אי אמרת בשלמא החזיר דרישא דוקא. כלומר הוציא עובר את ידו והחזירה מותר באכילה האבר וטעמא דהחזיר דשחיטת אמו מטהרתו אבל לא החזיר אסור והחזיר דווקא תנא סיפא הוציא ראשו אע"פ שהחזירו הרי זה כילוד דהא בבא לא צריכא דתנינא במקום אחר כדאמרינן שליא שיצתה מקצתה אמטול רישא דווקא אלא אי אמרת לאו דרישא דווקא דפרישית הא דתנן מותר באכילה אעובר ולא דווקא ה"ה דאע"ג דלא החזיר וסיפא נמי לאו דוקא היינו הוציא ראשו אע"פ שהחזירו הרי זה כילוד דתנינא במקום אחר למה לי למיתניה כלל: לא לעולם אעובר. כלומר הא דתנן החזירו מותר באכילה אעובר תנן אבל אבר באכילה ואי פרכת מאי אריא החזירו אפי' לא החזירו נמי לא נצרכה אלא למקום חתך אם החזיר מקום חתך מותר ואי לא החזיר מקום חתך אסור: שחט את אמו ואח"כ החזירו. אסור באכילה דאין שחיטת אמו מועלת לו שלא הוה האבר במעי אמו כי שחטה: חתכו ואח"כ שחט את אמו שבחוץ כו'. כלומר דמחיים לא מקבל טומאה: שחט אמו ואח"כ חתכו הבשר מגע נבלה דדמי כשחתכו כמי שנוגע הנבלה בטהור כדבעינן לפרושי [לקמן עב.] והכ"א

א) נראה דצ"ל כלומר תנינא דהוציא ראשו הו"ל לידה דאמר אדם הבא וכו'.

עין משפט נר מצוה

א א מיי' פ"ה מהלכות מאכלות אסורות הל' ו' סמג לאוין קלז טוש"ע י"ד סימן יד סעיף א:
ב ב ג מיי' שם הל' ט טוש"ע שם סעיף ז [ומיין סב סעיף ב]:
ג ד מיי' שם טוש"ע שם סעיף ג:
ד ה מיי' פ"ב מהלכות נחלות הל' י טוש"ע ח"מ סי' רעז סעיף ו:
ה ו מיי' פי"א מהלכות בכורים הל' יח סמג עשין קמב טוש"ע י"ד סי' שה סעיף כב:
ו ז ח מיי' פ"ה מהל' מאכלות אסורות הל' יא ועי' בהשגות ובכ"מ וכפ"ב מהל' שאר אבות הטומאות הלכה ט סמג לאוין קלז טוש"ע י"ד סי' יד סעיף ב:

שיטה מקובצת

א] האי פרוזדור דהכא לא הוי. נ"ב עי' תוס' בכורות דף מ"ו ע"ב ד"ה דאדם: ב] וא"ת מאי פשוט יותר בזה מבזה. נ"ב עי' תוס' בכורות דף י"ט ע"ב ד"ה ובגמרא:

מסורת הש"ס

בכורות מו.

לעיל כה. וע"ש לקמן עג.

[פירש"י על זה מתנא לקמן עג. ד"ה דבר שאינו גופה וכו']

[מכות יח. זבחים פב:]

[שבת ל. ושם נסמן]

בכורות מו.

לקמן עז. ב"ק יא.

[לקמן עב.]

[ועי' תוס' ב"ק יא. ד"ה כסימן]

גליון הש"ס

תוס' ד"ה שליא וכו' דדילמא היינו דוקא בבהמה. עי' תשובת פנים מאירות ח"א סימן נו.

*הבשר מגע נבלה, דברי רבי מאיר, וחכמים אומרים: *מגע טריפה שחוטה. קתני מיהא רישא: הוציא עובר את ידו והחזירה, ואחר כך שחט את אמו – מותר באכילה; מאי לאו אאבר? לא, אעובר. אי אעובר, אימא סיפא: שחט את אמו ואחר כך החזירו – אסור באכילה; ואי עובר, אמאי אסור? כדאמר רב נחמן בר יצחק: לא נצרכה אלא למקום חתך, הכא נמי – לא נצרכה אלא למקום חתך. איני? והא כי אתא אבימי מבי חוזאי, אתא ואייתי מתניתא בידיה: פרסה החזיר – אכול, פרסות החזיר – אכול; מאי לאו, החזיר פרסה – אכול פרסה? לא, החזיר פרסה – אכול עובר. אי עובר, מאי איריא החזיר, אפילו לא החזיר נמי! *אמר רב נחמן בר יצחק: *לא נצרכה אלא למקום חתך. והא תרי קראי קא נסיב לה, מאי לאו: חד – לאבר, וחד – למקום חתך? לא, חד – למקום חתך, וחד – לקלוט במעי פרה, ואליבא דרבי שמעון; דאמר רבי שמעון: קלוט בן פרה אסור – ה"מ היכא דיצא לאויר העולם, אבל במעי אמו – שרי. עולא אמר רבי יוחנן: ואבר עצמו מותר. אמר ליה רב יהודה לעולא: והא רב ושמואל דאמרי תרוייהו אבר עצמו אסור! אמר ליה: *מאן יהיב לן מעפרא דרב ושמואל ומלינן עיינין! אלא הכי אמר רבי יוחנן: הכל היו בכלל °"בשר בשדה טרפה לא תאכלו" (שמות כב), כשפרט לך הכתוב גבי ב)חטאת שיצתה חוץ למחיצתה וחזרה אסור – חטאת הוא דפרט רחמנא בה, אבל כל מילי – כיון דהדור שרי. מיתיבי: "בשר בשדה טרפה לא תאכלו" מה תלמוד לומר? לפי שמצינו במעשר שני ובכורים, שאף על פי שיצאו חוץ למחיצתן וחזרו – מותרין, יכול אף זה כן? תלמוד לומר: "טרפה". מאי *תלמודא? אמר רבה: כטרפה, מה טרפה, כיון שנטרפה – שוב אין לה היתר, א) אף בשר, כיון שיצא חוץ למחיצתו – שוב אין לו היתר! תיובתא דעולא, תיובתא. אמר מר: לפי שמצינו במעשר שני ובכורים, היכן מצינו? דכתיב: °"לא תוכל לאכול בשעריך מעשר דגנך" וגו' (דברים יב), בשעריך הוא דלא תיכול, אבל יצאו חוץ למחיצתן וחזרו – מותרין. במערבא מתנו הכי, רב אמר: יש לידה לאברים, ורבי יוחנן אמר: ג)אין לידה לאברים. מאי בינייהו? איכא בינייהו למיסר מיעוט אבר שבפנים. איבעיא להו: לדברי האומר אין לידה לאברים; הוציא העובר את ידו והחזירה, וחזר והוציא את ידו והחזירה, עד שהשלימו לרובו, מהו? מי אמרינן: הא נפק ליה רובא, או דלמא: כיון דהדר הדר? אם תמצי לומר ד)כיון דהדר הדר; הוציא עובר את ידו וחתכה, וחזר והוציא את ידו וחתכה, עד שהשלימו לרובו, מהו? מי אמרינן: ה)הא נפיק ליה רובא, או דלמא: רובא בבת אחת בעינן? תא שמע: זה

רש"י

הבשר. כל העובר והבהמה נגעו באבר, טמאין. מגע טריפה שחוטה. שאבר היוצא עדיין הוא מחובר בשעת שחיטה. אע"פ שאין שחיטה מתירתה באכילה – מטהרתה מידי נבלה, כטרפה ששחיטתה מטהרתה. וטעמייהו מפרש במתני'. ולקמן (דף עג.) מפרש בפירקין בטרפה שחוטה מאי מגע שייך למימר בה, ומפרש שטרפה שחוטה מטמאה את המוקדשים מדרבנן. פרסה החזיר אכול פרסות החזיר אכול. אקרא קאי, דכתיב (דברים יד): "כל בהמה מפרסת פרסה ושוסעת שסע שתי פרסות מעלת גרה" וגו', ומהאי קרא נפקא לן לקמן (דף סט.) דעובר ניתר בשחיטת האם, ודריש "בהמה" דרישא א"בהמה" דסיפא, ומשמע: בהמה שבבהמה תאכלו. ו"פרסה" ו"פרסות" דכתיבי ביה להכי אתו, לומר לך: פעמים שאתה אוכל כל אבריו, ופעמים שאין אתה אוכל אלא מקצתן. פרסה החזיר – הוציא שתי ידיו והחזיר האחת – אכול אותה, החזיר שתיהם – אכול שתיהן. למקום חתך. והכי קאמר: החזיר פרסה – אכול מקום חתך שלה, החזיר פרסות – אכול מקום חתך של שניהם. והא תרי קראי נסיב לה. פרסות ופרסה, ואי למקום חתך, מדאשמועינן בחדא דאם החזירו אכול ואם לאו לא תאכל – ה"ה לתרי! חד למקום חתך. פרסות החזיר – למישרי מקום חתך בחזרה, וחד – למישרי עובר שפרסותיו קלוטות כגמל ונמצא במעי פרה. ואליבא דרבי שמעון אילטריך, דקאסר קלוט בן טהורה, בבכורות (דף ו:): "גמל" "גמל" שתי פעמים, אחד גמל שנולד מן הגמלה ואחד גמל שנולד מן הפרה. ואשמועי' הכא דאם נמצא בתוכה – מודה דשרי, דהכי קאמר: עובר שאין לה אלא פרסה, שאין פרסותיו סדוקות – אכול. והחזיר דרישא לאו דוקא. עולא פליג אדרב יהודה. הכל היו. כל הנאמר בו מחיצה, כגון עובר לשחיטה, ובשר קדשי קדשים שנתנה להם תורת מחיצות עזרה, בקדשים קלים שחומת ירושלים מחיצה להם – כולן היו בכלל איסור זה, דמשיצא בשר בשדה הרי הוא כטרפה. ובא הכתוב ופרט לך בחטאת שאין חזרה מועלת בה, דכתיב (ויקרא י) בשעיר חטאת דראש חדש ששרפוהו אהרן ובניו, וקצף עליהם משה: מדוע לא אכלתם את החטאת, הן לא הובא את דמה אל הקדש שתפסל בכך! כדכתיב (שם ו): "וכל חטאת אשר יובא מדמה" וגו', ופנימה היתה, שלא יצתה ממחיצתה, הא יצתה – בת שריפה היא, ולא אמרינן ליהדרה. ולא הוצרך לפרוט בה, דמהיכא תיתי לן דתשתרי מכלל "טרפה לא תאכלו" משום חזרה? להכי פרט בה, למימר דהאי היא דלא מהניא בה חזרה, אבל כל שאר היוצאים שחזרו – הותרו. מאי ת"ל. אטרפה קאי. למה קראו טרפה, ומה למדנו בכך? הוה ליה למיכתב "בשר בשדה לא תאכלו"! לפי שמצינו. לקמן מפרש היכן מצינו. מעשר שני ובכורים. שנכנסו לירושלים ויצאו וחזרו – מותרין. אף זה כן. עובר. במערבא מתנו הכי. לפלוגתייהו דרב ור' יוחנן. יש לידה לאברים. אבר שיצא – הרי האבר כילוד, דתו לא מהניא ליה חזרה. אין לידה. ומהניא ליה חזרה. מאי בינייהו. בין לישנא דמערבא ללישנא קמא. למיסר מיעוט אבר. אם יצא רובו ונשאר מיעוט. ללישנא בתרא דנקט לשון לידה – הוי ילוד ומיתסר כוליה, וללישנא קמא לא נאסר אלא היוצא. לדברי האומר אין לידה לאברים הוציא ידו והחזירה וחזר והוציא ידו. האחרת והחזירה, וחזר והוציא שדרתו והחזירה, עד שהשלים לרובו של עובר. מי הוי כילוד – דהא נפקא רוביה. או דלמא, כיון דאין לידה לאברים – הויא חזרה דידיה חזרה, וכי נפיק אידך – כבר הדר ליה קמא, ואין כאן יציאת רובו? דאי למאן דאמר יש לידה – לא מהניא להו חזרה. ואם תימצי לומר כיון דהדר הדר הוציאה וחתכה כו' או דלמא רובא בבת אחת בעינן. ואפילו למאן דאמר יש לידה איכא למיבעי להא.

זה

תוספות

ואליבא דר' שמעון. אבל לרבנן דשרו גמל במעי פרה אפילו כשנולד – לא צריך קרא להתירו בשחיטת אמו, דלא גרע בפנים מבחוץ דשרי. והכי נקט ואליבא דר"ש, ולרבנן איצטריך לשום דרשה אחריתי. וליכא למימר דאיצטריך לאסור דמות יונה, כדאמר לקמן:* בעינן פרסות וליכא. דהא לר"ש אע"ג דלא מייתר ליה קרא להכי, משמע לקמן דאוסר נמי דמות יונה. דפריך: דמות יונה תשתרי, פי': מ"כל בבהמה"! ומשני: בעינן פרסות וליכא. והדר פריך: קלוט במעי פרה ליתסר! ומשני: "פרסה בבהמה תאכלו". והך קושיא ליתא אלא לר"ש, דלרבנן לא גרע בפנים מבחוץ דשרי, כדפרישית. אלמא, דמות יונה לר"ש, אע"ג דליכא קרא – ממילא מיתסר, כיון דליכא לא פרסה ולא פרסות, אע"ג דפרסה ופרסות אצטריך, חד למקום חתך וחד לקלוט. ה"ה דלרבנן לא צריך קרא לאסור דמות יונה, אלא לשום דרשה אחריתי. ומ"מ, הך ברייתא ד"פרסה החזיר אכול" לא אתיא אלא כר"ש. **אמר** ר' יוחנן הכל היו בכלל ובשר בשדה כו'. תימה: דלר' יוחנן תקשה ליה ברייתא דהחזיר פרסה, דתרי קראי קנסיב, וע"כ מוקמינן חד למקום [חתך] וחד לאבר, ור' יוחנן נפקא ליה מקרא אחרינא! וי"ל: דפריך ליה שפיר מאידך ברייתא. **הכל** היו בכלל ובשר בשדה כו'. דלאסור כל מה שיוצא חוץ למחיצה, כטרפה דאין לה היתר, כדאמר בסמוך. ולמאי דמסיק: הא כל מילי כיון דהדור שרי, מיתוקמא הא דקרי ליה טרפה למלתא אחריתי. **יכול** אף זה כן ת"ל כו'. וא"ת: וקרא דחטאת דכתיב "פנימה" – האי שלא יצתה חוץ למחיצתה, הא יצתה – בת שריפה היא, ל"ל? הא מקרא ד"בשר בשדה" נפקא! ב) וי"ל: *דס"ם למילף ממעשר שני ובכורים דשרו, דהוקשו בקרא ד"לא תוכל לאכול בשעריך" כדדרשי' *בפ"ק דמכות (דף ז.): "ונדבותיך" – זו תודה ושלמים, "ובכורות" – זה בכור, "בקרך וצאנך" – זה חטאת ואשם, "ונדריך" – זה עולה. **אבל** יצאו חוץ למחיצתן וחזרו מותרין. וא"ת, דלמא הכי קאמר: בשעריך הוא דלא תיכול, אלא יכניס לירושלים לאוכלן, שלא נכנסו מעולם. אבל לא מיירי מידי באותן שנכנסו ויצאו! וי"ל: דב"אלו הן הלוקין" (מכות יט:) משמע בהדיא דאיירי בנכנסו ויצאו, דיליף התם דאין לוקין עליהם עד שיראו פני הבית. **הוציא** ידו וחתכה וחזר והוציא וחתכה עד שהשלימו לרובו מהו. וא"ת: מאי מיבעי ליה בפרק "המפלת" (נדה כט.): יצא מחותך או מסורס – עד שיצא רובו! וי"ל: דודאי אשה טמאה לידה ברוב ולדה, אבל לא שמעינן מהתם דמיעוט שבפנים הרי הוא כילוד. ותבעי

עין משפט נר מצוה

ז א מיי' פ"ב מהלכות אבות הטומאה הל' ט:

ח ב מיי' פ"א מהלכות מעשה הקרבנות הל' ו:

ט ג מיי' פ"ב מהלכות מעשר שני הלכה ט: ד מיי' פ"ה מהלכות מאכלות אסורות הל' י סמג לאוין קלו טוש"ע י"ד סי' יד סעיף ב:

יא ה ו מיי' פ"ה שם הלכה י ובכ"מ ותפארת שמואל טוש"ע שם סעיף ד:

מסורת הש"ס

[סמ:] [לקמן עב.] [לקמן עג.] [ב"ב קטז. ע"ז מג:] [נ"ל דס"ם] [נ"ל בפ"ב דף יח.] בס"י ליתיה תלמוד לומר

הגהות מהר"ב רנשבורג

א] גמ' אף בשר כיון שיצא חוץ. כ"כ עי' זבחים פב ע"ב תוס' ד"ה כיון וכו' וצ"ע ודו"ק: ב] תוס' ד"ה יכול וכו' וי"ל דס"ד למילף כו' כל"ל:

גליון הש"ס

גמ' אמר רב נחמן בר יצחק לא נצרכה אלא למקום חתך. עירובין דף יח ע"א:

רבינו גרשום

וחכ"א מגע טרפה שחוטה. כלומר שהרי שחט את אמו וטרפה שחוטה אין מטמאה אלא במוקדשין: פרסה החזיר אכול. כלומר הוציא עובר פרסה והחזיר אכול: פרסות החזיר אכול. כלומר הוציא שתי פרסות והחזיר אכול דכתיב כל מפרסת פרסה ושוסעת שסע שתי פרסות משמע בין פרסה ובין פרסות הוציא והחזיר אכול ומנין לרבות אכילה לפרסה זאת החיה אשר תאכלו וגו' כל מפרסת פרסה ומנין לרבות אכילה לפרסות דכתב ושוסעת שסע שתי פרסות וגו' אותה תאכלו: והא תרי קראי קא נסיב לה כלומר פרסה ופרסות. חד לחתך וחד לקלוט במעי פרה כלומר דאם קלוט במעי פרה שאין לו אלא פרסה שאינה סדוקה אוכל וקלוט במעי פרה לא אמרינן לענין הוציא ידו אלא להתירו במעי אמו. הכל היו בכלל ובשר בשדה טרפה לא תאכלו דכיון דיצא בשר חוץ למחיצתו אסור כשפרט לך כו': בשעריך הוא דלא תוכל כלומר בגבולין אי אתה יכול לאוכלו אבל היו בירושלם ביצאו וחזרו מותרין: רב אמר יש לידה לאיברין לידה חשובה ואבר היוצא אסור ור' יוחנן אמר אין לידה לאיברין ולאו חשוב יוצא לפיכך אבר עצמו מותר מאי בינייהו למיסר מיעוט אבר כלומר מה בין האי לישנא דאמרינן לעיל רב אמר אבר עצמו אסור ולהאי לישנא דאמרינן יש לידה לאיברין איכא בינייהו למיסר מיעוט אבר שלא יצא אלא רוב אבר ומיעוט נשתייר בפנים להך לישנא דאמרת אבר עצמו אסור מאי דיצא אסור ושבפנים מותר להך לישנא דאמרת יש לידה לאיברין כיון דיצא רובו ככולו ואפילו מעוט שבפנים אסור. לדברי האומר אין לידה לאברין. כלומר לאו חשוב יוצא: הוציא עובר את ידו והחזירו. כלומר עד שהשלימו לרובו דעובר: ת"ש דתנן

זה

זה הכלל: דבר שגופה – אסור, ושאינה גופה – מותר. שאין גופה לאתויי מאי, לאו לאתויי כה"ג? לא, לאתויי קלוט במעי פרה, ואליבא דרבי שמעון; דאע"ג דאמר רבי שמעון: קלוט בן פרה אסור – הני מילי היכא דיצא לאויר העולם, אבל במעי אמו – שרי. בעי רב חנניא: הוציא עובר את ידו בעזרה, מהו? מגו דהוי מחיצה לגבי קדשים – הוי נמי לגבי דהאי. או דלמא: לגבי דהאי – לאו מחיצה היא, דמחיצת עובר – אמו היא? אמר ליה אביי: ותבעי לך קדשים קלים בירושלים! קדשים קלים בירושלים מאי טעמא לא קא מיבעיא לך – דמחיצת עובר אמו הוא, הכא נמי – מחיצת עובר אמו הוא. *בעי אילפא: הוציא עובר את ידו בין סימן לסימן, מהו? מי מצטרף סימן ראשון לסימן שני לטהריה מידי נבלה, או לא? אמר רבא: אק"ו, אם הועיל לו סימן ראשון לסימן שני להתירו באכילה, לא יועיל לו לטהריה מידי נבלה? בעי ר' ירמיה: מהו לחוש לזרעו? היכי דמי, אילימא דאזל אבהמה מעלייתא – מאי איריא האי דאית ביה איסור יוצא? אפילו בן פקועה דעלמא נמי! *דאמר רב משרשיא: לדברי האומר חוששין לזרע האב, בן פקועה הבא על בהמה מעלייתא – הולד אין לו תקנה! לא צריכא, דאזל אבן פקועה דכוותיה, מאי? אבר מוליד אבר, וחתיך ליה ושרי, או דלמא: מבלבל זרעיה? הדר אמר: פשיטא דמבלבל זרעיה, דא"כ – סומא יולד סומא, וקיטע יולד קיטע! אלא, פשיטא דמבלבל זרעיה. והכי קמיבעיא לן: בהמה בעלמא, לאו מכח חלב ודם קאתיא, ושריא? הכא נמי לא שנא. או דלמא: תרי איסורי אמרינן, תלתא – לא אמרינן? ולמאן? אי לרבי מאיר – איסור חלב ודם איכא, איסור יוצא ליכא; [א] אי לרבי יהודה – איסור יוצא איכא, איסור חלב (ודם) ליכא! *דתנן: (א) *גיד הנשה נוהג בשליל, וחלבו אסור, דברי רבי מאיר; רבי יהודה אומר: אין נוהג בשליל, וחלבו מותר! אלא, כל מכח לא אמרינן, דשרי. והכי קמיבעיא לן: מהו לגמוע את חלבו? חלב דעלמא, לא כאבר מן החי דמי, ושרי? האי נמי ל"ש. או דלמא: התם – אית ליה תקנתא לאיסוריה בשחיטה, הכא – [ג]לית ליה תקנתא לאיסוריה בשחיטה? תיקו.§ "חותך מעובר" וכו'.§ מנלן? דכתיב: °"וכל בהמה מפרסת פרסה" וגו', "בהמה בבהמה" – לרבות את הולד. אלא מעתה ימירו בו! אלמה *[ג]תנן: אין ממירין לא אברין בעוברין, ולא עוברין באברין, ולא אברין ועוברין בשלמין, ולא שלמין בהן? אלא, אמר קרא: °"וכל בהמה" – לרבות את הולד. אי הכי, אפילו חותך מן הטחול ומן הכליות נמי! אלמה תנן: חותך מן העובר שבמעיה – מותר באכילה, מן הטחול ומן הכליות – אסור באכילה? אמר קרא: "אותה" – שלמה, ולא חסרה. אלא מעתה, השוחט את הבהמה ומצא בה דמות יונה, תשתרי! אלמה *אמר רבי יוחנן: [ד]השוחט את הבהמה ומצא בה דמות יונה – אסור באכילה? בעינא

רש"י

זה הכלל. משנתינו היא. דבר שאינו גופה. אלא מן העובר, ונמצא בתוכה מותר. לאתויי מאי. אי חותך מן העובר – תנא ליה! אלא לאו לאתויי כה"ג, דנשאר מיעוט העובר בפנים ורובו יצא מחוצה. לאתויי קלוט. אפי' הנתנא שלם במעי שנה. הוציא עובר. של שלמים את ידו בשעת שחיטת אמו בעזרה. מהו. להיות לו חומת העזרה מחיצה, להתירו בשחיטת האם. ותבעי לך קדשים קלים בירושלים. *כגון עובר שלמים שהוציא את ידו בירושלים והחזירה, והכניסה לעזרה ושחטוה. ותבעי לך אליבא דמ"ד יש לידה לאברים ולא מהניא חזרה: מי מהניא ליה חומה דלא ליהוי "בשר בשדה"? דהא חומת העיר הויא מחיצה לקדשים קלים. וליכא לאוקמא בשוחט שלמים בירושלים והוציא העובר את ידו לחוץ, דא"כ – אף הבהמה אסורה משום שוחט קדשים בחוץ. אמו הוא. ולא חומה. מי מצטרף סימן ראשון לסימן שני. גרסינן. והכי מיבעי ליה: סימן ראשון כשנשחטה בעוד אבר זה בתוכה, היה בא להתיר אף באכילה, ומשיצא – אין חתיכת סימן שני בא על אבר זה אלא לטהרו מידי נבלה, כדאמרן לעיל: וחכ"א מגע טרפה שחוטה. מי מצטרף סימן ראשון שבא לו לטהר ולהתיר, עם זה שאינו בא אלא לטהר, להועילו מיהא לטהר, הואיל ושניהם שוין בכך? או דלמא. כיון דיש חילוק ביניהם – לא מצטרף ראשון שהוא נשחט לשני דברים, עם השני שאינו אלא לטהרו מידי נבלה, ואין כאן שחיטה שלמה לטהרו. אם מצטרף סימן ראשון לשני להתיר באכילה. כל העובר והבהמה, ולא אמרינן: שחיטה חלוקה היא, ואין שחיטה לא בזו ולא בזו – לא מועיל לאבר לטהרו מידי נבלה? מהו לחוש לזרעו. של עובר זה שהוציא ידו ונשחטה אמו, והוציאוהו חי, וגדל ובא על הבהמה והוליד, מהו שיאסר אבר פיגא בו הנולד ממנו? אפי' בן פקועה דעלמא. שלא הוציא את ידו, וגדל והוליד – נמי אסור כל הולד. דאמר רב משרשיא לדברי האומר חוששין לזרע האב. חנניא הוא, ב"אותו ואת בנו" (לקמן עח:). אין לו תקנה. שמצד אביו אין טעון שחיטה, כדתנן במתני' (שם דף עד.): וחכ"א שחיטת אמו מטהרתו, ומצד אמו טעון שחיטה. וסימניו אינן סימנין, דהא פלגיה כשחוטין דמו. ואי נמי, ה"ל בר סימן א', ובהמה צריכה רוב שנים. אבן פקועה דכוותיה. דאין [הולד] טעון שחיטה אלא משום חד אבר, והאוא אבר לא מישתרי בשחיטה, דלאו שחיטה היא [וחתך ליה האי אבר ושרין]. מבלבל זרעיה. ומיתסר כל הולד משום אותו אבר. ואליבא דחנניא קבעי לה. לאו מכח חלב ודם. של אבותיו קאתי, שאף החלב והדם הולידו. תרי איסורי אמרינן. דשרי, אבל חלב ודם ויוצא – לא. ולמאן. איכא תלתא? אי לר"מ. דאמר: איסור חלב נוהג בשליל, כדלקמן – איסור חלב ודם איכא, איסור יוצא ליכא. דהא לר"מ אפי' מה שבפנים טעון שחיטה, כדקתני מתניתין (שם): ומצא בה בן תשעה חי – טעון שחיטה, הלכך ה"ל כשאר בהמה. ואי כר' יהודה. בר פלוגתיה, דאמר: אין טעון שחיטה מה שבפנים, ואיכא איסור יוצא שאין לו היתר – איסור חלב ליכא. נוהג בשליל. גיד הנשה, וחלבו של שליל אסור. אלא. הא לא קמיבעיא ליה, דכל מכח – לא אמרינן דליתסר משום שבא מכח איסור. את חלבו. אם נקבה היא וילדה, והרי היא מולדת – חלבה מהו באכילה? והיינו "לזרעו" דקאמר, שאין החלב בא עד שתלד. בהמה בבהמה. שדיא "בהמה" דרישא אבהמה" דסיפא, ודרוש הכי: בהמה הנמצאת בבהמה תאכלו. אלא מעתה. הואיל ושליל קרוי בהמה. ימירו. אם הביא בהמת חולין אצל בהמת קדשים מעוברת, ואמר: הרי זו תמורת עובר של זו – תהא תמורה, דהא גבי תמורה "בהמה" כתיב (ויקרא כז), "ואם המר ימיר בהמה בבהמה". אין ממירין. כלומר, אם המיר – אין מומר. דכל ממירין דתמורה דיעבד הוא, כדאמרן בשמעתא קמייתא דפרקא קמא (לעיל ב:). לא אברין בעוברין. אבר בהמת חולין זו תמורה תחת עובר בהמת קדשים זו. ולא עוברין באברין. עובר בהמת חולין זו תמורה ברגלה של בהמת קדשים זו. ולא עובר ואבר בשלמים. אלמא לאו בהמה מיקרו! אלא. לאו מ"בהמה" נפקא, אלא מ"כל" נפקא, והכי דריש: כל מפרסת פרסה בבהמה תאכלו, כלומר, כל אשר תמצא בבהמה אכול. אותה תאכלו כשהיא שלמה, אכול כל הנמצא בתוכה. אבל כשהיא חסרה, שהנמצא בתוכה מגופה הוא, שנחסר ממנה – לא תאכל הנמצא. אלא מעתה. דדרשת "כל בבהמה" בעינא

תוספות

ותבעי לך קדשים קלים בירושלים. רב חננאל הוה מיבעי ליה בעזרה משום דמחיצה מחיצה יותר, אפי' לענין שחיטת קדשים קלים. ומיהו, בנולד כולו בעזרה – לא קא מיבעי ליה, דפשיטא דטעון שחיטה. דאתא אבן פקועה דכוותיה. פי' בו איסור יוצא בחד אבר. או דלמא תרי איסורי אמרינן. לאו דוקא תרי (ג) איסורי אמרינן, דאיכא נמי איסור גיד הנשה. תלתא לא אמרינן. תימה: מאי קמיבעיא ליה? והא קי"ל (לעיל דף נח.) דזה וזה גורם – מותר! אלמה א"ר יוחנן השוחט בהמה ומצא בה דמות יונה אסור באכילה בעינן פרסות וליכא. נראה: דוקא נקט דמות יונה, שהוא אסור גם כשילא לאויר העולם, לפי שאינו מתקיים. אבל אלא בה בהמה גמורה שראוי להיות – מותר. ורגליו רגלי יונה, או שאין לו רגלים כלל – מותרת. דלא ממעט ר' יוחנן מידי שראוי להיות מותר כשילא לאויר העולם, דהכא חשיב כמפריס פרסה להיות ניתר בשחיטת אמו, כמו שחשוב כמפריס פרסה כשילא לאויר העולם. דלא על חנם תפס ר' יוחנן דמות יונה, ולא נקט עובר שרגליו דמות יונה, או עובר שאין לו רגלים. וכי פריך: קלוט במעי אמו ליתסר – אליבא דרבי שמעון דוקא פריך, דאסר ליה כשילא לאויר העולם, כדפרישית לעיל.

תמכר

עין משפט נר מצוה

יא א מיי' פ"ב מהלכות אבות הטומאות הל' ט:

יב ב מיי' פ"ה מהלכות מאכלות אסורות הל' יב סמג לאוין קלו טוש"ע י"ד סי' יד סעיף ה:

יג ג מיי' פ"ד מהלכות תמורה הלכה טז:

יד ד מיי' פ"ה מהלכות מאכלות אסורות הל' ז סמג לאוין קלב טוש"ע י"ד סי' יג סעיף ב:

מסורת הש"ס

לקמן עה: | (חולין פט) [תוספתא פ"ז] לקמן עד: כב: | דברים יד | תמורה י: | שם | נדה כג.

הגהות הב"ח

הגהות מהר"ב רנשבורג

רבינו גרשום

עין משפט נר מצוה

טו א מיי' פ"א מהל' מאכלות אסורות הל' ז סמג לאוין קלו טוש"ע י"ד סימן יג סעיף ב:

טז ב מיי' פט"ו מהלכות מעשה הקרבנות הל"ב:

יז ג מיי' פ"ד מהלכות בכורות הל' יד טוש"ע י"ד סי' שיט סעיף א:

יח ד מיי' שם הל' טו טוש"ע שם סעי' ב:

יט ה מיי' שם טוש"ע שם סעיף ג:

בָּעֵינָא פְּרָסוֹת, וְלֵיכָּא! אֶלָּא מֵעַתָּה, קָלוּט בִּמְעֵי פָרָה לִיתְּסַר! הָא תָּנָא דְּבֵי ר' יִשְׁמָעֵאל כְּרַבִּי שִׁמְעוֹן בֶּן יוֹחַי: א"פַּרְסָה בַּבְּהֵמָה תֹּאכֵלוּ". (דברים יד) רַב שִׁימִי בַּר אָשֵׁי אָמַר: לְעוֹלָם כִּדְקָאָמְרַתְּ מֵעִיקָּרָא. וּדְקָא קַשְׁיָא לָךְ: אֵין מְמִירִין! הָא מַנִּי — רַבִּי שִׁמְעוֹן הִיא, דְּמַקִּישׁ תְּמוּרָה לְמַעֲשֵׂר; מַה מַּעֲשֵׂר אֵינוֹ נוֹהֵג בְּאֵבָרִים וְעוּבָּרִים — אַף תְּמוּרָה אֵינָהּ נוֹהֶגֶת בְּאֵבָרִים וְעוּבָּרִים. וּמְנָא תֵּימְרָא? *דִּתְנַן, אָמַר רַבִּי יוֹסֵי: וַהֲלֹא בְּמוּקְדָּשִׁים, הָאוֹמֵר: "רַגְלָהּ שֶׁל זוֹ עוֹלָה" — כּוּלָּהּ עוֹלָה, אַף[א] כְּשֶׁיֹּאמַר: "רֶגֶל שֶׁל זוֹ תַּחַת זוֹ" — תְּהֵא כּוּלָּהּ תְּמוּרָה תַּחְתֶּיהָ. לְמַאן קָא מְהַדַּר לֵיהּ? אִילֵימָא לְרַבִּי מֵאִיר וְרַבִּי יְהוּדָה — מִי אִית לְהוּ הַאי סְבָרָא? *וְהָתַנְיָא, יָכוֹל הָאוֹמֵר: "רַגְלָהּ שֶׁל זוֹ עוֹלָה", תְּהֵא כּוּלָּהּ עוֹלָה? תַּלְמוּד לוֹמַר: ס"כֹּל אֲשֶׁר יִתֵּן מִמֶּנּוּ לַה' יִהְיֶה קֹּדֶשׁ" (ויקרא כז) — מִמֶּנּוּ קֹדֶשׁ, וְלֹא כּוּלּוֹ קֹדֶשׁ; יָכוֹל תֵּצֵא לְחוּלִּין? תַּלְמוּד לוֹמַר: "יִהְיֶה" — בַּהֲוָיָיתָהּ תְּהֵא; בכֵּיצַד? תִּמָּכֵר לְצָרְכֵי עוֹלוֹת, וְדָמֶיהָ חוּלִּין, חוּץ מִדְּמֵי אֵבֶר שֶׁבָּהּ, דִּבְרֵי רַבִּי מֵאִיר וְרַבִּי יְהוּדָה. רַבִּי יוֹסֵי וְרַבִּי שִׁמְעוֹן אוֹמְרִים: מִנַּיִן לָאוֹמֵר: "רַגְלָהּ שֶׁל זוֹ עוֹלָה" — תְּהֵא כּוּלָּהּ עוֹלָה? תַּלְמוּד לוֹמַר: "יִהְיֶה" — לְרַבּוֹת אֶת כּוּלָּהּ. לְמַאן? אִי לְרַבִּי מֵאִיר וְרַבִּי יְהוּדָה — מִי אִית לְהוּ הַאי סְבָרָא? אֶלָּא לָאו, לְרַבִּי שִׁמְעוֹן. לָא, רַבִּי יוֹסֵי א] טַעְמָא דְּנַפְשֵׁיהּ קָאָמַר.§

מתני' גהַמְבַכֶּרֶת הַמְקַשָּׁה לֵילֵד — מְחַתֵּךְ אֵבֶר אֵבֶר, וּמַשְׁלִיךְ לִכְלָבִים. יָצָא רוּבּוֹ — הֲרֵי זֶה יִקָּבֵר, וְנִפְטֶרֶת מִן הַבְּכוֹרָה.§

גמ' אִתְּמַר: יָצָא שְׁלִישׁ וּמְכָרוֹ לְגוֹי, וְחָזַר וְיָצָא שְׁלִישׁ אַחֵר — רַב הוּנָא אָמַר: דקָדוֹשׁ, רַבָּה אָמַר: אֵינוֹ קָדוֹשׁ. רַב הוּנָא אָמַר קָדוֹשׁ — קָסָבַר: לְמַפְרֵעַ קָדוֹשׁ, וְכֵיוָן דְּנָפַק לֵיהּ רוּבֵּיהּ — אִיגַּלַּאי מִילְּתָא לְמַפְרֵעַ דְּמֵעִיקָּרָא הֲוָה קָדוֹשׁ, וּמַאי דְּזַבֵּין — לָא כְּלוּם זַבֵּין. רַבָּה אָמַר אֵינוֹ קָדוֹשׁ, קָסָבַר: מִכָּאן וּלְהַבָּא קָדוֹשׁ, וּמַאי דְּזַבֵּין — שַׁפִּיר זַבֵּין. וְאָזְדוּ לְטַעֲמַיְיהוּ, דְּאִתְּמַר: יָצָא שְׁלִישׁ דֶּרֶךְ דּוֹפֶן, וּשְׁנֵי שְׁלִישֵׁי דֶּרֶךְ רֶחֶם — רַב הוּנָא אָמַר: האֵינוֹ קָדוֹשׁ, רַבָּה אָמַר: קָדוֹשׁ. רַב הוּנָא אָמַר: אֵינוֹ קָדוֹשׁ — רַב הוּנָא לְטַעְמֵיהּ, דְּאָמַר: לְמַפְרֵעַ קָדוֹשׁ, וְרוּבָּא קַמָּא לֵיתֵיהּ בָּרֶחֶם. רַבָּה אָמַר: קָדוֹשׁ — רַבָּה לְטַעְמֵיהּ, דְּאָמַר: מִכָּאן וּלְהַבָּא קָדוֹשׁ, וְרוּבָּא דֶּרֶךְ רֶחֶם נָפֵיק. וּצְרִיכָא, דְּאִי אַשְׁמְעִינַן בְּהָא — בְּהָא קָאָמַר רַב הוּנָא, מִשּׁוּם דִּלְקוּלָּא, אֲבָל בְּהָךְ דִּלְחוּמְרָא — אֵימָא מוֹדֵי לֵיהּ לְרַבָּה. וְאִי

תוספות

תמכר לצרכי עולות. לא דמי לבהמה של ב' שותפים, והקדיש חציה וחזר ולקחה והקדיש חציה, דאמרינן בפ"ק דקדושין (דף ז.) דקדושה ואינה קריבה, דהתיבה דחויה מעיקרא. דהתם לא הוה בידו להקדישה כולה מתחלה, אבל הכא, כשהקדיש רגלה — היה יכול להקדישה כולה. **יצא** רובו הרי זה יקבר. אע"ג דתנן בפרק "כל פסולי המוקדשין" (בכורות דף לג:) דב"ה מתירין למנות גוי על הבכור, הכא מודו דאסור למכור לגוי. דהא מוקמינן לה התם כר"ע, ושמעינן ליה לר"ע בפרק "טבול יום" (זבחים דף קג:) דאמר: מדבריו למדנו שהשוחט את הבכור ונמצא טרפה, שיאותו הכהנים בעורו. משמע דבשר אסור בהנאה. והיינו טעמא, דהיכא דשרי לישראל — הוא דאיתקש לצבי ואיל, ושרי אפי' לגוים*.

רב הונא אמר קדוש קסבר למפרע הוא קדוש. הא דאמר רב יהודה בפ' "כל פסולי המוקדשין" (בכורות לה.) דמותר להטיל מום בבכור קודם שילא לאויר העולם. ומפרש: גדיא — באוניה, אימרא — בשיפוותיה. אבל אימרא באוניה — לא, דחיישינן כי חזי ליה לאוניה, שמא ילא רוב הראש וחזר. אבל בגדי אין לחוש, דמתוך דאזניו גדולות — דרכו לצאת במיעוט הראש. והיינו דלא כרב הונא, דלדידיה כיון דלמפרע קדוש, אפי' לא ילא רוב הראש — אסור להטיל בו מום, דכשילא אח"כ הרוב איגלאי מילתא למפרע דקדוש הוה, כדאמרי' הכא גבי מכירה. ומיהו, איכא לאוקמי האי דרב יהודה אליבא דרב הונא. ומכי חזי לאזנו דגדיא בפנים שרי להטיל בו מום, דהכתי לא ילא כלל. אבל אימרא — איכא למיחש מכי חזי לאוניה בפנים, שכבר ילא רוב הראש וחזר. וסוגיא דריש "כילד מערימין" (תמורה דף כד:) דמוקי דרב יהודה בזמן הזה, דלא חזי להקרבה, ופריך: מאי למימרא? ומשני: מהו דתימא נגזור אטו דלמא נפיק רוב הראש — ההיא סוגיא דלא כרב הונא, דלרב הונא במיעוט ראשו נמי איכא איסור. וכן הא דא"ל *רב עמרם לרב ששת: אמר על הבכור "עם יציאת רובו יהא עולה", עולה הוא או בכור הוי? ההיא נמי דלא כרב הונא, דמשמע דפשיטא ליה דקודם יציאת רובו יכול להפקיע ממנו קדושת בכור. אם לא נחלק בין מכירה לגוי להנך. מאי

רש"י

בְּעֵינָא פְּרָסוֹת בִּבְהֵמָה. דְּהָכִי מַשְׁמַע: שְׁתֵּי פְרָסוֹת וּמַעֲלַת גֵּרָה הַנִּמְלָאת בַּבְּהֵמָה תֹּאכֵלוּ. קָלוּט בִּמְעֵי פָרָה לִיתָּסֵר. וַאֲנַן אָמְרִינַן לְעֵיל (דף סח:) דְּשָׁרֵי אֲפִי' לְר"ש! תָּנָא דְבֵי ר' יִשְׁמָעֵאל כְּר"ש. מָצִינוּ מִשְׁנַת מִדְרָשׁוֹ שֶׁל ר' יִשְׁמָעֵאל כְּתַלְמִידָיו שֶׁל ר"ש בֶּן יוֹסִי. פַּרְסָה בַּבְּהֵמָה תֹּאכֵלוּ. קְרָא כְּתִיב פַּרְסָה וּכְתִיב פְּרָסוֹת, אֵיזֶה שֶׁתִּמְצָא — אוֹ פַּרְסָה בִּבְהֵמָה אוֹ פְּרָסוֹת, אֲבָל יוֹנָה אֵינָהּ לֹא פַּרְסָה וְלֹא פְּרָסוֹת. כִּדְאָמְרַתְּ מֵעִיקָּרָא. דְּעוּבָּר אִיקְרֵי בְּהֵמָה. ר"ש הִיא. טַעְמָא לָאו מִשּׁוּם דְּעוּבָּר לָאו בְּהֵמָה, אֶלָּא מִשּׁוּם דְּמַקִּישׁ תְּמוּרָה לְמַעֲשֵׂר בְּמַסֶּכֶת תְּמוּרָה בְּפ"ק דִּתְנַן, אָמַר ר"ש: וַהֲלֹא מַעֲשֵׂר בִּכְלַל כָּל הַקֳּדָשִׁים הָיָה, וְלָמָּה יָצָא? דִּכְתִיב: "כָּל מַעְשַׂר בָּקָר וָצֹאן וגו' לֹא יְבַקֵּר בֵּין טוֹב לָרַע וְלֹא יְמִירֶנּוּ", וְלָמָּה יָצָא? לְהַקִּישׁ: מַה מַּעֲשֵׂר קָרְבַּן יָחִיד — יָצָא קָרְבַּן צִבּוּר, וּמַה מַּעֲשֵׂר קָדְשֵׁי מִזְבֵּחַ — יָצְאוּ קָדְשֵׁי בֶּדֶק הַבַּיִת. הִלְכָּךְ, דּוּק מִינָּהּ נַמִי: מַה מַּעֲשֵׂר אֵינוֹ בְּעוּבָּרִין וְאֵבָרִין, דְּבָעֵינַן "יַעֲבוֹר תַּחַת הַשָּׁבֶט" (ויקרא כז)*. אַף תְּמוּרָה. אֲבָל לְמַאן דְּלָא מַקִּישׁ — מְמִירִין, דְּעוּבָּר אִיקְרֵי בְּהֵמָה. וּמְנָא תֵּימְרָא. דְּהָא "אֵין מְמִירִין", ר"ש הִיא? דִּתְנַן. בְּסֵיפָא דִּידָהּ, דְּפָלֵיג ר' יוֹסֵי עֲלָהּ וְאָמַר: מְמִירִין, וּמְפָרֵשׁ טַעְמָא: וַהֲלֹא בְּמוּקְדָּשִׁין, בִּתְחִלַּת הֶקְדֵּשׁ, הָאוֹמֵר "רַגְלָהּ שֶׁל זוֹ עוֹלָה" — כּוּלָּהּ עוֹלָה כו'. שְׁמַע מִינָּהּ, מִדְּקָאָמַר "וַהֲלֹא בְּמוּקְדָּשִׁין" — דִּלְרַבִּי שִׁמְעוֹן מְהַדַּר: וַהֲלֹא בְּמוּקְדָּשִׁין אַתָּה מוֹדֶה דְּהָאוֹמֵר "רַגְלָהּ שֶׁל זוֹ" כו' כִּדְלְקַמָּן, וּבְזוֹ אַתָּה חָלוּק עָלַי. דְּאִי ס"ד, ת"ק "אֵין מְמִירִים" ר"מ הִיא, כִּשְׁאָר סְתָם מִשְׁנָה. מִי אִית לְהוּ הַאי סְבָרָא. בְּמוּקְדָּשִׁין דְּכוּלָּהּ עוֹלָה, דְּנֵימָא לְהוּ רַבִּי יוֹסֵי: וַהֲלֹא בְּמוּקְדָּשִׁין אַתֶּם מוֹדִים לִי? וְהָתַנְיָא כו'. יָכוֹל תְּהֵא יוֹצְאָה לְחוּלִּין. בְּפִדְיוֹן, שֶׁיִּפְדֶּה אוֹתוֹ אֵבֶר? תִּמָּכֵר. בְּהֵמָה זוֹ לְצָרְכֵי עוֹלוֹת, וְדָמֶיהָ חוּלִּין. חוּץ מִדְּמֵי אוֹתוֹ אֵבֶר. וּמִמֶּנּוּ לֹא יִטּוֹל הַדָּמִים, לְפִי שֶׁאֵינוֹ שֶׁלּוֹ. וּבִתְמוּרָה פָּרֵיךְ: וְהָא קַמַּיְיתֵי אוֹתוֹ שֶׁקְּנָאָהּ עוֹלָה מְחוּסֶּרֶת אֵבֶר, וְהוּא הָיָה מְחוּיָּיב עוֹלָה! יִהְיֶה לְרַבּוֹת אֶת כּוּלָּהּ. דְּה"ל לְמִיכְתַּב "כָּל אֲשֶׁר יִתֵּן מִמֶּנּוּ לַה' קֹדֶשׁ", וּמִדִּכְתִיב "יִהְיֶה" — רִיבּוּיָא הוּא, דַּאֲפִי' לֹא נָתַן לַה' אֶלָּא מִמֶּנּוּ, דְּהַיְינוּ מִקְצָתָהּ — יִהְיֶה קֹדֶשׁ כּוּלָּהּ. אֶלָּא לָאו. ת"ק ר"ש הִיא. וְכֵיוָן דְּשָׁמְעַתְּ לֵיהּ בְּעָלְמָא דְּמַקִּישׁ תְּמוּרָה לְמַעֲשֵׂר, טַעְמָא בְּהָא נַמִי מִשּׁוּם הֶקֵּישָׁא הוּא. לָא ר' יוֹסֵי טַעְמָא דְּנַפְשֵׁיהּ קָאָמַר. מֵהָא לָא תֵּימָא דְּת"ק ר"ש הִיא. דִּלְעוֹלָם אֵימָא לָךְ דְּר"מ הִיא אוֹ ר' יְהוּדָה, דְּלָא שָׁמְעִינַן לְהוּ דְּמַקְשׁוּ. וְטַעֲמַיְיהוּ בְּהָא — מִשּׁוּם דְּאֵבָרִים וְעוּבָּרִין לָאו בְּהֵמָה מִיקְרוּ. וּדְקַשְׁיָא לָךְ: הֵיכִי מָצֵי ר' יוֹסֵי לְמֵימַר לְר' מֵאִיר "וַהֲלֹא בְּמוּקְדָּשִׁים" כו' — לָאו מִשּׁוּם דִּסְבִירָא לֵיהּ, דְּנֵימָא: וַהֲלֹא בְּמוּקְדָּשִׁים אַתָּה מוֹדֶה לִי. אֶלָּא ה"ק לֵיהּ: וַהֲלֹא בְּמוּקְדָּשִׁין יוֹדֵעַ אֲנִי דְּהָאוֹמֵר "רַגְלָהּ שֶׁל זוֹ עוֹלָה" — כּוּלָּהּ עוֹלָה, דְּנָפְקָא לֵיהּ מִ"יִּהְיֶה קֹּדֶשׁ". אַף כְּשֶׁיֹּאמַר "רַגְלָהּ שֶׁל זוֹ תְּמוּרָה" — תְּהֵא כּוּלָּהּ תְּמוּרָה, וְאִישְׁתַּכַּח דְּהֵמִיר בְּהֵמָה כּוּלָּהּ, וְקָרֵינָא "בְּהֵמָה בִּבְהֵמָה". **מתני'** הַמְבַכֶּרֶת הַמְקַשָּׁה לֵילֵד. בִּפְטֶר רֶחֶם שֶׁלָּהּ — מוּתָּר לַחְתּוֹךְ אֵבֶר אֵבֶר כְּשֶׁהוּא יוֹצֵא רִאשׁוֹן רִאשׁוֹן. וּמַשְׁלִיךְ לִכְלָבִים. דְּכָל כַּמָּה דְּלָא נָפַק רוּבֵּיהּ — לָא קָדֵישׁ. יָצָא רוּבּוֹ. כְּאַחַת, וַחֲתָכוֹ. ה"ז יִקָּבֵר. דְּבִיצִיאַת הָרוֹב חָלָה קְדוּשָּׁה עָלָיו, דְּקָרֵינָא בֵּיהּ "אֲשֶׁר יוּלַד". וּפְטוּרָה מִן הַבְּכוֹרָה. שֶׁהַבָּא אַחֲרָיו אֵינוֹ בְּכוֹר, בֵּין שֶׁיָּצָא רִאשׁוֹן אֵבֶר אֵבֶר, וּבֵין שֶׁיָּצָא רוֹב כְּאַחַת, דְּהָא שֵׁנִי לָאו פֶּטֶר רֶחֶם הוּא. **גמ'** וְחָזַר וְיָצָא שְׁלִישׁ אַחֵר. וַהֲרֵי כָּאן רוֹב. רַב הוּנָא אָמַר קָדוֹשׁ. בְּכוֹר זֶה, וְקָרֵב לְגַבֵּי מִזְבֵּחַ, וְנִיתָּן לַכֹּהֵן. אֵינוֹ קָדוֹשׁ. וַהֲרֵי הוּא חוּלִּין, כִּדְמְפָרְשֵׁי טַעֲמַיְיהוּ. לְמַפְרֵעַ הוּא קָדוֹשׁ. אע"ג דִּבְלֵידָה תָּלָה רַחֲמָנָא, וּבְרוּבָּא הוּא דַּהֲוָיָא לֵידָה, מִיהוּ כִּי נָפֵיק רוּבָּא — מַשְׁוֵי לֵיהּ לֵידָה מִתְּחִלָּה, וְאִגַּלַּאי מִלְּתָא דְּכִי זַבֵּין לְגוֹי לָאו כְּלוּם זַבֵּין, דְּאֵין לוֹ חֵלֶק בּוֹ. מִכָּאן וּלְהַבָּא. מִילִיאַת רוֹב וְאֵילָךְ הוּא קָדוֹשׁ. וּבִתְחִלַּת לֵידָתוֹ חוּלִּין הֲוָה, וְיָכוֹל לְמוֹכְרוֹ כְּאִילּוּ הוּא בִּמְעֵי אִמּוֹ, שֶׁהֲרֵי קְדוּשָּׁתוֹ תָּלוּי בַּלֵּידָה. וְכֵיוָן דִּמְכִירָתוֹ מְכִירָה — ה"ל יַד גוֹי בָּאֶמְצַע, וְתוּ לָא קָדֵישׁ בְּב' שְׁלִישֵׁי אַחֲרוֹנִים. יָצָא שְׁלִישׁ דֶּרֶךְ דּוֹפֶן. תְּחִלָּה ע"י סַם וְסַכִּין, וּבִגְמַר לֵידָה נִפְתַּח רֶחֶם וְיָצְאוּ שְׁנֵי שְׁלִישִׁים. לְמַפְרֵעַ הוּא קָדוֹשׁ. הָרוֹב הָרִאשׁוֹן קְדוּשָּׁתוֹ תְּלוּיָה, שֶׁבִּתְחִלַּת לֵידָה הוּא צָרִיךְ לִיקָּדֵשׁ. מִכָּאן וּלְהַבָּא. מִשֶּׁיִּוָּלֵד רוּבּוֹ, אוֹ בִּתְחִלָּה אוֹ בַּסּוֹף. דְּאִי אַשְׁמְעִינַן בְּהַהִיא קַמַּיְיתָא. בְּהָא קָאָמַר רַב הוּנָא. לְמַפְרֵעַ הוּא קָדוֹשׁ. מִשּׁוּם דִּלְקוּלָּא. כְּלוֹמַר, דְּלֹא אָמַר מִכָּאן וּלְהַבָּא — קוּלָּא הוּא, דְּמַפְקִיעִין לִבְכוֹר מִקְּדוּשָּׁתוֹ. וְאִי

מסורת הש"ס

תמורה י. לקמן קלה. קדושין דף ז.

[ועי' תוס' בכורות לג: ד"ה פסק מתני']

תמורה יא: ערכין ז:

[שם כה.]

וכעל המאור ז"ל כתב כי לא נראה זה הקשת תמורה למעשר אלא הקשת כל הקדשים למעשר והקשת תמורה למעשר לר' שמעון נפקא מדתנן ר"ש אומר אין ממירין אלא אחד באחד ומתמורתו מה הוא יחיד אף תמורתו יחידה ופירש מה יצאו שנים בעשירי ויקרו עשירי ואחד עשר משורכין זה בזה ותניא בברייתא גבי מעשר מה הוא יחיד אף עשרו מיוחדת וכל הקדשים הוקשו למעשר עכ"ל

רבינו גרשום

קלוט במעי פרה ליתסר. כלומר השתא דאמרת בעינא פרסות וליכא: תנא דבי ר' ישמעאל כר' שמעון בן יוחאי פרסה בבהמה כו' כלומר בהמה כתיב כל מפרסת פרסה וגו' ולבסוף כתיב תאכלו דאפי' מצא בתוכו שאין לו אלא פרסה תאכלו: לעולם כדאמרינן מעיקרא כלומר בהמה בבהמה תאכלו: מי אית להו הא סברא דהוא אומר רגלה של זו עולה דתהא כולה עולה. האי כיצד תמכר לצורכי עולות אלא דמי אבר שבה: אלא לאו לר' שמעון דרבי שמעון סבר רגלה של זו עולה תהא כולה עולה וסבירא ליה דהאומר תהא רגלה של זו תמורה אין כולה תמורה וא"ל ר' יוסי כמה דסבירא לך לענין עולה למה לא סבירא לך לענין תמורה מכלל דהוא לא סבירא ליה לענין תמורה וטעמא מאי דתמורה אינה נוהגת באברים א) לא ר' יוסי טעמא דנפשיה קאמר כלומר לא כשם דסבירא לי דעולה נוהגת באיברים כך תמורה נוהגת באברין והאומר רגלה של זו תחת זו תהא תמורה תחתיו תהא כולה תמורה תחתיו: המבכרת המקשה לילד מחתך אבר אבר כו'

כלומר המבכרת המקשה לילד והוציא עובר את ידו מחתך אותה ישראל ומשליך לכלבו דכיון דלא יצא ראשו או רובו לא חל עליה קדושת בכור ונפטרה מן הבכורה לכשתלד פעם אחרת אין חשוב האחרון בכור: איתמר יצא שליש ומכרו לגוי לפי שראה שלא יצא רובו מתחלה ורובו וחזר ויצא שליש אחר הרי הוא: רב הונא לטעמיה דאמר למפרע הוא קדוש. כלומר הבכור קדוש מתחלתו חשבינן הקדושה והאי נמי מתחלתו חשבינן ליה וכיון דתחלתו לא יצא דרך רחם לא חל קדושה עליה: וצריכי דאי אשמעינן בהא כו'. כלומר אי אשמעינן ביצא שליש ומכרו לגוי בהא אמר רב הונא למפרע קדוש דאי אמר מכאן ולהבא קדוש אתי לקולא דהוא אמרינן מאי דזבין שפיר זבין אבל ביצא שליש דרך דופן ושני שלישין דרך רחם דאי אמר למפרע קדוש לקולא הוא אימא מודי לרבה דמיכן ולהבא קדוש: ואי

א) נראה דצ"ל דתמורה אינה נוהגת בעוברים משום דאיתקש למעשר.

שיטה מקובצת

א] טעמא דנפשיה קאמר. נ"ב ע"י תוס' תמורה דף י"א.

גליון הש"ס

גמ' טעמא דנפשיה קאמר. וכה"ג סנהדרין דף סד ע"ב וכרש"י ד"ה והלא ככר:

הגהות מהר"ב רנשבורג

א] גמ' דתנן וכו' אף כשיאמר רגל וכו' כצ"ל.

וְאִי אִתְּמַר בְּהָא – בְּהָא קָאָמַר רַבָּה, אֲבָל בְּהָא – אֵימָא מוֹדֵי לֵיהּ לְרַב הוּנָא, צְרִיכָא. תְּנַן: הַמְבַכֶּרֶת הַמְקַשָּׁה לֵילֵד – מְחַתֵּךְ אֵבֶר אֵבֶר וּמַשְׁלִיךְ לִכְלָבִים; מַאי לָאו מְחַתֵּךְ וּמַנִּיחַ? וְאִי אָמְרַתְּ לְמַפְרֵעַ הוּא קָדוֹשׁ, יִקָּבֵר מִיבְּעֵי לֵיהּ! לָא, הָכָא בְּמַאי עָסְקִינַן – בִּמְחַתֵּךְ וּמַשְׁלִיךְ. אֲבָל מְחַתֵּךְ וּמַנִּיחַ, מַאי – יִקָּבֵר? אַדְּתָנֵא סֵיפָא: יָצָא רוּבּוֹ יִקָּבֵר וְנִפְטְרָה מִן הַבְּכוֹרָה – לִיפְלוֹג וְלִיתְנֵי בְּדִידֵיהּ: בַּמֶּה דְּבָרִים אֲמוּרִים? בִּמְחַתֵּךְ וּמַשְׁלִיךְ אֵבֶר אֵבֶר, אֲבָל מְחַתֵּךְ וּמַנִּיחַ – יִקָּבֵר! הָכִי נַמִּי קָאָמַר: [א]בד"א? בִּמְחַתֵּךְ וּמַשְׁלִיךְ, אֲבָל מְחַתֵּךְ וּמַנִּיחַ – נַעֲשָׂה כְּמִי שֶׁיָּצָא רוּבּוֹ, וְיִקָּבֵר. א] *בָּעֵי רָבָא: א] הָלְכוּ בְּאֵיבָרִין אַחַר הָרוֹב, אוֹ לֹא הָלְכוּ בְּאֵיבָרִין אַחַר הָרוֹב? הֵיכִי דָּמֵי? אִילֵּימָא כְּגוֹן שֶׁיָּצָא רוֹב בְּמִיעוּט אֵבֶר, וְקָא מִיבַּעְיָא לֵיהּ: הַאי מִיעוּט דְּבָרַאי, בָּתַר רוֹב דְּאֵבֶר שָׁדִינַן לֵיהּ, אוֹ בָּתַר רוּבָּא דְּעוּבָּר שָׁדִינַן לֵיהּ? פְּשִׁיטָא [ב]דְּלָא שָׁבְקִינַן רוּבָּא דְּעוּבָּר וְאָזְלִינַן בָּתַר רוֹב אֵבֶר! אֶלָּא, כְּגוֹן שֶׁיָּצָא °חֶצְיוֹ בְּרוֹב אֵבֶר, וְקָא מִיבַּעְיָא לֵיהּ: הַהוּא מִיעוּט דִּבְגַוַּאי, מַהוּ [ג]לְמִישְׁדְּיֵיהּ בָּתַר רוֹב אֵבֶר? ת"ש: יָצָא רוּבּוֹ – הֲרֵי זֶה יִקָּבֵר; מַאי רוּבּוֹ? אִילֵּימָא רוּבּוֹ מַמָּשׁ, עַד הַשְׁתָּא לָא אַשְׁמְעִינַן *דְּרוּבּוֹ כְּכוּלּוֹ? אֶלָּא לָאו, כְּגוֹן שֶׁיָּצָא חֶצְיוֹ בְּרוֹב אֵבֶר! לָא, כְּגוֹן שֶׁיָּצָא רוּבּוֹ בְּמִיעוּט אֵבֶר, וְקמ"ל דְּלָא שָׁבְקִינַן רוּבּוֹ דְּעוּבָּר דִּבְהֵמָה וְאָזְלִינַן בָּתַר אֵבֶר. בָּעֵי רָבָא: [ד]כְּרָכוֹ בְּסִיב, מַהוּ? [ה]בְּטַלִּיתוֹ מַהוּ? בְּשִׁלְיָתוֹ מַהוּ? בְּשִׁלְיָתוֹ? אוֹרְחֵיהּ הוּא! אֶלָּא: [ו]בְּשִׁלְיָא אַחֶרֶת, מַהוּ? [ז]כְּרָכַתּוּ וַאֲחָזַתּוּ וְהוֹצִיאַתּוּ, מַהוּ? הֵיכִי דָּמֵי? אִי דְּנָפַק דֶּרֶךְ רֵישֵׁיהּ – פַּטְרְתֵיהּ! אֶלָּא, דְּנָפַק דֶּרֶךְ מַרְגְּלוֹתָיו. בְּלָעַתְהוּ חוּלְדָּה וְהוֹצִיאַתּוּ, מַהוּ? הוֹצִיאַתּוּ? הָא אַפִּיקְתֵיהּ! אֶלָּא: בְּלָעַתּוּ וְהוֹצִיאַתּוּ, וְהִכְנִיסַתּוּ וְהִקִּיאַתּוּ, וְיָצָא מֵאֵלָיו, מַהוּ? *[ח]הִדְבִּיק שְׁנֵי רְחָמִים, וְיָצָא מִזֶּה וְנִכְנַס לָזֶה, מַהוּ? דִּידֵיהּ פָּטַר, דְּלָאו דִּידֵיהּ לָא פָּטַר; אוֹ דִּלְמָא דְּלָאו דִּידֵיהּ נַמִּי פָּטַר? תֵּיקוּ. בָּעֵי רַב אַחָא: [ט]נִפְתְּחוּ כּוֹתְלֵי בֵּית הָרֶחֶם מַהוּ? אֲוִיר רֶחֶם מַקְדִּישׁ – וְהָאִיכָּא, אוֹ דִּלְמָא נְגִיעַת רֶחֶם מְקַדְּשָׁה – וְהָא לֵיכָּא? בָּעֵי מָר בַּר רַב אַשִׁי: נֶעֶקְרוּ כּוֹתְלֵי בֵּית הָרֶחֶם מַהוּ? נֶעֶקְרוּ? לֵיתְנְהוּ! אֶלָּא: [י]נֶעֶקְרוּ וְתָלוּ לֵיהּ בְּצַוָּארֵיהּ, מַאי? בִּמְקוֹמָן מְקַדְּשִׁי, שֶׁלֹּא בִּמְקוֹמָן לָא מְקַדְּשִׁי, אוֹ דִּלְמָא שֶׁלֹּא בִּמְקוֹמָן נַמִּי מְקַדְּשִׁי? בָּעֵי מִינֵּיהּ ר' יִרְמְיָה מֵר' זֵירָא: א) נִגְמְמוּ כּוֹתְלֵי בֵּית הָרֶחֶם, מַהוּ? א"ל: קָא נָגְעַתְּ בְּבַעְיָא דְּאִיבַּעְיָא לָן. דְּבָעֵי ר' זֵירָא, וְאָמְרִי לָהּ בְּעָא מִינֵּיהּ ר' זֵירָא מֵרַבִּי אַסִּי: [כ]עוֹמֵד מְרוּבֶּה עַל הַפָּרוּץ, וְיָצָא דֶּרֶךְ פָּרוּץ; פָּרוּץ מְרוּבֶּה עַל הָעוֹמֵד, וְיָצָא דֶּרֶךְ עוֹמֵד, מַאי? עַד כָּאן לָא אִיבַּעְיָא *לֵיהּ אֶלָּא פָּרוּץ מְרוּבֶּה עַל הָעוֹמֵד, דְּאִיכָּא עוֹמֵד בְּעוֹלָם, אֲבָל נִגְמְמוּ [ל]לָא קָא מִיבָּעְיָא *לֵיהּ.§

מתני'

א) [פי' נתעכלו שפתי בית הרחם. ערוך]

רש"י

וְאִי אִתְּמַר בְּהָא בְּהָא קָאָמַר רַבָּה. מִכָּאן וּלְהַבָּא, דְּאִי אָמְרַתְּ לְמַפְרֵעַ – קוּלָּא הוּא, דְּלָא קָדִישׁ. מְחַתֵּךְ וּמַנִּיחַ. עַד שֶׁיֵּצֵא הָרוֹב, וַהֲרֵי הַחֲתִיכוֹת לְפָנָיו – מַשְׁלִיכוֹ לִכְלָבִים. אִי אָמְרַתְּ בִּשְׁלָמָא מִכָּאן וּלְהַבָּא הוּא קָדוֹשׁ, וּמִקַּמֵּי יְצִיאַת רוֹב לָא קָדִישׁ מִידֵּי – הָנָךְ דְּאִיפְּתַכוּ מִקַּמֵּי הָכִי לֹא חָלָה קְדוּשָּׁה עֲלַיְיהוּ. אֶלָּא אִי אָמְרַתְּ דִּלְמַפְרֵעַ הוּא קָדוֹשׁ, הָא כֵּיוָן דְּרוּבָּא קַמָּן – אִיגַּלַּאי מִלְּתָא בִּיצִיאַת הָרוֹב דִּמְעִיקָּרָא קָדוֹשׁ לְהוּ! לֹא מְחַתֵּךְ וּמַשְׁלִיךְ. דְּכֵיוָן דְּלֵיתְנְהוּ, מַאי אִיכָּא לְמֵיחַשׁ בִּשְׁעַת גְּמַר יְצִיאַת הָרוֹב? וְאִיסּוּרָא לֵיכָּא, דְּהָא כִּי שְׁדָא קַמָּא – חוּלִּין הֲוָה. אֲבָל בְּיָצָא שְׁלִישׁ וּמְכָרוֹ לְגוֹי, וְחָזַר וְיָצָא שְׁלִישׁ אַחֵר, וְכוּלָּן לְפָנָיו – אִיכָּא לְמֵימַר: אִגַּלַּאי מִלְּתָא, וְקַיְימָא לְמַפְרֵעַ וּמִתְבַּטְּלָה מְכִירָה. אַדְּתָנֵי יָצָא רוּבּוֹ. דְּמַשְׁמַע: בְּבַת אַחַת. נַעֲשָׂה כְּמִי שֶׁיָּצָא רוּבּוֹ. בְּבַת אַחַת. הָלְכוּ בְּאֵבָרִים. כִּדְמְפָרֵשׁ וְאָזֵיל: שֶׁיָּצָא רוּבּוֹ בְּמִיעוּט אֵבֶר. רוֹב הָעוּבָּר יָצָא, וּמִיעוּט א' מִן הָאֵבָרִים הִשְׁלִים לִיצִיאַת הָרוֹב. וְקָא מִיבַּעְיָא לֵיהּ: הָלְכוּ בָּאֵבָרִים אַחַר הָרוֹב, דְּנִשְׁדֵּי מִיעוּט אֵבֶר שֶׁיָּצָא בָּתַר רוּבּוֹ שֶׁבִּפְנִים, וְהָוֵי כְּמַאן דְּלָא נְפַק הַאי מִיעוּט, וְלֵיכָּא יְצִיאַת רוֹב עוּבָּר, וְאִם רָצָה – מְחַתֵּךְ וּמַשְׁלִיךְ לִכְלָבִים. וּמִשּׁוּם מַטִּיל מוּם בְּקָדָשִׁים לֵיכָּא, דְּמוּתָּר לְהַטִּיל מוּם בִּבְכוֹר קוֹדֶם שֶׁיֵּצֵא לַאֲוִיר הָעוֹלָם, כְּגוֹן יְצִיאַת רֹאשׁוֹ, אוֹ יְצִיאַת רוּבּוֹ דֶּרֶךְ מַרְגְּלוֹתָיו. אוֹ לֹא הָלְכוּ. וְשָׁדֵינַן לֵיהּ בָּתַר רוֹב עוּבָּר. דְּלָא שָׁבְקִינַן רוֹב עוּבָּר וְנֵיזִיל בָּתַר רוֹב אֵבֶר. אֶלָּא שֶׁיָּצָא חֶצְיוֹ. שֶׁל עוּבָּר, וְרוֹב אֵבֶר מַשְׁלִים אוֹתוֹ הַחֵצִי. וְאִי שָׁדֵינָא לְמִיעוּטָא דְּגַוַּואי בָּתַר רוּבָּא – נְפַק לֵיהּ רוּבָּא דְּוָלָד. אִי נֵימָא רוּבּוֹ מַמָּשׁ. וּבְבַת אַחַת קָא מַיְירֵי עַל כָּרְחָךְ. דְּאַע"ג דְּשָׁנֵינַן לְעֵיל: מְחַתֵּךְ וּמַנִּיחַ נַעֲשֶׂה כו' – שִׁינּוּיָא בְּעָלְמָא שָׁנֵי אַגַּב דּוּחְקֵיהּ, וּמַתְנִיתִין בְּמַשְׁמָעוּתֵיהּ קַיְימָא. אֶלָּא לָאו כְּגוֹן שֶׁיָּצָא חֶצְיוֹ בְּרוֹב אֵבֶר. וְקָרֵי לֵיהּ רוּבּוֹ, דְּשָׁדֵינַן מִיעוּט אֵבֶר דְּגַוַּואי בָּתַר רוֹב אֵבֶר, וַהֲוָה לֵיהּ רוֹב עוּבָּר. לֹא. לְעוֹלָם לֹא הָלְכוּ, וְלָא שָׁדֵינַן מִיעוּט אֵבֶר בָּתַר רוּבָּא. וּמַתְנִיתִין בְּיָצָא רוּבּוֹ מַמָּשׁ. וּדְקַשְׁיָא לָךְ: לְמַאי אִיצְטְרִיךְ? כְּגוֹן שֶׁהָיָה מִיעוּט אֶחָד מִן הָאֵבָרִים מַשְׁלִים לְרוֹב הָעוּבָּר. וְאִיצְטְרִיךְ לְאַשְׁמְעִינַן דְּהָוֵי רוּבָּא, וְלָא אָמְרִינַן: שְׁדֵי מִיעוּט אֵבֶר שֶׁבַּחוּץ אַחַר רוֹב שֶׁבִּפְנִים, וְלֵיכָּא לֵידָה. אֶלָּא שָׁדְיֵיהּ בָּתַר רוֹב הָעוּבָּר, הוֹאִיל וּבַהֲדֵיהּ נָפֵיק. כְּרָכוֹ בְּסִיב. שֶׁגָּדֵל וְנִכְרָךְ סְבִיב הַדֶּקֶל כְּעֵין מרייל"א שֶׁל גְּפָנִים. מַהוּ. שֶׁתְּהֵא חֲצִיצָה, וְאָמְרִינַן: כֵּיוָן דְּלֹא נָגַע בָּרֶחֶם – לָא קָדֵישׁ, דְּהָא רֶחֶם הוּא דִּמְקַדֵּשׁ, דִּכְדִידֵיהּ תְּלָא רַחֲמָנָא. וּלְקַמָּן בָּעֵי אֵימַת כְּרָכוֹ. וְאַת"ל סִיב הָוֵי חֲצִיצָה, דְּמִין שֶׁלֹּא בְּמִינוֹ הוּא. שִׁלְיָא. מִי הָוֵי חֲצִיצָה אוֹ לָא? כְּרָכָה. אִשָּׁה בְּיָדֶיהָ וְהוֹלִיאַתּוּ, וְהִפְסִיקוּ יָדֶיהָ בֵּינוֹ לְבֵין הָרֶחֶם. מִי אָמְרִינַן: כֵּיוָן דְּאוֹרְחֵיהּ הוּא לְיַלֵּד אֶת בְּהֶמְתָּהּ – לָאו חֲצִיצָה הִיא? הֵיכִי דָּמֵי. כָּל הָנָךְ בְּעָיֵי. אִי דִּנְפַק דֶּרֶךְ רֹאשׁוֹ. וְאַחַר שֶׁהוֹלִיאוּ אוֹתוֹ עָשׂוּ בּוֹ אֶחָד מִן הַדְּבָרִים הַלָּלוּ. פַּטְרְתֵיהּ. רֵישֵׁיהּ לָרֶחֶם, וְקָדוֹשׁ מִיָּד, דְּהָא יָצָא רֹאשׁוֹ הֲרֵי זֶה כַּיָּלוּד! דֶּרֶךְ מַרְגְּלוֹתָיו. וְקוֹדֶם יְצִיאַת רוּבּוֹ כְּרָכוּהוּ. בְּלָעַתְהוּ. חוּלְדָּה בְּתוֹךְ הָרֶחֶם וְהוֹלִיאַתְהוּ. הָא אַפִּיקְתֵיהּ. כְּשֶׁהָיָה בָּלוּעַ, וְלֹא נָגַע בָּרֶחֶם, וְהַיְינוּ כְּרָכַתּוּ! אֶלָּא בְּלָעַתּוּ וְהוֹצִיאַתּוּ וְהִכְנִיסַתּוּ וְהִקִּיאַתּוּ וְיָצָא מֵאֵלָיו מַהוּ. מִי קָדוֹשׁ בְּהַאי יְצִיאָה אַחֲרוֹנָה אוֹ לָא? וְנִכְנַס לָזֶה מַהוּ. נִפְטְרָה בְּהֵמָה הָאַחֶרֶת מִן הַבְּכוֹרָה, אוֹ לָא. נִפְתְּחוּ. גָּרְסִינַן "נִפְתְּחוּ", נִתְרַחֲבוּ, שֶׁכְּשֶׁיָּצָא לֹא נָגַע. נֶעֶקְרוּ. קס"ד קוֹדֶם לָכֵן נֶעֶקְרוּ וְנָפְלוּ. הָא לֵיתְנְהוּ. וּמֵאַן נַקְדִּישׁ? לֹא אֲוִיר וְלֹא נְגִיעָה, דְּהָא אֵין כָּאן רֶחֶם! נֶעֶקְרוּ. *(קס"ד: קוֹדֶם לָכֵן נֶעֶקְרוּ) וְנִכְנְסוּ לִפְנִים, וְנִתְלוּ לוֹ בְּצַוָּארוֹ. נִגְמְמוּ. נִיטַּל מְעוּבֵי הַכְּתָלִים מִבִּפְנִים סָבִיב סָבִיב. קָנָגְעַתְּ בְּבַעְיָא דְּאִיבַּעְיָא לָן. כְּבָר, וּמִשָּׁם אַתָּה לָמֵד אֶת תְּשׁוּבָתְךָ. וְיָצָא דֶּרֶךְ פָּרוּץ. מַהוּ? מִי אָמְרִינַן: כֵּיוָן דְּעוֹמֵד מְרוּבֶּה עָלָיו – הָוֵה לֵיהּ כְּאִילּוּ כּוּלּוֹ עוֹמֵד. ל"א: נִגְמְמוּ מִבִּפְנִים וְשָׂפָה חִיצוֹנָה *)מִשְׁמֶרֶת, וְקָא מִיבַּעְיָא לֵיהּ: *אוֹרְחָא בְּרָא מְקַדֵּשׁ אוֹ לָא?

*) [גירסת רש"ל משוירת אבל הכ"מ העתיק משמרת]

מתני'

תוספות

מאי לאו מחתך ומניח ואי אמרת למפרע קדוש יקבר מבעי ליה. תימה: דלמ"ד נמי מכאן ולהבא הוא קדוש, אמאי משליך לכלבים, כיון דכבר יצא רובו? דהא ברוב מחותך נמי חשיב ליה לידה, כדאמר ב"המפלת" (נדה דף כח.) דיצא מחותך מרובו – אמו טמאה לידה. ומתניתין – נמי קתני: ונפטרה מן הבכורה. ובכל ענין קאמר, בין שיצא אבר אבר בין שיצא רובו בבת אחת! וי"ל: דבשלמא אי מכאן ולהבא הוא קדוש, כיון דאין קדושה חלה עליו עד יציאת רובו, א"כ מה שנחתך קודם יציאת רוב – אין קדושה חלה עליו כלל, ויכול להשליכו לכלבים אף מאחר יציאת הרוב. ומיהו, מכי יצא רובו ואילך טעון קבורה למה שיצא. וכן משמע לשון הקונטרס. ואע"ג דקתני: יצא רובו הרי זה יקבר, ומשמע: רובו בבת אחת, כדמוכח בסוגיא, ומשמע: אבל אבר אבר לא – היינו דוקא לענין המיעוט הראשון, דאפי' אותו מיעוט טעון קבורה כשיצא רובו, מאחר דאין מחותך. אבל למ"ד למפרע קדוש, שמתחלה הקדושה חלה עליו, מתחלת הלידה – א"כ במחותך נמי יקבר. ואמאי דמחתך נמי לא קשיא ליה: היכי מטיל בו מום? דאיכא לאוקומי בנפל שאינו ראוי להקרבה. א"נ, מחתך קודם שיצא לאויר העולם. **כרכתו** אחותו. פי' בקונטרס: האשה כרכתו לעובר, ואחזתו בידים, והפסיקו ידיה בינו לבין הרחם. וקשה לרבינו תם: דבשום מקום לא איירי באשה מילדת עם הבהמה, אלא רועה, כדתנן: בהמה שמת עוברה בתוך מעיה והושיט הרועה את ידו. וריש' דהך מילתא נמי איירי ברועה, "כרכו בסיב" לשון זכר, הכי נמי הוה ליה למנקט: "כרכו ואחזו והוליאו"! ועוד, דמאי פריך: אי דנפק דרך רישיה – פטרתיה? וכי אין יכול להיות שאחזתו בידים בראשו, ומפסיק בידיה בין ראשו לרחם? וזה דוחק לומר דאין לרחם לפתוח קודם שילא הראש, ואין יכול להכניס ידו. ועוד, דמתניתין דהושיט רועה את ידו – בלא הוליא כלל איירי, דאם לא כן – נטמא במה שילא. ואע"ג דיש לחלק בין מבכרת לאין מבכרת, אי נמי, התם כשילדה אחר' קודם לזה, שנפתח רחמה – כל זה דוחק. ונראה לר"ת [ב] כמו גרסת ר"ח: "כרכתו אחותו והוליאתו" – שילדה נקבה עמו. כדאמר נמי בפ' "כל הבשר" (לקמן דף קיד.): אין לי אלא אחותו הקטנה, הגדולה מנין? ופריך: אי דנפק דרך רישיה, וכן הנקבה – הא פטרתיה ראש הנקבה, שילא ראשה תחלה, שראש הזכר כרוך בין ברכיה! ומשני: דנפק מרגלותיו והוא כרוך בין ברכיה. וה"ה דהוה מלי למימר "כרכו אחיו" לענין איזה מהן בכור, אלא נקט אחותו משום דליכא בכורה כלל*.

מאי

עין משפט נר מצוה

כ א מיי' פ"ד מהלכות בכורות הלכה יד טוש"ע יו"ד סימן שיט סעיף ה:

כא ב ג מיי' שם הלכה טו טוש"ע שם סעיף ז:

כב ד ה ו ז מיי' פ"ד מהלכות בכורות הלכה יז:

כג ח מיי' שם הלכה יח:

כד ט מיי' שם הלכה יט:

כה י מיי' שם הלכה כ:

כו כ ל מיי' שם הלכ' כא:

שיטה מקובצת

א] הלכו באברים אחר הרוב. נ"ב עי' תוס' כריתות דף יד ע"א: ב] כמו גרסת ר"ח כרכתו אחותו כו'. נ"ב עי' תוס' בכורות ט' ע"א יז ע"ב:

גליון הש"ס

גמ' חליו ברוב אבר. עיין עירובין דף טו ע"ב תוס' ד"ה פרוץ: שם הדביק שני רחמים. עיין כתובות דף ד ע"ב תוס' ד"ה עד:

[עיין תוס' סנהדרין מז: ד"ה מקיסתוס ותוס' כתובות ז: ד"ה עד שיסתום ותוס' שבת קנב: ד"ה עד שיסתום ותוס' יבמות קב: ד"ה ומי]

[ועי' תוס' סוכה ה. ד"ה כי היכי ותוס' בכורות ט. ד"ה אמר רב]

[נ"ל לין]

[נ"ל לי וכן העתיק הכ"מ בפ"ד מהלכות בכורות]

[טעות הדפוס]

[נ"ב תורא שפה חיצונה רש"י פרק אלו מומין וכן בערוך ערך תר רש"ל]

מסורת הש"ס

[כריתות יד. ע"ש]

[נזיר מב. הוריות ג: נדה כט.]

הגהות מהר"ב רנשבורג

א] גמ' בעי רבא הלכו באיברין אחר הרוב. נ"ב עיין כריתות דף יד ע"א תוס' ד"ה תיפשוט וכו': ב] תוס' ד"ה כרכתו וכו' כמו גרסת ר"ח כרכתו. נ"ב עיין בכורות ט' ע"ב תוס' ד"ה אמר רב כהן מין במינו אינו חוצץ וכו' ודו"ק:

רבינו גרשום

ואי אתמר בהא בהא קאמר רבה ביצא שליש דרך דופן ושני שלישין דרך רחם מיכן ולהבא קדוש דלחומרא אבל הכא ביצא שליש ומכרו לגוי דאי אמר מיכן ולהבא קדוש [הוי] לקולא הוה אמינא מודי לה לרב הונא דלמפרע קדוש צריכא דכשם שאמרו לחומרא כך אמרו לקולא: הכא במאי עסקינן במחתך ומשליך לכלבים. כלומר דלא יצא רוב יחד: היכי דמי אילימא כגון שיצא רובו במיעוט אבר כלומר שיצא רובו של עובר בכלל מיעוט אבר ורובו של אבר הוה במעיה וקא מיבעיא ליה האי מיעוט אבר דבראי בתר רובא דבהמה שדינן ליה ויצא רובו ויקבר או דלמא לאו מיעוט אבר בתר רוב אבר שדינן ליה ולא חל עליה קדושה וישליך לכלבו. אלא כגון שיצא חציו ברוב אבר כלומר חציו של עובר בכלל רוב אבר ומיעוט של עובר וקא מיבעיא ליה ההוא מיעוטא דלגואי מהו למשדייה בתר רוב אבר דבראי והוה ליה יצא רובו ויקבר או דלמא לא שדינן ליה בתר רובו ולא הוי אלא יצא חציו ולא חל עליה קדושה ומשליכו לכלבו: לא כגון שיצא רובו במיעוט אבר. כלומר כדאמרינן לעיל: בעי רבא כרכו בסיב מהו. כלומר רחם מקדש בכור והכי קמיבעיא ליה כרכו בסיב שלא נגע הבכור ברחם מהו שיקדש בבכורה ולאחר מיכן תהא האם פטורה מן הבכורה: כרכתו אחותו והוציאתו כו'. אשה כרכתהו בשום דבר אחזתהו והוציאתו מהו. היכי דמי אי דנפק העובר דרך רישיה תחילה ואח"כ אחזתו וכרכתו והוציאתו. פטרתה רישיה מן הבכורה לאחר מיכן שזה חשוב כילוד וחשוב בכור ופטורה מן הבכורה לאחר מיכן: הוציאתו הא אפיקתיה. כלומר ואינו קדוש הכי גרסי' אלא בלעתו והוציאתו והכניסתו והקיאתו ויצא מאליו מהו מי אמרינן כיון דמתחלה בלעתהו והוציאתו אינו קדוש ולא פטרתיה מן הבכורה או דלמא כיון דאחר כן יצא מאליו אמרינן קדוש ופטורה מן הבכורה: הדביק ב' רחמים ויצא מזה [לזה] השתא מי אמרינן ולד דידיה פטר והא לאו ולד דידיה מן האחרונה ולא פטר את האחרונה מן הבכורה דלאו ולד דידיה הוה או דילמא כיון דרחמה מקדש הבכור פטר תיקו: בעי רב אחאי נפתחו כותלי בית הרחם מהו דק"ל רחם מקדש ועכשיו נפתחו כותלי הרחם שאין בבהמה בית הרחם מהו: נעקרו הא ליתנהו ולא מקדש הבכור ולא חשוב בכור. אלא נעקרו ותלו ליה בצואריה כלומר כשנולד הולד יצא ובא ממעי אמו ועקר כותלי בית הרחם ותלו ליה בצואריה: נגממו. שלא נפתחו על הכל אלא נחתכו כותלי בית הרחם למעלה: עומד מרובה על הפרוץ. בבית הרחם:

והושיט

עין משפט נר מצוה

מסורת הש"ס

מתני׳ א] בְּהֵמָה שֶׁמֵּת עוּבָרָהּ בְּתוֹךְ מֵעֶיהָ, וְהוֹשִׁיט הָרוֹעֶה אֶת יָדוֹ וְנָגַע בּוֹ, בֵּין בִּבְהֵמָה טְמֵאָה בֵּין בִּבְהֵמָה טְהוֹרָה – *טָהוֹר. ר׳ יוֹסֵי הַגְּלִילִי אוֹמֵר: בִּטְמֵאָה – טָמֵא, וּבִטְהוֹרָה טָהוֹר.§

גמ׳ מַאי טַעְמָא דְּתַנָּא קַמָּא? אָמַר רַב חִסְדָּא: קַל וָחוֹמֶר, אִם הוֹעִילָה אִמּוֹ לְהַתִּירוֹ בַּאֲכִילָה, לֹא תּוֹעִיל לוֹ לְטַהוֹרֵיהּ מִידֵי נְבֵלָה? אַשְׁכְּחַן בְּהֵמָה טְהוֹרָה, בְּהֵמָה טְמֵאָה מְנָלַן? אָמַר קְרָא: "וְכִי יָמוּת מִן הַבְּהֵמָה" – זוֹ בְּהֵמָה טְמֵאָה, "אֲשֶׁר הִיא לָכֶם לְאָכְלָה" – זוֹ בְּהֵמָה טְהוֹרָה, אִיתַּקַּשׁ בְּהֵמָה טְמֵאָה לִבְהֵמָה טְהוֹרָה, מָה בְּהֵמָה טְהוֹרָה – עוּבָרָהּ טָהוֹר, אַף בְּהֵמָה טְמֵאָה – עוּבָרָהּ טָהוֹר. וְר׳ יוֹסֵי הַגְּלִילִי מַאי טַעְמָא? אָמַר ר׳ יִצְחָק: דְּאָמַר קְרָא "וְכֹל הוֹלֵךְ עַל כַּפָּיו בְּכָל הַחַיָּה הַהוֹלֶכֶת" וגו׳ – מְהַלְּכֵי כַפַּיִם בְּחַיָּה טִמֵּאתִי לָךְ. אֶלָּא מֵעַתָּה, קָלוּט בִּמְעֵי פָרָה לִיטַּמֵּא, דִּמְהַלְּכֵי כַפַּיִם בְּחַיָּה הוּא! מְהַלְּכֵי כַפַּיִם בִּמְהַלְּכֵי אַרְבַּע, וְהַאי – מְהַלְּכֵי אַרְבַּע בִּמְהַלְּכֵי שְׁמֹנָה הוּא. פָּרָה בִּמְעֵי גָמָל לֹא תִּטַּמֵּא, דִּמְהַלְּכֵי שְׁמֹנָה בִּמְהַלְּכֵי אַרְבַּע הוּא! "הוֹלֵךְ" "וְכֹל הוֹלֵךְ" – לְרַבּוֹת פָּרָה בִּמְעֵי גָמָל. קָלוּט בִּמְעֵי קְלוּטָה לִיטַּמֵּא, דִּמְהַלְּכֵי אַרְבַּע בִּמְהַלְּכֵי אַרְבַּע הוּא! לְהָכִי אַהֲנֵי ק"ו דְּרַב חִסְדָּא. מַתְקִיף לָהּ רַב אַחְדְּבוֹי בַּר אַמֵּי: חֲזִיר בִּמְעֵי חֲזִירְתָּא לֹא לִיטַּמֵּא, דִּמְהַלְּכֵי שְׁמֹנָה בִּמְהַלְּכֵי שְׁמֹנָה הוּא! א]אֶלָּא אָמַר רַב נַחְמָן בַּר יִצְחָק, מֵהָכָא: "נֶפֶשׁ כִּי תִגַּע בְּכָל טָמֵא אוֹ בְנִבְלַת חַיָּה טְמֵאָה אוֹ בְּנִבְלַת בְּהֵמָה טְמֵאָה אוֹ בְּנִבְלַת שֶׁרֶץ טָמֵא", וְכִי נִבְלַת בְּהֵמָה טְמֵאָה מְטַמְּאָה, וּבִטְהוֹרָה לֹא מְטַמְּאָה? אֶלָּא אֵיזֶה זֶה – זֶה עוּבָר, שֶׁבִּטְמֵאָה – טָמֵא, וּבִטְהוֹרָה – טָהוֹר. וּמֵאַחַר דְּנָפְקָא לֵיהּ מִדְּרַב נַחְמָן בַּר יִצְחָק, דְּרַבִּי יִצְחָק ל"ל? אִי לָאו דְּר׳ יִצְחָק, הֲוָה אָמֵינָא: כּוּלֵּיהּ *לְכִדְרַבִּי הוּא דַּאֲתָא, קמ"ל. תַּנְיָא, אָמַר ר׳ יוֹנָתָן: נַמְתִּי לוֹ לְבֶן עַזַּאי, לָמַדְנוּ נִבְלַת בְּהֵמָה טְהוֹרָה שֶׁמְּטַמְּאָה, וְנִבְלַת בְּהֵמָה טְמֵאָה שֶׁמְּטַמְּאָה, נִבְלַת חַיָּה טְמֵאָה שֶׁמְּטַמְּאָה; נִבְלַת חַיָּה טְהוֹרָה לֹא לָמַדְנוּ מִנַּיִן? נָם לִי: "כֹּל הוֹלֵךְ עַל כַּפָּיו בְּכָל הַחַיָּה הַהוֹלֶכֶת". נַמְתִּי לוֹ: וְכִי נֶאֱמַר "וְכָל חַיָּה"? וַהֲלֹא לֹא נֶאֱמַר אֶלָּא: "בְּכָל הַחַיָּה", לִמְהַלְּכֵי כַפַּיִם בְּחַיָּה הוּא דַּאֲתָא! נָם לִי: וּמָה יִשְׁמָעֵאל אוֹמֵר בְּדָבָר הַזֶּה? נַמְתִּי לוֹ: *"וְכִי יָמוּת מִן הַבְּהֵמָה" – זוֹ בְּהֵמָה טְמֵאָה, "אֲשֶׁר הִיא לָכֶם לְאָכְלָה" – זוֹ בְּהֵמָה טְהוֹרָה. בלָמַדְנוּ: חַיָּה בִּכְלַל בְּהֵמָה, וּבְהֵמָה בִּכְלַל חַיָּה; חַיָּה טְהוֹרָה בִּכְלַל בְּהֵמָה טְהוֹרָה, חַיָּה טְמֵאָה בִּכְלַל בְּהֵמָה טְמֵאָה, בְּהֵמָה

תורה אור: ויקרא יא; שם; שם ה; שם יא

רש"י

מתני׳ הוֹשִׁיט הָרוֹעֶה אֶת יָדוֹ. לְתוֹךְ מֵעֶיהָ. טָהוֹר. טַעְמָא מְפָרֵשׁ בַּגְּמָ׳. גמ׳ ק"ו. כְּלוֹמַר, אֲפִי׳ לְר׳ עֲקִיבָא דְּאָמַר לְקַמָּן (דף עב.): טוּמְאָה בְּלוּעָה, כְּגוֹן עוּבָּר בִּמְעֵי אִשָּׁה – טְמֵאָה, הָכָא מוֹדֶה מִק"ו: אִם הוֹעִילָה לוֹ שְׁחִיטַת אִמּוֹ לְהַתִּירוֹ בַּאֲכִילָה בִּשְׁחִיטָתָהּ, אע"פ שֶׁהוּא מֵת, לֹא תּוֹעִיל לוֹ כְּשֶׁהִיא חַיָּה לְטַהֲרוֹ מִנְּבֵלָה? אִיתַּקַּשׁ. נִבְלַת טְמֵאָה לְנִבְלַת טְהוֹרָה, מִי שֶׁאֵינוֹ קָרוּי נְבֵלָה בִּטְהוֹרָה – אֵינוֹ קָרוּי בִּטְמֵאָה. עַל כַּפָּיו. שֶׁאֵין פַּרְסוֹתָיו סְדוּקוֹת. מְהַלְּכֵי כַפַּיִם בְּחַיָּה. בְּתוֹךְ גּוּפָהּ שֶׁל בְּהֵמָה חַיָּה, דְּהַיְינוּ עוּבָּר טָמֵא בִּמְעֵי אִמּוֹ. טִמֵּאתִי לָךְ. מִשּׁוּם נְבֵלָה, דִּכְתִיב בְּסֵיפֵיהּ: "הַנּוֹגֵעַ בְּנִבְלָתָם יִטְמָא". קָלוּט. מֵת. בִּמְעֵי פָרָה לִיטַּמֵּא. שֶׁהֲרֵי מְהַלְּכֵי כַפַּיִם הוּא! וּמְשַׁנֵּי: מְהַלְּכֵי כַפַּיִם בִּמְהַלְּכֵי אַרְבַּע. בָּעֵינַן, דְּהָכִי כְּתִיב: "הוֹלֵךְ עַל כַּפָּיו בְּכָל הַחַיָּה הַהוֹלֶכֶת עַל אַרְבַּע" – שֶׁאֵין לְאִמּוֹ אֶלָּא ד׳ רַגְלַיִם, כְּגוֹן טְמֵאָה, שֶׁאֵין פַּרְסוֹתֶיהָ סְדוּקוֹת. פָּרָה בִּמְעֵי גָמָל. טְמֵאָה שֶׁעוּבָּרָהּ מִין טָהוֹר. לֹא תִּטַּמֵּא. בִּמְעֵי אִמּוֹ, דְּהַאי לָאו מְהַלֵּךְ עַל כַּפָּיו הוּא. וְר׳ יוֹסֵי פָּסֵיק וְתָנֵי: בִּטְמֵאָה טָמֵא! קָלוּט בִּמְעֵי קְלוּטָה. וְאִמּוֹ טְהוֹרָה הִיא, אֶלָּא שֶׁנּוֹלַד כָּךְ. לִיטַּמֵּא. בִּמְעֵי אִמּוֹ. וּמַתְנִי׳ פָּסֵיק וְתָנֵי: בִּטְהוֹרָה טָהוֹר! קַל וָחוֹמֶר דְּרַב חִסְדָּא. אִם הוֹעִילָה לוֹ אִמּוֹ כו׳. אֶלָּא אֵיזֶה זֶה. נְבֵלָה שֶׁחֲלוּקָה בֵּין נִבְלַת טְמֵאָה לִטְהוֹרָה. זוֹ נִבְלַת עוּבָּר. דְּהָא בְּנוֹלְדָה לֵיכָּא לְאוֹקְמָהּ, דְּהָא נִבְלַת טְהוֹרָה מְטַמְּאָה, דִּכְתִיב: "[וְכִי] יָמוּת מִן הַבְּהֵמָה אֲשֶׁר הִיא לָכֶם" וגו׳. אֶלָּא בְּנִבְלַת עוּבָּר מִיתּוֹקְמָא, שֶׁבִּטְהוֹרָ׳ טָהוֹר מִקַּל וָחוֹמֶר, וּבִטְמֵאָה טָמֵא, דְּלֵיכָּא קַל וָחוֹמֶר, דְּקָם לֵיהּ מִילְּתָא בְּטוּמְאַת נְבֵלוֹת מֵאַחַר שֶׁמֵּת, וְלָא דָּרְשִׁי׳ הֶיקֵּשָׁא. אִי לָאו דְּר׳ יִצְחָק הֲוָה אָמֵינָא כּוּלֵּיהּ הַאי קְרָא לְכִדְרַבִּי אֲתָא. דְּאָמְרִי׳ לְקַמָּן (דף עא.): אֶקְרָא אֲנִי חַיָּה, בְּהֵמָה לָמָּה נֶאֶמְרָה כו׳. וְעוּבָּר טְמֵאָה דְּטָהוֹר תֵּיפּוֹק לָן מֵהֶקֵּישָׁא דִּלְעֵיל. וְאע"ג דְּרַבִּי מִבְּהֵמָה טְמֵאָה נָפְקָא, וּדְרַב נַחְמָן תֵּיפּוֹק מֵחַיָּה – הָא קַיְימָא לָן (שבועות דף יט.): פָּרָשָׁה שֶׁנֶּאֶמְרָה וְנִשְׁנֵית – מִפְּנֵי חִידּוּשׁ אֶחָד נִשְׁנֵית. הַשְׁתָּא דִּכְתִיב: "כֹּל הוֹלֵךְ עַל כַּפָּיו", דְּאַפַּקְנָא מֵהֶיקֵּשָׁא דְּלָא נָקֵיט – דָּרְשִׁי׳ מִ"בְּנִבְלַת חַיָּה טְמֵאָה", וְאָמְרִינַן: לִדְרָשָׁה אַחֶרֶת, לְאַתּוּיֵי עוּבָּר. הָכִי

גָּרְסִי׳: תַּנְיָא אָמַר ר׳ יוֹנָתָן נַמְתִּי לוֹ לְבֶן עַזַּאי (א). נַמְתִּי = אָמַרְתִּי. לָמַדְנוּ כו׳ – דִּכְתִיב: "אוֹ בְּנִבְלַת חַיָּה טְמֵאָה אוֹ בְּנִבְלַת בְּהֵמָה טְמֵאָה", וּכְתִיב: "וְכִי יָמוּת מִן הַבְּהֵמָה אֲשֶׁר הִיא לָכֶם לְאָכְלָה" – הֲרֵי חַיָּה טְמֵאָה, וּבְהֵמָה טְמֵאָה, וּבְהֵמָה טְהוֹרָה. אֲבָל נִבְלַת חַיָּה טְהוֹרָה לֹא לָמַדְנוּ שֶׁתְּטַמֵּא, וּמִנַּיִן? בְּכָל הַחַיָּה. לְהָבִיא חַיָּה טְהוֹרָה, וּכְתִיב בְּסֵיפֵיהּ: "הַנּוֹגֵעַ בְּנִבְלָתָם יִטְמָא". לִמְהַלְּכֵי כַפַּיִם בְּחַיָּה. עוּבָּר טָמֵא בִּמְעֵי אִמּוֹ, כְּדַאֲמַרַן. נַמְתִּי לוֹ וְכִי יָמוּת מִן הַבְּהֵמָה וגו׳. וְכֵיוָן דִּפְרַט לָךְ בְּהֵמָה טְהוֹרָה וּטְמֵאָה – הֲרֵי חַיָּה טְהוֹרָה בִּכְלָל, לְפִי שֶׁלָּמַדְנוּ בְּמָקוֹם אַחֵר: חַיָּה בִּכְלַל בְּהֵמָה, וּבְהֵמָה בִּכְלַל חַיָּה, כִּדְאָמְרִינַן לְקַמָּן. וּמֵעַתָּה תְּהֵא לָךְ חַיָּה טְהוֹרָה בִּכְלַל בְּהֵמָה טְהוֹרָה, אִם תִּצְטָרֵךְ לִלְמוֹד חַיָּה טְהוֹרָה מִבְּהֵמָה טְהוֹרָה כְּלוּם. וְחַיָּה טמאה בכלל בהמה טמאה. לִכְשֶׁתִּצְטָרֵךְ. וּלְקַמָּן מְפָרֵשׁ לְמַאי הִלְכְתָא. וְסֵיפָא ה"ג: וְלָמַדְנוּ חַיָּה בִּכְלַל בְּהֵמָה וּבְהֵמָה בִּכְלַל חַיָּה, חַיָּה טְהוֹרָה בִּכְלַל בְּהֵמָה טְהוֹרָה, חַיָּה טְמֵאָה בִּכְלַל בְּהֵמָה טְמֵאָה, בְּהֵמָה טְמֵאָה בִּכְלַל חַיָּה טְמֵאָה, בְּהֵמָה טְהוֹרָה בִּכְלַל חַיָּה טְהוֹרָה. *חֲבָל עַל בֶּן עַזַּאי. הֶפְסֵד וַחֲבָלָה הִיא בָּעוֹלָם, תַּלְמִיד וָתִיק כְּמוֹתִי אֲנִי בֶּן עַזַּאי שֶׁלֹּא שִׁמַּשְׁתִּי אֶת ר׳ יִשְׁמָעֵאל. כָּל חֲבָלָה שֶׁבַּתַּלְמוּד לְשׁוֹן חֲבָלָה וְהֶפְסֵד הוּא, כְּמוֹ (סנהדרין דף נט:): חֲבָל עַל שַׁמָּשׁ גָּדוֹל שֶׁאָבַד מִן הָעוֹלָם, גַּבֵּי נָחָשׁ. זֹאת הַבְּהֵמָה אֲשֶׁר תֹּאכֵלוּ. וּמְפָרֵשׁ בַּתְרֵיהּ: אַיָּל וּצְבִי, אַלְמָא חַיָּה בִּכְלַל בְּהֵמָה. זֹאת הַחַיָּה אֲשֶׁר תֹּאכְלוּ מִכָּל הַבְּהֵמָה אֲשֶׁר עַל הָאָרֶץ כֹּל מַפְרֶסֶת פַּרְסָה. וְהָכִי מַשְׁמַע: מִכָּל הַבְּהֵמָה אֱכוֹל אֶת הַמַּפְרֶסֶת. וּמֵעִיקָּרָא מַתְחִיל לְאִישְׁתַּעוּיֵי בְּחַיָּה: "זֹאת הַחַיָּה אֲשֶׁר תֹּאכְלוּ", וּמְפָרֵשׁ סִימָנֵי בְהֵמָה, דְּקָאָמַר: "מִכָּל הַבְּהֵמָה כָּל מַפְרֶסֶת" – אַלְמָא בְּהֵמָה בִּכְלַל חַיָּה. וּמֵעַתָּה תִּלְמוֹד לְכָל הַצָּרִיךְ לָךְ. חַיָּה טְהוֹרָה בִּכְלַל בְּהֵמָה טְהוֹרָה כו׳. וְהַשְׁתָּא מְפָרֵשׁ לְאַרְבָּעָה בָּבֵי דְּמַתְנִיתָא לְמַאי נִיבָּעֵי לְהוּ. חַיָּה טְהוֹרָה בִּכְלַל בְּהֵמָה טְהוֹרָה לְסִימָנִין. שֶׁלֹּא מָצִינוּ סִימָנִין מְפוֹרָשִׁים אֶלָּא בִּבְהֵמָה, דִּכְתִיב *בְּ"וַיִּקְרָא": "כָּל בְּהֵמָה מַפְרֶסֶת פַּרְסָה", *וּבְמִשְׁנֵה תוֹרָה (יד): "מִכָּל הַבְּהֵמָה אֲשֶׁר עַל הָאָרֶץ כֹּל מַפְרֶסֶת פַּרְסָה". סִימָנִין אַבְּהֵמָה קָיְימֵי, וּבְחַיָּה לָא יָדְעִינַן אֶלָּא מִשּׁוּם דְּאַשְׁכְּחַן חַיָּה בִּכְלַל בְּהֵמָה, כִּדְלְעֵיל: "זֹאת הַבְּהֵמָה" וּמְפָרֵשׁ: אַיָּל וּצְבִי וְיַחְמוּר. וְהוּא הַדִּין נַמִּי דְּאִצְטְרִיךְ לָן חַיָּה טְהוֹרָה בִּכְלַל בְּהֵמָה טְהוֹרָה לְטוּמְאַת נְבֵלוֹת, כִּדְבָעֵינַן לְעֵיל: נִבְלַת חַיָּה טְהוֹרָה לֹא לָמַדְנוּ, וְנָפְקָא לָן מִבְּהֵמָה טְהוֹרָה. וּלְהַרְבָּעָה נַמִּי אִצְטְרִיךְ, דְּהָא הַרְבָּעַת כִּלְאַיִם בִּבְהֵמָה כְּתִיב וְלֹא בְּחַיָּה, אֶלָּא חֲדָא מִינַּיְיהוּ נָקַט. ה"ג: חַיָּה טְמֵאָה בִּכְלַל בְּהֵמָה טמאה לְהַרְבָּעָה. וּכְדְפָרְשִׁי׳ דְּהַרְבָּעָה בִּבְהֵמָה כְּתִיבָא, וּמַשְׁמַע בֵּין טְמֵאָה וּבֵין טְהוֹרָה, וְחַיָּה מִבְּהֵמָה נָפְקָא. וְהוּא הַדִּין נַמִּי דְּחַיָּה טְהוֹרָה לְהַרְבָּעָה בִּכְלַל בְּהֵמָה טְהוֹרָה, אֶלָּא בְּכָל כְּלָלֵי דִּבְרַיְיתָא מְפָרֵשׁ חֲדָא מִילְּתָא, לְאַשְׁמוֹעִינַן דְּמִכּוּלְּהוּ אִיכָּא לְמֵילַף.

בְּהֵמָה

תוספות

*מאי טעמא דתנא קמא. וא"ת: ומאי קבעי? והא טומאה בלועה היא ולא מטמאה! וי"ל: דמשום דר׳ עקיבא מטמא לקמן (דף עב.) עובר במעי אשה, אצטריך ליה הכא גבי בהמה ק"ו, כדפירש בקונטרס דלפי ר׳ עקיבא מודה הכא. א"נ, משום דהיה לנו לטמאות מ"וכל הולך על כפיו" דכסמוך, אפילו קלוט במעי קלוטה, אי לאו ק"ו, והשתא דאיכא ק"ו – מוקי לה תנא קמא לדרשא אחריתי. **קלוט** במעי פרה ליטמא. הוה מצי לשנויי דלהכי אהני ק"ו דרב חסדא, אלא דעדיפא משני. **קלוט** במעי קלוטה. וא"ת: ומאי פריך? אין הכי נמי, דאליבא דר׳ יוסי הגלילי קיימינן, דדריש אתין בפרק "ד׳ וה׳" (ב"ק מא:) גבי "ובעל השור נקי", דדריש: נקי מדמי ולדות. ומשמע דמוקי "את" להנאת עורו, *ואם כן סבר כרבי שמעון דאסר קלוט כשיצא לאויר העולם, דנפקא מ"את הגמל" בפ"ק דבכורות (דף ו:)! וי"ל: *דניחא ליה לייבש מילתא דר׳ יוסי דהכא אפילו למאן דשרי קלוט. א"נ, הכא איירי בראשו ורובו דומים לאמו, דלפי׳ ר"ש מודה בההיא דשרי, כדמוכח התם. *חיה טמאה בכלל בהמה טמאה להרבעה. דכל חד משמע מידום. כלומר, דממשמע דחיה בכלל בהמה – שמענו שפיר איסור הרבעה. ומיהו, בלאו הכי ידעינן, דלפי׳ בעופות גמרי׳ הרבעה "בהמתך" "בהמתך" משבת, כדאמרי׳ ב"שור שנגח את הפרה" (ב"ק נד:).

ולרבנן

עין משפט נר מצוה:

עיין ר"מ

כז א מיי׳ פ"ב מהלכות שאר אבות הטומאה הלכה ב:

כח ב מיי׳ פ"א שם הלכה ב:

עיין רש"א

[שייך לדף עא.]

שיטה מקובצת

א] בהמה שמת עוברה. נ"ב ע׳ רש"י ותוס׳ בכורות כ"ב ע"א [ד"ה עד]:

הגהות הב"ח

(א) רש"י ד"ה ה"ג כו׳ נמתי אמרתי. נ"ב עיין בזבחים דף מה ע"ב במתני׳:

בגי׳ הילקוט אינו וכנ"ל דהך דרשא זו בהמה טמאה לא שייכא כלל הכא. ועי׳ רש"א

שייך לדף עא.

[נ"ל במשנה תורה יד]

[נ"ל בויקרא יא]

[עיין תוס׳ בכורות כב. ד"ה עד]

גליון הש"ס

תוס׳ ד"ה קלוט וכו׳ דניחא ליה לייבש. כעין זה כתבו תוס׳ שבועות דף ג׳ ע"ב ד"ה א"ה:

הגהות מהר"ב רנשבורג

א] גמ׳ אלא אמר רב נחמן בר יצחק מהכא נפש אשר תגע בכל דבר טמא וכו׳ כצ"ל והוא בפ׳ ויקרא ה׳ ב׳ ולא כנדפס בטעות על פרשה ז׳:

[לקמן עא.]

רבינו גרשום

והושיט הרועה את ידו. בבית הרחם: ונגע בו. במעי אמו. אם הועילה לו אמו להתירו באכילה. בשחיטת אמו לא תועיל לו מחיים בשאמו בחיים אע"ג שהעובר מת בתוך מעיה שכמה היא אינה טמאה מחיים כך לא יהא עוברה שבתוך מעיה [מטמא] אע"פ שמתה: מהלכי כפים בחיה טמאתי לך. כלומר עובר טמא שהוא מהלכי כפים שאין פרסות סדוקות בחיה טימאתי לך כלומר אף שהאם חיה טימאתי לך: אלא מעתה קלוט במעי פרה ליטמא. השתא דאמרת מהלכי כפים בחיה טימאתי לך קלוט במעי פרה ליטמא כו׳: מהלכי ארבע במהלכי ארבע הוא. כלומר לא מצית אמרת הכי דכתיב כל הולך על גחון וכל הולך על כפיו בכל החיה ההולכת על ארבע בעינן שיהא עובר ואם שוין כשם שהעובר טמא כך תהא האם טמאה: והאי מהלכי ארבע במהלכי שמנה. כלומר דאם פרסותיה סדוקות: אי לאו דרבי יצחק הוה אמינא כוליה כו׳. כלומר הוה אמינא בנבלת חיה טמאה או בנבלת בהמה טמאה כוליה [לכדרבי] הוא דאתא לקמן קמ"ל דרבי יצחק: למדנו נבלת בהמה (טמאה) [טהורה] שמטמא כו׳. כלומר מכי ימות מן הבהמה כדאמרינן לעיל: נם לי וכל הולך על כפיו בכל החיה ההולכת אפי׳ הולכת חיה על ארבע טמא הוא לכם כל הנוגע בנבלתה וגו׳: מהלכי כפים בחיה הוא. כלומר צריכא לן למידרש שעובר טמא במעי טמאה אע"פ שהאם בחיים וכדר׳ יצחק:

בהמה

בְּהֵמָה טְמֵאָה בִּכְלַל חַיָּה טְמֵאָה, בְּהֵמָה טְהוֹרָה בִּכְלַל חַיָּה טְהוֹרָה. וּבִלְשׁוֹן הַזֶּה אָמַר לִי: חֲבָל עַל בֶּן עַזַּאי שֶׁלֹּא שִׁימֵּשׁ אֶת רַבִּי יִשְׁמָעֵאל! חַיָּה בִּכְלַל בְּהֵמָה, מִנַּלַן? דִּכְתִיב: °"זֹאת הַבְּהֵמָה אֲשֶׁר תֹּאכֵלוּ שׁוֹר שֵׂה כְשָׂבִים וגו' אַיָּל וּצְבִי וְיַחְמוּר" וגו', הָא כֵּיצַד? חַיָּה בִּכְלַל בְּהֵמָה. בְּהֵמָה בִּכְלַל חַיָּה, מִנַּלַן? דִּכְתִיב: °"זֹאת הַחַיָּה אֲשֶׁר תֹּאכְלוּ מִכׇּל הַבְּהֵמָה אֲשֶׁר עַל הָאָרֶץ כֹּל מַפְרֶסֶת פַּרְסָה", הָא כֵּיצַד בְּהֵמָה בִּכְלַל חַיָּה. *חַיָּה טְהוֹרָה בִּכְלַל בְּהֵמָה טְהוֹרָה – לְסִימָנִים, חַיָּה טְמֵאָה בִּכְלַל בְּהֵמָה טְמֵאָה – לְהַרְבָּעָה, בְּהֵמָה טְמֵאָה בִּכְלַל חַיָּה טְמֵאָה – לְכִדְרַבִּי; *דְּתַנְיָא, רַבִּי אוֹמֵר: אֶקְרָא אֲנִי חַיָּה, בְּהֵמָה לָמָּה נֶאֶמְרָה? נֶאֶמְרָה כָּאן "בְּהֵמָה טְמֵאָה", וְנֶאֱמַר לְהַלָּן "בְּהֵמָה טְמֵאָה", מָה לְהַלָּן – טוּמְאַת קֹדֶשׁ, אַף כָּאן – טוּמְאַת קֹדֶשׁ. בְּהֵמָה טְהוֹרָה בִּכְלַל חַיָּה טְהוֹרָה – לִיצִירָה, *דִּתְנַן: הַמַּפֶּלֶת מִין בְּהֵמָה חַיָּה וָעוֹף, בֵּין טְמֵאִין בֵּין טְהוֹרִין, אִם זָכָר – תֵּשֵׁב לְזָכָר, אִם נְקֵבָה – תֵּשֵׁב לִנְקֵבָה, אֵינוֹ יָדוּעַ – תֵּשֵׁב לְזָכָר וְלִנְקֵבָה, דִּבְרֵי רַבִּי מֵאִיר. וַחֲכָמִים אוֹמְרִים: כֹּל שֶׁאֵינוֹ מְצוּרַת אָדָם – אֵינוֹ וָלָד. וְרַבָּנַן, הַאי קְרָא לָמָּה לִי? כּוּלֵּיהּ לְכִדְרַבִּי הוּא דְּאָתָא.§ **מתני'** הָאִשָּׁה שֶׁמֵּת וְלָדָהּ בְּתוֹךְ מֵעֶיהָ, וּפָשְׁטָה חַיָּה אֶת יָדָהּ וְנָגְעָה בּוֹ – הַחַיָּה טְמֵאָה טוּמְאַת שִׁבְעָה, וְהָאִשָּׁה *טְהוֹרָה עַד שֶׁיֵּצֵא הַוָּלָד.§ **גמ'** אָמַר רַבָּה: כְּשֵׁם שֶׁטּוּמְאָה בְּלוּעָה אֵינָהּ מְטַמְּאָה – כָּךְ טָהֳרָה בְּלוּעָה אֵינָהּ מִיטַּמְּאָה. טוּמְאָה בְּלוּעָה מְנָלַן? דִּכְתִיב: °"וְהָאוֹכֵל מִנִּבְלָתָהּ יְכַבֵּס בְּגָדָיו", א) מִי לָא עָסְקִינַן דַּאֲכַל סָמוּךְ לִשְׁקִיעַת הַחַמָּה? וְקָאָמַר רַחֲמָנָא טָהוֹר. וְדִילְמָא שָׁאנֵי הָתָם, דְּלָא חַזְיָא לַגֵּר! הָנִיחָא לְרַבִּי יוֹחָנָן *דְּאָמַר: אַחַת זוֹ וְאַחַת זוֹ – עַד לַכֶּלֶב, שַׁפִּיר; אֶלָּא לְבַר פְּדָא דְּאָמַר: טוּמְאָה חֲמוּרָה – לַגֵּר, וְטוּמְאָה קַלָּה – עַד לַכֶּלֶב, מִשּׁוּם דְּלָא חַזְיָא לַגֵּר הוּא! נְהִי דְּלָא חַזְיָא בְּפָנָיו, שֶׁלֹּא בְּפָנָיו מִיחְזָא חַזְיָא לֵיהּ. אַשְׁכְּחַן טוּמְאָה בְּלוּעָה, טָהֳרָה בְּלוּעָה מְנָלַן? קַל וָחוֹמֶר: וּמָה כְּלִי חֶרֶס הַמּוּקָּף צָמִיד פָּתִיל, שֶׁאֵינוֹ מַצִּיל עַל טוּמְאָה שֶׁבְּתוֹכוֹ מִלְּטַמֵּא, דְּאָמַר מָר: *ח) טוּמְאָה רְצוּצָה בּוֹקַעַת וְעוֹלָה עַד לָרָקִיעַ – מַצִּיל עַל טָהֳרָה שֶׁבְּתוֹכוֹ מִלְּטַמֵּא,

אָדָם

דברים יד | ויקרא יא

רש"י

בְּהֵמָה טְמֵאָה בִּכְלַל חַיָּה טְמֵאָה לְכִדְרַבִּי. גִּרְסִינַן. אֶקְרָא אֲנִי חַיָּה. גַּבֵּי קׇרְבַּן עוֹלֶה וְיוֹרֵד: "אוֹ בְנִבְלַת חַיָּה טְמֵאָה אוֹ בְּנִבְלַת בְּהֵמָה טְמֵאָה" (ויקרא ה), וְדֵי הָיָה לִי בִּקְרִיאַת חַיָּה, וְיוֹדֵעַ אֲנִי שֶׁבְּהֵמָה בִּכְלַל חַיָּה, בְּהֵמָה לָמָּה נֶאֶמְרָה? נֶאֱמַר כָּאן בְּהֵמָה טְמֵאָה. וְנֶאֱמַר בְּטָמֵא שֶׁאָכַל אֶת הַקֹּדֶשׁ בְּפָרָשַׁת (אֱמוֹר אֶל הַכֹּהֲנִים) ["צַו"]: "וְנֶפֶשׁ כִּי תִגַּע בְּכׇל טָמֵא בְּטוּמְאַת אָדָם אוֹ בִּבְהֵמָה טְמֵאָה". מָה לְהַלָּן בְּטוּמְאַת קֹדֶשׁ. כְּלוֹמַר, בְּטָמֵא שֶׁאָכַל אֶת הַקֹּדֶשׁ. אַף. קׇרְבַּן עוֹלֶה וְיוֹרֵד, דִּכְתִיב: "אוֹ נֶפֶשׁ אֲשֶׁר תִּגַּע" וגו', וּמַשְׁמַע דְּבִנְגִיעַת טוּמְאָה מְחַיֵּיב לֵיהּ קׇרְבַּן עוֹלֶה וְיוֹרֵד, דְּיָלְפִינַן הָכָא גְּזֵרָה שָׁוָה דְּלָא מִיחַיַּיב עַד דְּאָכֵיל קֹדֶשׁ אוֹ יִכָּנֵס לַמִּקְדָּשׁ. וְלָא מִילְּתָא אִיצְטְרִיךְ לָן בְּהֵמָה טְמֵאָה בִּכְלַל חַיָּה, דְּאִי לָאו דְּקָיְימָא לָן מִ"זֹּאת הַחַיָּה" דִּבְהֵמָה בִּכְלַל חַיָּה – לָא הֲוָה מְיַיתֵּר לָן הַאי בְּהֵמָה טְמֵאָה לג"ש, דְּלָא הֲוֵי אָמֵינָא לְמֵימַר: אֶקְרָא אֲנִי חַיָּה. בְּהֵמָה טְהוֹרָה בִּכְלַל חַיָּה טְהוֹרָה לִיצִירָה. דִּגְבֵי חַיָּה כְּתִיבָא (בראשית ב) יְצִירָה: "וַיִּצֶר ה' אֱלֹהִים מִן הָאֲדָמָה כׇּל חַיַּת הַשָּׂדֶה" וגו'. וְנָפְקָא מִינַּהּ לַמַּפֶּלֶת מִין בְּהֵמָה חַיָּה וָעוֹף, דְּקָאָמַר ר"מ: תּוֹרַת וָלָד עֲלֵיהֶן, וְאִמָּן יוֹשֶׁבֶת עֲלֵיהֶן יְמֵי טוּמְאָה וִימֵי טׇהֳרָה. וְאָמְרִינַן בְּ"הַמַּפֶּלֶת" (נדה כב:): מ"ט דר"מ – הוֹאִיל וְנֶאֱמַר בָּהֶן יְצִירָה כְּאָדָם. וְהוּא הַדִּין דִּבְהֵמָה טְמֵאָה בִּכְלַל חַיָּה טְמֵאָה נַמִּי לְהַאי מִילְּתָא אִיצְטְרִיכָא, אֶלָּא כְּבָר פָּרֵישׁ בָּהּ מִילְּתָא אַחֲרִיתִי לְכִדְרַבִּי, וַחֲדָא מִינַּיְיהוּ נָקֵט. וּבְכׇל כְּלָלֵי דִּבְרַיְיתָא פָּרֵישׁ חֲדָא מִילְּתָא. תֵּשֵׁב לְזָכָר. שִׁבְעַת יְמֵי טוּמְאָה, וְל"ג יְמֵי טוֹהַר, שֶׁכׇּל דָּמִים שֶׁהִיא רוֹאָה בָּהֶן טְהוֹרִין. וְתֵשֵׁב לִנְקֵבָה. שְׁבוּעַיִם טְמֵאִים, וְס"ו טוֹהַר. אֵינוֹ יָדוּעַ. אִם זָכָר אִם נְקֵבָה – הַטֵּל עָלֶיהָ חוּמְרֵי שְׁנֵיהֶם וְתֵשֵׁב לְזָכָר וְלִנְקֵבָה. שְׁבוּעַיִם טוּמְאָה לֵידַת נְקֵבָה, וַאֲפִילּוּ אֵינָהּ רוֹאָה בָּהֶן, שֶׁמָּא נְקֵבָה יָלְדָה, וּבְלֹא רְאִיָּיה אִיכָּא שְׁבוּעַיִם טוּמְאַת לֵידָה. וִימֵי טוֹהַר אֵין לָהּ אֶלָּא עַד אַרְבָּעִים יוֹם מִתְּחִלַּת לֵידָתָן, דְּכֵיוָן זָכָר, שֶׁמָּא זָכָר הוּא. ה"ג: וְרַבָּנַן הַאי קְרָא לָמָּה לִי כּוּלֵּיהּ לְכִדְרַבִּי הוּא דְּאָתָא. וּמַתְנִיתִין קָאֵי. וְרַבָּנַן דִּפְלִיגִי אַדְּרַבִּי יוֹסֵי הַגְּלִילִי, הָא קְרָא דר"נ דְּיָלְפִינַן מִינֵּיהּ: וְאַתְיָא לֵיהּ עוֹבָר שֶׁבִּטְמֵאָה טָמֵא, לָמָּה לֵיהּ? לְכִדְרַבִּי הוּא דְּאָתָא. חַיָּה טְמֵאָה לִגְוֻפֵיהּ, וּבְהֵמָה טְמֵאָה לג"ש. וְאַיְּידֵי דִּכְתַב טְמֵאָה בִּבְהֵמָה מִשּׁוּם ג"ש – כְּתַב נַמִּי בְּחַיָּה, דְּכׇל פָּרָשָׁה שֶׁנֶּאֶמְרָה וְנִשְׁנֵית – לֹא נִשְׁנֵית אֶלָּא בִּשְׁבִיל דָּבָר שֶׁנִּתְחַדֵּשׁ בָּהּ. כְּשֵׁם שֶׁטּוּמְאָה בְּלוּעָה אֵינָהּ מְטַמְּאָה. אֲחֵרִים, דִּמְפָרֵשׁ בָּהּ קְרָא בְּהֶדְיָא כִּדְלְקַמָּן. כָּךְ טָהֳרָה בְּלוּעָה אֵינָהּ מִיטַּמְּאָה. כְּגוֹן בָּלַע טַבַּעַת טְהוֹרָה וְנִכְנַס לְאֹהֶל הַמֵּת – אֵינָהּ מִיטַּמְּאָה, כִּדְיָלֵיף בְּקַל וָחוֹמֶר. מִי לָא עָסְקִינַן. אֲפִילּוּ בְּאוֹכֵל נְבֵלָה סָמוּךְ לִשְׁקִיעַת הַחַמָּה, דַּעֲדַיִין הִיא בְּמֵעָיו וְלֹא נִתְעַכְּלָה, וְקָמְטַהֵר לֵיהּ קְרָא בְּהַעֲרֵב שֶׁמֶשׁ. אַלְמָא, מִכֵּיוָן שֶׁנִּבְלְעָה – הֲרֵי הִיא כִּמְעוּכֶּלֶת לְעִנְיַן לְטַמֵּא. וְהָא לֵיכָּא לְמֵימַר דְּטַעְמֵיהּ מִשּׁוּם (א) דְּמַגַּע בֵּית הַסְּתָרִים לָא מְטַמֵּא, וְתוֹכוֹ שֶׁל אָדָם בֵּית הַסְּתָרִים הוּא. דְּא"כ תְּטַמְּאֶנּוּ בְּמַשָּׂא, דְּאָמְרִינַן בְּ"יוֹצֵא דוֹפֶן" (נדה דף מג:): נְהִי דְּטוּמְאַת בֵּית הַסְּתָרִים בְּמַגָּע לָא מְטַמְּיָא, בְּמַשָּׂא מִיהָא מְטַמְּיָא. אֶלָּא לָאו ש"מ: בְּלִיעָה מְעַכַּבְתָּהּ מִלְּטַמֵּא. דְּלָא חַזְיָא לַגֵּר. וּכְתִיב (דברים יד): "לֹא תֹאכְלוּ כׇל נְבֵלָה לַגֵּר אֲשֶׁר בִּשְׁעָרֶיךָ" וגו' – הָרְאוּיָה לַגֵּר קְרוּיָה נְבֵלָה, שֶׁאֵינָהּ רְאוּיָה לַגֵּר אֵינָהּ קְרוּיָה נְבֵלָה. הָנִיחָא. דְּמָצֵית לְמֵילַף טַעְמָךְ מֵהָכָא. לְרַבִּי יוֹחָנָן דְּאָמַר. בְּמַסֶּכֶת בְּכוֹרוֹת (דף כג.). אַחַת זוֹ וְאַחַת זוֹ. בֵּין לְטַמֵּא אָדָם וּבֵין לְטַמֵּא אוֹכָלִים הִיא מְטַמְּאָה, עַד שֶׁתִּיפָּסֵל מֵאֲכִילַת כְּלָבִים ב], וּקְרָא (לְאַתּוּיֵי) [לְמַעוּטֵי] הֵיכָא דְּהִסְרִיחָה מֵחַיִּים הוּא דַּאֲתָא. אֲבָל הֵיכָא דִּנְרְאֵית לַגֵּר בִּשְׁעַת מִיתָה (וְהָלְכָה) [וְקָלָה] עָלֶיהָ שֵׁם נְבֵלָה – לָא פָּקַע מִינָּהּ שֵׁם נְבֵלָה עַד לַכֶּלֶב. וְהָכָא קָא מְטַהֵר לֵיהּ בְּהַעֲרֵב שֶׁמֶשׁ. שַׁפִּיר. מָצֵית לְמֵילַף דְּטַעְמָא מִשּׁוּם בְּלִיעָה הוּא. אֶלָּא לְבַר פְּדָא דְּאָמַר טוּמְאָה חֲמוּרָה. לְטַמֵּא אָדָם, הִיא קְרוּיָה נְבֵלָה כׇּל זְמַן שֶׁרְאוּיָה לַגֵּר לְמַאֲכַל אָדָם, אֲבָל מִכָּאן וְאֵילָךְ אֵין שֵׁם נְבֵלָה עָלֶיהָ לִהְיוֹת אַב הַטּוּמְאָה, אֶלָּא אוֹכָלִין וּמַכְשִׁיר הוּא דִּמְטַמֵּא. עַד לַכֶּלֶב. דְּלָא גְּרִיעָא מִמַּגַּע נְבֵלָה, שֶׁהוּא רִאשׁוֹן לְטוּמְאָה וּמְטַמֵּא אוֹכָלִין, הַאי דִּמְטַהֵר לֵיהּ קְרָא – מִשּׁוּם דְּלָא חַזְיָא לַגֵּר הוּא, וְלָא מְטַמְּיָא אָדָם. שֶׁלֹּא בְּפָנָיו מִיחְזָא חַזְיָא לֵיהּ ג]. אִם בָּלַע חֲתִיכָה קְטַנָּה וְלֹא לְעָסָהּ, חַזְיָא לְמִי שֶׁלֹּא יָדַע שֶׁבְּלָעָהּ. טָהֳרָה בְּלוּעָה. דְּאֵינָהּ מְקַבֶּלֶת טוּמְאָה, מְנָלַן? מָה כְּלִי חֶרֶס [הַמּוּקָּף] צָמִיד פָּתִיל שֶׁאֵינוֹ מַצִּיל עַל טוּמְאָה שֶׁבְּתוֹכוֹ מִלְּטַמֵּא. שֶׁאִם הָיָה כְּזַיִת הַמֵּת בְּתוֹכוֹ – אֵין בְּלִיעַת הַכְּלִי מְעַכַּבְתּוֹ מִלְּטַמֵּא אֶת הַכְּלִי וְאֶת כׇּל הָאֹהֶל. דְּאָמַר מָר טוּמְאָה רְצוּצָה. בַּקַּרְקַע, שֶׁאֵין לָהּ אֹהֶל טֶפַח. בּוֹקַעַת וְעוֹלָה. וּמְטַמְּאָה כׇּל הַמַּאֲהִילִים עָלֶיהָ, אֲפִילּוּ סָמוּךְ לָרָקִיעַ. אַלְמָא, אֲפִילּוּ בְּלִיעַת קַרְקַע אֵינָהּ מְעַכֶּבֶת, וְכׇל שֶׁכֵּן בְּלִיעַת כְּלִי. וַהֲרֵי הוּא מַצִּיל עַל טָהֳרָה שֶׁבְּתוֹכוֹ וּמְעַכֶּבֶת מִלִּיטַּמֵּא בְּאֹהֶל הַמֵּת, כִּדְאָמְרִינַן בְּפֶרֶק קַמָּא (לעיל דף כה.).

אָדָם

[לעיל נט. לקמן פד. נדרים פא. נזיר לה: זבחים קטו: ב"ק יז: נד:] | שבועות ז. יט. [לעיל עג:] | נדה כא. [כריתות ז: בכורות מ.] | [ועי' תוספות בכורות כב. ד"ה על] | בכורות כג. [נזיר ג.] | [אהלות רפ"ז ופי"ד מ"ו נזיר נג.]

תוספות

ולרבנן האי קרא למה לי כוליה לכדרבי אתא. כן גירסת הקונטרס. ופירש, דלדרבנן דרבי יוסי הגלילי בעי: האי קרא דרב נחמן למה ליה? וקשה לפירושו: למה המתין עד כאן? ועוד, ה"ל למבעי נמי: לרבנן, קרא דרבי יצחק למה להו? לכן נראה כגירסת הספרים דגרסי: הניחא לר"מ, אלא לרבנן מאי"ל כלומר, אמאי איצטריך כללא דבהמה טהורה בכלל חיה טהורה? לדידהו ליכא למימר ליצירה!

והאשה טהורה עד שיצא. כשלא העגיל הראש כפיקה מיירי, דאי העגיל – הוי טמא עד שלא יצא הולד, מפתחת הקבר. *דתניא באהלות (פ"ז מ"ד) ומייתי לה ב"הלוקח בהמה" (בכורות כב.): אין לנפלים פתיחת הקבר עד שיעגילו הראש כפיקה. מ"ע סבר ליה כתנא דתוספתא דאהלות (ספ"ח) דאמר: אין לולד טומאה עד שיצא לאויר העולם. **מי לא עסקינן** דאכל סמוך לשקיעת החמה וקאמר רחמנא דטהור. וא"ת: אמאי לא מדקדק מדממעט בברייתא בפרק "יוצא דופן" (נדה מג:) נבלה דלא מטמאה בגדים אבית הבליעה, מדכתיב בנבלת עוף טהור: "לטמאה בה" – ולא באחרת, ומהם מדקדק אבית המקום נבלת עוף טהור בלועה הוא!? וי"ל: דודאי אליבא דאביי היה יכול לדקדק משם, אבל לרבא דסבר דבית הסתרים הוי, היכי מתרץ לברייתא? ע"כ, כשמתכ לו חבירו בבית הבליעה וחזר והוציאו, ובית הבליעה היה רחב ולא הסיטה כלל – הכא ממעט קרא דווקא נבלת בהמה. ומיהו, היינו יכולין לפרש: אע"ג דלא חזר והוציאו. דכי קאמר רבא דבית הסתרים הוי – היינו ד] תחלת הבליעה, אבל לבסוף – מודה דבלוע הויא. אבל לפי זה היה יכול לדקדק משם אף לרבא, דטומאה בלועה לא מטמאה. ואם תאמר: והיכי מדקדק הכא ה] מ"והאוכל מנבלתה"? והא אין קרא בנבלת בהמה כתיב, דלא מטמאה בבית הבליעה. ובמגע איירי ולא באכילה, ולא כתיב אוכל אלא ליתן שיעור אכילה, דהיינו כזית לנוגע ונושא כדמפרש התם בנדה! ואי איצטריך לדרשה דהכא, אם כן היכי מדקדק מינייהו לשיעור נוגע ונושא באוכל? ויש לומר: דלא מסתבר לאוקומי כוליה לדרשה דהכא, לטהר טומאה בלועה, דהא משמע דאתא למימר טומאה, דכתיב: "והאוכל יכבס בגדיו". ומ"מ, אין מקרא יוצא מידי פשוטו, דמשמע דטיהר הכתוב את האוכל כשטבל והעריב שמשו.

אטו

עין משפט נר מצוה

כט א (מיי' פ"א מהל' שחיטה הלכה א סמג עשין סג טוש"ע י"ד סי' יג סעיף א) [מיי' פ"א מהל' מ"א הל"ב סמג עשין סב טוש"ע י"ד סי' עט סעיף א:]

ל ב מיי' פ"ט מהלכות כלאים הלכה ח סמג לאוין רפב טוש"ע י"ד סי' רצז סעיף א:

לא ג ד מיי' פ"י מהל' איסורי ביאה הלכה ח טוש"ע י"ד סי' קצד סעיף ג:

לב ה ו מיי' פכ"ה מהל' טומאת מת הלכה יב:

לג ז מיי' פ"ב מהלכות טומאת אוכלין הלכה יח [ופ"א מהלכות אבות הטומאות הלכה יג ועיין שם פ"ג הלכה יא ופ"ד הלכה יב:]

לד ח מיי' פ"ו מהלכות טומאת מת הלכה ד ה:

שיטה מקובצת

א] מי לא עסקינן כו'. נ"ב עי' תוס' מנחות דף סט ע"א: ב] וקרא למעוטי היכא דהסריחה מחיים: ג] אם בלע חתיכה קטנה ולא לעסה והקיאה חזיא למי שלא ידע שנבלעה: ד] היינו תחלת בית הבליעה אבל בסופו: ה] מהאי קרא דהאוכל מנבלתה יכבס בגדיו והא האי קרא בנבלת בהמה כתיב.

הגהות הב"ח

(א) רש"י ד"ה מי לא עסקינן וכו' דמגע בית הסתרים. נ"ב פ"ו ונפקא מינה לב' טבעות כלפי"ש בעמוד שני בדף זה כשמו:

גליון הש"ס

תוס' ד"ה והאשה כו' לאויר העולם. עיין כר"ש שם משנה ה:

רבינו גרשום

בהמה טהורה בכלל חיה טהורה לסימנין. כלומר בחיה נאמר סימנין דכתיב זאת החיה אשר תאכלו כל מפרסת פרסה וגו' ובהמה בכלל חיה: חיה טהורה בכלל בהמה טהורה להרבעה. כלומר בהרבעה כתיב בהמה ולא כתיב חיה דכתיב בהמתך לא תרביע כלאים וחיה בכלל בהמה: דתניא רבי אומר אקרא אני חיה. כלומר ולא צריך למיכתב או בנבלת בהמה טמאה ליכתוב בנבלת חיה טמאה ואני יודע דבהמה בכלל חיה: בהמה למה נאמרה נאמר כאן בהמה טמאה בויקרא ונאמר להלן בהמה טמאה בצו את אהרן או בבהמה טמאה ואכל מבשר זבח השלמים אשר לה' מה להלן בטומאת הקדש הכתוב מדבר אף כאן בטומאת הקדש הכתוב מדבר דאי נגע בין בנבלת בהמה טמאה בין בנבלת חיה טמאה ונגע בקדשים חייב קרבן: בהמה טמאה בכלל חיה טמאה ליצירה כלומר א) בריה הוא דכתיב והיא מפלת בין מין חיה אם זכר תשב לזכר וכו': הניחא לר' מאיר. דאמר המפלת מין בהמה חיה ועוף טמאה מיבעי ליה להאי קרא בנבלת חיה טמאה או בנבלת בהמה טמאה ליצירה: אלא לרבנן דאמרי כל שאינו מצורת אדם אינו ולד ואינה טמאה ב) האי קרא דמקיש נבלת חיה טמאה לנבלת בהמה טמאה למה לי: כוליה לכדרבי הוא דאתא. כלומר האי קרא בנבלת חיה טמאה לרבנן לא מיבעי להו ליצירה לא איתקש חיה טמאה לבהמה טמאה אלא לכדרבי לצורך קדשים: ופשטה החיה את ידה בתוך מעיה. פשטה ידה דרך בית הרחם: אמר רבה כשם שטומאה בלועה אינה מטמאה. כלומר דחזינן הכא לענין חיה שהולד שהוא בלוע במעי אמו אינו מטמא את האשה: כך טהרה בלועה אינה מטמאה. שאם אדם טהור בלע טבעת טהורה ואח"כ נטמא האדם הטבעת שבמעיו אינו טמא כדבעינן למימר לקמן: מי לא עסיק' דאכל סמוך לשקיעת החמה. כלומר שלא נתעכל הטומאה וקאמר רחמנא דלערב טהור ולא מטמא ליה לאדם דטומאה בלועה היא: ודילמא שני התם דלא חזיא לגר. כלומר לפיכך אינה מטמאה אדם ולא מטעם טומאה בלועה: ומנא לן דאי לא חזיא לגר לא מטמאה דכתיב לא תאכלו כל נבלה לגר אשר בשעריך תתננה ואכלה נבלה ראויה לגר חשובה נבלה שאינה ראויה לגר לא חשובה נבלה: הניחא לר' יוחנן דאמר אחת כו'. כלומר אחת טומאה חמורה אחת טומאה קלה עד לכלב דאי ראויה לכלב מטמאה אפי' אדם וכלים שפיר כלומר מפקינן ודאי טומאה בלועה דלא מטמאה מהכא מהאוכל את נבלתה (דאי) [דודאי] ראויה לכלב ואי לא אמרינן טומאה בלועה לא מטמאה היתה מטמאה לאדם דהא ראויה לכלב: נהי דלא חזיא בפניו כו'. כלומר בפניו של גר דאי הגר רואה שהוא בלעה והקיאה לא הוה אכיל ליה אבל אי הקיאה שלא בפניו והוא לא ידע שאדם בלעו הוה אכיל ליה: שאינו מציל על טומאה שבתוכו מלטמא. כלומר (האי) [דאי הוה] שרץ בתוך כלי חרש אע"ג שמוקף צמיד פתיל מטמא טהרות שעל גביו דאמרינן טומאה בוקעת ועולה מציל על טהרות שבתוכו מלטמא דאי מוקף צמיד פתיל כל טהרות שבתוכו טהורה אע"ג דהוא באהל המת.

אדם

א) נראה דל"ל כלומר דליצירה בחיה הוא דכתיב ואמרינן דגם בהמה בכלל וכו'. ב) לכאורה אינו מובן לפי גירסת רבינו והיא גירסת התוס' דגרסי אלא לרבנן מאי איכא למימר לא קאי הקושיא אלא על הכלל וכמש"כ התוס' וצ"ע.

אדם שמציל על טומאה שבתוכו מלטמא – אינו דין שמציל על טהרה שבתוכו מליטמא? מה לכלי חרס – שכן אין מטמא מגבו, תאמר באדם שמטמא מגבו! אטו אנן מגבו קאמרינן? מתוכו קאמרינן! אדרבה, כלי חרס חמור – שכן מטמא מאוירו. אשכחן בלוע דלמעלה, בלוע דלמטה מנלן? קל וחומר: ומה למעלה שאינו עושה עיכול – מציל, למטה שעושה עיכול – אינו דין שמציל? כלום עושה עיכול למטה אלא על ידי מעלה! אפ' הכי, עיכול דלמטה רב. אשכחן בלוע דאדם, בלוע דבהמה מנלן? קל וחומר: ומה אדם שמטמא מחיים – מציל בבלוע, בהמה שאינה מטמאה מחיים – אינו דין שתציל בבלוע? מה לאדם – שכן צריך שהייה בבית המנוגע, תאמר בבהמה שאינה צריכה שהייה בבית המנוגע! בהמה דאינה צריכה שהייה בבית המנוגע, למאי הלכתא – לכלים שעל גבה; אדם נמי לא בעי, *דתנן: אהנכנס לבית המנוגע וכליו על כתפיו, וסנדליו וטבעותיו בידיו – הוא והן טמאין מיד. בהיה לבוש כליו, וסנדליו ברגליו, וטבעותיו באצבעו – הוא טמא מיד, והן טהורין עד שישהא בכדי אכילת פרס; פת חטים ולא פת שעורים, מיסב ואוכל בליפתן. אמר רבא: תרוייהו תננהי, טומאה בלועה תנינא, טהרה בלועה תנינא! *טומאה בלועה – *דתנן: אגבלע טבעת טמאה – טובל ואוכל בתרומתו, הקיאה – טמאה וטמאתו. טהרה בלועה תנינא – *דתנן: בלע טבעת טהורה, ונכנס לאהל המת, והזה ושנה וטבל והקיאה – הרי היא כמה שהיתה! כי קאמר רבה – כגון שבלע שתי טבעות, אחת טמאה ואחת טהורה, דלא מטמיא לה מטמאה לטהורה. והא

אטו אנן מגבו קאמרינן מתוכו קאמרינן. תימה: ו] מה נפשך? מ"מ פריך שפיר, דאיך תעבור הטומאה, כיון דגבו טהור! ויש לומר: ז] *דאדם נמי תוכו טהור מציל, ואיכא למיעבד ק"ו הכי: ומה כלי חרס המוקף צמיד פתיל, שאין גבו מציל לחוץ בפני הטומאה שבתוכו מלטמא ח] – מציל ב] (תוכו) על טהרה שבתוכו מליטמא, תוכו של אדם, שמציל ומוצל בפני הטומאה שבתוכו מלטמא – אינו דין שיציל תוכו על טהרה שבתוכו מליטמא? וא"ת: כיון דהא דהאדם מציל על טהרה שבתוכו היינו מקל וחומר דכלי חרס, א"כ נימא "דיו", ולא יציל על טהרה שבתוכו מליטמא בהיסט הזב. כמו כלי חרס המוקף צמיד פתיל, דמיטמא בהיסט, כדאמרינן בסוף "הנזקין" (גיטין סא.): וליחוש שמא הסיטה אשתו נדה. ואילו בתוספת' דאהלו' (פט"ו) תני בהדיא דאדם מציל על טהרה שבתוכו מליטמא בהיסט הזב. דאמרו להם בית הלל: אי אתם מודים בבליעת טבעת ונכנס לאהל המת כו'. אמרו להם בית שמאי: לא, אם אמרת בטבעת שהיא טהורה ט] בהיסטו! וי"ל: דעבדי ק"ו מפסים קטנים המוקף צמיד פתיל, דאפילו בלא היקף (ב) טהורים במשא הזב, לפי שאין באים לכלל מגע, לפי שאין ראוין להסטה. ואת שאינו בא לכלל מגע – אינו בא לכלל משא, כדאמר ב"העור והרוטב" (לקמן דף קכד:). **דלמטה** מנא לן. דבלוע למטה נמי טהור, כדמוכח מתניתין דעובר. והיא נמי דטומאה – היינו מדרבנן כלקמן ועוד, דהשתא מ"ד דרבה מודה בשתי טבעות, והיא כשתי טבעות. **בלוע** בבהמה מנא לן. דבהמה לא מטמאה, כדמוכח ההוא כלב דאכל בשר המת, לקמן ב"העור והרוטב" (דף קכו.). **למאי** הלכתא לכלים שעל גבה אדם נמי לא בעי. וא"ת: דלמא אפי' בכלים שהיא לבושה, דשייך בהו מלבוש, כדאשכחן גבי הוצאת שבת בפרק "במה בהמה יוצאה" (שבת נג.) בדברים שחשובים לה למלבוש! ועוד הקשה רבינו אפרים: דבתורת כהנים ממעט בהמה וגוי דלא בעו שהייה בכלים שהן לבושים, מ"וכבס בגדיו", המטמא בגדים – מציל בבית המנוגע, גוי ובהמה שאינם מטמאים בגדים – אינם מצילים בבית המנוגע. משמע דבת מלבוש היא אלא דמעטיה קרא, דומיא דגוי דשייך ביה מלבוש! וי"ל: דבהמה, אפילו כלים שהיא לבושה חשיבי כעל גבה, כיון דאין מטמא מכחה, דלאו בת טומאה היא. וגבי אדם נמי כה"ג כשאין מטמאין מכחו, כגון בגדים שעל גביו – לא בעי שהייה. אבל בגדים שהוא לבוש – בטלים אגביה, ומכחו בא להם הטומאה, וגזרת הכתוב היא שאין לו כח לטמאם עד שישהה. ולפירוש זה, דטומאת בגדים שהוא לבוש – מחמת האדם הם באים, אם כולו בפנים וידו מבחוץ וטבעת באצבע – טמאה הטבעת. ואם הוא מבחוץ וידו בפנים, וטבעת באצבע – הטבעת טהורה, דבטלה אגביה, והוא טהור דרובו לחוץ. וקשה: דבתורת כהנים ובמסכת נגעים פרק שלשה עשר, דתנא: היה עומד בפנים ופשט ידו לחוץ וטבעותיו בידו, ושהה כדי אכילת פרס – טמאות. היה עומד בחוץ ופשט ידו בפנים וטבעותיו בידו – רבי יהודה מטמא מיד, וחכ"א: בכדי אכילת פרס! ושמא התם מדרבנן הוא ולא מדאורייתא, ומחמיר רבי יהודה לטמא מיד, משום דאין הטומאה באה להם מכח האדם. **אמר** רבא תרוייהו תננהי. לאו מטומאה בלועה פריך, דרבה נמי "כשם" קאמר, משמע שגם לרבה היה פשוט מתוך המשנה. אלא מטהרה בלועה פריך, דטהרה נמי תנן כמו טומאה, ולמה פשוט לו זה יותר מזה? **בלע** טבעת טמאה טובל ואוכל בתרומה. בטמא טומאת מת איירי, דחרב הרי הוא כחלל, ואי לאו דטומאה בלועה לא מטמאה – לא היה מועיל לו טבילה. דנהי דמגע בית הסתרים לא מטמא במגע, במשא מטמא. וא"ת: ודלמא בטבעת שנטמאת בשרץ איירי! וי"ל: דבתר דהכא דטבעת טהורה מיתניא במסכת מקוואות (פ"י מ"ח). ועוד, אי בטומאת שרץ – אם כן לא הויא אלא ראשון, והיכי קתני דמטמאה את האדם? והא אין אדם וכלים מקבלים טומאה אלא מאב הטומאה! **כי** קאמר רבה כגון שבלע שתי טבעות. פירש בקונטרס: דאי ממתניתין ה"א, הא דטבעת לא מטמאה האדם – לא משום בליעה הוא, אלא משום דמגע בית הסתרים לאו מגע הוא לענין טומאה, כדאמר בנדה (דף מג:). וליכא למימר דנטמא במשא, שאין משא אלא במי שהטומאה באה ממנו, כגון מת ונבלה ומעיינות הזב. אבל טמא מת, אע"פ

אדם. שמעכב טומאה שבתוכו מלטמא, אינו דין שמציל על טהרה שבתוכו מליטמא משום בלוע? מה לכלי חרס. דין הוא שיציל על טהרה שבתוכו, שכן יש בו צד קל אחר, שאינו מטמא מגבו. **אטו אנן** מגבו קאמרינן. מי ילפינן גב אדם מגב כלי חרס, דתיפרוך הכי? מתוכו קאמרינן. תוך דאדם גמרינן מתוך כלי חרס. וכ"ש דקל וחומר אלימא הוא, דאדרבה, תוך כלי חרס חמור מתוכו של אדם! שכן מטמא מאוירו. בלא נגיעה, מה שאין כן באדם. הלכך קל וחומר: מה אויר כלי חרס שאינו מבליע טומאה שבו מלטמא – ב] מבליע טהרה שבו מליטמא, אדם שמבליע טומאה שבתוכו מלטמא – אינו דין שיציל על טהרה שבו מליטמא, הואיל וקל הוא, שאין מקבל אויר האדם טומאה לעולם? דלמעלה. דרך פיו, כדכתיב (ויקרא יא): "והאוכל מנבלתה". דלמטה. תחב לו דרך בית הריעי עד שנבלע, וכגון שהיה א] תחוב בשפופרת, ולא טימאו בכניסתו במגע. מנין. שלאחר מכאן לא יטמאנו (א) במשא, הואיל ובלוע? **אלא** ע"י מעלה. אם לא יכנס דרך הפה לא יתעכל במעיים לעולם. עיכול דלמטה רב. בפה אינו מתעכל כל כך עד שיורד למטה. צריך שהייה. לטמא בגדים שהוא לבוש, דכתיב (שם יד): "והבא אל הבית יטמא" – ג] ולא כתיב כבוס בגדים, "והאוכל בבית יכבס את בגדיו" (שם), ומוקמינן לה בתורת כהנים לשוהה שיעור אכילה. תאמר בבהמה שאינה צריכה שהייה. שאם נכנסת טעונה כלים – הרי הן טמאים מיד, ד"והבא אל הבית" קרינא בהו. ומשנינן: **למאי הלכתא.** אמרת אין צריכה שהייה – על כרחך לכלים שעליה, דהא לאו בת מילבש בגדים היא, אלא דרך משוי. ודרך משוי – אדם גופיה לא בעי שהייה, שאם לא היה לבוש בגדיו, אלא נטלם על כתפו ונכנס – טמאין מיד. וטבעותיו בידיו. בקומצו, שלא כדרך מלבוש. טמאין מיד. דקרינא נמי בכלים: "והבא אל הבית". היה לבוש כליו כו'. הוו להו בגדים דידיה, וכתיב: "והאוכל בבית יכבס את בגדיו" עד שישהא שיעור אכילה. פרס. חצי ככר של עירוב, שהוא מזון שתי סעודות, והוא שמונה ביצים, כדאמרינן בעירובין (דף פב:). תרוייהו תננהי. קושיא היא, כלומר: מאי אשמועינן רבה? טמאה. טומאת מת, וכלי מתכות המיטמאין במת הרי הן כמת, דאמר מר (לעיל דף ג.): חרב הרי הוא כחלל. טובל. לפי שנטמא בנגיעתה קודם שבלעה. טובל ואוכל בתרומה. דמשנבלעה אינה מטמאה. [הקיאה טמאה]. דלא אהני ליה טבילת האדם. וטמאתו. שנגעה בו ביציאתה. והזה. בשלישי. ושנה. בשביעי. הרי היא כמה שהיתה. טהורה, לפי שלא קבלה טומאה מן האדם משבלעה. דאי טמאה, היכי מצי למימר: הרי היא כמה שהיתה? הא לא טבלה, וטבילת האדם לא מהניא לה! ולהכי נקט: הזה ושנה וטבל ואחר כך הקיאה, דאם הקיאה קודם טבילה – נטמאה ביציאתה במגעו. כי קאמר רבה כו'. דאי ממתניתין דקתני: בלע טבעת טמאה טובל ד] ואוכל, דמשמע לא מטמיא לאדם – הוה אמינא: טעמא לאו משום בליעה הוא, אלא משום דמגע בית הסתרים לאו מגע הוא לענין טומאה, כדאמרינן במסכת נדה (דף מג.) מ"וידיו לא שטף במים". וגבי טבעת ליכא למימר תטמא את האדם במשא, שאין משא אלא למי שהטומאה יוצאה ממנו, כגון מת ונבלה ומעיינות הזב, אבל טמא מת, אע"פ שהוא אב הטומאה – אין לו משא. וטבעת טהורה נמי, דתנן דלא מטמיא מחמת אדם – נמי טעמא משום דמגע בית הסתרים דאדם לא מטמא. אבל טבעת בטבעת – לאו בית הסתרים שייך למימר בהו, אע"פ שנטמאו באדם – ה] הרי הן כמונחין בתיבה וניטמאו. אשמועינן רבה דטעמא דמתניתין משום בלוע היא, ואפילו חברתה לא מטמא. והא

לה א מיי' פט"ו מהלכות טומאת צרעת הל"ז: עיין רש"א

לו ב מיי' שם הלכה ח:
לז ג מיי' פ"ב מהלכות מקוואות הלכה ח:

ר"מ מ"ז

שיטה מקובצת

א] בלע טבעת (בהמה) טמאה כו'. נ"ב ע' תוספות מנחות ס"ט ע"א: ב] מבליע טהרה שבו מליטמא שיש חומר באוירו א] ואע"פ שמטמא בלא צמיד פתיל אדם שמבליע טומאה שבתוכו: ג] ולא כתיב כבוס בגדים וכתיב והאוכל בבית יכבס: ד] ואוכל דמשמע דלא מטמא: ה] הרי הן כמונחין בתוכו וליטמא. נ"ב נ"א ברש"י כ"י הרי הן כמסותרים בתיבה וליטמא כו': ו] תימה מה בכך מ"מ פריך שפיר: ז] וי"ל דאדם נמי דתוכו טהור. נ"ב משום דבית הסתרים הוא ע"כ: ח] מציל על טהרה שבתוכו מליטמא תוכו של אדם: ט] הזב וי"ל דעבדינן ק"ו:

ל] כאלה נ"ל מבליע טהרה שבו מלטמא ע"י צמיד פתיל ואע"פ שיש חומר שמטמא מאוירו אדם שמבליע וכו'.

הגהות הב"ח

(א) רש"י ד"ה מנין וכו' במשא. נ"ב דכשבלע בלא"ה אינו מטמא מכח בית הסתרים ולא הכניסו אלא פירש"י לאוירי תחוב בשפופרת דלמא האי בעיא היא אם אינו מטמא במשא אחר שטבל כמו לאיירי בבלועה דלמעלה: (ב) תוס' אטו וכו' דאפי' בלא היקף טהורים. נ"ב עיין פירש"י פרק ר"ע דף פד ע"ב ד"ה ודין הוא וכן בכ"ק דף כ"ה:

גליון הש"ס

גמ' טומאה בלועה תנינא. עיין כלים פ"ח מ"ה:

הגהות מהר"ב רנשבורג

א] רש"י ד"ה דלמטה וכו' תחוב בשפופרת. נ"ב עי' א"ר ש"ק: ב] תוס' ד"ה אטו וכו' בפני הטומאה שבתוכו מליטמאה מציל תוכו. וע"ב עיין ומהרש"א ז"ל מקיימו זה היטיב ועיין חידושי הר"ן ותבין מלת מה נפשך דנקטו התוס' בלשונם:

כריתות מח. עירובין ד. נגעים פי"ג מ"ט סוכה ה:

מקוואות פ"י משנה ח

שם

רבינו גרשום

אדם שמציל על טומאה שבתוכו מלטמא. כדאמר' דאבל סמוך לשקיעת החמה אעפ"כ לא מטמא הגוף אינו דין שמציל על טהרה שבתוכו אע"ג שנטמא לאחר שבלע טבעת טהורה שאינה טמאה בתוך הגוף: מה לכלי חרש שאינו מטמא מגבו. כלומר דין שמציל על טהרה שבתוכו שאינו מטמא מגבו: אנן מתוכו קאמרינן. כלומר ומתוכו אינו קל כלי חרש מאדם כשם שאדם מטמא מתוכו כך כלי חרש מטמא מתוכו ואפ"ה מציל על הטהרות שבתוכו וק"ו בדקאי קאי: אדרבה כלי חרש חמור. בניחותא קא אתי כלומר אדרבה כלי חרש חמור שכן מטמא מאוירו כלומר ק"ו הוא דאדם שיציל על טהרות שבתוכו: בלוע דלמטה מנא לן. כלו' אשכחן שבלעו דרך פיו הטומאה כדאמרינן לעיל (האוכל) [אבל] בלוע דלמטה שבלעו דרך בית הריעי מנלן דטומאה בלועה אינה מטמאה ומה למעלה שאינו עושה עיכול כלומר מציל מלטמאה אחרים שבלוע למטה שעושה עיכול כלומר וחשוב כאן אינו דין שמציל שלא מטמא: וכלום עושה עיכול

למטה כו'. כלומר ולאו ק"ו הוא: אשכחן בליעה דאדם שאינה מטמאה דבהמה מנלן. כגון עובר שמת בתוך מעיה בין בהמה טמאה בין בהמה טהורה טהור: מה לאדם. שצריך שהייה בבית המנוגע [illegible] ואם היה לבוש כליו [illegible] אמר רבא תרוייהו תננהי. כלומר [illegible]

מה אתא רבה לאשמועינן: בלע טבעת טמאה טובל ואוכל תרומתו לערב. כלומר אע"פ שטבעת טמאה במעיו: דלא מטמאה ליה. טמאה לטהורה במעיו:

והא

לח א מיי' פכ"ה מהל' טומאת מת הל' כ"ב:
לט ב מיי' שם הל' ח:
מ ג מיי' פ"ב שם הל' טו ע"ש בכ"מ:
מא ד מיי' פ"ד שם הלכה ה:
מב ה ו מיי' פ"ב מהל' אבות הטומאה הלכה ע:

והא עובר וחיה, דכשתי טבעות דמו, וקא מטמא לה עובר לחיה! אמר רבה: שאני עובר, הואיל וסופו לצאת. אמר רבא: עובר – סופו לצאת, טבעת – אין סופו לצאת? אלא אמר רבא: פומבדיתאי ידעי טעמא דהא מילתא, ומנו – רב יוסף; דאמר רב יוסף אמר רב יהודה אמר שמואל: טומאה זו אינה מדברי תורה, אלא מדברי סופרים. מאי "אינה מדברי תורה אלא מדברי סופרים"? דלא תימא, אליבא דר' עקיבא דאמר: עובר במעי אשה טמא, אלא אפי' לר' ישמעאל דאמר: עובר במעי אשה טהור – גזרו בה טומאה מדרבנן. מאי טעמא? *אמר רב הושעיא: גזירה א] שמא יוציא ולד ראשו חוץ לפרוזדור. אי הכי, אשה נמי! אשה מרגשת בעצמה. ותימא לה לחיה! טרידא. מאי ר' ישמעאל ומאי ר"ע? דתניא: "וכל אשר יגע על פני השדה" – להוציא עובר במעי אשה, דברי ר' ישמעאל; ר"ע אומר: לרבות גולל ודופק. ור' ישמעאל, גולל ודופק הלכתא גמירי לה. ור"ע, עובר במעי אשה טמא מדאורייתא, מנא ליה? אמר ר' אושעיא, אמר קרא: "הנוגע במת בנפש", איזהו מת שבנפש של אדם? הוי אומר זה עובר שבמעי אשה. ור' ישמעאל, האי מיבעי ליה ב] לרביעית דם הבאה מן המת, שמטמאה, שנאמר: "הנוגע במת בנפש האדם", איזהו נפש של אדם שמטמא? הוי אומר רביעית דם. ור"ע לטעמיה, דאמר: אף רביעית דם הבא משני מתים מטמא באהל. דתניא, ר"ע אומר: מנין לרביעית דם הבאה משני מתים שמטמאה באהל? שנא': "ועל כל נפשות מת לא יבא" – שתי נפשות ושיעור אחד. § **מתני'** בהמה המקשה לילד, והוציא עובר את ידו, וחתכה, ואח"כ שחט את אמו – הבשר טהור. *שחט את אמו ואח"כ חתכה – *הבשר מגע נבלה, דברי ר"מ, וחכמים אומרים: מגע טרפה שחוטה. מה

(במדבר יט) (שם) (ויקרא כא)

רש"י

והא עובר וחיה. דקתני מתני': החיה טמאה שבעה, והאשה טהורה. וקמטמי לה עובר לחיה. ש"מ דטעמא דאשה טהורה – משום מגע בית הסתרים הוא, ולא משום בלוע! **טבעת אין סופה לצאת.** בתמיה. **טומאה זו.** דחיה. **מאי אינה מדברי תורה.** ל"ל למימר כולי האי? לימא: טומאה זו דברי סופרים משום גזירה, כדמפרש לקמיה! **לא תימא.** מתני' ר"ע היא, דאמר: עובר מת שבמעי אשה טמא, הלכך מטמא לחיה. דטומאה בלועה מטמאה וטהרה בלועה ג] מיטמאה, ואשה טהורה – משום דמגע בית הסתרים הוא. **אלא אפי' לר' ישמעאל כו'.** ולקמן בעי: מאי ר' ישמעאל ור"ע? **גזירה שמא יוציא כו'.** דאי אמרת: חיה שפשטה ידה למעי אשה ונגעה בעובר מת טהורה – פעמים שהולד מוציא ראשו חוץ לפרוזדור, והרי הוא כילוד ומטמא, וכסבורה חיה שעדיין הוא במעיה ואתי לטהרה. אבל ברועה שהושיט ידו למעי בהמה, דקתני מתני' טהור – ליכא למיגזר הכי, מפני שרחם שלה גלוי, דכי מפיק חזי ליה. **טרידא.** עסוקה היא בחבליה וציריה, וטרידא מלומר לחיה אל תגעי. **על פני השדה.** משמע גלוי. **להוציא עובר.** שהוא טמון. **גולל.** כיסוי הארון של מת. **דופק.** דף שנותנין בצדו. **ור' ישמעאל** סבר גולל ודופק הלכתא היא. וכי אתא קרא להוציא עובר. ור"ע סבר עובר במעי אשה טמא. וכי אתא קרא לגולל ודופק, וקסבר: לאו הלכתא היא. **מדאורייתא מנא ליה.** דטמא, דלא מטהר ליה ממשמעותיה ד"על פני השדה", ואפי' לא מייתר? **במת בנפש.** מת שהוא בתוך נפש האחרת. **רביעית** הלוג דם, חיי האדם תלויין בו, שבכך הוא מתקיים. **אף רביעית דם הבא משני מתים.** הלכך, האי קרא דכתיב ביה חד נפש – לאו לרביעית דם אתא. **נפשות.** משמע שתים. **מת.** דבר שמיתה באה על ידו, דהיינו רביעית. **מתני' הבשר טהור.** שאין בהמה מקבלת טומאה מחיים. **הבשר מגע נבלה.** בשר העובר מגע אבר מן החי, שהוא מטמא כנבלה, בה"העור והרוטב" (לקמן דף קכט:). אי נמי, אם א] יצא עובר מת – נבלה גמורה הוי האבר, מאחר שלא טהרתו שחיטת אמו. **מגע טרפה שחוטה.** שהשחיטה, אע"פ שאינה מתרת האבר באכילה – מטהרתו מידי נבלה. והויא כטרפה שחוטה, שאינה מטמאה מן התורה כדמפרש ואזיל, אלא מדרבנן במוקדשין. מה

תוספות

אע"פ שהוא אב הטומאה – אין לו טומאת משא. וטבעת טהורה נמי לא מטמאה מחמת אדם, טמאה נמי – משום דבית הסתרים לאדם לא מטמא. אבל בג' טבעות דלא שייך בהו בית הסתרים – הוה אמינא במסותרים בתוכו ליטמו, קמ"ל דטעמא דמתני' משום בלוע הוא, וחבירו נמי לא מטמא. וקשה לפירושו: דטבעת שנגעה במת הרי הוא כחלל, וטומאתה בוקעת ועולה, ואפי' רצוצה תחת אבנים, שלא ב] מטמא את האדם מכח בית הסתרים! ומה שפי', דטבעת טהורה לא מטמאה מחמת אדם, משום דבית הסתרים לאדם לא מטמא. אטו אם נכנס אדם לאהל המת וכלים או אוכלין בקומטו, מ"מ לא לטהורים? דאע"ג דבית הסתרים לאו בת מקבלי טומאה נינהו, מ"מ לא גרע מכלי כלמיד פתיל באהל המת. הרי טיט דלאו בני קבולי טומאה נינהו, ואוכלין שגבלן בטיט והכניסן לאהל המת – טמאים! ומה שפירש נמי, דאין טומאת משא אלא נמי שטומאה באה ממנו. הרי מדרס הזב דמטמא במשא! וה"נ טבעת שנגעה במת, כיון דהויא כחלל – לטמא במשא, דלטמא במשא לא מהני בית הסתרים, כדפי' בקונט' ופ' "יוצא דופן" (נדה דף מג:) נמי אמרי': נבלה בקומטו – טמא, נהי דמגע לא מטמא, במשא מיהא מטמא. לכך נראה, דטעמא דמתני' – משום דבלוע הוא. ומ"מ אשמעינן רבה בשני טבעות, דממתני' לא אשמעינן ליה, *דהא דאע"ג דטומאה בלועה לא מטמאה – היינו טהרה בעלמא, אבל טהרה הבלועה – מיטמאה. וכן הא דטהרה הבלועה לא מיטמאה – היינו מטומאה דעלמא, ולא מטומאה הבלועה עמה. ואין לתמוה: כיון דבא לאשמועינן כאן בשתי טבעות, מאי "כשם"? דהכי פירושו: כשם שטומאה בלועה אינה מטמאה את האדם הבלועה, אע"פ שנגעה בו – כך אינה מטמאה טהרה שאצלה. וא"ת: מנא לן לרבה הא דטהרה בלועה לא מיטמאה מטומאה שאצלה? הא לא אתי מק"ו דלמיד פתיל! וי"ל: דכולה מלתא דריש רבה מן "האוכל את נבלתה", מי לא עסקינן דאכל סמוך לשקיעת החמה? וקאמר רחמנא דטהור אפי' לאכול בתרומה, ונוגעת בטומאה שבמעיה, ואסור לטמאה. וא"ת, שתי טבעות נמי תנינא: בלע טבעת טמאה – טובל ואוכל בתרומה! ויש לומר: דהתם צריך הזיה שלישי ושביעי, וכשבא לאכול תרומה – כבר יש שבעה ימים שנבלעה, והרי היא מסתמא כבר סמוך לנקב, וכשבולע תרומה אינה נוגעת בטבעת עד שתבא אצלה סמוך לנקב, ואז היא כבר מעוכלת. **והרי** חיה ועובר דכשתי טבעות דמו. מה שפי' בקונטרס: אלמא דטומאה בלועה מטמאה. וטעמא דאשה טהורה – משום בית הסתרים. וכן פי' בסמוך גבי "לא תימא מתני' ר' עקיבא היא". וקשה: נהי דמגע בית הסתרים לא מטמא, *)במשא מטמא! אלא נ"ל כדפירשנו, דאשה טהורה משום טומאה בלועה היא, וחיה הויא כשתי טבעות. **גזירה** שמא יוציא ולד ראשו וכו'. פי' בקונטרס: משום דהרי הוא כילוד. משמע דדוקא נקט ראשו. וכן משמע בפ' "יוצא דופן" (נדה דף מג:) גבי יולדת מטמאה בפנים כבחוץ, דקאמר: כגון שהוציא ולד ראשו חוץ לפרוזדור כדר' אושעיא כו', משמע דר' אושעיא נקט דוקא ראשו. ותימה: דאמאי נקט ראשו? אפי' הוציא ידו חוץ לפרוזדור נמי נטמאה החיה שנגעה בו או הסיטה, דתו לאו טומאה בלועה היא? וי"ל: דגזירת הכתוב היא, דעד שיהא כילוד לא מטמאה, כדדריש מ"על פני השדה". והשתא ניחא הא דלריך ר' ישמעאל למדרש טעמא מקרא, דטעמיה פשוט – דטומאה בלועה היא! אלא משום דלא מטמא בהוציא ידו עד שיהא כילוד. ור' עקיבא נמי לא פליג אלא בהוציא את ידו. וכן משמע, דלא תימא אליבא דר"ע אתיא מתני' בפשיטות, דטמאה החיה מדברי סופרים, דגזרינן כולו במעי אשה אטו הוציא ידו. אבל אי ר"ע מטמא עובר במעי אמו, אפי' לא יצא לחוץ כלל, היכי מתוקמא מתניתא אליביה, דחיה טמאה ואשה טהורה?

גולל ודופק. מפורש בפ"ק דכתובות (דף ד: ד"ה עד). **שתי** נפשות ושיעור אחד. ור' ישמעאל סבר דיש אם למסורת, ו"נפשת" כתיב, כדאמר בסנהדרין בפ"ק (דף ד.). וקשה: דתרי קראי ברביעית דם ל"ל, "במת בנפש" *ו"נפש"? **הוציא** עובר את ידו וחתכה ואח"כ שחט את אמו הבשר טהור. דעובר שבפנים, אפי' מת – חשיב כחי, דהא קא מהני ליה שחיטת אמו להתירו אף באכילה. **וחכמים** אומרים מגע טרפה שחוטה. בשחיטה עושה ניפול פליגי, כדאמר בגמ'. וקודם שחיטה, לכ"ע אדם שנוגע באבר שבחוץ – טהור. דאי מחיים מטמא, היכי הוה מהני שחיטה לרבנן להפקיע הטומאה לטהרות? ולעיל דקתני: הושיט רועה את ידו ונגע בו טהור – לאו דוקא לפי שהוא בפנים, דאפי' הוציא עובר ידו לחוץ ונגע בו הרועה טהור. אלא להודיעך כחו דר' יוסי הגלילי, דאפי' הכי בטמאה טמא. א"נ, מודו רבנן בהוציא ידו לחוץ ונגע בו דבטמאה טמא. דלענין מה שבפנים הוא דמקשינן טמאה לטהורה, ולא לענין מה שבחוץ.

*) [היינו במגע אבל]

טהור

רבינו גרשום

והא עובר וחיה דכשתי טבעות דמו. דעובר במעי בהמה ויד חיה במעי בהמה שניהן בלועין העובר והיד וקא מטמא ליה עובר לחיה: שאני עובר הואיל וסופו לצאת ולא מיחזי כבלוע: טומאה זו (אינה מדברי תורה) דמטמאה עובר לחיה [אינה מד"ת]: שמא יוציא ולד ראשו חוץ לפרוזדור והוי כילוד: אי הכי אשה נמי. דאי חיישינן להא דאמרת שמא יוציא ולד א"כ אפי' האם נמי תהא טמאה: אשה מרגשת בעצמה. כשיוצא תהא יודעת: ותימא ליה לחיה. כלומר אמאי אמרי' החיה טמאה שמא יוציא ולד ראשו חוץ לפרוזדור ותימא ליה האם לחיה כשיוציא ראשו ולא תהא טמאה החיה עד דתימא לה האם לחיה: להוציא עובר שבמעי אשה. כלומר דאינו על פני השדה: לרבות גולל ודופק. גולל זהו כסוי שעל גבי ארון של מת דופק דפנות שמטמאין כמת ולא להוציא עובר שבמעי אשה: ורבי עקיבא לטעמיה דאמר אף רביעית דם. דר' עקיבא לא בעי ליה להאי קרא: ושיעור אחד. כלומר ורביעית אחד. ואח"כ שחט את אמו הבשר טהור. כלומר דאין טומאה מחיים. אמאי

מסורת הש"ס: נדה מב: ע"ש | סנהדרין ד. נזיר לח. [וקף מט: נג.] | [נ"ל דהוה אמינא] | [לעיל סח.] | [לקמן עה: קכט.]

שיטה מקובצת

א] שמא יוציא ולד ראשו חוץ לפרוזדור. נ"ב ע' תוס' בכורות דף כ"ב ע"א: ב] לרביעית דם הבאה מן המת. נ"ב ע' תוס' מנחות דף קד ע"א: ג] מטמאה וטהרה בלועה מיטמאה ואשה בצ"ל:

הגהות מהר"ב רנשבורג

א] רש"י ד"ה הבשר מגע נבלה וכו' אי נמי אם יצא. מלת יצא נמחק. ונ"ב ע' מג"ל ולא כו' חקלה לקמן דף ע"ד ע"א דבעובר מת לכ"ע שחיטה עושה ניפול יעוש"ה ומפרק הב"ע בזה כרבה שם דפליגי נמי באבר דעובר מת ודו"ק: ב] תוס' ד"ה (בכמוד הקודש) כי קאמר וכו' תחת אבנים שלא מטמא וכו' בצ"ל:

גי' ר"מ ונפשות

מג א ב מיי' פ"ב מהל' אבות הטומאות הל"ז:
מד ג ד מיי' פכ"ג מהל' כלים הלכה ט:

מה מצינו. בדקתני לקמיה: ומנין לטרפה ששחיטתה מטהרתה. אף שחיטת בהמה תטהר את האבר גופה. לא אם טיהרה שחיטת טרפה אותה. שחיטתה מן הדין הוא, שהרי דבר שגופה. ומנין לטרפה ששחיטתה מטהרתה. דשמא אינה מטהרתה. ומן הדין אינה מטהרתה, שבהמה טמאה אסורה באכילה, וטרפה אסורה באכילה! ומה טמאה אין שחיטתה מטהרתה. מלטמא, דהכי תניא בתורת כהנים: "לכל הבהמה אשר היא מפרסת פרסה וגו' כל הנוגע בהם יטמא" – להביא בהמה טמאה שלא תטהרנה שחיטתה. והלא דין הוא, השרץ אסור באכילה, ובהמה טמאה אסורה באכילה, מה שרץ אין שחיטתו מטהרתו, דכתיב ביה: "טמאים הם לכם" – אף בהמה טמאה לא תטהרנה שחיטתה. או כלך לדרך זו: בהמה טמאה אסורה באכילה, וטרפה אסורה, מה טרפה שחיטתה מטהרתה – אף בהמה טמאה כן! תלמוד לומר: "הנוגע בהם" – להביא בהמה טמאה שלא תטהרנה שחיטתה. שלא היתה לה שעת הכושר. ליטהר מטומאתה ע"י שחיטה. תאמר בטרפה שהיתה לה שעת הכושר. וכיון דחל עלה תורת שחיטה – תו לא פקעה מיניה, והויא בכלל שאר צאן ובקר. טול לך מה שהבאת. טול מכאן ראייה זו שהבאת. הרי שנולדה טרפה מן הבטן מנין. שתטהרנה. שיש במינה שחיטה. הלכך לא נפקא מכלל בקר וצאן. אבל בן שמונה חי שנולד מבהמה חיה – אין לנו במה לטהר אפי' נשחט, לפי שאינו בכלל בקר וצאן. גמ' אמאי. בשר העובר טמא? והלא לא נגע האבר בבשר, אלא ע"י חיבורו. אותו מגע – חיבור בית הסתרים הוא שאינו נראה! וטומאת בית הסתרים. קי"ל במס' נדה (דף מג:) דלא מטמאה. לימא ר"מ לטעמיה. דאית ליה טומאת בית הסתרים מטמאה. שלשה. טפחים, בגד שראוי למדרס, והיה מדרס הזב שהוא אב הטומאה, דכתיב: "וכל אשר יגע במשכבו" וגו'. שנחלק. ואינו ראוי עוד למדרס, אבל ראוי הוא לשאר טומאות, דקי"ל: שלש אצבעות על שלש חזי לעניים [ועשירים]. טהור מן המדרס. מלטמא אדם וכלים. אבל טמא מגע מדרס. טומאה הנוגע במדרס יש לו, והוי ראשון לטומאה, מפני שנגעו זה בזה בעודן מחוברין שהיו מדרס. וכי באיזה מדרס נגע זה. מאחר שנחלק, שהרי מגע חבירו אינו מגע, לפי שהוא בית הסתרים! אלא אם י"ל שיש כלום טומאה *משמרת עליו – לאו משום מגע מדרס. אלא שאם נגע בו הזב. ברגלו ערום כשדרס עליו, או לאחר שדרס עליו, והוי עליו שני טומאות: טומאת מדרס שהיה אב הטומאה, וטומאת מגע, שהיא ראשונה ואינה אלא לטמא אוכלין ומשקין, ונחלק – טהור מטומאת מדרס, ואינו אב הטומאה עוד, אבל טמא מגע הזב כ"ז שלא טבל ונפחת מג' אצבעות. לא שנו. דנחלק ר' יוסי על ר' מאיר. אלא בשלשה על שלשה שנחלק. דליכא למימר: בשעת פרישתן זה מזה קבלו טומאת מגע זה מזה, שהרי בשעת פרישתן לא יש בזה כדי לטמא בגד, ולא בזה כדי לטמא בגד, שהרי אין בהם שיעור אב הטומאה. אבל ג' אצבעות הבאין מבגד גדול. שהיה טמא מדרס, וחתכו ממנו שלש אצבעות – טהור החתיכה הקטנה מן המדרס, שאין בה כשיעור, וטמאה מגע מדרס. אפי' לר' יוסי דאמר אין מגע החבור מגע, דהא בית הסתרים היא – הכא מודה, משום דבשעת פרישתו מאביו אי אפשר לצמצם שלא יגע מעט מעט, ובשעת פרישה אינו בית הסתרים, ומקבל טומאה מאביו שיש בו שיעור אב הטומאה. והכא גבי מתני' נמי, אפי' ר' יוסי מודה דמגעו מגע, משום שעת פרישה כשחותך האבר מן העובר. כחתוך

מָה מָּצִינוּ ^א בִּטְרֵפָה שֶׁשְּׁחִיטָתָהּ מְטַהַרְתָּהּ, אַף שְׁחִיטַת בְּהֵמָה תְּטַהֵר אֶת הָאֵבֶר. אָמַר לָהֶם ר"מ: לֹא, אִם טִיהֲרָה שְׁחִיטַת טְרֵפָה אוֹתָהּ – דָּבָר שֶׁגּוּפָהּ, תְּטַהֵר אֶת הָאֵבֶר – דָּבָר שֶׁאֵינוֹ גּוּפָהּ? (א) מִנַּיִן לִטְרֵפָה שֶׁשְּׁחִיטָתָהּ מְטַהַרְתָּהּ? בְּהֵמָה טְמֵאָה אֲסוּרָה בַּאֲכִילָה, אַף טְרֵפָה אֲסוּרָה בַּאֲכִילָה, מַה בְּהֵמָה טְמֵאָה אֵין שְׁחִיטָתָהּ מְטַהַרְתָּהּ – אַף טְרֵפָה לֹא תְּטַהֲרֶנָּה שְׁחִיטָתָהּ! לֹא, אִם אָמַרְתָּ בִּבְהֵמָה טְמֵאָה, שֶׁלֹּא הָיְתָה לָהּ שְׁעַת הַכּוֹשֶׁר, תֹּאמַר בִּטְרֵפָה, שֶׁהָיְתָה לָהּ שְׁעַת הַכּוֹשֶׁר? טוֹל לְךָ מַה שֶּׁהֵבֵאתָ, הֲרֵי שֶׁנּוֹלְדָה טְרֵפָה מִן הַבֶּטֶן, מִנַּיִן? לֹא, אִם אָמַרְתָּ בִּבְהֵמָה טְמֵאָה, שֶׁכֵּן אֵין בְּמִינָהּ שְׁחִיטָה, תֹּאמַר בִּטְרֵפָה, שֶׁיֵּשׁ בְּמִינָהּ שְׁחִיטָה? ^ב בֶּן שְׁמוֹנָה חַי – אֵין שְׁחִיטָתוֹ מְטַהַרְתּוֹ, לְפִי שֶׁאֵין בְּמִינוֹ שְׁחִיטָה.§ **גמ'** אַמַּאי? *טוּמְאַת בֵּית הַסְּתָרִים הִיא, וְטוּמְאַת בֵּית הַסְּתָרִים לָא מְטַמְּיָא! לֵימָא ר' מֵאִיר לְטַעְמֵיהּ, *דִּתְנַן: שְׁלֹשָׁה עַל שְׁלֹשָׁה שֶׁנֶּחְלַק – טָהוֹר מִן הַמִּדְרָס, אֲבָל טָמֵא מַגַּע מִדְרָס, °דִּבְרֵי ר"מ. *וְתַנְיָא, א"ר יוֹסֵי: ^ג וְכִי בְּאֵיזֶה מִדְרָס נָגַע זֶה? אֶלָּא: שֶׁאִם נָגַע בּוֹ זָב שֶׁיְּהֵא טָמֵא מַגַּע זָב! לָאו אִיתְּמַר עֲלָהּ, אָמַר עוּלָּא: יל"ש אֶלָּא שְׁלֹשָׁה עַל שְׁלֹשָׁה שֶׁנֶּחְלַק, אֲבָל שָׁלֹשׁ עַל שָׁלֹשׁ הַבָּאוֹת מִבֶּגֶד גָּדוֹל – בִּשְׁעַת פְּרִישָׁתָן מֵאֲבִיהֶן מְקַבְּלוֹת טוּמְאָה מֵאֲבִיהֶן; הָא נַמִּי – בִּשְׁעַת פְּרִישָׁתָן מֵאֵבֶר מְקַבֵּל טוּמְאָה מֵאֵבֶר. רָבִינָא אָמַר: בֶּגֶד – לָאו לַחֲתִיכָה קָאֵי, עוּבָּר – לַחֲתִיכָה קָאֵי, *וְכָל הָעוֹמֵד לַחְתּוֹךְ – כְּחָתוּךְ

טהור מן המדרס. מתחלה כשנטמא מדרס, צריך לומר דהיה שם פשוטי כלי עץ מפסיק בין רגלו לבגד. דאי אין שם פשוטי כלי עץ – לא הוה פליג ר' יוסי, דהא בא לו מדרס ומגע זב כיחד אם היה יחף, או מדרס ומגע מדרס אם היה נעול, וכשבא בבת אחת – מודה ר' יוסי, כדמשמע ב"הקומץ רבה" (מנחות דף כד:).

אלא שאם נגע בו הזב כו'. שנגע בו מקמי מדרס איירי, או שיחף דרס, דהוה ליה מדרס ומגע (א) הזב בבת אחת. דאי לבסוף – לא אתי מגע דקיל, וחייל אמדרס החמור, כדמשמע ב"הקומץ [רבה]" (שם: ושם ד"ה מי) דקתני בברייתא: מודה ר' יוסי בשני סדינים המקופלים ומונחים זה על זה ויושב עליהן הזב, שהעליון טמא מדרס והתחתון טמא מדרס ומגע מדרס. פי': שיש אויר בין הסדינין, שמונחין על גבי קונדסין זה למעלה מזה, וישב זב על העליון עד שהכביד העליון שנגע בתחתון. וכגון שפשוטי כלי עץ מפסיק בינו ולסדינים, דבעליון קדם המדרס למגע, ובתחתון באים בבת אחת, שהכביד על העליון עד שהגיע לתחתון – נטמא מדרס מחמת הזב, ומגע מדרס מן הסדין העליון, ושניהם באים בבת אחת. ומעיקרא דקא הוה בעי למיפשט בעיא דעשרון שחלקו, ונטמא אחד מהם והניחה *בכיסא, וחזר טבול יום ונגע בטמא, מי אמרינן: שבע ליה טומאה, או לא, ויטמא גם חלק השני ע"י צירוף כלי? ופשיט ממתני' דסדין טמא מדרס שעשאו וילון – טהור מן המדרס, אבל טמא מגע מדרס. אמר ר' יוסי: וכי באיזה מדרס נגע זה? אלא שאם נגע בו הזב טמא. מאי לאו אפי' לבסוף? אכתי לא ידע ברייתא דשני סדינין, דמוכח בהדיא דלא חייל לבסוף מגע דקיל, אמדרס דחמור. וא"ת: דבשלהי "העור והרוטב" (לקמן דף קכח:) תניא: החותך כזית בשר מאבר מן החי, חישב עליו ואח"כ חתכו – טמא. ופריך: טומאת בית הסתרים היא! ומשני: ר"מ היא. והשתא, היכי חייל אחר המחשבה טומאת אוכלין דקיל, אטומאת אבר מן החי דחמיר? וי"ל: דטומאת אוכלין חמיר, שראוי להצטרף עם פחות מכביצה אוכלין. אבל קודם שיחשב עליהם לא היה ראוי להצטרף. והרב ר' שמשון אומר: ד"שבע ליה טומאה" לא שייך בדבר שהטומאה באה מגופו, וחייל שפיר אפי' קל על חמור. וכפירושו משמע ב"הקומץ רבה" (מנחות דף כד:) דבעי למיפשט מההוא דב' סדינים, דלא אמר שבע ליה טומאה, שהרי תחתון טמא מדרס ומגע מדרס, פי': אע"ג דעליון אינו טמא אלא מדרס – היינו משום דלא חייל מגע דקיל, אמדרס דחמור, בזה אחר זה. אבל מתחתון בעי למיפשט, כיון דבבת אחת ודאי חל אפי' קל על החמור. וא"כ בשניהם שוים, כי ההיא דעשרון שחלקו – חלים אפי' בזה אחר זה. ומשני: דבבת אחת ודאי חייל אפי' קל על חמור, אבל בזה אחר זה, אפי' שניהם שוין – לא חייל האחרון. והשתא, לפי סברת הפושט, אמאי לא פשיט מר"מ דאמר גבי סדין שעשאו וילון דטמא מגע מדרס, אלמא דחל קל עם החמור בבת אחת? אלא ודאי, כשהטומאה באה מגופו לא אמרי' שבע ליה טומאה, וחל אפי' קל על חמור אפי' בזה אחר זה! ויש לדחות: דלא בעי למפשט מר' מאיר, *דהא ר' יוסי פליג עליה מהאי טעמא, ולהכי לא פשיט אלא מר' יוסי. **אבל** שלש על שלש הבאות מבגד גדול בשעת פרישתן מאביהן מקבלות טומאה מאביהן. דקודם שנחלק לגמרי נוגעות חתיכות זו לזו. וה"ה דבשלשה על שלשה משכחת לה דמודה ר' יוסי, כגון שלא הפסיק פשוטי כלי עץ בין רגלו לבגד, דאתי מדרס ומגע בבת אחת. ואפי' אם הפסיק נמי, אם היה נכפל בשעה שדרס עליו, ששני ראשיהן נוגעים זה בזה בגלוי, דאין זה בית הסתרים, ובבת אחת קאתו. אלא ניחא ליה לאשכוחי טומאת מגע אפי' בבגד שיהיה עומד כל שעה מתוח, והיה שם פשוטי כלי עץ המפסיק, דומיא דרישא. **בשעת** פרישתן מקבלין טומאה מאביהן. וא"ת: ולקמן ב"העור והרוטב" (דף קכח:) גבי החותך בשר (ב) מן החי דטמא, ומוקי לה כר"מ דאמר: טומאה דבית הסתרים מטמא – לוקמה אפי' כר' יוסי, דבשעת פרישתו מקבל טומאה מהאבר! ודוחק לומר דמיירי כגון דבמשהו ראשון שנחתך לא היה באבר כדי לעלות ארוכה. וי"ל: דבעי לאוקמי אף בניתז בכל כחו, דלא מקבל טומאה מאביהן בשעת פרישה מאביהן. וכי האי גוונא משני בפ' "אמרו לו" (כריתות דף טו:). ומיהו, בפ' "כילד צולין" (פסחים דף פה. ושם ד"ה ולרבינא) גבי אבר שיצא מקצתו, דחותך עד שמגיע לעצם וקולף עד שמגיע לפרק וחותך. ודייק מינה דלא גזור טומאה על היוצא, דא"כ היה מטמא מה שבפנים. ומשני

דטומאת

שיטה מקובצת

א] דה"ל מדרס ומגע זב כו':

פי' הוא כלי שרת

הגהות הב"ח

(א) גמ' ומנין לטרפה ששחיטתה וכו' טמאה אסורה באכילה וטרפה כו"ל ותיבת אף נמחק: (ב) תוס' ד"ה בשעת וכו' בשר מאבר מן החי:

גליון הש"ס

גמ' (דברי ר"מ ותניא). נראה שלא נגרוס אלו תיבות:

נ"ל דהוה אמינא]

הגהות מהר"ב רנשבורג

א] רש"י ד"ה שנחלק וכו' חזי לעניים ולעשירים. מלת ולעשירים נמחק, ונ"ב לעשירים דהכי איתא בשבת דף כ"ט ע"ב:

[לקמן קכט. נדה מג:]

כלים פכ"ז מ"י

[מלת ותניא טעות הדפוס שהרי כך מלתא דאמר ר' יוסי נשנית במשנה כלים שם]

[פסחים פה.]

נ"ל משויירת. רש"ל

רבינו גרשום

אמאי טומאת בית הסתרים היא. כלומר דאין חלוקין כשאר טמאות דנוגע טמא לטהור אלא מחוברין הן אמאי הבשר מגע נבלה. דתנן שלשה על שלשה שנחלקו. שהיה טמא מדרס ונחלקו טהור מאותו מדרס: אבל טמא מגע מדרס. אחר שחלק בשעת פרישתו נוגע אחד לחברו: והא קא חזינן הכא לר' מאיר שטומאת בית הסתרים מטמאה שדומה כמי שנוגע אחד לחברו דקאמר טמא מגע מדרס: ולא איתמר עלה אמר עולא לא שנו אלא שלשה על שלשה שנחלקו. אפי' ר' יוסי דלא מודי בשלשה על שלשה שנחלקו דהתם טמא טומאת בית הסתרים מודי באבר דטומאת בית הסתרים מטמא. מ"ט דלאו איתמר עלה אמר עולא לא שנו אלא בשלשה על שלשה דלא טמאה טומאת בית הסתרים אבל שלש על שלש הבאות כו' כלומר הבאות מבגד גדול טמא וכו': רבינא אמר בגד לאו לחיתוכא קאי. כלומר אפי' ר' יוסי דמטהר לענין בגד מטומאת בית הסתרים מטמא לענין אבר בגד לאו לחיתוכא קאי ולא דמי כמאן דחתוך ונוגע בהדי הדדי אבל אבר דלחיתוכא קאי ודמו כמו דנוגע בהדי הדדי:

דתנן

כחתוך דמי. כמאן, כרבי מאיר? דתנן: *אכל ידות הכלים שהן ארוכות ועתיד לקצצן – מטביל עד מקום מדה, (*דברי ר"מ, וחכמים אומרים:) עד שיטביל את כולו? אפילו תימא רבנן, *בחבורי אוכלין כמאן דמפרתי דמי, ונגיעי בהדדי. בשלמא לעולא, היינו דקתני: חתכה, אלא לרבינא, מאי חתכה? איידי דתנא רישא חתכה – תנא נמי סיפא חתכה.§ "וחכמים אומרים: מגע טרפה שחוטה".§ טרפה שחוטה מי מטמיא? אין, כדאבוה דשמואל, *דאמר אבוה דשמואל: גטרפה ששחטה – מטמאה במוקדשין.§ "מה מצינו בטרפה ששחיטתה מטהרתה, אף שחיטת בהמה תטהר את *העובר".§ תניא, אמר להן רבי מאיר: וכי מי טיהרו לאבר זה מידי נבלה – שחיטת אמו; א"כ תתירנו באכילה! אמרו לו: הרבה מצלת על שאינו גופה יותר מגופה, שהרי שנינו: *חותך מן העובר שבמעיה – מותר באכילה, מן הטחול ומן הכליות – אסור באכילה. מאי קאמר? אמר רבא ואמרי לה *כדי: חסורי מחסרא, והכי קתני, אמר להן ר' מאיר: וכי מי טהרו לאבר זה מידי נבלה – שחיטת אמו; אם כן תתירנו באכילה! אמרו לו: טרפה תוכיח, ששחיטתה מטהרתה מידי נבלה, ואינה מתירתה באכילה. אמר להן: לא, אם טיהרה שחיטת טרפה אותה – דבר שהיא גופה, תטהר את האבר – דבר שאינו גופה? אמרו לו: הרבה מצלת על שאינו גופה יותר מגופה, שהרי שנינו: חותך מן העובר שבמעיה – מותר באכילה, מן הטחול ומן הכליות – אסור באכילה. תניא נמי הכי, אמר להן רבי מאיר: וכי מי טיהרו לאבר זה מידי נבלה? אמרו לו: שחיטת אמו. א"כ תתירנו באכילה! אמרו לו: טרפה תוכיח, ששחיטתה מטהרתה מידי נבלה, ואינה מתירתה באכילה. אמר להן: *אם טיהרה שחיטת טרפה אותה, ואת האבר המדולדל בה – דבר שגופה, תטהר את העובר – דבר שאינו גופה? אמרו לו: הרבה מצלת על שאינו גופה יותר מגופה, שהרי שנינו: חותך מן העובר שבמעיה – מותר באכילה, מן הטחול ומן הכליות – אסור באכילה. אמר רשב"ל: כמחלוקת בעוברין – כך מחלוקת באיברין. ורבי יוחנן אמר: מחלוקת – באבר דעובר, אבל באבר דבהמה – דברי הכל שחיטה עושה ניפול. א"ר יוסי בר' חנינא: מ"ט דר' יוחנן אליבא דרבנן? האי – אית ליה תקנתא בחזרה, והא – לית ליה תקנתא בחזרה. מיתיבי, אמר להם ר' מאיר: לא, אם טיהרה שחיטת טרפה אותה, ואת האבר המדולדל בה – דבר שגופה, תטהר את העובר – דבר שאינו גופה?
בשלמא

בחתוך דמי. והרי נוגעין זה בזה. עד מקום מדה. שהוא עתיד לקיים. ומה שעתיד לקוץ אין צריך טבילה, דכקצוץ דמי. חבורי אוכלין. שהן רכין, אינו חשיב חבור, וכמאן דמיפרתי דמו. ודאמרינן בעלמא (פסחים דף פה.): לרבינא, חבורי אוכלין כמאן דמיפרתי דמו – מהכא נפקא. בשלמא לעולא. דאמר: טעמא משום פרישה הוא. היינו דקתני. מתני': חתכו, דאי לא חתכו – אין טמא, משום דמגע סתרים הוא. איידי דתנא רישא חתכו. ואחר כך שחט את אמו הבשר טהור, דדוקא חתכו קודם שחיטה, דמשעה שנשחטה ונראית לטומאת אוכלין לא נגע, הא לא חתכו – טמא. תנא סיפא חתכו. ובלא חתכו נמי טמא העובר. מי מטמיא. דקתני בה תורת מגע? מטמאה במוקדשין. מדרבנן. אמרו לו הרבה מצלת כו'. לקמיה מפרש מאי קא מהדרי ליה. ואת האבר המדולדל בה. בשום בהמה שנחתך ממנו אבר ומעורה ותלוי במקצת. דאמרי' ב"העור והרוטב" (לקמן דף קכז:): האבר המדולדל בבהמה, ונשחטה – מטמאה טומאת אוכלין ולא טומאת נבלות. מדקתני: הוכשרו בדמיה, ואי נבלה, מאי הכשר איכא למימר? ואע"פ שאסורין באכילה, כדקתני לקמן בשמעתין: להביא האבר והבשר המדולדלים. דבר שגופה. כלומר, דין הוא שתטהרנו א], שהיא גופה. במחלוקת באבר. דעוברין. כך מחלוקת באבר. המדולדל בבהמה, דלרבי מאיר אין שחיטתו מטהרתו, ולרבנן שחיטתו מטהרתו. עושה ניפול. בשעת שחיטה הרי הוא כנופל ממנה, ואין שחיטתו מועלת לו ב]. ומשום לישנא דקרא דילפינן לקמן מיתה עושה ניפול, נקט לה. ניפול. גמר נפילה. אליבא דרבנן. דאבר דעובר מטהרי, ובאבר המדולדל בה מטמאין. בחזרה. כדאמר ר' יוחנן בריש פירקין (לעיל דף סח:): אבר עצמו מותר באכילה אם החזיר.

דטומאת בית הסתרים היא. ומה בכך? הא בשעת פרישתה מקבלת טומאה! ולא מיתוקמא בניתז בכל כחו, שהרי צריך לקלוף הבשר שבתוך מעל העצם עד לפרק! וי"ל: דמיירי כגון שחותך בסכין רחבה, שמפסקת הסכין בין מה שבתוך למה שבפנים, ואין נוגע זה בזה בשעת חתיכה. וכן הסיא ד"העור והרוטב" (לקמן דף קכח:) בעי לאוקומי אפי' בסכין רחבה. ואם תאמר: אמאי לא מקשה הכא לעולא כמו שמקשה לשמואל בכריתות (דף טו.), דאמר אהא דתנן בפ"ק דמס' מכשירין (משנה ה): *המוסק את הכרישין – מים שבתוכן אינן ב"כי יותן", והיוצא מהן הרי הן ב"כי יותן". אמר שמואל: וכרישין עצמן הוכשרו, מ"ט? בשעת פרישתן מהן הכשירום. ופריך עלה ממתני' דהתם, דקתני: ערב פסח הולך אצל רופא, וחותך אבר המדולדל בו עד שיניח כשערה, ותוחבו בסירא ונמשך ממנו, והלה עושה פסחו והרופא עושה פסחו. ואי בשעת פרישתן הוכשרו – הכא נמי בשעת פרישתו מן האבר ליטמא לאדם! ומשני: בנתזין בכל כחו. והשתא, טפי הוה ליה לאקשויי הכא לעולא מטומאה לטומאה, ממה דפריך התם מטומאה להכשר! ויש לומר: דלעולא הכא לא מצי למיפרך מהתם. דלא דמי, דהכא אפילו נתזין בכל כחו מקבלות טומאה בשעת פרישתן, עד שלא הובדל לגמרי נוגע קצת באביו. אבל התם גבי אבר מן החי, כל זמן שלא הובדל לגמרי – לא מטמא, ואין לחוש אנגיעה קודם שהובדל לגמרי. אבל לשמואל פריך שפיר, דמיירי במים שנפלו על הכרישין שלא לרצון, ולכך *מוסק ומים הנגדלים ממנה לגמרי הם שלא לרצון, וכי הדרי ונגעי בכרישין מכשירין אע"ג דלא ניחא ליה, כדתנן (מכשירין פ"א מ"א): כל משקה שאין תחילתו לרצון וסופו לרצון – הרי הוא ב"כי יותן", ודמיא להאי דרופא לגמרי. וא"ת: דאמרינן ב"העור והרוטב" (לקמן דף קכג.): טלית שהתחיל לקורעה, כיון שנקרע רובה שוב אינו חבור, וטהורה משמע: טהורה לגמרי. וכן משמע בפ' "דם חטאת" (זבחים דף לד:), דמייתי לה אבגד שיצא חוץ לקלעים ונטמא – קורעו ומכניסו ומכבסו במקום קדוש. ואם נשאר עליו שום טומאה, היאך מכניסו? והא אכתי טמא הוא! והשתא, אמאי אינה טמאה מגע מדרס כי הכא? ובקונטרס תירץ שם, *דהיכא דאיכא עליו שתי טומאות, מדרס ומגע הזב – אהני חלוקה למדרס, דתו לא חזיא ליה. אפילו הוא יותר משלשה על שלשה – אפילו הכי טהורה מן המדרס, כיון דלא חזיא למלאכה ראשונה להתעטף – פשה ביה טומאת מגע דחזיא לג' אצבעות. אבל התם איירי כשאין עליה מדרס אלא טומאת מגע בלבד, וקריעה אהני לבטולי, ותו לא פשה עליה מידי. ואין נראה שום סברא לחלק, דמ"מ כיון דיש בה שלש על שלש שהוא שיעור טומאה – לא פקע מיניה טומאת מגע! ומה שהביא שם בקונטרס ראיה, דאע"ג דאית בו שיעור טומאה מ"מ בטלה ע"י קריעה, דומיא דכלי חרס דשבירתו מטהרתו ושבריו מקבלין טומאה, כדאמר ב"אלו טרפות" (לעיל דף נד:): הן וקרקרותיהן. ואין זו שום ראיה, דהתם איירי כשייחד השברים אח"כ, אבל בלא יחוד לא, כמו שמפרש שם. ויש מפרשים: דטלית שם כלי עליה, וכשנקרעה כיון דאזל שם כלי מינה טהורה לגמרי. אבל הכא איירי בחתיכת בגד, ולא טהרה ממגע מדרס אע"פ שטהור מן המדרס. ועוד נראה לי, דמיירי כשקורע בהרבה מקומות עד שלא ישאר בכל אחד רוחב שלש. ולהכי קאמר דטהורה לגמרי, דאע"פ שכל הקריעות מחוברות בסופן – לאו חיבור הוא, כיון דכל קרע וקרע נקרע עד רוב הטלית, והוי כאילו נגמר כל קרע וקרע עד סופו. וכגון שלא שייר בטלית באותו מיעוט שלא נקרע כדי מעפורת, פי': סודר, כדאמרינן התם. דאי נשאר כדי מעפורת – הויא טמא מדרבנן, כדאמר בפרק "דם חטאת" (זבחים דף לד:). **מטביל** עד מקום מדה. ואם תאמר: ואידך ליהוי חציצה, דהוי מיעוטו המקפיד, דמיעוטו המקפיד חוצץ בכלים כמו באדם, כדמשמע במסכת מקואות (פ"ט מ"ז)! ויש לומר: דאיירי בידות הכלים העשויין כעין חוליות, כאותן שלשלאות של ברזל העשויין בטבעות. והא דקתני נמי סיפא במסכת מקואות (פ"י מ"ה): שלשלת דלי גדול – ארבעה טפחים, ושל קטן – עשרה טפחים, ומטביל עד מקום מדה. ר' טרפון אומר: עד שיטבול כל הטבעת. מכלל דת"ק לא בעי כל הטבעת – מיירי נמי כגון דאותה טבעת עצמה עשויה כחוליות מטבעות קטנות, וליכא חציצה*. **חבורי** אוכלים כמאן דמפרתי דמו. ד] תימה: דלא משני הכי ב"העור והרוטב" (לקמן דף קכח:) גבי חישב עליו ואח"כ חתכו טמא, ה] ופריך: טומאת בית הסתרים הוא! ודוחק להעמידה כר' מאיר. וי"ל: דלא אמרינן כמאן דמפרתי דמו אלא היכא דעומד ליקצץ, כמו הכא דאבר אסור והשאר מותר. וכן בסוף "כילד צולין" (פסחים דף פה.) גבי אבר שיצא מקצתו, דמה שיצא אסור, ומה שבפנים מותר. אבל גבי אבר מן החי, דהכל אסור ואין עומד ליחתך – לא אמרינן: כמאן דמיפרתי דמו.

מאי

רבינו גרשום

דתנן כל ידות הכלים שהן ארוכות. וטמאין: אפי' תימא רבנן חיבורי אוכלין כו' כלומר ודמי האבר כמי שנגע לעובר: בשלמא לעולא היינו דקתני חתכה. בשלמא לעולא דלא (מלקי חיבורי) [אמרינן החיבורי] אוכלין כמן (דלא מיפרתי) [דמפרתי] דמי היינו דקתני שחט את אמו ואח"כ חתכה דמעיקרא לאו בחתוכה דמי: אלא לרבינא דאמר חיבורי אוכלין כמאן דמפרתי דמו. ודמי כחתוך מאי ואח"כ חתכה והא מעיקרא כחתוך דמי: איידי דתנא רישא חתכה ואח"כ שחט את אמו דוקא משה"כ טהור הבשר דלא מטמא מחיים תנא סיפא נמי חתכה ולעולם אע"ג דלא חתכה כמאן דחתוך דמי: ואת האבר המדולדל. כלומר שנחתך ממנה אבר ומעורה במקצת ושחט הבהמה מטמא מגע מטמאה את האבר עמה: ותטהר את העובר. אבר של עובר: כמחלוקת בעוברין. במחלוקת ר"מ ורבנן בשחט את אמו ואח"כ חתכה הבשר מגע נבלה דשחיטה עושה ניפול ואין כוללו השחיטה עמה ורבנן סברי אין שחיטה עושה ניפול וכוללו השחיטה עמה ואין נבלה אלא טרפה והבשר שנגע באבר מגע טרפה שחוטה ואין מטמא אלא במוקדשין: כך מחלוקת באיברין אבר של בהמה המדולדל דר"מ סבר אין כוללו שחיטה עמה והוי נבלה ורבנן סברי כוללו שחוט' ולא הוי נבלה אלא חשוב טרפה שחוטה: אבל באבר דבהמה דברי הכל שחיטה עושה ניפול. ואין כוללו שחיטה עמה והוי נבלה: דהאי אית ליה תקנתא. האבר כשמחזירו למעי אמו קודם שחיטה אבל אבר המדולדל בבהמה לית ליה תקנתא בחזרה: בשלמא

שיטה מקובצת

א] כלומר דין הוא שתטהרנו מפני שהיא גופה: ב] ואין שחיטתו מועלת לו והויא הבהמה מגע נבלה ומשום וכו' כך מצאתי מוגה ברש"י כת"י: ג] ויש לפרש דאעולא קאי: ד] תימה דלא משני הכי בהעור והרוטב. נ"ב ע' תוס' מנחות דף כ"ד ע"ב: ה] ואח"כ חתכו טמא דפריך טומאת כצ"ל:

מה א מיי' פ"ג מהל' מקוואות הל' כה:
מו ב מיי' פ"ו מהל' טומאת אוכלין הלכה יד:
מז ג מיי' פ"ב מהלכות אבות הטומאות הלכה א:

[פסחים פה.]
[נ"ל המוחק]
נ"ל מוחק
[לקמן עז.]
נ"א הכלא ועיין ר"ש שהגיה כמו שהוא לפנינו
[ועיין ברא"ש שתירץ לאביי הסתרים של כלים לא חייבינן בחלוה לכל והביא ראיה מתוספתא]

מקוואות פ"י משנה ה
[נ"ל ר' יהודה אומר כך איתא במשנה]
[לקמן קכג:]
[נ"ל האבר]
[לעיל סח.]
הוא שם חכם או פי' בחנם בלתי שום הזכרת חכם. רק"ל בשם הליכות עולם

עין משפט נר מצוה

מח א ב מיי' פ"ב מהל' שאר אבות הטומאה הלכה ה:

מט ג מיי' פ"ה מהל' מאכלות אסורות הל' ו סמג לאוין קלב טוש"ע י"ד סי' סב סעיף ג:

גמרא

תורה אור

בשלמא לרבי שמעון בן לקיש, לדבריהם קאמר להו: לדידי – לא שנא אבר דעובר ולא שנא אבר דבהמה, כי הדדי נינהו; אלא לרבי יוחנן – קשיא! אלא, אי אתמר הכי אתמר: אמר רבי שמעון בן לקיש: כמחלוקת בעוברים – כך מחלוקת באיברין. ורבי יוחנן אמר: מחלוקת באבר דעובר, אבל באבר דבהמה – ד"ה אין שחיטה עושה ניפול. א"ר יוסי בר' חנינא: מ"ט דרבי יוחנן אליבא דר"מ? האי – גופה, והאי – לאו גופה. אמר רב יצחק בר יוסף א"ר יוחנן: א] הכל מודים *שמיתה עושה ניפול, ואין שחיטה עושה ניפול. במאי עסקינן? אילימא באבר דעובר – מיפלג פליגי! אלא באבר דבהמה – מיתה תנינא, שחיטה תנינא! מיתה תנינא: *מתה הבהמה – הבשר צריך הכשר, והאבר מטמא משום אבר מן החי, ואינו מטמא משום אבר מן הנבלה, דברי ר' מאיר. שחיטה נמי תנינא: *נשחטה בהמה – הוכשרו בדמיה, דברי ר"מ. ר"ש אומר: לא הוכשרו! אי מההיא, ה"א: מאי הוכשרו – אבשר. והא "הוכשרו" קתני! מהו דתימא: חד לבשר הפורש מן הבהמה, וחד לבשר הפורש מן האבר. ומאי אולמיה דהאי מהאי? סלקא דעתך אמינא: הואיל ומטמאה טומאה חמורה אגב אביו – אימא לא ליבעי הכשר, קמשמע לן. אמר רב יוסף: נקוט דרב יצחק בר יוסף בידך, דרבה בר בר חנה קאי כוותיה, דתניא: "ובשר בשדה טרפה לא תאכלו" (שמות כב) – להביא האבר והבשר המדולדלין בבהמה ובחיה ובעוף, ושחטן – שהן אסורין; ואמר רבה בר בר חנה א"ר יוחנן:

אין

רש"י

בשלמא לריש לקיש. דאמר: באיברין נמי פליגי, הא אע"ג דר' מאיר קאמר לה – לא תקשה. ולדבריהם דרבנן קאמר להו: דרבנן מטהרי בעובר ובאיברין קאמר להו, דאע"פ שאתם מטהרין באבר בהמה – הודו לי שמטהרין באבר העובר שאינו גופה. אלא לר' יוחנן. דאמר: דברי הכל אבר המדולדל טמא, היכי תני: ואת האבר המדולדל? אלא אי אתמר כו'. והא מתני' דקאמר ר"מ: לא אם טהרה כו', לריש לקיש כדשנינן: לדבריהם דרבנן קאמר להו ב]*. אין שחיטה עושה ניפול. וטהור מלטמא, אע"פ שאסורה באכילה. מאי טעמא דר' יוחנן אליבא דר"מ. דנותן חילוק בין אבר בהמה לאבר העובר. הכל מודים. ר"מ ורבנן. שמיתה עושה ניפול. אבר המדולדל בבהמה, ומתה – המיתה מפלת אותו, ואינו טמא כאבר מן הנבלה, אלא כאבר מן החי. והפרש יש ביניהם, דאמרינן ב"העור והרוטב" (לקמן דף קכח:): אבר מן החי – בשר הפורש ממנו טהור, דאין מטמא אלא כשהוא אבר שלם, בשר גידים ועצמות. אבל נבלה – כזית ממנה טמא אף בטומאה. מיפלג פליגי. ר"מ ורבנן בשחיטה. מיתה תנינא. דעושה ניפול. שחיטה תנינא. דאין עושה ניפול. מתה הבהמה. שהיו בה אבר ובשר מדולדלין, אבר בפני עצמו ובשר בפני עצמו. ומשנה היא ב"העור והרוטב". הבשר צריך הכשר. מים, שאם יגעו בו טומאה – ג] יקבלנה. דמיתה עושה ניפול, והוה ליה בשר מן החי, שהבשר הפורש ממנו טהור, ואינו מטמא משום אבר מן החי. ואינו מטמא משום אבר מן הנבלה. שיהא בשר הפורש ממנו טמא. משום דמיתה עושה ניפול ד], כמו שנגמרה נפילתה קודם שמתה. דברי ר"מ. וליכא דפליג עליה במיתה עושה ניפול. אלא לר"ש מטהר קתני התם, ומוקמינן ליה אפלוגתא אחריתי. אבל *רבי ודאי לא פליגי עליה, אף על גב דפליגי עליה בשחיטה, ואמרי אין עושה ניפול גבי אבר דעובר. דהא ר"מ נמי שחיטה אין עושה ניפול בבהמה סבירא ליה כרבנן, כדמפרש ואזיל, וקא חזינן הכא דבמיתה מודי. הוכשרו בדמיה. לקבל טומאת אוכלין. אלמא סבירא ליה: אין בהן טומאת עצמן כאבר מן החי, דשחיטה הועילה להם, אפילו לרבי מאיר דפליג באבר דעובר. לא הוכשרו. וצריכין הכשר אחר לקבל טומאה. דקסבר: אין בהמה נעשית יד לאבר להביא הכשר עליה. אי מההיא הוה אמינא. כי היכי דפליג ר"מ באבר דעובר – פליג נמי באבר בהמה, דשחיטה עושה ניפול, ומטמא כאבר מן החי. ומאי הוכשרו. דמשמע דאין בהן ה] טומאה דעצמה. אבשר. קאמר. דאי נמי סבירא לן שחיטה עושה ניפול – הוה ליה בשר הפורש מן החי וטהור. הלכך איצטריכא דרב יצחק בר יוסף. והא הוכשרו. לשון רבים קאמר. חד לבשר הפורש מן הבהמה. שהיה מדולדל בה קודם שחיטה, כדקתני: האבר והבשר המדולדלין בבהמה. וחד לבשר שיפרוש מן האבר. לאחר שחיטה. ומאי אולמיה. דבשר הפורש מן האבר מהפורש מן הבהמה, דאצטריך למתנייה? סד"א הואיל. ועם האבר מטמא אדם כנבלה – אימא לא תיבעי הכשר לאחר פרישתן, ויקבל טומאת אוכלין בלא הכשר. קמ"ל. הוכשרו בדמיה, דבעי הכשר. ונפקא מיניה להיכא דנתחך כל האבר קודם שחיטה, דלא הוכשר בדמיה, ואח"כ פירש בשר ממנו, דבעי הכשר. ואשמעינן דאע"ג דקי"ל במסכת נדה (דף נא.)*: מה זרעים שאין סופן לטמא טומאה חמורה וצריכין הכשר – אף כל שאין סופו לטמא טומאה חמורה, פרט לנבלת עוף טהור שסופה לטמא טומאה חמורה אם אכלה, לפיכך אין צריכה הכשר לטמא טומאת אוכלין – דוקא סופו, אבל תחלתו כי האי, דתחלתו טמא טומאה חמורה ואין סופו לטמא טומאה חמורה משפירש – צריך הכשר. נקוט דרב יצחק בידך. דקאמר משמיה דר' יוחנן: הכל מודים שאין שחיטה עושה ניפול. ולא א] מיהדר לשנויי לישנא דאמרינן ברישא: לר' יוחנן דברי הכל שחיטה עושה ניפול. דרבה בר בר חנה קאי כוותיה. משמיה דר' יוחנן.

אין

תוספות

מאי טעמא דר' יוחנן אליבא דר' מאיר. קצת קשה: דשאני אבר בהמה, דמדאורייתא שרי אף באכילה, כדאמרינן לקמן (דף עד.) דאין להם אלא מצות פרוש! וי"ל: דמ"מ בעי, דכמו שגזרו עליו חכמים איסור אכילה, טומאה נמי היה להו ליגזור.

שחיטה תנינא. תימה: דלפריך תנינא, טפי הוה ליה לאקשויי מינה לריש לקיש!

הוכשרו בדמיה. אין לדקדק, מדמועיל הדם להכשיר האבר – אלמא לא חשיב כניפול. דמזה לא הוה משני מידי. אלא מדבעי הכשר לקבל טומאת אוכלין קא דייק, כדפירש בקונטרס, אלמא אין בו טומאת אבר מן החי. והיינו טעמא דדם דבהמה מועיל להכשיר האבר, אפי' הוי כניפול – משום דאמר דבהמה נעשית יד לאבר. וא"ת: וכיון דמדאורייתא האבר מותר באכילה לרבי יוחנן כדאמרינן בסמוך, ל"ל הכשר מדם הבהמה? דר' יוחנן גופיה אית ליה בפירקין (לקמן דף עד:) דר"מ סבר כר' שמעון דשחיטה מכשרת. ור' שמעון נמי דקאמר: לא הוכשרו, מפרש רב אשי ב"העור והרוטב" (לקמן דף קכח.) דטעמא דר"ש – משום דדם לא מכשיר, דשחיטה מכשרה ולא דם. ושחיטה נמי לא מכשרה, הואיל ואינה מתרת באכילה. ואמאי? והרי מתרת באכילה מן התורה! וי"ל: דמשום דמדאורייתא לא מכשרת שחיטה אפי' לר"ש, כדאמר לעיל בפ' "השוחט" (דף לו:) – עשאוהו כהכשר מים מדרבנן. וכיון שאבר אסור מדרבנן – לא מהניא ליה הכשר שחיטה, דלא הויא נמי אלא מדרבנן. וא"ת: להנהו דמוקמי פלוגתייהו ב"העור והרוטב" (לקמן דף קכז:) דר"מ ור"ש בבהמה נעשית יד לאבר, או באוחז בקטן ואין גדול עולה עמו, דלרבי שמעון אין נעשית יד, מנא להו? דכיון דאיכא למימר דטעמא דרבי שמעון משום דדם לא מכשר, ואמאי פליגי ארב אשי? וי"ל: דדייקי לישנא דרבי שמעון דאמר: לא הוכשרו, ולא קאמר "אין הדם מכשיר", משמע: אפילו היה הדם מכשיר – הכא לא הוכשרו.

אי מההיא ה"א כו'. ולעולם שחיטה עושה ניפול. הקשה הרב ר' שמואל מוורדו"ן: א"כ, היכי קאמר ר"ש: לא הוכשרו, דמשמע דע"י בהמה הוא דלא הוכשרו, אבל הכשר מועיל להם? והא אוכל שאי אתה יכול להאכילו (ע"י) לאחרים הוא, כיון דשחיטה עושה ניפול, והוי בשר מן החי, ואין קרוי אוכל לר"ש, כדאמר בסוף "העור והרוטב" (לקמן דף קכט.), ולא מקבל טומאה! וי"ל: דר"ש לדבריהם דרבנן קאמר להו: לדידי אוכל שאי אתה יכול להאכילו לאחרים הוא ולא מקבל טומאה, אלא לדידכו אודו לי מיהת דלא הוכשרו.

סלקא דעתך אמינא הואיל ומטמא טומאה חמורה אגב אביו לא ליבעי הכשר. כדאמרינן בפרק "בא סימן" (נדה דף נא.): מה זרעים שאין סופם כו'. קמ"ל: דוקא סופו, אבל תחלתו כי האי, דתחלתו מטמא טומאה חמורה ואין עוד סופו לטמא טומאה חמורה משפירש – צריך הכשר. כך פי' בקונטרס. והדין עמו שפירש כן, דדוקא כשפירש צריך הכשר, אבל בעודו מחובר – אין צריך הכשר להצטרף לפחות מכביצה, אע"ג דמעשה עץ שימש, כדאמר ב"העור והרוטב" (לקמן דף קכט.). דהא אמרינן בסוף פ' "טבול יום" (זבחים דף קה.) דפרה ופרים (א) מטמאים אוכלין ומשקין מחמת שסופן לטמא טומאה חמורה, ולא אמרינן: מעשה עץ הוא, אף על גב דטומאה חמורה שלהן אינו מטעם ראויות אוכל, דאפילו העוסק בשריפת עור ועצמות מטמא בגדים. וצריך לומר, דטעמא דמעשה עץ שימש מהניא לכשפירש, שאין סופו לטמא עוד טומאה חמורה. והא דאמר בפ"ק דפסחים (דף יח.): פרה ששתתה מי חטאת – בטלו במעיה. ומפרש התם דבטלו מטומאה חמורה, אבל טומאה קלה מטמאים – לא חשיבי התם מעשה עץ, לפי שמתחלתן צריכין שיהיו ראויין לשתיה, ונמצא שטומאה חמורה שלהם אינה אלא מטעם ראויות לשתיית אדם שהיה בהם כבר, שאל"כ – לא היו ראויין להזאה, ולהכי אין צריכין הכשר שרץ, אפי' כשאין סופן עוד לטמא טומאה חמורה.

אין

מסורת הש"ס

[ולר' יוחנן לדברי הכל קאמר להו] כל"ל מס"י

[לקמן עד. קכט. קכט:]

לקמן קכז:

שם [ודף עו:]

[נ"ל רבנן]

שיטה מקובצת

א] הכל מודים שמיתה עושה ניפול. נ"ב ע' תוס' מנחות דף ע' ע"א: ב] ולר' יוחנן לדברי הכל קאמר להו. נ"ב לא נמצא בספרי כ"י: ג] יקבלנה דמיתה עושה ניפול והו"ל בשר מן החי שהוא טהור מלטמא. הס"ד: ומה"ד מטמא משום אבר מן החי שהבשר הפורש ממנו טהור. הס"ד: ומה"ד ואינו מטמא משום אבר מן הנבלה וכו': ד] עושה ניפול והו"ל כמי שנגמרה נפילתה: ה] דמשמע דאין בהן טומאת עצמן הס"ד:

הגהות הב"ח

(א) תוס' ד"ה סלקא וכו' ופרים הנשרפים מטמאים:

גליון הש"ס

תוס' ד"ה אי וכו' א"כ היכי קאמר לא הוכשרו. תמוה לי לא נפשוטו לק"מ דהכי מתנינן דהא ס"ד כר"ל דכך מחלוקת בעוברין ולר"מ עושה ניפול אבל ר"ש באמת ס"ל דאין עושה ניפול ובתשובה הארכתי:

הגהות מהר"ב רנשבורג

א] רש"י ד"ה נקוט דר"י בידך וכו' עושה ניפול ולא מיהדר לשנויי וכו' כצ"ל:

רבינו גרשום

בשלמא לר"ש בן לקיש לדבריהם דרבנן קאמר להו. כלומר מה דאמר להו לא אם טהרה שחיטת טרפה אותה ואת האבר המדולדל בה כלומר דלרבנן כשם שמטהרין אבר דעובר כך מטהרין אבר המדולדל בבהמה: אלא לר' יוחנן דאמר. אבל באבר דבהמה דברי הכל שחיטה עושה ניפול ונבלה היא אפי' שחט אמו למאן קאמר ר"מ לא אם טהרה שחיטת טרפה אותה ואת האבר המדולדל: אבל באבר דבהמה אין שחיטה עושה ניפול. וכוללו השחיטה עמה [ומטהרו] מידי נבלה: ומה דתניא אמר להן ר"מ לחכמים לא אם טיהרה שחיטת טרפה אותה [ואת האבר המדולדל שבה] לר' יוחנן לדברי הכל אמר להן בין לדידה בין לחכמים: האי גופיה והאי לאו גופיה. כלומר אבר דבהמה גופה לפיכך כוללו בשחיטה ומטהרו והאי לאו גופיה אבר דעובר: הכל מודים שמיתה עושה ניפול. כלומר שאם נדלדל אבר בבהמה ומתה שמיתה עושה ניפול ואין כוללת האבר המדולדל בה במיתה ואין מטמא האבר משום נבלה אלא משום אבר מן החי דחשיב כשמתה כמי שנפל האבר ממנה קודם מיתה ואבר מן החי אינו מטמא אלא במוקדשין: ואין שחיטה עושה ניפול דאם אבר מדולדל בבהמה ושחט הבהמה כוללת השחיטה האבר ומטהרתו מידי נבלה: אילימא באבר דעובר מיפלג פליגי במתני' בשחט את אמו ואח"כ חתכו כו'. דר"מ סבר שחיטה עושה ניפול ואין כוללת האבר [עמה] והוי נבלה ורבנן סברי אין מטמא משום נבלה: מיתה דתנן מתה הבהמה הבשר המדולדל צריך הכשר. ואם אין מוכשר לא מטמא דמיתה עושה ניפול ואין כוללתו עמה: שחיטה נמי תנינא. נשחטה הבהמה הוכשרו בדמיה האבר המדולדל והבשר שעל האבר: אי מההיא הוה אמינא מאי הוכשרו הכשר הבשר. כלומר הבשר שעליה ולא האבר עצמו: והא הוכשרו קתני. כלומר במשמע האבר והבשר שעליו: מהו דתימא חד לבשר כו'. אבל אבר עצמו אימא לא [אלא] מטמא משום נבלה: ומאי אולמיה דהאי מהאי. כלומר מאי אולמיה דבשר הפורש מן האבר לבשר הפורש מן הבהמה בלא אבר דאיצטריך למיתנא הבשר: איצטריך סד"א כו'. כלומר סד"א הואיל ואין כוללת השחיטה האבר עצמו והבשר שעליו מטמא טומאה חמורה דמטמא משום נבלה על גב האבר ולא ליבעי הכשר קמ"ל דר' יוחנן דהוכשרו דקתני חד לבשר הפורש מן האבר וחד לאבר עצמו דאין שחיטה עושה ניפול: נקוט דר' יצחק בר יוסף בידך. כלומר דאין שחיטה עושה ניפול ומטהרינן האבר המדולדל בבהמה ואין מטמא אפי' משום אבר מן החי בדחזינן הכא דאין בו אלא מצות פרישה דאסור באכילה ואין מטמא: אכלו

אין בהן אלא מצות פרוש בלבד. יתיב רב יוסף קמיה דרב הונא, ויתיב וקאמר, אמר רב יהודה אמר רב: אכלו לזה – לוקה. אמר ליה ההוא מרבנן: לא תציתו ליה, הכי אמר רב יצחק בר שמואל בר מרתא משמיה דרב: אכלו לזה – אינו לוקה. אמר ליה רב הונא: אנן אמאן נסמוך? אהדרינהו רב יוסף לאפיה, אמר ליה: מאי קושיא? *כי אמרי אנא – במיתה, דעושה ניפול; כי אמר איהו – בשחיטה, דאינה עושה ניפול. אמר רבא, מנא הא מלתא דאמור רבנן: *מיתה עושה ניפול, שחיטה אינה עושה ניפול? דכתיב: °"וכל אשר יפול עליו מהם במותם יטמא", למעוטי מאי? אילימא למעוטי בחייהם – מ"נבלתם" נפקא! אלא ש"מ: מיתה עושה ניפול, ואין שחיטה עושה ניפול. אמר ליה רב אדא בר אהבה לרבא: והא קרא בשרצים כתיב! אמר ליה: אם אינו ענין לשרצים, דלאו בני שחיטה נינהו – תנהו ענין לבהמה. ואכתי מבעי ליה – *כעין מיתה; לחין – מטמאים, יבשים – אין מטמאים! תרי "במותם" כתיבי. אמר רב חסדא: מחלוקת – באבר דעובר חי, אבל באבר דעובר מת – דברי הכל שחיטה עושה ניפול. [א] ורבה אמר: כמחלוקת בזה – כך מחלוקת בזה.§ "בן שמנה חי". (וכו')§ והתניא: בן שמנה חי יוכיח, שאף על פי שיש במינו שחיטה, אין שחיטתו מטהרתו! אמר רב כהנא: יש במינו שחיטה אגב אמו. ותנא דידן, מינא דאמיה לא פריך. ולהאי תנא דפריך, טרפה דשחיטתה מטהרתה, מנא ליה? נפקא ליה מדרב יהודה אמר רב, *דאמר רב יהודה א"ר, ואמרי לה במתניתא תנא: אמר קרא °"וכי ימות מן הבהמה" – מקצת בהמה מטמאה, ומקצת בהמה אינה מטמאה, ואיזו זו – זו טרפה ששחטה. בעי רב הושעיא: הושיט את ידו למעי בהמה, ושחט בן ט' חי, מהו? תבעי לר"מ, ותבעי לרבנן; תבעי לר"מ: עד כאן לא קאמר רבי מאיר בן פקועה טעון שחיטה – ה"מ היכא דיצא לאויר העולם, אבל במעי אמו – לא שריא ליה שחיטה. או דילמא: אפילו לרבנן, *ד' סימנין אכשר ביה רחמנא? אמר רב חנניא, ת"ש: הרי שנולדה טרפה מן הבטן; ואי איתא, משכחת לה דהיתה לה שעת הכושר, דאי בעי – עייל ידיה ושחטה! אמר ליה רבא, תני: שנוצרה טרפה מן הבטן, ומשכחת לה בבעלת ה' רגלים.§

מתני' השוחט את הבהמה, ומצא בה בן שמנה חי או מת, או בן תשעה מת – קורעו, ומוציא את דמו. °מצא בן תשעה חי – *טעון שחיטה, וחייב באותו ואת בנו, דברי ר"מ. וחכמים אומרים: שחיטת אמו מטהרתו. ר"ש חלבו

רש"י

אין בהם. איסור לאו של אבר מן החי. אלא מצות פרוש. מדרבנן, וקרא אסמכתא בעלמא. אלמא, אין שחיטה עושה ניפול. אכלו לזה. האבר המדולדל. אינו לוקה. דמצות פרוש בעלמא הוא. אהדרינהו. בכעס. כי אמרי אנא. דלוקה משום אבר מן החי – במיתה דעושה ניפול. ואשמיעך רב *דלא משום נבלה מתרינן ביה, אלא משום אבר מן החי. וכל אשר. בשרצים כתיב. מנבלתם נפקא. "וכי יפול מנבלתם". אלא. הכי קאמר: כל אשר יפול מהם – במותם, על ידי מיתה הויא נפילה. "מהם" – אברים המדולדלים בהם. בשרצים כתיב. דלא שייכא בהו שחיטה, והיכי ממעטת שחיטה מהאי קרא? אם אינו ענין כו'. דעל כרחך "במותם" מיעוטא הוא, דלגופיה לא איצטריך, דהא במיתה משתעי, ד"נבלתם" כתיב, וכתוב: "וכי יפול" – למימרא דעושים ניפול, ולא בעי "במותם"! אלא על כרחך למעוטי שחיטה. דלאו בני שחיטה נינהו. ולא איצטריך "במותם", דהא שחיטתם מיתה היא. בעין מיתה. כעין שעת מיתה, שהיו לחים, למעוטי שרץ שייבש. דעובר חי. דיש במינו שחיטה, מהניא שחיטה אף לאבר שאינה לטהרו. והתניא. בתורת כהנים, גבי "וכי ימות מן הבהמה" כו'. בן ח' יוכיח שאע"פ שיש במינו שחיטה אין שחיטה מטהרתו. אם נולד ושחטו, אבל אגב אמו ניתר בשחיטת אמו דברי הכל. אף טריפה, אע"פ שיש במינה שחיטה – לא תטהרנה שחיטתה. ומתני' קתני: בן ח' – אין במינו שחיטה! אמר רב כהנא. האי דקתני תנא דברייתא: יש במינו שחיטה – אגב אמו קאמר, שניתר בשחיטת אמו. מינא דאמיה לא פריך. לא חשיבא ליה פירכא. דהואיל ואין בבני ח' שחיטה אין במינו שחיטה קרינא ביה. ולהאי תנא. דברייתא דפריך מינא דאמיה, וסבר: יש במינו שחיטה קרינא ביה. טרפה דשחיטתה מטהרתה מנא ליה. פיסוק ליה מבהמה טמאה דאין שחיטה מטהרתה! ושחט בה בן ט' חי. ויצא אחר שחיטתו, ואמו קיימת. בן ח' לא קא מיבעי ליה, דהא אפילו יצא לאויר העולם ושחטו – תנן במתניתין (לעיל דף עג:): אין שחיטתו מטהרתו. אבל במעי אמו לא שריא. שחיטה דיליה. וכ"ש לרבנן דאמרי: לא שייכא ביה שחיטה כלל, אפילו יצא חי לאחר שחיטה, דאין שחיטה בו אלא בילא לאויר בחיי אמו. או דילמא אפי' לרבנן. שריא ליה שחיטתו. דקסברי רבנן: ד' סימנין אכשר ביה רחמנא, באיזה שני הסימנים שישחטו, או של אמו או שלו. וכ"ש לרבי מאיר דאמר: שחיטה שייכא ביה. ת"ש. דתנן במתני': הרי שנולדה טרפה מן הבטן, מנין? וקס"ד דאפילו בנטרפה שעה אחת קודם לידתה קאמר, דלא היתה לה שעת הכושר לישחט, ולא חל עליה תורת שחיטה. ואם איתא. דשחיטה במעי אמו שחיטה היא, הרי היתה לטרפה זו שעת הכושר לשחיטה קודם שנטרפה! בבעלת ה' רגלים. דהאי טרפות ודאי הויה בה משנולדה. וכגון שיתור זה ברגלים האחרונים, דאמר בבכורות (דף מ.) דבעלת ה' רגלים הרי זה מום, ואמרי' התם: *לא שנו אלא שחסר או יתר ביד, אבל ברגל – אפילו טרפה נמי הוי, דכל יתר כנטול דמי. **מתני'** קורעו. שאין צריך שחיטה. ומודי ר"מ בהו דאיתרבו מ"כל בבהמה תאכלו", דלאו חדשים איכא ולאו אוירא איכא, הילכך לאו בהמה הוא. חלבו הוא דמותר, כדקתני לקמן (דף עה.): מה חלב ושתי הכליות האמורין באשם – מוצא מכלל שליל, אף כל מוצא מכלל שליל. אבל דמו לא גרע מדם האברים, דקי"ל בכריתות (דף כב.): דם האברים עובר בלא תעשה. טעון שחיטה. דחדשים גרמי לשוייה בהמה באנפי נפשיה, ולא איתרבאי מ"כל בבהמה תאכלו". ולרבנן – חדשים ולידה גרמי, דרבנן מרבו ליה להיתרא מ"כל בבהמה תאכלו". וחייב באותו ואת בנו. שלא ישחטנו ביום ששחטו אמו. ר"ש

תוספות

אין בהם אלא מצות פרוש בלבד. וקרא דברייתא אינו אלא אסמכתא בעלמא. וא"ת: וכיון דמדאורייתא שרי באכילה, אמאי נקט בברייתא לעיל (דף עג.): לא, אם טיהרה שחיטת טרפה אותה ואת האבר המדולדל בה? מה שייך שם להזכיר אבר מדולדל, דשרי אף באכילה? וי"ל, דה"ק: אבר המדולדל בה גזרו ביה רבנן איסור אכילה, ולא גזרו שלא תהא שחיטה מטהרתו כמו עובר, דבר שאינו גופה.

תרי במותם כתיבי. וא"ת: הא אכתי צריכי לכדדרשינן ב"העור והרוטב" (לקמן דף קכח:): יכול בשר הפורש מן השרצים יהא טמא? תלמוד לומר: "במותם" – מה מיתה שאינה עושה חליפין כו'! וי"ל: דכעין מותם, והיא דרשה – מחד "במותם" נפקא. אי נמי, דרשה דהתם – מ"נבלתם" נפקא: מה נבלה שאין עושה חליפין. ונקט "במותם" לפי שהיא דרשה פשוטה.

מחלוקת באבר דעובר חי. ובבן ח'. דאילו בן ט' – כשאר בהמה הוא לר"מ, וטעון שחיטה.

ולהאי תנא דקפריך טרפה דשחיטה מטהרתה מנא לן. קצת תימה: דכולא חדא ברייתא היא בת"כ, וידע רישא ולא ידע סיפא*!

נפקא ליה מדרב יהודה כו'. וא"ת: דתניא בס"פ "רבי אליעזר דמילה" (שבת דף קלו.): "לאכלה" – להביא בן ח' שאין שחיטתו מטהרתו. ורבי יוסי ור"א ברבי שמעון אומרים: שחיטתו מטהרתו. והשתא כולהו לא מתוקם כתנא דמתני', דאפילו ת"ק דהתם משמע, דאי לאו "לאכלה" – ה"א דשחיטה מטהרתו. ולתנא דמתני', בן ח', כיון דאין במינו שחיטה – ידעינן ליה מבהמה טמאה דאין שחיטה מטהרתה. אבל כתנא דברייתא דהכא מיתוקמא שפיר ת"ק דהתם, דכיון דיש במינו שחיטה אגב אמו – מיקרי שפיר יש במינו שחיטה, ולא מצי למילף מבהמה טמאה, ולהכי צריך התם "לאכלה" – למימר דאין שחיטה מטהרתו. ומיהו, סוגיא דהתם לא אתיא כתנא קמא דברייתא דהכא, דרבא מפרש התם טעמא דרבי יוסי ורבי אליעזר, דסברי בטרפה אע"ג דמתה היא דשחיטה מטהרתה, הכא נמי לא שנא. ורבנן, לא דמי לטרפה אפילו מן הבטן, דיש במינו שחיטה, הכא אין במינו שחיטה. ושמא תנא דמתניתין משום קרא ד"לאכלה" חשיב בן ח' אין במינו שחיטה. אי נמי, קרא ד"לאכלה" דדריש ת"ק התם הוי אסמכתא בעלמא. דהא לאביי דמוקי התם פלוגתייהו דפליגי, מר סבר חי הוא, ומר סבר מת הוא – צריך לומר דאסמכתא היא, דכיון דחשיב ליה כמת, בלאו קרא אין שחיטתו מטהרתו.

רבינו גרשום

אכלו לזה אינו לוקה. כלומר לאבר המדולדל בבהמה: כי אמרי במיתה דעושה ניפול. כלומר א) ולוקה משום אבר מן החי: מנבלתם נפקא. כלומר לאחר מיתה מטמאין השרצים אבל בחיים אין מטמאין: מיתה עושה ניפול. כלומר דאבר המדולדל בבהמה ומתה אין כוללתו המיתה וחייב האוכלו משום אבר מן החי: א"ל אם אינו ענין לשרצים דלאו בני שחיטה נינהו. דלא איצטריך למכתב במותם דאין להן שחיטה אלא מיתה בלבד: תניהו ענין לבהמה. ודריש הכי מיתה עושה ניפול ואין שחיטה עושה ניפול: אבל באבר דעובר מת [ד"ה] שחיטה עושה ניפול. כלומר דאין כוללתו שחיטה עמה ומטמא משום נבלה: יש במינו שחיטה אגב אמו. כלומר ששוחטין אמו והוא מותר אבל הוא אינו בכלל שחיטה: ותנא דידן מינא דאימיה לא פריך. (ותנא דידן מינא דאימיה וכו') ב) לפי שאין במינו שחיטה אבל בהוא עצמו אין במינו שחיטה: ולהאי תנא דפריך טרפה דשחיטתה מטהרתה [מנ"ל]. כלומר ולהאי תנא דפריך אע"ג דיש במינו שחיטה אגב אמו אין שחיטתו מטהרתו טרפה דשחיטתה מטהרתה מנא ליה דאמרינן כדאמרי' במתני' תאמר בטרפה שיש במינה שחיטה (שהיא) [ולפיכך] שחיטתה מטהרתה ועכשיו דאמרי' בבן שמנה אע"ג דיש במינה שחיטה אין שחיטתה מטהרתה טרפה דשחיטתה מטהרתה מנא ליה: או דלמא אפי' לרבנן. כלומר אפי' לרבנן ארבעה סימנין. כלומר דאמרי לא בעי שחיטה (אבל) ואי שחיט סימנין דאימיה ודאי לא בעי שחיטה אבל אי שחיט סימנין [דידיה] מותר בשחיטתו: א"ל רבא שנוצרה טרפה מן הבטן. כלומר ודאי כן הוא אי נולד טרפה מן הבטן מצינו לה שעת הכושר קודם לכן בענין הזה דאי בעי שוחטו בבטן אמו אלא תני שנוצרה טרפה מן הבטן בבעל חמש רגלים דהתם אפי' שוחטו במעי אמו אין לו שעת הכושר שמשעה שנוצר היה בעל מום בבעל חמש רגלים ויתר כנטול דמי ואם נטלה ירך וחלל שלה (טרפה) [נבלה]: לא

א) נראה דל"ל דבמיתה שפיר לוקה וכו'. ב) אולי צ"ל דאף דבמינו דאמו יש שחיטה מ"מ בהוא עצמו וכו'.

עין משפט נר מצוה

נ א מיי' פ"ה מהלכות מאכלות אסורות הל' ו:

נא ב ג מיי' שם הל' יג יד סמג לאוין קלז טוש"ע י"ד סי' יג סעיף ב:

מסורת הש"ס

[לעיל עג: לקמן קכט: קכט:] [ויקרא יא] [ע"ז סח: נדה נו.] [לקמן פה: קכח: זבחים פט:] [ויקרא יא] [לקמן עה.] [כ"ק קו:] [וכן לעיל נח:] [ועמ"ש על הגליון תוס' פסחים לז. בד"ה אלא לאו]

גליון הש"ס

מתני' מצא בן תשעה חי. עי' נדה דף מד ע"א תוס' ד"ה איהו: **רש"י** ד"ה כי אמרי אנא וכו' דלא משום נבלה מתרינן. תמוה לי אמאי ל"א כפשוטו דהאבר הוא כזית עם הגידים והעצמות דלגבי נבלה הוי חצי שיעור וכן כ"מ להוסיף לבן נח:

הגהות מהר"ב רנשבורג

א] גמ' ורבה אמר כמחלוקת בזה כך וכו'. כ"כ מיי' פ"ה מהלכות מאכלות אסורות הל' יא וע"ש במ"מ:

נב א מיי' פ"ה מהל' מאכלות אסורות הל' טו טוש"ע יו"ד סי' יג סעיף ב:
נג ב ג מיי' פ"ז שם הל' ג סמג לאוין קלו טוש"ע יו"ד סי' סה סעיף ב:
נד ד ה מיי' פ"ו שם הל' ד טוש"ע יו"ד שם וסי' סו סעיף ח:
נה ו מיי' שם הל' ד:
נו ז מיי' פ"ב מהלכות בכורים הל' ט ועיין בהשגות מ"ש טוש"ע יו"ד סי' שכא סעיף ז וע"ש:

*ר"ש שזורי אומר: אפילו בן חמש שנים וחורש בשדה — שחיטת אמו מטהרתו. קרעה ומצא בה בן ט' חי — טעון שחיטה, לפי שלא נשחטה אמו.§ **גמ'** א"ר אלעזר א"ר אושעיא: לא הילכו בו אלא על עסקי שחיטה בלבד. למעוטי מאי — למעוטי חלבו וגידו. חלבו דמאי? אילימא: חלבו דשליל — מפלג פליגי! *דתניא: גיד הנשה נוהג בשליל, וחלבו אסור, דברי ר"מ; ר' יהודה אומר: אינו נוהג בשליל, וחלבו מותר; וא"ר אלעזר א"ר אושעיא: מחלוקת בבן ט' חי, והלך ר"מ לשיטתו, ור' יהודה לשיטתו! אלא חלבו דגיד — מפלג פליגי! *דתניא: גיד הנשה — מחטט אחריו בכל מקום שהוא, וחותך שמנו מעיקרו, דברי ר"מ. רבי יהודה אומר: גוממו עם השופי! אלא, אי אתמר — הכי אתמר, א"ר אלעזר אמר ר' אושעיא: לא הילכו בו אלא על עסקי אכילה בלבד, למעוטי רובעו וחורש בו. א"ר שמעון בן לקיש: לדברי המתיר בחלבו — מתיר בדמו, לדברי האוסר בחלבו — אוסר בדמו. ורבי יוחנן אמר: אף לדברי המתיר בחלבו — אוסר בדמו. איתיביה רבי יוחנן לר"ש בן לקיש: קורעו ומוציא את דמו! א"ר זירא: לומר שאין ענוש כרת. למאן קאמרי — לרבי יהודה; לא יהא אלא דם התמצית, *דתניא: דם התמצית — באזהרה, ר' יהודה אומר: בהכרת! תרגמא רב יוסף בריה דרב סלא חסידא קמיה דרב פפא: אית ליה לר' יהודה "דם" ו"כל דם", כל היכא דמיחייב אדם הנפש — מיחייב אדם התמצית, וכל היכא דלא מחייב אדם הנפש — לא מחייב אדם התמצית. *איבעיא להו: מהו לפדות בבן פקועה? אליבא דר"מ לא תיבעי לך, דכיון דאמר (א) טעון שחיטה — שה מעליא הוא. כי תיבעי לך — אליבא דרבנן, דאמרי שחיטת אמו מטהרתו, מאי? כיון דאמרי שחיטת אמו מטהרתו — כבשרא בדיקולא הוא. או דילמא: כיון דרהיט ואזיל, ורהיט ואתי — "שה" קרינא ביה? מר זוטרא אמר: אין פודין, ורב אשי אמר: פודין. א"ל רב אשי למר זוטרא: מאי דעתך — דגמרת "שה" "שה" מפסחים; *אי מה להלן — זכר, תמים, ובן שנה, אף כאן — זכר, תמים, ובן שנה! "תפדה" "תפדה" ריבה. אי "תפדה" ריבה, אפילו כל מילי נמי! אם כן, "שה" "שה" מאי אהני לך? איבעיא להו: מהו למנות בו ראשון ושני? ר' יוחנן אמר: מונין בו ראשון ושני, רבי שמעון בן לקיש אומר: אין מונין בו ראשון ושני, נעשה כאגוז המתקשקש בקליפתו. איתיביה ר"ש בן לקיש לרבי יוחנן: *הבשר מגע נבלה, דברי ר"מ, וחכ"א: מגע טרפה שחוטה. בשלמא לדידי, דאמינא חד גופא הוא — היינו דאיתכשר בדמא דאמיה. א] אלא לדידך, במאי איתכשר? א"ל: בשחיטה. *וכר"ש. איתיביה רבי יוחנן לר"ש בן לקיש: עבר בנהר — הוכשר, הלך לבית הקברות — נטמא. בשלמא לדידי דאמינא תרי גופי נינהו — משום הכי, הוכשר — אין, לא הוכשר — לא. אלא לדידך, דאמרת חד גופא הוא, הא איתכשר בדמא דאמיה!

חלבו דמאי. בקונטרס לא גרים ליה, דפשיטא דבשליל איירי, ולא גרסינן אלא: חלבו דגיד, דלא איירי בבהמה אלא בשליל. ור"ת אומר שיש ליישב הגירסא, וה"פ: חלבו דמאי? אילימא חלבו דשליל, כלומר דגוף דשליל, כגון חלב הכליות ושעל הקרב, ואתא לאפוקי מחלב דגיד דשליל — והא מיפלג פליגי, דשרי ר' יהודה חלבו וגיד דשליל של בן ט'! אלא חלבו דגיד. דלא פליג ר"מ אלא לענין שחיטה, אבל חלבו דגידו שרי. והא דקאמר לעיל: למעוטי חלבו וגידו, כלומר היינו חלבו דגידו. אי נמי, "וגידו" נקט לקנוקנות דשרי. ב] הא פליג ר"מ ואסר אפי' חלב דגיד וקנוקנות דשליל, מדקתני: "כל מקום שהוא" משמע — אפילו דשליל, וקתני: חותך שומנו מעיקרו, וגם מחטט אחריו — משמע דאסר אפילו קנוקנות. וכי קאמר: חלבו דגיד, הוה מצי למיפרך: מ"מ, אמאי נקט רבי אושעיא "אלא על עסקי שחיטה בלבד", כיון ג] דפליג נמי בחלב כליות ודקרב, *ודגיד דשליל? אלא דעדיפא פריך, דבחלב גיד נמי פליגי. ומהאי טעמא נמי לא קאמר: למעוטי דמו, דהוי לכ"ע, בכרת — משום ד"אלא על עסקי שחיטה" קאמר, והכי תקשה לן: הא פליגי נמי בחלבו וגידו? ולכך הוצרך לומר ד"אלא על עסקי אכילה בלבד" אתמר, והא דפליגי באותו ואת בנו — בכלל אכילה הוא. **למעוטי** רובעו. דס"ד דגרע מבהמה מפרכסת, דחייב רובע, כדאמרינן בפ' "העור והרוטב" (לקמן דף קכא:). אי נמי, התם הני מילי — כגון ישראל בטמאה, וגוי בטהורה. אבל הכא, דבשחיטה זו משתריא באכילה, סלקא דעתך לא מחייב. **דגמר** שה שה מפסח. פירש בקונטרס: דפסח פסול משום יוצא דופן. ואי אפשר לומר כן, דא"כ לר"מ היאך פודין בו, דאמר לעיל: דאליבא דר"מ שה מעליא הוא ופודין בו? אלא מיפסיל מטעם שחוטה, *דאין פודין בשחוטה, כדאמר בפ"ק דבכורות (דף יב.). מאי

ר"ש שזורי. בגמרא פריך: היינו תנא קמא. קרעה. לבהמה בלא שחיטה. **גמ'** לא הילכו בו. בשליל זה להקל. אלא על עסקי שחיטה בלבד. אבל לשאר דבריו מודו רבנן דבהמה מעלייתא היא. למעוטי חלבו וגידו. דכיון דמעלייתא הוא, חלבים ואורייתא גרמי לאסור כל חלבו וגידו. חלבו דמאי. אע"פ שהוא בכלל הספרים, אמת הדבר שהוא שבוש, ולא יש חכם אשר יושיבנו על כנו. דהיכי בעי: חלבו דמאי? והא ודאי ליכא לאוקומי מילתיה אלא אשליל דבן ט' חי, דהא עליה קאי! אלא בפרק גיד הנשה גרסינן לה כולה כי א] הא, ואגב שיטפא דגירסא אישתבשו בה למיגרס הכא. והכי גרסינן: והא מיפלג פליגי, דתניא כו' וא"ר אלעזר א"ר אושעיא מחלוקת כו' עד: ור' יהודה לשיטתו! אלא אי אתמר כו'. ולא גרסינן בהאי פירקא "אלא חלבו דגיד". אבל בפ' "גיד הנשה" גרסינן לה. והכי פירושו: והא מיפלג פליגי, בין בחלב בין בגיד, דתניא: גיד הנשה נוהג בשליל, וחלבו של שליל אסור. ובדמפרש: בבן ט' חי, דקסבר: חלבים ואורייתא גרמי, ואע"פ שנשחטה אמו והתירתהו. והלך ר"מ לשיטתו. דמשוי ליה בהמה לענין שחיטה. מעיקרו. אפי' הגבלות ושקדם בבשריה. גוממו עם השופי. כלומר, חותכו בשוה לשופי, ונוטל את הנגוף מן השופי, דדמי לגיד ואסור מדרבנן. אבל שרשין של חלבו מותרין. לא הילכו בו. חכמים בשליל להתיר זה, דלא משוי ליה בהמה. אלא על עסקי אכילה. לאוכלו בלא שחיטה, ולאכול חלבו וגידו. למעוטי רובעו וחורש בו. בכלאים בשור וחמור, דודאי לוקה. בחלבו. של שליל. קורעו ומוציא את דמו. אלמא, אפילו בן ח', דלכולי עלמא חלבו מותר, קתני מתני' קורעו! לומר שאין ענוש כרת. האי מתיר בדמו דקאמר — לאו היתר לכתחלה. למאן קאמרינן. מי הוא המתיר חלבו? לרבי יהודה. כדקתני לעיל: וחלבו מותר. ולר' יהודה אמאי אין ענוש כרת על דמו? דלא גרע מדם התמצית, דלאו דם הנפש הוא, וקמחייב עליה ר' יהודה כרת! באזהרה. בפ"ק דכריתות מפרש: ה' לאוין כתיבי בדם. בהכרת. דנפקא ליה מריבויא ד"כל דם". אית ליה לר' יהודה דם וכל דם. כלומר, כיון דר' יהודה לדם התמצית מריבויא ד"כל דם" יליף, אקושי מקיש כל דם לדם עצמו. כל היכא דמיחייב אדם. מחייב אכל דם, והיכא דלא מחייב אעיקר דם, כגון שליל שאין בו דם הנפש — לא מחייב על דם איבריו. לפדות. פטר חמור. בבן פקועה ב]. בשה *בן ט' חי הנמצא בבהמה שנשחטה, ובפחות משוויו קמיבעיא ליה, דאי בשוויו — קיימא לן בבכורות (דף יא.): דאפילו בשלקי מפרקינן. כבשרא בדיקולא הוא. ותנן בבכורות (דף יב.): אין פודין בשחוטה. דגמר שה שה מפסחים. ופסח בבן פקועה פסול, דקיימא לן בקדשים "כי יולד" (לעיל דף לח:) — פרט ליוצא דופן. כל מילי. כגון בן פקועה. מאי אהני ליה. ומשפרבא דהאי ממעט, דכבשרא בדיקולא הוא, וכי מרבי — בעל מום וטרפה קא מרבי. איבעיא להו. נטמאה בהמה שחוטה, מהו למנות ראשון, ובן ט' חי שבכרסה שני? מונין. דתרי גופי נינהו. אין מונין. אלא הוי ראשון, דנעשה כאגוז המתקשקש בקליפתו, שהבהמה שומר שלו. הבשר מגע נבלה. בשר הטובל, שהיה מחובר לאבר היוצא, בדמא דאמיה. דכיון שהוכשר בית השחיטה בדם — הוכשרה (ג) וכו'. במאי איתכשר. בשחיטה. שקיבל טומאה מאבר יתר בשחיטה — הוכשר בה לטומאה, וכר"ש דאמר: שחיטה מכשרת ולא הדם, בפ"ב (לעיל דף לג.). עבר בנהר. בן ט' חי שנמצא בשחוטה. כיון שהוא [illegible] בשחיטתה

תורה אור

[מנחות לג:]
לקמן לב: [תוספתא פ"ז לעיל סט.]
לקמן לב:
כריתות ד: פסחים סה. [תוספתא כריתות פ"ב זבחים לה.]
בכורות יב.
שמות יב
שם יג
[יומא מט: וכם איתא אי מה להלן תמים זכר בן שנה (שמות יב)]
[לעיל עב.]
[נ"ל בן ה' ועי' בכורות ח.]
[לעיל לג.]
נ"ל וגיד

שיטה מקובצת

א] לכולה כי הכא ואגב שטפא: ב] לקוקנות דשרי ופריך והא פליג ר"מ: ג] כיון דפליגי נמי בחלב כליות:

הגהות הב"ח

(א) גמ' דר"מ לא תיבעי לך כיון דאמר בן ט' חי טעון שחיטה: (ב) רש"י ד"ה בבן פקועה כו' הנמצא כו' ופחות: (ג) תוס' ד"ה הבשר וכו' הוכשרה כולה הס"ד:

עיין רש"ל וב"ח ור"מ ועיין יומא דף מט.

הגהות מהר"ב רנשבורג

א] גמ' אלא לדידך במאי איתכשר. נ"ב עי' כל המחבר: ב] רש"י ד"ה בבן פקועה בשה בן ט' חי. ונ"ב מחמק בן ט' חי. וכן ה' חי כל"ל דבהמה דקה יולדת לה' חדשים כדאיתא בפ"ק דבכורות:

רבינו גרשום

לא הילכו בו אלא על עסקי שחיטה כו'. כלומר ר"מ דאמר דמחייב בשחיטה לא חשבו בהמה על הכל דלא חשבו בהמה אלא לענין שחיטה ולמעוטי חלבו וגידו דאין נוהג בשליל. כלומר גיד הנשה נוהג בשליל. והלך ר"מ לשיטתו. כלומר דר"מ חושבו כבהמה מעליא ור' יהודה אין חושבו כבהמה מעליא ואין טעון שחיטה: גוממו עם השופי. כלומר חותכו למעלה ואין לחקור אחר השומן: שופי טלפא: רובעו וחורש בו. כלומר דכתיב בהמתך לא תרביע כלאים ואינו חשוב בהמה לענין הרבעה וחורש בו דאינו חייב משום כלאים דחרישה.

בשחיטה יבשתא, ודלא כרבי שמעון. מאן תנא: עבר בנהר – הוכשר, הלך לבית הקברות – נטמא? אמר רבי יוחנן: רבי יוסי הגלילי היא. דתניא, *רבי שמעון בן אלעזר אומר משום רבי יוסי הגלילי: מטמא טומאת אוכלים, וצריך הכשר. *וחכמים אומרים: אינו מטמא טומאת אוכלין, מפני שהוא חי, וכל שהוא חי – אינו מטמא טומאת אוכלין. ואזדא רבי יוחנן לטעמיה, דאמר רבי יוחנן: רבי יוסי הגלילי וב"ש אמרו דבר אחד; רבי יוסי הגלילי – הא דאמרן, ב"ש – *דתנן: דגים מאימתי מקבלין טומאה? ב"ש אומרים: משיצודו, וב"ה אומרים: משימותו, רבי עקיבא אומר: משעה שאין יכולין לחיות. מאי בינייהו? אמר רבי יוחנן: דג מקרטע איכא בינייהו. בעי רב חסדא: נולדו בדגים סימני טרפה, מהו? תיבעי למ"ד *טרפה חיה, ותיבעי למ"ד טרפה אינה חיה. תיבעי למ"ד טרפה חיה: בהמה הוא דנפישא חיותה, אבל דגים דלא נפישא חיותייהו – לא; או דילמא, אפי' למ"ד טרפה אינה חיה – הני מילי א] בהמה, דיש במינה שחיטה, אבל דגים דאין במינן שחיטה – (אימא) לא? תיקו. הטילה נפל – רבי יוחנן אמר: חלבו כחלב בהמה, ורבי שמעון בן לקיש אמר: חלבו כחלב חיה. רבי יוחנן אמר: חלבו כחלב בהמה – אוירא גרים, רבי שמעון בן לקיש אמר: חלבו כחלב חיה – חדשים גרמי. איכא דאמרי: כל היכא דלא כלו לו חדשיו – לא כלום הוא. כי פליגי – היכא דהושיט ידו למעי בהמה, ותלש חלב של בן ט' חי ואכל; רבי יוחנן אמר: חלבו כחלב בהמה – חדשים גרמי, רבי שמעון בן לקיש אמר: חלבו כחלב חיה – חדשים ואוירא גרמי. איתיביה ר' יוחנן לרבי שמעון בן לקיש: ב] מה חלב ושתי כליות האמורות באשם – מוצא מכלל שליל, אף כל – מוצא מכלל שליל; בשלמא לדידי – היינו דאיצטריך קרא למעוטי, אלא לדידך – אמאי איצטריך? אמר ליה: טעמא דידי נמי מהכא. ואיכא דאמרי, איתיביה רבי שמעון בן לקיש לרבי יוחנן: מה חלב ושתי כליות האמורות באשם – מוצא מכלל שליל, אף כל – מוצא מכלל שליל; בשלמא לדידי – משום הכי מיעטיה רחמנא, אלא לדידך – ליקרב! א"ל: מידי דהוה אמחוסר זמן. אמר רבי אמי: השוחט את הטרפה ומצא בה בן ט' חי, לדברי האוסר – מתיר, לדברי המתיר – אוסר. רבא אמר: לדברי המתיר – נמי מותר, *ד' סימנין אכשר ביה רחמנא. אמר רב חסדא: השוחט את הטרפה, ומצא בה בן ט' חי – טעון

בשחיטה יבשתא. עסקינן, שלא יצא ממנה דם, שאף אמו לא הוכשרה. ולהכי תנא שחיטה בלא דם לא מכשרה, ודלא כרבי שמעון. מאן תנא. דמטמאי ליה אע"פ שהוא חי. מטמא טומאת אוכלין. בן פקועה, ואפילו חי, אם נגע בטומאה. וצריך הכשר. דהרי גופי נינהו. אלמא לר' יוסי הגלילי מטמא מחיים. וכרבנן דמתניתין לא אוקמה, וניתנא לדידהו כבשרא דדיקולא דמיא. דקסבר רבי יוחנן: אפילו רבנן דפליגי אדרבי יוסי הגלילי בטומאה, סבירא להו כרבנן דמתניתין בשחיטה, ואפילו הכי לא מטמא מפני שהוא חי, ולאו בפלוגתא דרבי מאיר ורבנן דמתניתין קמיפלגי. ואזדא רבי יוחנן לטעמיה. מדקאמר רבי יוחנן: רבי יוסי הגלילי ובית שמאי המטמאין דגים מחיים אמרו דבר אחד, שמע מינה: רבנן דמטהרי בבן פקועה – לאו משום דס"ל דטעון שחיטה כר"מ. דאי טעמייהו משום דטעון שחיטה הוא, אינהו נמי בדגים דלאו טעונין שחיטה מודו דמטמאו כב"ש, והיכי משמע דרבי יוסי הגלילי ודב"ש חדא? משיצודו. דכיון דאין טעונין שחיטה – הרי הן כמתים. מקרטע. מפרפר, וכגון שיבש בו כסלע ובין סנפיריו, דתו לא חי, כדאמרינן במסכת שבת (דף קז:). נולדו בדגים סימני טרפה. כגון ניקבו מעיין, לרבי עקיבא. מהו. שיטמאו. אבל דגים דאין במינן. טרפות, לא הוי טרפות לגבייהו כמיתה. הטילה נפל. בהמה המפלת. חלבו כחלב בהמה. בכרת. כחלב חיה. ואין בו אלא איסור נבלה, שאין שחיטתו מטהרתו, אבל חלבו כבשרו. אוירא גרים. לשוייה בהמה, וכיון דנולד מיתסר. ואפי' לרבי יהודה דאמר לעיל (דף עד:) חלבו מותר – התם הוא דלא יצא לאויר. חלבו כחלב חיה חדשים נמי גרמי. דחדשים ואוירא בעינן. דהושיט ידו כו' חדשים גרמי. וכיון דכלו לו חדשיו – חלבו אסור. ומיהו, כי שחטה לאמו – שרי ליה רבי יהודה מ"כל בבהמה תאכלו". מה חלב ושתי הכליות כו'. בתורת כהנים שנויה בשלמים: "את כל החלב אשר על הקרב" – ולא את השליל. יכול לא יהא בעונש ואזהרה, אבל יהא בעמוד והקרב? כשהוא אומר חלב ושתי הכליות באשם, שאין ת"ל ג], דמה שלמים שאין כל מינן טעון אליה – הרי הן טעונין חלב ושתי הכליות, אשם שכל מינו טעון אליה – אינו דין שיטעון חלב ושתי הכליות? ומה תלמוד לומר? אלא לומר לך: מה חלב ושתי הכליות האמור באשם מוצא מכלל שליל – חלב זה מוצא מכלל חלב שליל, שאינך יכול לומר חלב שליל יקריב הנמצא באשם, שהרי אין אשם נקבה. אף כל. אפילו בקרבנות הבאין נקבה, חלב האמור בהן מוצא מכלל שליל. בשלמא לדידי. דאמינא חדשים גרמי, איכא לאוקמא להא בבן תשעה חי, דכיון דבהמה הוא – איצטריך למעוטי. אלא לדידך. הא לאו חלב מיקרי, ופשיטא דאינו בעמוד והקרב, ולמה לי למעוטיה? טעמא דידי. דאמינא לאו חלב הוא. מהכא. ילפינן ליה, דהכא אפקיה רחמנא מכלל חלב, דהא מהקרבה, ואי לאו דמעטיה – הוי אמינא דחלב הוא. משום הכי מיעטיה. לאשמועינן דלאו חלב הוא. אלא לדידך דאמרת חלב הוא לענין אכילה, אמאי מיעטיה מהקרבה? מידי דהוה אמחוסר זמן. דיצא לאויר וכלו חדשיו, ודכולי עלמא בהמה הוא, ופסליה רחמנא בהקרבה כל שבעה. לדברי האוסר. בן תשעה חי בכשרה עד שישחטנו. מתיר. את זה בטרפה, דשחיטתו מטהרתו. לדברי המתיר. בלא שחיטה בשל כשרה. אוסר. בשל טרפה. דשחיטה דידיה לא מהניא ביה, ושחיטת הטרפה לא מתרתו, שהרי הוא כאחד מאבריה. ארבעה סימנין. היתרא הוא דרבי ביה רחמנא מ"כל בבהמה תאכלו", שאם רצה – אוכלו בשחיטת אמו, אבל אם צריך הוא לשחיטת עצמו, כגון שליל של טרפה – שוחטו ומותר. שהוא ניתר בב' מד' סימנין, או בשחיטת עצמו, או בושט וקנה שלו, או בושט וקנה של אמו. בין בדרבי אמי ובין בדרבא בתני רבי חייא בכולהו גרסינן: השוחט את הטרפה. ובתוספתא דר' חייא נמצא כן.
טעון

מאי בינייהו דג מקרטע. לאו בין רבי עקיבא וב"ה קא בעי, דמחלוקתן מפורש בהדיא, דלב"ה דוקא משימותו. אלא בין בית שמאי לרבי עקיבא קאמר, דתרוייהו מחיים מטמו. ומפרש דאיכא בינייהו דג מקרטע, פירוש: שקופץ ומדלג בחוזק, דלבית שמאי טמא, ולרבי עקיבא טהור, כיון דאם זורקו במים הוא יכול לחיות. ו"מקרטע" לשון כח וחיות גדול, כמו שהביא בערוך, מדאמר בילמדנו בפרשת בהעלותך: וכיון שהוא יוצא ורואה את הנר – מיד הוא מתחיל שמח ועומד *ומקרטע לפניו. "מדוך דאבה" (איוב מא) מתרגמינן: קדמיה מקרטע.

רבי יוחנן אמר חלבו כחלב בהמה. והא דשרי רבי יהודה לעיל חלבו של בן תשעה חי – ה"מ לאחר שחיטה, דניתר בשחיטת אמו.

מה חלב ושתי כליות. ואם תאמר: מאי קאמר בת"כ שהביא בקונטרס: יכול לא יהא בעונש ואזהרה, אבל יהא בעמוד והקרב? והא ההוא קרא ד"החלב אשר על הקרב", דממעט מיניה שליל, לענין הקרבה כתיב! וי"ל: דהא דקאמר בת"כ: ולא חלב שליל – לאו משום דלימעוט מההוא קרא, אלא משום דמשתרי מן "כל בבהמה", ואין חשוב חלב. ובתר הכי קאמר, דדלמא אע"ג דנפקא לן מ"כל בבהמה" דאינו בעונש ואזהרה, מ"מ הוי בעמוד והקרב.

לדברי המתיר אוסר. והא דתנן: קרעה טעון שחיטה – אתיא אפילו לדברי המתיר. דהכא דוקא לדברי המתיר אסור, דמהני שחיטת טרפה לענין טומאה, והוי כחליו שחוט ותו לא מהניא ביה שחיטה. אבל התם לא נשחטה אמו כלל. וכן הא דאמרינן לעיל (דף עד.) גבי בעיא דהושיט ידו למעי בהמה ושחט בה בן ט' חי מהו: או דילמא אפילו לרבנן ד' סימנין אכשר ביה רחמנא – לא דמי להא דאסרינן הכא לרבנן, משום דהכא כחליו שחוט כדפרישית. ואפילו לרבא דאמר הכא: ד' סימנין אכשר ביה רחמנא, איכא למיבעי לעיל, דדילמא שאני התם דלא יצא לאויר העולם, ואסור אפילו לרבי מאיר. וה"נ, בין לרבי יוחנן בין לר"ל דפליגי בתלש חלב מבן ט' חי, מיתוקמא ההיא בעיא לעיל. דאפילו לרבי יוחנן דאמר: חדשים גרמי – היינו לחלב שנתלש ויצא לאויר העולם, ד] ואין איסור חלב חל עד שיולד, כדמוכח בפ' "גיד הנשה" (לקמן דף קג.) ובסוף פ' "דם שחיטה" (כריתות דף כג:). ואפי' לר"ל דאמר חדשים ואוירא גרמי, אפשר דבמעי אמו מהני ביה שחיטה, כי היכי דמהניא ליה שחיטת אמו*.
וליטעמיך

נז א ב ג מיי' פ"ב מהל' טומאת אוכלין הל' ו:
נח ד מיי' פי"ד מהל' מאכלות אסורות הל' א סמג לאוין קלז טוש"ע י"ד סי' סד סעיף ב בהגה"ה:
נט ה מיי' שם הל' ד טוש"ע שם סעיף ג:
[פי' ענין דילוג כך איתא בערוך ערך קרטע]
ס ו מיי' פ"ה מהלכות מעשה קרבנות הל' יט:
סא ז מיי' פ"ה מהלכות מאכלות אסורות הל' טו ופ"ב מהל' אבות הטומאה הל' ז סמג לאוין קלו טוש"ע י"ד סי' יג סעיף ג:

[תוספתא פ"ז]
[עס איתא רבי אומר]
שקלים פ"ג מ"ח
[לעיל מב. וש"נ]
[ועי' תוס' כריתות כג: ד"ה בולדות]
[לעיל עד.]

שיטה מקובצת
א] הני מילי בהמה דיש במינה טרפות אבל דגים דאין במינם טרפות אימא לא תיקו: ב] מה חלב ושתי כליות. נ"ב עיין תוס' זבחים דף צ"ח ע"א: ג] שאין ת"ל ומה שלמים: ד] ויצא לאויר העולם דאין איסור חלב:

גליון הש"ס
גמ' רבא אמר לדברי המתיר. עי' כב"ק דף מז ע"א תוס' ד"ה מ"ט: בעין משפט אות ד' מיי' פי"ד מהלכות אסורות. עס איתא בהיפוך דחלבו כחלב חיה:

רבינו גרשום
בשחיטה יבשתא ודלא כר"ש. כלומר מה דאמרי' עבר בנהר הוכשר ואי לא הוכשר לא נטמא דשחטו את אמו ולא יצא ממנה דם ולא הוכשר העובר בדם אמו ודלא כר"ש דאי כר"ש הא ס"ל אע"ג דלא יצא ממנה דם אין צריך הכשר: מאן תנא עבר בנהר הוכשר הלך בבית הקברות נטמא כו'. כאוכלין דעלמא דלא חשוב חי אלא חשוב כשאר אוכלין דעלמא: דג מאימתי מקבל טומאה משיצודו. בן מקרטע איכא בינייהו דג מפרפר לב"ה אין מקבל טומאת אוכלין עד שימותו ולר' עקיבא משעה שאין יכולין להחיות מקבלין טומאת אוכלים: נולדו בדגים סימני טרפה מהו כדמ"ח טרפות מהו שיטמא טומאת אוכלין. אבל דגים דלא נפישא חיותיהו לא ומשעה שנולדו בו סימני טרפה מטמאין טומאת אוכלין: או דלמא אפי' למאן דאמר טרפה אינה חיה. כלומר הני מילי בהמה דנולדו בה סימני טרפה לאו חשובה חיה דאינה ראויה לשחיטה וכיון דאינה ראויה לשחיטה חשובה מתה אבל לענין דגים אינן חשובין מתין עד שימותו: מה חלב ושתי כליות האמורין באשם. כלומר דאשם אינו אלא זכר ואין זכר אין לו שליל אף כל מוצא מכלל שליל דאין ראוי לגבי מזבח אימורין דשליל בשלמא לדידי היינו דאצטריך קרא למעוטי דחלבו חשוב חלב ואעפ"כ אינו ראוי לאימורין. א"ל טעם דידי דאמינא אנא דאין חשוב חלב מהכא דחזינן דמיעטיה קרא לגבוה: מידי דהוה אמחוסר זמן דפסול לגבוה האי נמי מותר לר"מ דמחמיר במתני' דבן ט' צריך שחיטה דלא אמרי' עובר ירך אמו הוא והכא נמי לא אמרי' עובר ירך אמו הוא ואין חשוב טרפה. לדברי המתיר בלא שחיטה דאמר עובר ירך אמו הוא והכא נמי אמרי' עובר ירך אמו ושחיטת אמו טרפה ושחיטת אמו אינה ראויה שחיטת (את) עצמו מתירו: ואם

טעון שחיטה, וחייב בזרוע והלחיים והקבה, ואם מת — טהור מלטמא במשא. א"ל *רבא: טעון שחיטה, כמאן — כר"מ, ואם מת טהור מלטמא במשא, כמאן — כרבנן! וליטעמיך, הא דתני *רבי חייא: השוחט את *הטרפה ומצא בה בן ט' חי — טעון שחיטה, וחייב בזרוע והלחיים והקבה, ואם מת — טהור מלטמא במשא; טעון שחיטה, כמאן — כר"מ, ואם מת — טהור מלטמא במשא כרבנן! הא לא קשיא, ר' חייא — אם כבר מצאו מת קאמר. אלא לדידך קשיא! א"ל: לדידי נמי לא קשיא, ד' סימנים אכשר ביה רחמנא. כי סליק ר' זירא, אשכחיה *לרב אסי דיתיב וקאמר ליה להא שמעתא. א"ל: *יישר, וכן אמר ר' יוחנן. מכלל דפליג עליה ר"ש בן לקיש? (א) *משתא הוה שתי ליה ושתיק ליה. ואיכא דאמרי: משתא הוה שתי ושתיק ליה.§ "רבי שמעון שזורי אומר אפילו" וכו'.§ היינו תנא קמא! אמר רב כהנא: [א]המפרים על גבי קרקע איכא בינייהו. *אמר רב משרשיא: לדברי האומר חוששין לזרע האב, [ב]בן פקועה הבא על בהמה מעלייתא — הולד אין לו תקנה. אמר אביי: [ג]הכל מודים א] בקלוט בן פקועה שמותר, מאי טעמא? כל מלתא דתמיהא — מידכר דכירי לה אינשי. איכא דאמרי, אמר אביי: הכל מודים בקלוט בן קלוטה בן פקועה — שמותר, מאי טעמא? תרי תמיהי מידכר דכירי אינשי. אמר זעירי אמר ר' חנינא: הלכה כר"ש (בן) שזורי, וכן היה רבי שמעון שזורי מתיר בבנו ובן בנו עד סוף כל הדורות. ר' יוחנן אמר: הוא מותר, ובנו אסור. אדא בר חבו הוה ליה בן פקועה דנפל דובא עליה, אתא לקמיה דרב אשי. א"ל: זיל שחטיה. א"ל, *האמר זעירי אמר ר' חנינא: הלכה כר"ש שזורי, וכן היה ר"ש שזורי מתיר *[ד]בבנו ובן בנו עד סוף כל הדורות. ואפילו ר' יוחנן לא קאמר אלא בנו, אבל איהו — לא! אמר ליה: רבי יוחנן, לדברי ר"ש שזורי קאמר. והאמר רבין בר חנינא, אמר עולא אמר רבי חנינא: הלכה כרבי שמעון שזורי; ולא עוד, אלא כל מקום ששנה ר"ש שזורי *במשנתנו — הלכה כמותו! אמר ליה: אנא כי הא סבירא לי, דאמר רבי *יונתן: הלכה כר"ש שזורי במסוכן, ובתרומת מעשר של דמאי. מסוכן — *דתנן: בראשונה היו אומרים, [ה]היוצא בקולר ואמר: "כתבו גט לאשתי" — הרי אלו יכתבו ויתנו; חזרו לומר — [ו]אף המפרש והיוצא בשיירא. ר"ש (בן) שזורי אומר: [ז]אף המסוכן. תרומת מעשר של דמאי — דתנן: *[ח]תרומת מעשר של דמאי שחזרה למקומה, ר"ש (בן) שזורי אומר: אף בחול שואלו ואוכלו על פיו.§

רש"י

טעון שחיטה. להתירו באכילה, דא"כ הוה ליה כאחד מאיבריה. וחייב בזרוע והלחיים והקבה. ד"הזבח" קרינא ביה. ואם מת. בלא שחיטה. טהור מלטמא. דשחיטת אמו מטהרתו. כר"מ. קס"ד: לרבנן לא מהניא ליה שחיטה דידיה כלל, דהא *שוחט ועומד הוא. כבר מצאו מת. במעי אמו קאמר. וכולה ר"מ אמרה, דמודה ר"מ דבבן ט' מת דשחיטת אמו מטהרתו. וזה שאמו טרפה היא — אין מתירתו מיהא מידי נבלה כאחד מאיבריה. אלא לדידך. דלא מהדרת לי: כבר מצאו קאמינא, קשיא. ד' סימנים. וכולה כרבנן. ומודו רבנן דאם בא לשוחטו — שוחט ומועיל לו, ולא (ג) אמר שחוט ועומד הוא. אשכחיה ר' אסי. לר' זירא. יישר. שפיר קאמרת דד' סימנין כשרין בו. וכן אמר רבי יוחנן. מכלל דפליג עליה ריש לקיש. בעיא לבעי מיניה: שמעתא שנחלק עליו? משתא הוה שתי ליה. מנהגו של ריש לקיש, כשאומר רבי יוחנן שמועה שאינו מודה בו — שפה ריש לקיש שעה או שתים קודם שיחלוק עליו, אולי יחזור בו. ומתוך כך יצא רבי אסי, ולא שמע אם נחלק עליו. משתא הוה שתי. שותה מים היה כשאמר רבי יוחנן, ומתוך כך יצא רבי אסי. המפרים. עמד על פרסותיו. לת"ק, כיון שהלך — טעון שחיטה מדרבנן, דאתי לאחלופי באכול בהמה בלא שחיטה. לדברי האומר. חנניה הוא, ב"אותו ואת בנו" (לקמן דף עח.) דקאמר: נוהג בזכרים. אין לו תקנה. שהרי הוא כמי שאין לו אלא סימן אחד מגלד אמו, שהסימן השני שחוט ועומד הוא, שאין שחיטה נוהגת בו, ובהמה בחד סימן לא מיתכשרא. והאי סימנא בתרא לא מצטרף לקמא, שאין לך שהייה גדולה מזו משנולד. ולית ליה לרב משרשיא הא דאמרן לעיל: ד' סימנים אכשר ביה רחמנא. הכל מודים. ת"ק דפליג אדר"ש שזורי, ומצריך שחיטה להפרים ע"ג קרקע מדרבנן, בהאי מודי. מידכר דכירי. קול יוצא עליו מאזי: קלוט זה בן פקועה הוא, ומתוך שמתמיהין על קליטותו זוכרין את כל דבריו. הכי גרסינן: איכא דאמרי אמר אביי הכל מודים בקלוט בן קלוטה. ואותה קלוטה פקועה היתה, וזה הקלוט נמצא בה. הוה ליה בן פקועה. שנתקיים וגדל. דנפל דובא עליה. הזאב טרפו, ולא היה יכול עוד לחיות. זיל שחטיה. כרבנן, דאמרי: המפרים ע"ג קרקע טעון שחיטה. ואפילו רבי יוחנן לא. קא פליג עליה דזעירי אלא בבנו. במסוכן ובתרומת מעשר של דמאי. והו לה, ושמעינן מינה דהמפרים על גבי קרקע טעון שחיטה. היוצא בקולר. שנתחייב מיתה למלכות. כתבו. אף על גב דלא אמר "תנו" — דעתיה שיתנוה, ועשאן שלוחים אף לגרש, אלא שהיה בהול על נפשו. והמפרש. מן הישוב ליס. והיוצא בשיירא. למדברות. המסוכן. מתוך חליו. תרומת מעשר של דמאי שחזרה למקומה. והרי הן מדומעין, שאין תרומה עולה אלא באחד ומאה וכאן אין כאן אלא מאה. והרי הוא הפסד גדול. אף בחול. דהואיל ואין כאן תקנה — הקילו לו חכמים לסמוך על עם הארץ לשואלו אם עישר תבואה שמכר לו, ואוכלו על פיו אם אמר: עשרתים. והאי דנקט "אף בחול" — משום דקתני רישא: הלוקח פירות מיד שאינו נאמן על המעשרות, ושכח לעשרן מבעוד יום — שואלו בשבת, דמשום כבוד שבת התירו לו לסמוך עליו אם אמר לו עשרתים, ולמוצאי שבת לא יאכל עד שיעשר. הדר קתני לה דרבי שמעון שזורי.

תוספות

וליטעמיך הא דתני רבי חייא כו'. תימה: כיון דשמיע ליה ברייתא, לימא ברייתא! בן פקועה הבא על בהמה מעלייתא הולד אין לו תקנה. מה שפירש בקונטרס, דהרי הוא כמי שאין לו אלא סימן אחד מגלד אמו, ובהמה בחד סימן לא מתכשרא. וגם פירש דהוי בתרא לא מצטרף לקמא, שאין לך שהייה גדולה יותר מזו. וגם פירש דלרב משרשיא לית ליה הא דאמרינן לעיל: ד' סימנים אכשר ביה רחמנא. והכל מגומגם, דאפילו היתה הבהמה ניתרת בסימן אחד — אין להכשיר, דחשיב כל סימן וסימן כאילו שחוט, ואין (ג) רוב סימן שיהא ראוי לשחיטה. ואפילו לא היתה השהייה פוסלת בשחיטה — אין שייך להתיר, כיון דאתי הגוף של ולד הבא מכח אמו לא נשחט כלל. ואפילו מ"ד לעיל: ד' סימנין אכשר ביה רחמנא — מודה הכא, דהתם שחיטת טרפה לא הויא שחיטה, אבל כאן הוי כאילו נשחט חליו. ומודה נמי לסוגיא דריש פרקין (לעיל דף סט.) גבי: מהו לחוש לזרעו של עובר, (ד) דמשמע דעובר היוצא אין לו תקנה בשחיטה. דהתם הסימנין כשחוטין, ושוב אין בני שחיטה להתיר כלום. ולפירוש הקונטרס כולה הסיא סוגיא דלא כוותיה, וזה דוחק.

דנפל דובא עליה כו' זיל שחטיה. אע"ג דסבר כרבנן. לא אסר משום דרוסת הזאב, דדוקא בשחיטה גזרו דמיפרסמא, אבל טרפות דידיה לא מיפרסמא כל כך. ובקונטרס פירש נמי: ולא היה עוד יכול לחיות, ואפילו הכי שרי. וכן נראה, דלא על חנם השמיענו דנפל דובא עליה.

והא אמר רבין אמר רבי חנינא הלכה כר"ש שזורי. לא מייתי לה אלא משום "ולא עוד", דאי לאו הכי — מאי אלימא דרבין מדזעירי?

אנא כי הא סבירא לי. וכן קי"ל, דפסיק כאן הלכה למעשה. והאי שמכינן להדליק בשבת בכל שמנים, אע"ג דר"ש שזורי קאמר בפ' "במה מדליקין" (שבת דף כו.) *בעיטרן ונפטא דוקא. דאי אף בעיטרן קאמר — היינו ת"ק. אף בחול שואלו ואוכלו על פיו. בירושלמי מפרש: שאימת דימוע על ע"ה, דכיון שהופרש — חמור בעיניו יותר כשחזר ומתערב. ובטעמא דת"ק דלא שרי אלא בשבת — פליגי בירושלמי, חד אמר: מפני כבוד שבת, וחד אמר: מפני שאימת שבת עליו, והוא אומר אמת. ופריך: אי אימת שבת עליו, הא דתניא: מוצאי שבת לא יאכל עד שיעשר, ומי שאומר אמת אמאי לא יאכל? *)מפני [ג] שאין שבת עליו באימה. ולמ"ד מפני כבוד שבת ל"ל — שואלו ע"י עילה (עולה). ועוד פריך, תניא: שואלו בחול — לא יאכל בשבת. ולמאן דאמר מפני כבוד שבת, אמאי לא יאכל בשבת? וקאמר: לא אמרו אלא בשוגג, אבל במזיד — אסור, דתניא: ושכח לעשרו. אלא

עין משפט נר מצוה

סב א מיי' פ"ה מהל' מאכלות אסורות הל' יד סמג לאוין קלו טוש"ע י"ד סי' יג סעיף ב וסי' סד סעיף ב:
סג ב טוש"ע שם סי' יג סעיף ז:
סד ג ד טוש"ע שם סעיף ב:
סה ה ו ז מיי' פ"ב מהל' גירושין הל' יב סמג עשין נ טוש"ע אה"ע סי' קמא סעיף יז:
[תוספתא פ"ד ע"ש]
סו ח מיי' פי"ב מהל' מעשר הלכה ז:

שיטה מקובצת

א] בקלוט בן פקועה שמותר. נ"ב ע' תוס' בכורות דף ו' ע"א: ד"ה לזרעו של עובר דמשמע דבר היוצא אין לו תקנה: ב] אמאי לא יאכל (מפני) מאחר (שאין) [שיום] שבת עליו באימה:

הגהות הב"ח

(א) גמ' דפליג עליה ר"ש בן לקיש איכא דאמרי משתא הוי שתי: (ב) רש"י ד"ה ד' סימנין וכו' ולא אמרי' שחוט: (ג) תוס' ד"ה בן פקועה וכו' כאלו שחוט ואין כאן רוב וכו' הכא מכח אביו לא נשחט כלל: (ד) בא"ד דמשמע דעובר היוצא. נ"ב כלומר עובר שהוציא אבר בשעת שחיטת אמו:

הגהות מהר"ב רנשבורג

א] רש"י ד"ה כבר וכו' טרפה היא מתירתו וכו'. מלת מתירתו נמחק. וכו"ב מעירבת כל"ל:

מסורת הש"ס

[נ"ל שחוט] · נ"ל רבה · [גירסת הרשב"א בשם ר"ח הבהמה ומיישב בזה קושיית התוס' ד"ה וליטעמיך] · [נ"ל רבי עיין רש"י] · [ברכות מב: וש"נ] · שבועות מ. מה: · לעיל סט. · מנחות לו: · עיין בספר בעל המאור שמפרש בנו ובן בנו של פקועה וכו' · [אין לגרוס במשנתנו דהא בהדיא קאמר במשנתנו...] · [כתובות נה. ושם איתא ר' נתן מנחות לו: ושם איתא ר' יוחנן] · גיטין יג: סה: ב"ב קנו: מנחות לו: [שבת יגס פ"ד ה"ה] · דמאי פ"ד [מ"א מנחות לו:] · [וע"ש מה שכתבתי שם על הגליון ודע דשם בגמ' וכתוס' איתא בשמן פקועות ובנפט במלתא דר"ש שזורי] · *) גי' רש"ל אמאי לא יאכל מאחר שאימת שבת עליו ועיין רש"ל

רבינו גרשום

ואם מת טהור מלטמא במשא כרבנן. כלומר דעובר ירך אמו הוא וכשם דשחיטת טרפה מטהרתה מידי נבלה כך מטהר את העובר מידי נבלה: הא לא קשיא ר' חייא אם כבר מצאו מת קאמר דהוא מת מעיקרא ...

לדברי הכל עובר ירך אמו כדחזינן במתני' מצא בה בן ט' מת קורעו ומוציא את דמו אלא לדידך קשיא דאמרת השוחט את הטרפה ומצא בה בן ט' חי טעון שחיטה כר"מ ואם מצאו חי ואח"כ מת טהור מלטמא במשא דעובר ירך אמו הוא כרבנן: לדידי נמי לא קשיא. כלומר כולה א) כר"מ ומה דאמרי' אם מת טהור מלטמא במשא ד' סימנין אכשר ביה רחמנא אם שחט העובר מותר באכילה ואם לא שחט העובר ... משתא הוה שתי ליה ... נשבר

א) דברי רבינו צריך ביאור דלר"מ הא לריך שחיטה...

מתני' *בהמה שנחתכו רגליה, מן הארכובה ולמטה – כשרה, מן הארכובה ולמעלה – פסולה, וכן שניטל צומת הגידין. נשבר העצם, אם רוב הבשר קיים – שחיטתו מטהרתו, ואם לאו – אין שחיטתו מטהרתו. **גמ'** אמר רב יהודה אמר רב אמר רבי חייא: למטה – למטה מן הארכובה, למעלה – למעלה מן הארכובה, באיזו ארכובה אמרו – בארכובה הנמכרת עם הראש. עולא אמר רבי אושעיא: *כנגדו *בגמל ניכר. אמר ליה עולא לרב יהודה: בשלמא לדידי, דאמינא כנגדו בגמל ניכר – היינו דקתני: וכן שניטל צומת הגידין. אלא לדידך, מאי "וכן שניטל צומת הגידין"? אמר ליה: רכובה בלא צומת הגידים, וצומת הגידים בלא רכובה. והא "נחתכו" קתני! אישתיק. לבתר דנפק, אמר, מ"ט לא אמרי ליה: למטה – למטה מן הארכובה, למעלה – למעלה מצומת הגידין? הדר אמר: ולא אמרי ליה, ואמר לי: "נחתכו" קתני? הכא נמי – "מן הארכובה ולמעלה" קתני. רב פפא מתני הכי, אמר רב יהודה אמר רב אמר רבי חייא: למטה – למטה מן הארכובה ומצומת הגידין, למעלה – למעלה מן הארכובה ומצומת הגידין, וכן שניטל צומת הגידין, וארכובה גופה – כדעולא א"ר אושעיא. ומי איכא מידי, דאילו מדלי – פסיק ליה וחיה, מתתי – פסיק ליה ומתה? אמר רב אשי: *טרפות קא מדמית להדדי? אין אומרין בטרפות זו דומה לזו, שהרי חותכה מכאן – ומתה, חותכה מכאן – וחיה. ואלו הן צומת הגידין? רבה אמר רב אשי: דאגרמא ולבר. רבה בר רב הונא אמר רב אסי: דאגרמא ולגיו. רבא בריה דרבה בר רב הונא אמר רב *אסי: דעילוי עקרומא. יתיב ההוא מרבנן קמיה דר' אבא, ויתיב וקאמר: דעקרומא גופה. אמר ליה רבי אבא: לא תציתו ליה! הכי אמר רב יהודה: היכא דפרעי טבחי. והיינו *רבא בריה דרבה בר רב הונא אמר רב אסי. אמר רב יהודה אמר שמואל: צומת הגידים שאמרו – מקום שהגידין צומתין, ועד כמה? א"ל ההוא מדרבנן, ורב יעקב שמיה: כי הויינן בי רב יהודה, אמר לן: שמעו מני מלתא דמגברא רבה שמיע לי, ומנו – שמואל: צומת הגידין שאמרו – מקום שהגידין צומתין בו, וממקום שצומתין עד מקום שמתפשטין. וכמה? אמר אביי: ארבעה *בטדי בתורא. בדקה מאי? אמר אביי: בליטי – הוו צומת הגידים, בליעי – לא הוו צומת הגידים; אשוני – הוו צומת הגידים, רכיכי – לא הוו צומת הגידים; אלימי – הוו צומת הגידים, קטיני – לא הוו צומת הגידים; חוורי – הוו צומת הגידים, לא חוורי – לא הוו צומת הגידים. מר

רש"י

מתני' רגליה. האחרונים. ארכובה. מפרש בגמ'. צומת הגידין. למעלה מארכובה הוא, וסמוך לה, והן אותן שלשה חוטין שמוטלין מנוקרי הבשר מתלולית העצם שקורין ליינקרו"ן. וכן שניטל. אפילו לא נחתך העצם. נשבר העצם. ולא נחתך. אם רוב בשר קיים. מפרש בגמרא: רוב עוביו ורוב היקפו. שחיטתו מטהרתו. ומותר באכילה, ואם לאו – אין שחיטתו מטהרתו. ואפילו במקום שהבהמה מותרת – הוי אבר אסור משום "ובשר בשדה טרפה", דאמרינן (לעיל דף עג:): להביא האבר והבשר המדולדלין. שלשה עצמות בירך: התחתון, והוא עצם הנחתך עם הפרסות כשמפשיטין הבהמה, ואותה ארכובה נקראת "ארכובה הנמכרת עם הראש". ולמעלה הימנה עצם האמצעי, וצומת הגידין בתחתיתו, סמוך לפרק ארכובה הנמכרת עם הראש. והעליון הוא קולית התחובה באליה. **גמ'** למטה. דקתני מתני': כשרה. *למטה מן הארכובה. סמוך לה מיד קאמר. דלא תימא: ארכובה דמתניתין היא ארכובה העליונה שבין הקולית ועצם האמצעי, ומאי למטה דקתני כשרה – למטה הימנה ומכל עצם האמצעי שבו צומת הגידין קאמר. דלמטה ממש ליכא למימר כשרה, דהא אפי' צומת הגידין שהוא בשיפולי של עצם אמצעי קתני מתניתין טרפה, וכ"ש בגובהו. הא לא אמרינן, אלא: למטה – למטה מן הארכובה, סמוך לה קאמר כשרה, כדמסיים מילתיה ואזיל, דארכובה הנמכרת עם הראש קאמר. למעלה למעלה מן הארכובה. מיד קאמר טרפה, דהיינו בצומת הגידין שהוא סמוך לה, וכל שכן בגובהו. ולקמן פריך: מאי "וכן שניטל צומת הגידין"? והא תנא ליה: למעלה מן הארכובה – טרפה! כנגדו. של אותו מקום דמתני'. בגמל ניכר. דקסבר רבי אושעיא: ארכובה דמתניתין היא ארכובה העליונה, ושם בולט עצם בירך הגמל. והכי תניא בבכורות (דף מה.) דאותה ארכובה ניכרת בגמל, דתנן: זנב העגל שאינה מגעת לערקוס, ארכובה – הוי מום לפסול. ותני עלה: קפץ העליון ולא קפץ התחתון, וכנגדו בגמל ניכר. היינו דקתני: וכן שניטל. משום דתנא: למטה מן הארכובה עליונה כשרה, דהיינו נחתך עצם האמצעי – אילטריך למיתני: וכן שניטל, דאע"ג דאם נחתך בגובהו כשרה, היכא דנחתך בשיפולי במקום צומת הגידין – טרפה. וכדמתרץ לקמן: ואל תתמה, שהרי חותכה מכאן ומתה וחותכה מכאן וחיה. אלא לדידך, דאמרת ארכובה התחתונה, למעלה דקתני מתניתין – למעלה מיד בסמוך משמע, היינו ניטל צומת הגידין! אמר ליה תנא ארכובה בלא צומת הגידין. כמו נשבר העצם והגידין קיימין, ותנא צומת הגידין בלא ארכובה. והא נחתכו. לגמרי משמע. אלמא, תנא ליה תנא: ניטל הצומת, ולמה ליה למהדר ולמיתנייה? והא ליכא למימר: תנא רכובה עם צומת הגידין, והדר תני צומת הגידין בלא ארכובה, דאם כן, ליתני: ניטל צומת הגידין, וכ"ש נחתכו. לבתר דנפק. עולא. אמר. רב יהודה לנפשיה: מאי טעמא לא אמרי. למטה דקאמר, הוא למטה מן הארכובה ומצומת הגידין, ולמעלה דקתני – לאו למעלה מיד משמע, אלא בגובהו של עצם, ולמעלה מן הצומת. והדר תנא: וכן שניטל הצומת, דאם נחתך בתוך הצומת נמי טרפה. הדר אמר. שפיר עבדי דלא אמרי ליה. ולא אמרי ליה. בתמיה. וכי לא אמרתי לו טעם הגון, רכובה בלא צומת וצומת בלא רכובה, ופרכיה מלישנא דמתניתין, ואמר לי: נחתכו קתני? והכא נמי, אי הוה אמרי ליה – הוה דייק נמי לישנא, ואומר לי: "מן הארכובה ולמעלה" קתני, דמשמע בסמוך, והיינו בצומת הגידין. רב פפא מתני. לדרב יהודה הכי. למטה. דמתניתין – לאו למטה מיד קאמר, דרכובה דמתניתין ברכובה עליונה מיירי, הלכך למטה דידה דהיינו עצם אמצעי, וזימנין דטרפה, כגון בצומת הגידין. אלא הכי קאמר: למטה מאותה רכובה ומעצם אמצעי כולו, דהיינו בעצם התחתון – ודאי כשרה. למעלה למעלה מן הארכובה. דהיינו בקולית – ודאי טרפה כל מקום שיחתך. וכן שניטל צומת הגידין. דהיינו בעצם אמצעי יש מקום שהיא טרפה – כגון בצומת הגידין, ויש מקום שהיא כשרה – כגון למעלה מן הצומת. וארכובה גופה איזו היא? כדעולא. עליונה. ופרכינן: ומי איכא מידי דמדלי פסקיה לה למעלה מן הצומת בעצם האמצעי – כשרה. וכי מחתי פסיק לה מחתכה בצומת – טרפה. ולקמן פסיק הלכתא: צומת הגידין בכל מקום שיחתך – טרפה. וכן ניטל צומת בלא רכובה. ולקמן פסיק הלכתא הכי אפילו בנשבר העצם, וכ"ש נחתך לגמרי. אלו הן צומת הגידין. מהיכן מתחיל, והיכן (א) כלו? דאגרמא ולבר. משיוצאין הגידין מן העצם ומתגלין בבשר. שהעצם למעלה מן הפרק ערום בלא בשר כשתים וג' אצבעות, והגידין אדוקין בו, וממקום שמתפרקין ממנו ולמעלה מתחיל, וכל זמן שהן לחוטין וקשורין השלשה יחד – קרי צומת, עד מקום שמתפשטין ומתפצלין זה מזה, כדמפרש לקמן. דאגרמא ולגיו. אין נקראין צומת אלא מקום שהן אדוקין בו בעצם, ממקום שאדוקין בו עד הפרק. דעילוי ערקומא. עצם קטן הוא המחובר את הפרקים. ומה שיש מן הגידין ולמעלה הימנו עד מקום שמתפשטין – קרי צומת, וכל מקום שייחתכו שם טרפה. והאי שיעורא נפיש מכולהו, שמתחיל מיד מן הערקוס ולמעלה, והוא למטה מסוף העצם האמצעי, ואם נחתך בין עצם האמצעי לאותו ערקוס – טרפה. דערקומא גופה. נחתכו גידין כנגד הערקוס עצמו. לא תציתו ליה. דמחמיר טפי. דפרעי טבחי. במקום שפותחין הטבחין להפריש הבשר מן העצם כשמנקרין אותו ליינקרו"ן, ורוצין ליטול אותן גידין, והיינו מעילוי ערקומא. לישנא אחרינא: כשמפשיטין הבהמה, משם מתחילין לפתוח ולהפשיט העור של רגלים אחרונים. צומתין. מחוברין יחד ונראין כגיד אחד. ועד כמה. ארכו של צומת. *ארבעה בטדי. ארבע אצבעות. בליטי. קודם שיבלעו בתוך הבשר. אשוני. קשין. רכיכי. לאחר שנכנסין לבשר נעשין רכין.

דזיגי

תוספות

אלא לדידך מאי כו'. תימה: דלמא סובר כמ"ד צומת הגידין הוי לאגרמא ולבר, דהיינו כשיוצא מן העצם. אבל למעלה מן הארכובה לא מיטרף משום צומת הגידין! וי"ל: מדפריך ליה עולא, מכלל דהוה פשיטא ליה דצומת הגידין הוי דאגרמא ולגיו. ועוד, דרב יהודה דקאמר בסמוך: היכא דפרעי טבחי, והיינו כרבא בריה דרבה בר רב הונא דקאמר: עילוי ערקומא, שהוא עדיין יותר. **הכא** נמי מן הארכובה ולמעלה קתני. לעולא ניחא, דמצי לפרש מן הארכובה ולמטה – מיד. אף על גב דלא בכל מקום כשרה, כמו כנגד צומת הגידין, מכל מקום כיון דמיתוקם למטה מיד, ולמעלה מיד – ניחא.

מר

רבינו גרשום

נשבר העצם אם רוב בשר קיים מן הארכובה ולמעלה: ברכובה הנמכר' עם הראש. מקום שחותך רגל של בהמה זו היא ארכובה: עולא א"ר אושעיא כנגדו בגמל ניכר כלומר לא רכובה הנמכרת עם הראש אלא אותה רכובה שהיא בסוף הקולית בתחלת ענקירון וניכר בגמל בסוף זנבו שזנבו קצר ואינה יכולה לכסותו: אלא לדידך מאי וכן שניטל צומת הגידים והא למעלה מן הארכובה הנמכרת עם הראש באותו מקום הוא צומת הגידים: והא נחתכו קתני והיאך יכלת לאוקומיה מתניתין מן הארכובה ולמעלה רכובה בלא צומת הגידים והא נחתכו קתני דמשמע דנחתכו הכל רכובה וצומת הגידים. מ"ט לא אמרי ליה למטה למטה מצומת הגידים כשרה. למעלה למעלה מצומת הגידים טרפה. וכן שניטל צומת הגידים למעלה מרכובה הנמכרת עם הראש: הכא נמי מן הארכובה ולמעלה קתני הכא נמי כשאני א' לא למטה למטה מצומת הגידים למעלה למעלה מצומת הגידים הוא יקשה לי מן הארכובה ולמעלה קתני ולא קתני מצומת הגידים רק למעלה כלומר א) למטה מן הארכובה בעינן לאוקומי מתניתין בקרוב לרכובה בין מלמעלה ובין מלמטה דוהו בצומת הגידים ולא בעינן לאוקומי מתניתין למעלה מן הארכובה ולמעלה ומצומת הגידים. ולמטה מן הארכובה לפיכך לא מוקמינן למעלה מן הארכובה ולמטה מן הארכובה ברכובה הנמכרת עם הראש אלא ברכובה עליונה דבגמל ניכר ומצינן לאוקומי דלא תיקשי וכן שניטל צומת הגידים והיא רכובה כדעולא. ומי איכא מידי דאילו קא פסיק לה כלומר השתא דמוקמינן למעלה מן הארכובה ברכובה דעולא מי איכא מידי כו' כלומר דאמרינן למעלה מן הארכובה טרפה הא למטה מן הארכובה כשרה אע"ג דלמעלה מצומת הגידים ולבסוף קתני וכן שניטל צומת הגידים טרפה שהיא למטה: דאגרמא ולבר גידים של מעלה מן השופי דאגרמא ולגו בגידים שבין בשר לעצם דעילוי ערקומא שקורין בלשון כנען טי"ג ושעל הרכובה עצמה עצם קטן שעל הרכובה הגידים שעליו הוא צומת הגידים.

היכא

א) נראה דצ"ל כלומר למטה מן הארכובה ולמעלה מן הארכובה בעינן לאוקומי מתני' וכו'.

מסורת הש"ס

לעיל מב: ה:

[בכורות מה.]

עיין רש"א

כ"ב קכ: ע"ש לעיל מח. [נה. נ:]

[היינו רב אסי הקדמון]

[בערוך ערך עירקומא איתא רב אשי]

נ"ל דרבא

[גירסת הערוך בטדי ברי"ש וע"ש בערוך בטרי מ"ש בשם ר"ח]

עין משפט נר מצוה

סז א מיי' פ"ח מהל' שחיטה הל"ח סמג עשין סג טוש"ע יו"ד סי' נה סעיף א:

סח ב מיי' שם הל"י וע' בהשגות ובכ"מ סמג שם טוש"ע יו"ד סי' נו סעי' א:

סט ג מיי' שם הל' יא סמג שם טוש"ע יו"ד סי' נה סעיף ב:

ע ד ה מיי' שם הל"ט סמג שם טוש"ע יו"ד סי' נו סעי' ב:

עא ו מיי' שם טוש"ע שם סעיף ד:

עב ז ח מיי' שם טוש"ע שם סעי' ה:

[ועיין פי' רשב"ם פרשת חיי שרה בפסוק ויברך הגמלים]

שיטה מקובצת

א) ואזיל דארכובה הנמכרת: גן מהיכן מתחיל והיכן כלה כה חזות הגידין:

הגהות הב"ח

(א) רש"י ד"ה אלו הן וכו' והיכן כלה כצ"ל:

גליון הש"ס

רש"י ד"ה ארכובה. עי' לעיל דף ג ע"ב ברש"י ד"ה בעולם ולעיל דף מד ע"ב בתוס' ד"ה כלי:

הגהות מהר"ב רנשבורג

א) גמ' אין אומרין בטריפות זו דומה לזו. עי' כ"ב בד"ה שהרי חותכה

מר בר רב אשי אמר: כיון דזוגי, אע"ג דלא חוורי. אמר אמימר משמיה דרב זביד: תלתא חוטי הוו, חד אלימא ותרי קטיני; איפסיק אלימא – אזדא רוב בנין, איפסיק קטיני – אזדא רוב מנין. מר בר רב אשי מתני לקולא: איפסיק אלימא – האיכא רוב מנין, איפסיק קטיני – האיכא רוב בנין. בעופות, משיתסר חוטי הוו, אי פסיק חד מינייהו – טרפה. אמר מר בר רב אשי: הוה קאימנא קמיה דאבא, ואייתו לקמיה עופא, ובדק ואשכח ביה חמיסר, הוה חד דהוה שני מחבריה, נפציה ואשכח תרי. אמר רב יהודה אמר רב: צומת הגידין שאמרו – ברובו; מאי רובו? רוב אחד מהן. כי אמריתה קמיה דשמואל, אמר לי: מכדי תלתא הוו, כי מיפסיק חד מינייהו לגמרי – הא איכא תרי! טעמא – דאיכא תרי, הא ליכא תרי – לא. ופליגא דרבנאי, דאמר רבנאי אמר שמואל: צומת הגידים, אפי' לא נשתייר בה אלא כחוט הסרבל – כשרה. *ואיכא דאמרי: מאי רובו – רוב כל אחד ואחד. כי אמריתה קמיה דשמואל, אמר לי: מכדי תלתא הוו – האיכא תלתא דכל חד וחד! מסייע ליה לרבנאי, דאמר רבנאי אמר שמואל: צומת הגידין שאמרו, אפי' לא נשתייר בה אלא כחוט הסרבל – כשרה. §"נשבר העצם" כו'. § אמר רב: למעלה מן הארכובה, אם רוב הבשר קיים – זה וזה מותר, ואם לאו – זה וזה אסור; למטה מן הארכובה, אם רוב הבשר קיים – זה וזה מותר, אם לאו – אבר אסור, ובהמה מותרת. ושמואל אמר: בין למעלה בין למטה, אם רוב הבשר קיים – זה וזה מותר, אם לאו – אבר אסור, ובהמה מותרת. מתקיף לה רב נחמן לשמואל: יאמרו, אבר ממנה מוטל באשפה ומותרת? א"ל רב אחא בר רב הונא לרב נחמן: לרב נמי, יאמרו: אבר ממנה מוטל באשפה, ומותרת? א"ל, הכי קאמינא: אבר שחיה ממנה מוטל באשפה, ומותרת? שלחו מתם: הלכתא כוותיה דרב, הדור שלחו: כוותיה דשמואל, הדור שלחו: כוותיה דרב, ואבר עצמו מטמא במשא. מתיב רב חסדא: *לא, אם טיהרה שחיטת טרפה אותה ואת האבר המדולדל בה, דבר שגופה – תטהר את העובר, דבר שאינו גופה? א"ל רבה: *הדורי אפירכי למה לך? אותיב ממתני': *נשחטה בהמה – הוכשרו בדמיה, דברי ר"מ. ר"ש אומר: לא הוכשרו! א"ל: מתני' איכא לדחויי, כדדחינן. כי סליק ר' זירא אשכחיה (א) לרב ירמיה דיתיב וקאמר לה להא שמעתא. א"ל: *יישר, *וכן תרגמה אריוך בבבל. אריוך מנו – שמואל, והא מיפלג פליג! הדר ביה שמואל לגביה דרב. ת"ר: נשבר העצם ויצא לחוץ, אם עור ובשר חופין את רובו – מותר, אם לאו – אסור. וכמה רובו? כי אתא רב דימי אמר ר' יוחנן: רוב עוביו, ואמרי לה: רוב הקיפו. *אמר רב פפא: *הלכך, בעינן רוב עוביו, ובעינן רוב הקיפו. אמר עולא אמר רבי יוחנן: עור הרי הוא כבשר. א"ל רב נחמן לעולא, וליימא מר: עור מצטרף לבשר, דהא "עור ובשר" קתני! א"ל: אנן "עור או בשר" תנינן. איכא דאמרי, [אמר עולא] א"ר יוחנן: *עור מצטרף לבשר. א"ל רב נחמן לעולא, וליימא מר: עור משלים לבשר לחומרא! א"ל: אנא עובדא ידענא, דההוא בר גוזלא דהוה בי רבי יצחק, דעור מצטרף לבשר הוה, ואתא לקמיה דר' יוחנן ואכשריה. א"ל: בר גוזלא קאמרת? שאני! הנהו גידין דרכיך – *בר גוזלא דרכיך. *דרבה, אמר *רבה: למאי ליחוש להו? חדא, *דאמר ר' יוחנן: גידין שסופן להקשות נמנין

תוספות

מר בר רב אשי אמר כו'. פי' בקונטרס דכמר בר רב אשי קיי"ל בכל דוכתי, בר ממכתב אודיתא ומיפך שבועה. וכן יש בסדר תנאים ואמוראים. ור"ח פי' דקיי"ל כוותיה בכל דוכתין בר ממיפך שבועה, וחיורי, וסימן כולו הפך לבן. וחיורי – היינו הך דשמעתין. וכן פי' רבינו תם*. **איפסיק** חד מינייהו טרפה. לא שייך למתני גבי "יתר עליהן עוף" (לעיל נו.), משום דכשנפסק אחד מהן – סוף כולן ליפסק. **ואם** לאו זה וזה אסור. והא דקתני רישא: נחתכו רגליה מן הארכובה ולמעלה – ה"ה נמי נשבר העצם ואין רוב בשר קיים. ואגב סיפא נקט נחתכו, דלמטה אפי' נחתכו לגמרי כשרה.

רוב עוביו ואמרי לה רוב הקיפו. זימנין דמשכחת לה זה בלא זה, שאין העצם עגול לגמרי אלא מרחיב מצד אחד ומיצר מצד אחד. ובקונטרס פירש בענין אחר.

למאי ליחוש לה חדא דא"ר יוחנן כו'. תימה: דהשתא גבי פסח פליגי, משום דמר אזיל בתר השתא ומר אזיל בתר סוף, כדמפרש ב"כילד צולין" (פסחים פד.), ומה שייכא הכא פלוגתא לענין הגהגה? וי"ל, משום דברייתא קתני: אם עור ובשר חופין את רובו, משמע דלאי חשיב בשר – מגין. **גידין** שסופן להקשות. בפרק "כילד צולין" (שם דף פד.) פי' בקונטרס: גידי צואר. ואין נראה, דהכא מייתי לה אגידי רגל. ועוד, דגידי צואר לעולם קשין הן, ואין רגילות לאכלן כלל, כמו עצמות. כדאמרינן ב"כילד צולין" (שם פג:): הגידין והנותר והעצמות ישרפו לששה עשר. ופריך: הני גידין היכי דמי? אי גידי בשר – ליכלינהו, ואי דלאיסור – היינו נותר! אלא פשיטא גידי צואר. משמע שהם רגילים להיות נותר בכל שעה*. אל

רש"י

דזוגי. צלולין, קליר"ש בלע"ז קלת. **תלתא** חוטי הוו. צומת הגידין. **אזדא** רוב בנין. שהוא עב משניהם, וכיון דאזל רובא – טרפה. **שני** מחבריה. עב מחברו. **נפציה.** נקלו, קרפי"ר בלע"ז. **ברוב אחד** מהם. אם נפסק רובו של אחד מהם טרפה. **הא איכא** תרי. רובו קיים. **הסרבל.** של צמר, ומעמידין בית הצואר בחוט כמו שאנו עושין ברצועות. וכמר בר רב אשי קי"ל בכל דוכתי בר מתרתי: מכתב אודיתא (סנהדרין דף כט:) ומיפך שבועה (שבועות דף מח.). ובשיעור צומת גידין, אחר שנחלקו ולא איתפרש הלכתא כמאן – בשל תורה הלך אחר המחמיר, וטרפות דאורייתא, הלכך מעילוי ערקומא עד מקום שמתפשטין, כל מקום שחותך שם הוי צומת הגידין, ואפי' ארכובה קיימת ועצם קיים – טרפה. **למעלה** מן הארכובה. אם נשבר העצם שם, ורוב בשר שעל השבירה קיים, עור ובשר חופין רוב העצם. **זה וזה.** אבר ובהמה מותר. **ואם לאו זה וזה אסור.** ומתני' דקתני: אם לאו אין שחיטתו מטהרתו, דמשמע אבר אסור ובהמה מותרת – אלמטה מן הארכובה קאמר. **אבר אסור.** משום מדולדל. ולשמואל, מתני' בין למעלה ובין למטה קאמר, ושני לה למתני' בין נחתכו לגמרי לנשבר העצם, משום דהכא גידין קיימי. **ולרב נמי.** בלמטה מן הארכובה, יאמרו כו'. **שחיה ממנה.** שהבהמה תלויה בה. **מוטל באשפה.** דקאמר: אבר אסור ואתה חותכו ומשליכו לאשפה. **כוותיה דרב.** דלמעלה מן הארכובה זה וזה אסור. **ואבר עצמו מטמא במשא.** דשחיטה עושה ניפול. **מיתיבי** כו'. אלמא אין שחיטה עושה ניפול. **הדורי אפירכי.** לאותובי מברייתא שאינה ידועה לכל. **אותיב** ממתני'. שסגורה בבית המדרש בפי כולם. דתנן ב"העור והרוטב" (לקמן קכז.): האבר והבשר המדולדלים, נשחטה הבהמה – הוכשרו לקבל טומאת אוכלין. אלמא אין בה טומאת נבלות. **לא הוכשרו.** התם מפרש טעמא. **כדדחינן.** לעיל בפרקין (דף עג:): מאי הוכשרו – אבשר קאמר, דאי נמי שחיטה עושה ניפול – אין טומאת נבלה בבשר הפורש מן החי, דגידין ועצמות בעינן כדיליף התם. **להא שמעתא.** דרב, דאמר לעיל: אם לאו זה וזה אסור. דרב ירמיה בר אבא תלמיד דרב הוה, ואמר לה לשמעתיה דרב. **אריוך.** קרי שמואל על שם *אריוך מלך אלסר (בראשית יד), דהלכתא כוותיה בדיני. **רוב עוביו.** שלא יצא רוב עובי השבירה לחוץ, אלא מיעוט חלל העצם נגלה ורובו נכסה. **רוב הקיפו.** עוביו של עצם לא מעלה ולא מוריד. אם רוב היקף הבשר שסביב העצם על השבר קיים, אפי' נהפך חלל העצם ויצא דרך נקב קטן – כשר. ואם רוב היקף העצם סביב השבירה מגולה, אפי' כיונה בליטת ראש השבירה לצד בשר הקיים, והרי כל חלל העצם נכסה – אפי' הכי טרפה. **בעינן רוב עוביו.** נכסה, שלא יצא רוב החלל דרך נקב הבשר, ושיהא רוב היקף הבשר שעל השבר קיים. **עור הרי הוא כבשר.** אם ניטל הבשר מתחת העור, והעור חופה את עוביו והיקפו – כשר. **וליימא מר עור מצטרף לבשר.** לחומרא, דליבעי חציו עור וחציו בשר. **אנן עור או בשר תנינא.** כהך ברייתא דלעיל. **וליימא מר עור משלים לבשר.** דליבעי רוב הכיסוי בבשר ומיעוטו עור, להצטרף בין שניהם לכסוי רוב העצם. **בר גוזלא.** שנשברה רגלו. **דרכיך.** עורו, לפיכך חשוב כבשר. **הנהו גידין הרכין.** דהוו מצטרפי לבשר וחופין רוב עצם הנשבר. נמנין

עין משפט נר מצוה

ענ א מיי' פ"ח מהל' שחיטה הל' יח טוש"ע יו"ד סימן נו סעיף ז:

[וע"ע תוס' יומא פג. ד"ה מר ותוס' סנהדרין כט: ד"ה מר ותוס' שבועות מח. ד"ה ולמר ותוס' כתובות פד: ד"ה והוא וקף נו. ד"ה אלמנה]

עד ב מיי' שם הל' יט ועי' בהשגות ובכ"מ טוש"ע שם סעיף ח:

עה ג מיי' שם הלכה יח טוש"ע שם סעי' ז:

עו ד ה מיי' פ"ה מהל' מאכלות אסורות הל"ח ופ"ח מהל' שחיטה הל"ב סמג עשין סג טוש"ע יו"ד סי' נה סעיף ה:

עז ו ז מיי' שם טוש"ע שם סעי' ז:

[וע"ע תוס' פסחים פד. ד"ה גיד]

מסורת הש"ס

עיין בהרא"ש בזה

[ברכות מב. וש"נ]

[לעיל עג.] [נדה סה.] [לעיל עג: לקמן קכז:] [שבת נג.]

[ועיין פרש"י שבת נג. ומש"ש על זילון]

[נ"ל דרבא] [נ"ל רבא]

פסחים פד.

הגהות הב"ח

(א) גמ' אשכחיה לרבי ירמיה בר אבא דיתיב:

גליון הש"ס

גמ' אמר רב פפא הלכך. לעיל ד' שם ע"ש שבת ד' כ ע"ש:

רבינו גרשום

היכא דפרעי מבחי שמנקרין ניקורין: ארבע במרי. ד' אצבעות: בליטי שניכרין בין הבשר. אשוני קשים: כיון דזוגי צלולין: רוב בנין. וטרפה: צומת הגידים שאמרו ברובו דאי נפסקו צומת הגידים רוב אחד מהן טרפה: טעמא דאיכא תרי הא ליכא תרי לא כלום הא ליכא תרי ונפסק רובו של אחד טרפה אע"ג דנשתייר בו שליש והיינו פליגא דרבנאי דסבירא ליה לשמואל אי נפסק חד מתלתא חוטי של צומת הגידים ולא נשתייר מאותו שנפסק אלא שליש כשרה. ואיכא דאמר מאי רובו רוב כל אחד ואחד שליש: אם רוב בשר קיים על העצם: זה וזה מותר הבהמה והאבר: הכי קאמינא אבר שחיה ממנו. כלומר למעלה מן הארכובה שחיה ממנו מוטל באשפה כו'. מותיב רב חסדא לא אם טיהרה שחיטת טרפה אותה כו' והא קא חזינן הכא דאבר המדולדל בה טהורה וכיצד אמרת האבר עצמו מטמא במשא אע"ג דשחטו את אמו: לותביה ממתניתין נשחטה הבהמה הוכשרו בדמיה כלומר דאין שחיטה עושה ניפול וכוללתו השחיטה ומטהר מידי נבלה בין האבר המדולדל ובין הבשר המדולדל. אי ממתניתין איכא לדחוייה כדדחינן דאיכא למימר מאי הוכשרו הבשר הפורש מן האבר והבשר הפורש מן הבהמה אבל אבר לא איכא למימר דלא: דיתיב וקאמר לה להא שמעתא דרב אם עור ובשר חופה אותו מותר האבר: עור הרי הוא כבשר אפי' לא חופה אותו אלא עור מותר: עור מצטרף לבשר. כלומר חציו עור וחציו בשר: וליימא עור משלים לבשר. שיהא בבשר רוב: ריש

נמנין עליהם. דאפי' לא נמנה אדם עם החבורה אלא לאכול מהן – יצא ידי אכילת פסח, אלמא בשר נינהו. ר"ל פליג עליה בפסחים בפ"כיצד צולין" (דף פד.) ואמר: אין נמנין. והכא לאכשורי טרפה קאתי, ואיסורא דאורייתא היא, ואת אמרת כו'. ואמאי אישתיק והאמר רבא. ביבמות בפ"החולץ" – הלכתא כריש לקיש בהני תלת, ותו לא:

תורה אור

נמנין עליהן בפסח. ועוד: *התורה חסה על ממונן של ישראל. א"ל רב פפא *לרבה: א"ר"ש בן לקיש, באיסורא דאורייתא, ואת אמרת מאי ליחוש להו?! אישתיק. ואמאי אישתיק? (א) *והאמר רבא: הלכתא כוותיה דר"ש בן לקיש בהני תלת! שאני הכא, דהדר ביה ר' יוחנן לגביה דר"ש בן לקיש, *דא"ל: אל תקניטני, בלשון יחיד אני שונה אותה. ההוא נשבר העצם ויצא לחוץ דאישתקיל קורטיתא מיניה, אתא לקמיה דאביי, שהייה *תלתא ריגלי. א"ל רב אדא בר מתנא: זיל קמיה דרבא בריה דרב יוסף בר חמא, *דחריפא סכיניה. אתא לקמיה, אמר: מכדי נשבר העצם ויצא לחוץ *תנן, גמה לי נפל, מה לי איתיה! א"ל רבינא לרבא: דמתלקט מהו? מתרוסם מהו? מתמסמס מהו? *היכי דמי מתמסמס? אמר רב הונא בריה דרב יהושע: כל שהרופא *קודרו. איבעיא להו: הניקב מהו? (א) נקלף מהו? נסדק מהו? ניטל שליש התחתון מהו? ת"ש, דאמר עולא אמר ר' יוחנן: עור הרי הוא כבשר. דלמא דקנה משכא דידיה! אמר רב אשי: כי הוינן בי רב פפי איבעיא לן, נקדר כמין טבעת מהו? ופשטנא מהא דאמר רב יהודה אמר רב: דבר זה שאלתי לחכמים ולרופאים, ואמרו: מסרטו בעצם ומעלה ארוכה, אבל *פרזלא – מזרף זריף. אמר רב פפא: והוא דקנה גרמא דידיה.§ **מתני'** השוחט את הבהמה ומצא בה שליא – נפש היפה תאכלנה, ואינה מטמאה לא טומאת אוכלין ולא טומאת נבלות. חישב עליה – מטמאה טומאת אוכלין, אבל לא טומאת נבלות. *שליא שיצתה מקצתה – אסורה באכילה; *סימן ולד באשה וסימן ולד בבהמה. המבכרת שהפילה שליא – ישליכנה לכלבים, ובמוקדשין – תקבר. ואין קוברין אותה בפרשת דרכים, ואין תולין אותה באילן, מפני דרכי האמורי.§ **גמ'** מנא הני מילי? דת"ר: (דברים יד) "כל בהמה תאכלו" – לרבות את השליא; יכול אפילו יצתה מקצתה? ת"ל: "אותה" – אותה ולא שליתה. מכדי *אין שליא בלא ולד, למה לי קרא? קרא אסמכתא בעלמא.§ "ואינה מטמאה".§ בעי ר' יצחק בר נפחא: עור חמור ששלקו, מהו? למאי? אי לטומאת אוכלין – תנינא, אי

קונין פירות, והחולץ למעוברת, והמקנה במקדשו. כולהו בפ' "החולץ". אלמא, בהך גידין הדרינן הלכתא כר' יוחנן, ואע"ג דסופן להקשות הרי הן עכשיו כבשר! שאני הכא דהדר ביה ר' יוחנן. מגידין הרכין, ואמר: כל מידי דסופן להקשות – בתר סוף אזלינן. ומעיקרא הוה סמיך ר' יוחנן אהא דתנן בפ"העור והרוטב" (לקמן קכב.): עור הראש של עגל הרך הרי כבשר לטומאת אוכלין ונבלות, ואע"ג דסופו להקשות, והדר ביה ואוקמה להאי מתניתא. דאמר ליה. ר' יוחנן לריש לקיש בפ"העור והרוטב" דקבעי מיניה: עור הראש של עגל הרך מהו שיטמאו? ואמר ליה: אינו מטמא הואיל וסופו להקשות. ואמר ליה, הרי שנינו: ואלו שעורותיהן כבשרן עור הראש של עגל הרך, ואמר ליה: אל תקניטני בה, שבלשון יחיד אני שונה אותה. כלומר, יחידאה היא ולא סבירא לן כוותיה. דאישתקיל קורטיתא. לשון קורט, כלומר מעט מן העצם נחסר ונפל לארץ. שהייה תלתא ריגלי. לשאול הלכה לחכמים המאספים לרגל. א"ל רב אדא בר מתנה. לבעל הבהמה. רבא בריה דרב יוסף בר חמא. הוא רבה בר פלוגתיה דאביי. דחריפא סכיניה. לא פתוח לו בטריפה. מכדי נשבר העצם ויצא לחוץ תנן. בברייתא דלעיל, מה לי נפל מיניה מה לי איתיה! הואיל ועור ובשר חופין את רובו – כשרה. מתלקט מהו. בשר החופה לכסות הרוב אינו יחד, אלא כאן מעט וכאן מעט סביב העצם, ואם מצרפהו הרי רוב הקיפו נכסה. מתרוסם מהו. שהיה הבשר מרודד ונקלש וחופה את רוב העצם. נתמסמס. בשר המחפה לכסוי נרקב. קודרו. נוטלו בסכין בקדירת הרופא. איבעיא להו ניקב. אותו בשר החופה, נקב קטן בלא חסרון. מהו. מי הוי ריעותא או לא? נסדק. הבשר החופה לכסוי, מהו? נקלף מעל העצם. אותו בשר החופה, ואינו דבוק בעצם, מהו? את"ל נקלף בלא חסרון הבשר – כשר. ניטל שליש התחתון. של עובי הבשר סמוך לעצם, הרי שני שלישי עליונים עומדים באויר, מהו? ת"ש. חדא מהנך בעיי, דאמר ר' יוחנן: עור הרי הוא כבשר. אלמא, ניטל שליש התחתון ונשאר העור, ושני שלישי עומדים – כל שכן דכשר. דלמא התם דקנה משכא דידיה. שהחזיק העור בשלו. כלומר, התם לאו בניטל הבשר מתחתיו והעור עומד באויר קאמר, אלא כגון שנשבר העצם בשיפולו שהוא ערום מבשר, סמוך לארכובה שאין שם אלא עור, והעור דבוק יפה בעצם ומחזיקו. נקדר. הבשר בסכין מעל השבר בעיגול כמין טבעת, ורוב הקיפו מכוסה. מהו. מי אמרינן: כיון דנקדר בעיגול – שוב אינו מעלה ארוכה, או לא אמרינן? מסרטו בעצם. דעלמא, ומתוך שהוא מוליא דם – מתחבר הבשר ונמשך זה אצל זה ומעלה ארוכה, וכן דרך הרופאים. מזרף זריף. עושה חרילים בבשר ומכחיב המכה. והוא דקנה גרמא דידיה. שאנו רואים שהעצם מחזיק בשלו, סביבות הקדירה מידבק העצם לבשר, וסימן התחלת עלות ארוכה הוא. **מתני'** נפש היפה. שאין דעתו קצה בה מחמת מיאוס. תאכלנה. ולא אמרינן: אבר מן החי היא, שגם היא ניתר בשחיטת האם. ואינה מטמאה. דלא חשיבא אוכל. ולא טומאת נבלות. אם מתה הבהמה. חישב עליה. לאכילה. מטמאה טומאת אוכלין. אם נגעה בטומאה, דמחשבה משויא ליה אוכל. אבל לא טומאת נבלות. דלאו בשר הוא, אלא כשאר אוכל בעלמא הוא. אסורה באכילה. ואע"ג דלא נפק אלא פורתא, וליכא למימר כל מיחוי הולד היה שם – שמא באותו מקצת יצא ראש הולד, והרי הוא כילוד. ה"ג: סימן ולד באשה וסימן ולד בבהמה. המבכרת. זהו פטר רחם שלה. ישליכנה לכלבים. שאין בה קדושה. דאע"ג דאין שליא בלא ולד, הכא רובא לאו בת מיקדשה היא, דדלמא נקבה הוה, כדלקמן בגמרא. ובמוקדשין. כגון בהמת שלמים שהפילה שליא. תקבר. דכיון דאין שליא בלא ולד – קדשה, דבין זכר ובין נקבה דנפיק מבהמת הקדש – קדיש. בפרשת דרכים. מקום שהדרכים מתפרשים לשנים. ודרך המנחשים לקוברה שם שלא תפיל עוד. דרכי האמורי. ניחוש, וכתיב (שמות כג): "ולא תעשה כמעשיהם". **גמ'** למה לי קרא. למימר: ולא שליתה? פשיטא דאסורה, דשמא יצא הולד והרי הוא כילוד, ושליא בתריה אזלא, ולא שריתה שחיטה! אסמכתא בעלמא. ולדרשא אחריתי אתא. עיקר קרא לחותך מן הטחול ומן הכליות, כדאמר לעיל בפירקין (דף סט.). עור חמור. ששלקו. בשלו הרבה מאד. שהוא קשה ומאוס. אם נעשה אוכל לטמא טומאת אוכלין. אי לטומאת אוכלין. לטומאת

אל תקניטני. דאותביה ריש לקיש לר' יוחנן מההיא דאלו שעורותיהן כבשרן כו'. וא"ת: לדידיה גופיה תקשה ליה, דהא קסבר דבתר בסוף אזלינן, בהך גידין שסופן להקשות! וי"ל: דלא דמי פסח לאכילה, לטומאה. דלפי' עור שסלקו מטמא טומאת אוכלין כיון דחזי לאכילה, כדאמר בסמוך, ואע"ג דודאי אין נמנין עליו בפסח, והכי נמי גידין שסופן להקשות. וכן בפרק "כילד צולין" (פסחים פד.) דפריך מההיא דר' יוחנן דאמר: עור הראש של עגל הרך אין מטמא טומאת אוכלין, מההיא דגידין שסופן להקשות – מכ"ש פריך. ובירושלמי מההיא דראשו של עגל הרך, א"ר יוחנן: לא שנו אלא לטומאה, אבל ללקות לא. ור"ל אמר: משנה שלמה היא זו, בין לטומאה ובין ללקות. ומסיק התם: מיחלף שיטתיה דר"ל, תמן לא עביד לה בשר גבי גידין שסופן להקשות, דאמר: אין נמנין, וכאן עביד ליה בשר! א"ר בון, טעמא דריש לקיש: "ואכלו את הבשר" – בשר ולא גידין. משמע לפי הירושלמי דבכל מקום אזיל בתר השתא, בר מגבי פסח דכתיב קרא. **בלשון** יחיד כו'. היה שונה במשנה: "דברי ר"ש". ולא כמו שפי' בקונטרס: משום דאתיא כיחידאה. דבפרק "החולץ" (יבמות דף מב:) *פריך, והא א"ר יוחנן: הלכה כסתם משנה, אע"ג דאתיא כר' יהודה. וא"ת: וממאי דמההיא דפסח הדר ביה? ודלמא מההיא דלקמן הדר ביה! °וי"ל: דמסתמא הדר ביה לגבי חבריה. **נתמסמס** מהו. הא דאמר ב"אלו טרפות" (לעיל נג:): נתמסמס הבשר רואין אותו כאילו הוא אינו – היינו כגון בריאה ובגידין, שהטרפות תלוי בהן. אבל הכא, שהטרפות תלוי בעצם, אע"ג דנתמסמס הבשר – שמא עדיין מגין. **דקנה** משכא דידיה. בקונטרס גרס בדלי"ת. ור"ח ור"ת גרסי ברי"ש, *פי': רירים, ליחה שלו. שאז מדבק בו העור ומעלה בו ארוכה. **עור** ששלקו מטמא טומאת אוכלין. וא"ת: א"כ יאכל עור בפסח, דהא תנן (פסחים דף פד.): כל הנאכל בשור גדול בשלקא – נאכל בגדי בגדי הרך! וי"ל: דבעינן שיהא נאכל בשלקא שלא ע"י הדחק.

בנבלתה

עח א מיי' פ"י מהל' קרבן פסח הל"י:
עט ב מיי' פ"י מהל' שחיטה הל"ב סמג עשין סג טוש"ע יו"ד סי' נה סעי' א:
פ ג מיי' שם טוש"ע שם סעי' ה:
פא ד ה מיי' פ"ד מהל' מאכלות אסורות הלכה יג, טוש"ע שם סעי' ו:
פב ו מיי' שם טוש"ע שם סעי' יא:
פג ז מיי' פ"ה מהל' מאכלות אסורות הלכה יג:
פד ח מיי' פ"ב מהל' טומאת אוכלין הלכ"ו:
פה ט מיי' פ"ה מהל' מאכלות אסורות הל"ו:
פו י מיי' פי"א מהל' עבודת כוכבים הל"ו סמג לאוין נט וטוש"ע יו"ד סי' קעח:
פז כ ל מיי' פ"ב מהל' בכורות הל"ו טוש"ע יו"ד סי' שטו סעי' ז:
פח מ מיי' שם הל"ז:
פט נ מיי' פ"ב מהל' טומאת אוכלין הלכ"ז:

[לעיל עט: וש"נ] [נ"ל לרבא] ב"ב קכט: יבמות לו. לקמן קכב: [פסחים פד. גם לעיל נה: ולקמן קלב.] [ע' פרש"י יבמות קכב. ד"ה תלתא] [יבמות קכב.] [נ"ל תניא] לעיל נג: [ע"ש וגם ברש"י שם] [גי' הערוך קודרו] [נ"ל נקדר ערוך] [יבמות עו.] לעיל סח. וב"ק יא. [ע' תוס' לעיל סח. ותוס' ב"ק יא. ד"ה כסימן] [ב"ק יא. ע"ש] [ועיין תוס' לעיל נה: ד"ה בלשון וכו'] [ועיין בערוך ערך רר]

שיטה מקובצת
א] והאמר רבא הילכתא. נ"ב ע"י תוס' בכורות דף יד ע"א ד"ה רב אשי:

הגהות הב"ח
(א) גמ' ניקב מהו נסדק מהו נקלף מהו ניטל שליש:

גליון הש"ס
תוס' ד"ה בלשון כו' וי"ל דמסתמא הדר ביה וכו'. עיין מנחות דף ז ע"ב תוס' ד"ה ומי. וע' ב"ב דף קלו ע"א ולע"ג:

רבינו גרשום
ריש לקיש ואיסורא דאורייתא. איסור טרפה: והאמר רבא הלכתא כוותיה דריש לקיש בהני תלת כלומר ותו לא: שאני הכא דהדר ביה ר' יוחנן לגביה דריש לקיש כלומר כמה דחזינן הכא בעור הראש של עגל הרך שחשב עליו להקטירו חוץ לזמנו פסול וחייב עליו כרת וא"ר יוחנן לא תקניטני שבלשון יחיד אני שונה אותה משום אליעזר בן יהודה איש אבלים וליה לא סבירא ליה דסבר דאין חשוב כבשר כיון דסופו להקשות הכא נמי כיון דסופו להקשות אע"ג דהשתא רכין נינהו אין חשובין כבשר וטרפה: דאישתקיל קורטיתא מיניה דניטל מן העצם מעט שיוצא לחוץ: מה לי נפל קורטיתא מיניה מה לי איתיה כוליה: מתלקט מהו כלומר הבשר שחופה את העצם מתלקט שאינו חופה רוב העצם במקום אחד אלא מתלקט בכמה מקומות עד שחופה רובו: מתרוסם מהו לשון מרוסס שאינו שלם על העצם. ניקב מהו כלומר הבשר שעל העצם. נקלף מהו כלומר הבשר מעל העצם. נסדק לארכו שלא ניקב בעוגל אלא לארכו. ניטל שליש התחתון שאין בו עוד לעצם בשר אלא עור גרידא: דלמא שני התם דקניא משכא לבשר דידיה כלומר שעור דבוק לבשר אבל האי שניטל שליש התחתון אין עור דבוק לבשר: נקדר כמו טבעת מהו. כלומר הבשר שחופה את העצם נקדר סביבו: מסרטו בעצם. מסרטו סביבו בעצם: והוא דקנה גרמא דידיה מה דאמרינן מסרטו בעצם כלומר שיהא דבוק בעצם ומעלה ארוכה והוא דקנה גרמא דידיה ששלם העצם: דוקא עצם כלומר מסרטו בעצם אבל בברזל או במחט או במרוף מיזרף זריף מנקבו אלא מסרטו בעצם: אבל לא טומאת נבלות דאינה מטמאה במשא: מכדי אין שליא בלא ולד כו' כלומר כיון שיצאתה מקצתה ולד יצאתה עמה ואסורה דולד יצא חוץ ממחיצתו וכי היכי דולד אסור

אי לטומאת נבלות — תנינא! טומאת אוכלין — *דתניא: העור והשליא אין מטמאין טומאת אוכלין; עור ששלקו, והשליא שחישב עליה — מטמאין טומאת אוכלין. טומאת נבילות נמי תנינא: "בנבלתה"[א] — ולא בעור, ולא בעצמות, ולא בגידין, ולא בקרנים, ולא בטלפים; ואמר רבה בר רב חנא: לא נצרכה אלא שעשאן ציקי קדרה! לעולם טומאת אוכלין, ושאני עור חמור, דמאיס.§ "שליא שיצתה".§ א"ר אלעזר: לא שנו אלא שאין עמה ולד, אבל יש עמה ולד — אין חוששין לולד אחר. ור' יוחנן אמר: בין אין עמה ולד, בין יש עמה ולד — חוששין לולד אחר. איני? והא א"ר ירמיה: לחומרא אמרה ר' אלעזר! אלא, אי אתמר הכי אתמר, א"ר אלעזר: לא שנו אלא שאינה קשורה בולד, אבל קשורה בולד — אין חוששין לולד אחר. ור' יוחנן אמר: אנו אין לנו אלא שליא בלא ולד; אבל יש עמה ולד, בין קשורה בולד בין אין קשורה בולד — אין חוששין לולד אחר. והיינו דאמר ר' ירמיה: לחומרא אמרה ר' אלעזר. תניא כותיה דר' אלעזר: *המפלת מין בהמה חיה ועוף ושליא עמהן; בזמן שקשורה בהן — אין חוששין לולד אחר, אינה קשורה בהן — הריני מטיל עליה חומר שני ולדות, שאני אומר: שמא נימוח שפיר של שליא, שמא נימוחה שליתו של שפיר.§ "המבכרת שהפילה" [וכו'].§ מאי טעמא? אמר רב איקא בריה דרב אמי: רוב בהמות יולדות דבר הקדוש בבכורה, ומיעוט בהמות — דבר שאינו קדוש בבכורה, ומאי ניהו — נדמה; וכל היולדות — יולדות מחצה זכרים ומחצה נקבות; סמוך מיעוטא דנדמה למחצה דנקבות, והוו להו זכרים מיעוטא.§ "ובמוקדשין תקבר".§ מ"ט? רובא בר מיקדש הוא.§ "ואין קוברים אותה".§ *אביי ורבא דאמרי תרווייהו: כל דבר שיש בו רפואה — אין בו משום דרכי האמורי, *אין בו רפואה — יש בו משום דרכי האמורי. והתניא: אילן שמשיר פירותיו — סוקרו בסיקרא, וטוענו באבנים! בשלמא טוענו באבנים — כי היכי דניכחוש

לטומאת נבלות. אם נעשה בשר, להחשב כנבלת החמור עצמה. לא נצרכה. למעוטינהו, דהא ודאי לאו בשר נינהו. אלא שנעשה ציקי קדרה. דבשלן הרבה עם תבלין. לעולם לטומאת אוכלין. *ומתני' לא איפשיט, דהתם "עור ששלקו" תניא, ובעור בהמה אחרת קמיירי. אבל עור חמור מאיס. אלא שאין עמה ולד. בחותה שבפנים. אבל יש עמה ולד. ורואים אנו ראשו ורובו לפנים. אין חוששין. שמא עוד היה ולד אחר עם זה ויצא, ושליא זו שלו היא. וזה שבפנים כבר יצתה שלייתו, ומ"מ שליא זו אסורה, דשמא של ולד אחר היתה. והאמר ר' ירמיה לחומרא אמרה ר' אלעזר. דבר זה שהיה מחמיר מר' יוחנן. לא שנו. דאסורה באכילה, דמשמע: אפילו יש עמה ולד בפנים. אלא שאינה קשורה בו. דהתם איכא למימר: לזה שבפנים היתה שליא אחרת, ונימוחה ויצתה, ושליא זו של ולד אחר היתה, ונימוח ויצא. אבל קשורה בו. ודאי שליא זו שלו היתה, ומותרת באכילה. ור' יוחנן אמר אנו אין לנו. שתהא אסורה באכילה. אלא שליא. שיצתה מקצתה ואין עמה ולד בפנים, דהתם חיישינן שמא יצא מיחוי הולד שם. אבל יש עמה ולד. אפי' אינה קשורה בו — מותרת, דבדידיה תלינן לה. מין בהמה חיה ועוף. ורבנן היא דאמרי במסכת נדה (דף כא.): כל שאין בו מצורת אדם — אינו ולד. אין חוששין לולד אחר. ואם נפתח הקבר בלא דם, דהואי לידה יבשתא — טהורה. אינה קשורה בהן הריני מטיל. על אשה הזאת. חומר שתי ולדות. דחוששין שמא היה בשליא זו ולד גמור נקבה, ותשב עליו לנקבה. ואפי' בלידה יבשתא טמאה שבועים כדין נקבה, מחמת ספק ולד אחר. וגם חומרו של זה נטיל עליה, ונאמר: ולד זה משליא זו, ולא היה בה ולד אחר, וזו אינה ולד, ואין לה שום ימי טוהר. והיינו חומר, שאם לא נמצא זה עמה — קיי"ל במסכת נדה (דף כד:): המפלת שליא — תשב לזכר ולנקבה, ונותנין לה מיהא ימי טוהר של זכר, דאין שליא בלא ולד. אבל לזו אין ימי טהרה. שמא נימוח שפיר של שליא זו. והוא היה ולד גמור. ושמא נימוחה שלייתה של שפיר זה. ושליא זו לאו שלו היתה. אלמא, שאני לן בין קשורה לשאינה קשורה. מ"ט. ישליכנה לכלבים, ולא מספקינן לה בשליית הבכור? דבר הקדוש בבכורה. אם היה זכר. נדמה. קונטרפייט"א, רחל שילדה מין עז, או עז שילדה דומה לרחל. ואמרינן בבכורות (דף יב.) דלא קדיש, דכתיב: "אך בכור שור" — עד שיהא הוא שור ובכורו שור. וכל היולדות דרכן לילד מחצה זכרים ומחצה נקבות. הלכך, ולד זה ספק זכר ספק נקבה, ונקבה לא קדשה. ואת"ל זכר הוא — שמא נדמה הוא. הוו להו זכרים מיעוטא. ולמיעוטא לא חיישינן. רובא בר מיקדש הוא. בין זכר ובין נקבה, חוץ מנדמה. יש בו משום רפואה. כגון משקה או סם, או לחש שלוחש על המכה. אין בו משום רפואה. כגון שעושין שלא על החולי, כגון קבורת שליא בפרשת דרכים ותולא בהם, שדומין לניחוש. דניכחוש

בנבלתה ולא בעור ולא בעצמות. וא"ת: אמאי לא מייתי מתני' ד"העור והרוטב" (לקמן קיז:) דתנן בהדיא דהעור אינו מצטרף לטמא טומאת נבלות? וי"ל: דמייתי מהכא משום דרבה בר רב חנא קאמר עלה: לא נצרכה אלא עשאן לציקי קדרה. דאמתני' לא מצי למימר, דמתני' איצטריך לאשמועינן משום צירוף, דאין מצטרפין. ולא בעור. כשאין עליו כזית בשר, דהכי אמר ב"העור והרוטב" (לקמן קכו.). והתם נמי דרשינן: "בנבלתה" — ולא בקולית סתומה. ושקולין הן*. המפלת מין בהמה וחיה. לא הוי מצי למינקט נפל, משום דתוך שלשה תולין בו את השליא, כדאמר *רבא בפ' "המפלת" (נדה דף כו:). הריני מטיל עליה חומר ב' ולדות. בקונטרס פי' דאתא כרבנן. אבל מתוך הלשון דחומר שני ולדות משמע כר"מ, דחשיב ולדות בהמה חיה ועוף. וכגון דהך בהמה הויא זכר, דאי הויא נקבה — לא נפקא מינה מידי בחששא של שליא, אם לא היכא דחד קודם שקיעת החמה וחד לאחר שקיעה, כדאמרינן גבי סנדל בפרק "המפלת" (שם דף כה:). אי נמי, י"ל דאתיא מתני' כרבנן, דלא חשיבא ליה ולד, וחומר שני ולדות הוי משום שליא גופה, ולא משום בהמה, ונותנין לה חומר זכר ונקבה. ומיהו, אי כרבנן אתיא — הוה ליה למימר: תשב לזכר ולנקבה ולנדה, דשמא אין כאן ולד אחד. ולפירוש הקונטרס אתי שפיר הא דלא קאמר "ולנדה", דהיינו חומר שני ולדות דקאמר. וא"ת: לפי מה שפירש, דנקט בהמה וחיה דוקא, אבל הפילה נפל — לא חיישינן לולד אחר, כיון דילדה כי אורחא. הא מתני' ילדה כי אורחא, וחיישינן באינה קשורה לולד אחר. ומאי סייעתא מייתי לר' אלעזר? אדרבה, קשיא ליה מהך ברייתא דנקט חיה ועוף דווקא, וסייעתא לר' יוחנן! וי"ל: דאין הדבר תלוי בכי אורחיה. אלא פשיטא ליה למסדר התלמוד דבלורת האדם תלוי הטעם שרגילה שליתה להתעכב, אבל אחר בהמה וחיה ועוף, לא שנא במעי אשה ולא שנא במעי בהמה — אין השליא רגילה להפרד מן הולד, אפי' ילדה הבהמה בר קיימא. וא"ת, דהכא קתני: שמא נימוח, משמע דספקא הוא. וא"כ, אמאי אסורה השליא באכילה כשיצתה מקצתה ויש עמה ולד? והא ספק ספיקא הוא: שמא אין כאן ולד אחר, ואפי' את"ל יש כאן — שמא אין באותו מקצת רובא ולד. ובספ"ק דבבא קמא (דף יא.) משמע דבספק ספיקא שרי, דדייקינן מיניה דאין מקצת שליא בלא ולד, הא יש מקצת שליא בלא ולד — הוה ליה למשרי מספק ספיקא! וי"ל: דבברייתא דקתני "שמא" — היינו בשליא הבאה אחר הולד, ולעיל איירי בשליא הבאה קודם ולד. אי נמי, אסורה באכילה משום דגזרינן מקצתה אטו רובא, כדמסיק בב"ק.

סמוך מיעוטא דנדמה למחצה דנקבות כו'. והא דתנן בפ"ג דבכורות (דף כא:): בהמה גסה שהפילה חררת דם — הרי זה תקבר ונפטרה מן הבכורה, ולא אמרינן ישליכנה לכלבים מהאי טעמא דהכא. דהתם לא אמרינן תקבר אלא כדי לפרסם דנפטרה מן הבכורה, כדאמר התם. ומה שאין דוחה לומר שם כן אלא משום קושיא דפריך אר' חייא, דאמר: וכי מאחר דאינה מטמאה במגע ובמשא אמאי תקבר? ומשני: כדי לפרסמה כו' — בלאו הכי נמי היה צריך לטעם פרסום. אלא לאדרבי חייא לא ניחא ליה כל כך שתקבר מטעם פרסום, כיון דאפילו ילדה דבר הקדוש לא בעי קבורה, משום דבטל.

רובא בר מיקדש הוא. משום דאיכא נדמה דלא קדיש, קאמר רובא ולא כולה. וא"ת: [א] והא בולד קדשים הכל קדוש, כדמוכח בתמורה בסוף פרק *(כל הקרבנות) (דף יז.), דקאמר: אבל כלאים טומטום ואנדרוגינוס — אי אתה מוצא אלא בולדות קדשים. אלמא כלאים הנולד מבהמה קדושה קדיש, וכ"ש נדמה, כדמוכח ב"מרובה" (ב"ק עח.), דקאמר: השתא כלאים מרבה ליה, נדמה מבעיא! וי"ל: דסוגיא דהתם כמאן דאמר: ולדות קדשים במעי אמן הן קדושים, והכא — למאן דאמר: בהויתן הן קדושים. והא דנפל קדוש הכא היינו משום דילפינן מבכור דקדוש בבכורה, כדדרשינן *בכריתות מדכתיב "שגר". אי נמי, אפילו למאן דאמר במעי אמן הן קדושים נקט הכא רובא, משום דאיכא דמות דיונה דלא קדיש. [וע' היטב תוספות זבחים פד: בד"ה ומוליא ועוד שם קיד. סד"ה וקסבר]

הדרן עלך בהמה המקשה

עין משפט נר מצוה:
צ א מיי' פ"ב מהל' טומאת אוכלין הלכה יז:
[א] מיי' פ"א מהל' אבות הטומאה הלכה ז:
צא ב מיי' פ"ה מהל' מאכלות אסורות הלכה יג:
צב ג מיי' פ"י מהל' איסורי ביאה הלכ"ז טוש"ע יו"ד סי' קצד סעיף ז:
[עי' תוס' לקמן קכו: ד"ה בנבלתה]
[נ"ל רבי]
[נ"ל יש בקרבנות]
[ליתא שם אלא בבכורות ג.]

מסורת הש"ס: נ"ל וממתניתא; תורה אור; עירובין כח.; ויקרא יא; נדה כו.; שבת סז.; [שבת שם וע"ש היטב ובפרש"י דהתם]

שיטה מקובצת
[א] וא"ת והא בולד קדשים הכל קדוש. נ"ב עיין תוס' זבחים דף קיד ע"א ד"ה וקסבר:

גליון הש"ס
תוס' ד"ה רובא וכו' והא דנפל קדוש. עיין זבחים דף פד ע"ב תוס' ד"ה ומוליא:

רבינו גרשום
אסור שליא נמי אסורה ולא צריך קרא למיסרא: לא נצרכה אלא אפי' שעשאן לציקי קדרה כלומר אפי' בישלן ביותר בציקי קדרה שמבשלין ביותר אין מטמאין טומאת נבלות. לעולם לטומאת אוכלין מיבעי ליה אי מטמא טומאת אוכלין ואם לאו ואי אמרת תנינא דמטמא טומאת אוכלין עור ששלקו אפי' שאר עורות מטמאין טומאת אוכלין כי שלקו תיבעי ליה עדיין עור חמור דמאיס: א"ר אלעזר לא שנו אלא שאין עמה ולד כלומר מה דתנן שליא שיצתה מקצתה אסורה באכילה דאין שליא בלא ולד אלא שאין עמה ולד במעי בהמה אבל יש עמה ולד במעי הבהמה אין חוששין לולד אחר דלא נימא אע"פ שיש במעיה ולד שמא ולד אחר יצא עמה ויוצא חוץ ממחיצתו הוה עם השליא ואסורה באכילה אלא ודאי כי יש במעיה ולד אע"ג דיצאתה השליא מותרת באכילה דאין חוששין לולד אחר: אלא אי איתמר הכי איתמר א"ר אלעזר לא שנו אלא שאינה קשורה בולד כו' כלומר מה דתנן שליא שיצאתה מקצתה אסורה באכילה אלא שנמצא ולד במעיה ואין השליא קשורה באותו ולד אין אותה שליא מאותו ולד וחיישינן לולד אחר שמא יצא עמה ולד אחר ונימוח אבל קשורה השליא באותו ולד שנמצא במעיה אין חוששין לולד אחר. ור' יוחנן אמר אנו אין לנו אלא שליא בלא ולד אלא שאין עמה כו' כלומר שלא נמצא עמה ולד במעיה אבל נמצא עמה ולד במעיה בין קשורה כו'. תניא כותיה דר' אלעזר כו' כלומר דבקישור תליא מילתא: הריני מטיל עליה חומר שני ולדות כו' כלומר שיש לומר הכי בהמה חיה ועוף היו להן שליא אחרת ונמוחה והא שליא היה לה שפיר אחר ומטיל עליה חומרי שני ולדות אם הני זכרים חוששין שמא בהאי שליא נקבה היתה לה במעיה ונותנין עליה חומרי שני ולדות תשב שבועים (שמונים יום) ימי טומאה דנקבה ולא תהא לה ימי טהרה אלא ל"ג ימים: המבכרת שהפילה שליא ישליכנה לכלבים. כלומר מותרת לישראל בהנאה: מ"ט רובה בר מקדש הוא כלומר בין זכרים בין נקבות כולן קדשים הן אם בהמת קדשים היא שהפילה. אילן שמשיר פירותיו כלומר טוען פירות יותר מדאי עד ששוברין ענפי אילן: כי היכי דניכחוש

תורה אור

דניכחוש חיליה. אלא סוקרו בסיקרא, אמאי? כי היכי דליחזיוה אינשי וליבעי רחמי עילויה. *כדתניא: °"וטמא טמא יקרא" (ויקרא יג) — צריך להודיע לרבים, ורבים מבקשים עליו רחמים. וכן מי שאירע בו דבר — צריך להודיע לרבים, ורבים מבקשים עליו רחמים. אמר רבינא: כמאן תלינן כובסא בדיקלא, כמאן — כי האי תנא.§

הדרן עלך בהמה המקשה

אותו ואת בנו נוהג בין בארץ בין בח"ל, בפני הבית ושלא בפני הבית, בחולין ובמוקדשין. כיצד? השוחט אותו ואת בנו, *חולין בחוץ — שניהם כשרים, והשני סופג את הארבעים. קדשים בחוץ — *הראשון חייב כרת, ושניהם פסולים, ושניהם סופגים את הארבעים. חולין בפנים — שניהם פסולין, והשני סופג את הארבעים. קדשים בפנים — הראשון כשר ופטור, והשני סופג את הארבעים ופסול. חולין וקדשים בחוץ — הראשון כשר ופטור, והשני סופג את הארבעים ופסול. קדשים וחולין בחוץ — הראשון חייב כרת ופסול, והשני כשר, ושניהם סופגים את הארבעים. חולין וקדשים בפנים — שניהם פסולין, והשני סופג את הארבעים. קדשים וחולין בפנים — הראשון כשר ופטור, והשני סופג את הארבעים ופסול. חולין בחוץ ובפנים — הראשון כשר ופטור, והשני סופג את הארבעים ופסול. קדשים בחוץ ובפנים — הראשון חייב כרת, ושניהם סופגים את הארבעים, ושניהם פסולים. חולין בפנים ובחוץ — הראשון פסול ופטור, והשני סופג את הארבעים וכשר. קדשים בפנים ובחוץ — הראשון כשר ופטור, והשני סופג את הארבעים ופסול.§

גמ' ת"ר: מנין לאותו ואת בנו שנוהג במוקדשין? תלמוד לומר: °"שור או כשב או עז כי יולד" (ויקרא כב), וכתיב בתריה: °"ושור או שה אותו ואת בנו לא תשחטו ביום אחד" (שם) — ללמד על אותו ואת בנו שנוהג במוקדשין. ואימא: במוקדשין אין, בחולין לא! שור הפסיק הענין. ואימא: בחולין אין, במוקדשין לא! כתיב: "ושור" — *וי"ו מוסיף על ענין ראשון. אי, מה קדשים — כלאים לא, אף אותו ואת בנו — כלאים לא! אלמה תניא: *אותו ואת בנו נוהג בכלאים ובכוי? ועוד, "שה" כתיב; ואמר רבא: זה

רש"י

דניכחוש חיליה. שמרוב שומנו הוא משירן. דלחזיוה אינשי. סימן הוא שמשיר פירותיו. וטמא טמא יקרא. לועק ואומר טמא הוא. כובסא. אשכול תמרים וסימן הוא שמשיר פירותיו. כי האי תנא. לבקש עליו רבים רחמים.

הדרן עלך בהמה המקשה

אותו ואת בנו. משום דבעי למימר: "בחולין ובמוקדשים", דאיצטריך למילף מקראי כדילפינן בגמרא — תנא נמי: "בארץ ובח"ל", דלא איצטריך, דהא חובת הגוף היא, וחובת הגוף נוהגת בין בארץ ובין בח"ל. בפני הבית (א). בזמן הבית. בפ' בתרא (לקמן דף קלח:) מפרש אמאי נקטינהו. שניהם כשרים. משום דבעי למיתני סיפא "שניהם פסולין". *ובגמרא מפרש אמאי נקטינהו. והשני סופג. משום לאו דאותו ואת בנו. ולא שנא שחט את האם תחלה, ול"ש שחט את הבן תחלה, לא שנא שחטינהו חד גברא, ולא שנא תרי גברי — ילפינן בגמרא דחייב. הראשון חייב כרת. משום שחוטי חוץ. אבל השני פטור מן הכרת, דכיון דנשחטה אמו — שוב אינו ראוי הבן לישחט בפנים, דפסול משום מחוסר זמן. ואינו חייב משום שחוטי חוץ אלא א"כ ראוי לפנים, דכתיב (ויקרא יז): "ואל פתח אהל מועד לא הביאו" הראוי לפתח אהל [מועד] חייבין עליו בחוץ, ואי לא — לא. ושניהם סופגין. הראשון משום לאו דשחוטי חוץ. דכתיב (דברים יב) בהעלאה: "השמר לך פן תעלה", ובזבחים (דף קז.) ילפינן דהיקש שוחט מעולה "שם תעלה ושם תעשה", מה מעלה לא ענש אלא א"כ הזהיר — אף שוחט לא ענש אלא א"כ הזהיר. חולין בפנים שניהם פסולין. משום חולין שנשחטו בעזרה, דילפינן להו בקידושין בפרק "האיש מקדש" (דף נז:). והשני סופג. משום אותו ואת בנו. אבל משום חולין שנשחטו בעזרה אזהרה דילה היא (דברים יב): "כי ירחק וזבחת" — ברחוק מקום אתה זובח, ולא בקירוב מקום. קדשים בפנים. השני סופג משום אותו ואת בנו. ופסול. משום מחוסר זמן. חולין וקדשים בחוץ. דוקא נקט הראשון חולין והשני קדשים. וכן כל השנויים במשנה, דוקא נקט להו. והשני סופג. משום אותו ואת בנו. קדשים בחוץ. בתחלה, ואחר כך חולין בחוץ — פסול. והשני כשר. בתחילה. ואיידי דתנא פסול — תנא כשר. ושניהם סופגין. ראשון משום שחוטי חוץ, ושני — משום אותו ואת בנו. חולין וקדשים בפנים שניהם פסולים. ראשון משום חולין שנשחטו בעזרה, ושני משום מחוסר זמן. והשני סופג. משום אותו ואת בנו. חולין בחוץ ובפנים. הראשון בחוץ והשני בפנים. קדשים בחוץ ובפנים הראשון בכרת. משום שחוטי חוץ. ושניהם פסולין. ראשון — שנשחט בחוץ, ושני — משום מחוסר זמן. ושניהם סופגין. ראשון משום שחוטי חוץ, ושני — משום אותו ואת בנו. קדשים בפנים ובחוץ. השני סופג משום אותו ואת בנו. ומשום שחוטי חוץ לא לקי, דמחוסר זמן הוא, ואינו מתקבל בפנים. גמ' ירצה לקרבן אשה. וסמיך ליה: אותו ואת בנו. שור הפסיק הענין. דאי אקמאי קאי — נשתוק מיניה, ונכתוב: "ואותו ואת בנו", דהא בשור ובשה איירי לעיל. במוקדשין לא. דהא אפסקיה. כלאים. רחל שילדה מן התיש, שחטה ואת בנה. ועוד

תוספות

אותו ואת בנו נוהג בין בארץ בין בח"ל. אידי דבעי למתני: "בחולין ובמוקדשין, בפני הבית ושלא בפני הבית", שהם לצורך — קתני נמי: "בארץ ובח"ל", ואע"ג דהוי שלא לצורך, דחובת הגוף היא. כיון דאיכא דוכתא דהוי לצורך, כגון בראשית הגז. דהכי אמרינן ב"שילוח הקן" (לקמן קלח:) ד"בארץ ובח"ל" בכולהו שלא לצורך, לבד מראשית הגז. ו"בפני הבית ושלא בפני הבית" בכולהו הוי שלא לצורך, לבד מאותו ואת בנו דאיצטריך. דה"א כיון דבענין קדשים כתיב — לא לנהוג אלא בזמן דאיכא קדשים. **מנין** לאותו ואת בנו שנוהג במוקדשים. וא"ת: ואמאי ס"ד דלא איירי קרא במוקדשין? הא סתמא כתיב! ואין לומר דאיצטריך, שהם צריך לפסח, ואין לו אלא אותו שנשחט בו ביום אביו או בנו, דס"ד דאתי עשה דפסח ודחי לאו ד"אותו ואת בנו", ולהכי איצטריך דלא דחי. דכי האי גוונא אמרינן לקמן ב"שילוח הקן" (דף קמא.) גבי: לדבר מצוה מנין. דהא במחוסר זמן איכא לאו ועשה, ובלאו קרא לא *דחי ליה עשה! ונראה, דמעיקרא קשיא ליה משום דשור הפסיק הענין, דמשמע למעוטי מוקדשין. דליכא למימר: משום דלא תימא במוקדשין דוקא בא להפסיק, דא"כ — ליכתביה בעלמא שלא בענין דקדשים, וממילא הוה מוקמינן לקרא בכל מילי. ולפי המסקנא צ"ל דלשום דרשה נכתב שם. וא"ת: בפ' "הזרוע" (לקמן דף קל.) דדריש מקרא דאין מתנות נוהגים במוקדשים, שהיה בדין שינהגו מק"ו. ופריך בגמרא: קרא ל"ל? אי משום ק"ו, איכא למיפרך כו'. מכל מקום, בלא ק"ו, אי לאו דמיעט קרא במוקדשים (לא) הוי מוקמינן לקרא בכל מילי! וי"ל: משום דקרא דמתנות לענין חולין כתיב. **אי** מה קדשים כלאים כו'. וא"ת, תקשה ליה נמי: מה קדשים שלא בפני הבית לא! דכה"ג אשכחן בפ' "שילוח הקן" (לקמן דף קלח:): ס"ד אמינא, הואיל דלענין קדשים כתיב, לא לנהוג אלא בזמן שיש קדשים! וי"ל: נהי דהוה צריך למיתני, מ"מ לא איצטריך קרא להכי. דאע"ג דשלא בפני הבית אין קדשים קרבין, מ"מ מקדש קדישי.

ועוד שה כתיב ואמר רבא זה בנה אב. בלא רבא הוה מצי למיפרך: והא שור ושה כתיב, דאין אתה יכול להוציא כלאים מביניהם, ואית לן למעוטי כלאים, כדמוכח ב"מרובה" (ב"ק עז:) גבי "כי יגנוב איש שור או שה וטבחו". אלא דעדיפא פריך. וא"ת: ואמאי לא גמרינן "שור" "שור" משבת, ויהא אותו ואת בנו נוהג אף בחיה, כדאשכחן ב"שור שנגח את הפרה" (שם נד:)? וי"ל: כיון דלא מצינו למילף אף בהמה טמאה דומיא דשבת — לא ילפינן כלל. ועוד, דאי משבת ילפינן, א"כ "שה" דכתב רחמנא למה ליה? ועוד, דומיא דקדשים דלא שייך בחיה. ומהאי טעמא נמי הוה ממעטינן כלאים אי לאו דכתיב "או". זה

רבינו גרשום

דניכחוש חיליה כלומר שיתיש כחו של אילן ולא יטעון פירות ביותר: כמאן תלינן כובסא בדיקלא כלומר דקל שמשיר פירותיו תולין בו דברי' הגדילין [בו] תמרים שגדילין התמרים יחד כאגוזין דקן ואותו הדבר שהתמרים גדילין בו שמן כובסא ותולין בו כדי שידעו רבים שמשיר פירותיו ויבקשו עליו רחמים:

סליק פירקא

אותו ואת בנו. חולין בחוץ שניהן כשרין כו' כלומר השני סופג את הארבעים משום דלאו דאותו ואת בנו: קדשים בחוץ הראשון חייב כרת משום שוחט חוץ ושניהן פסולין דשניהן בחוץ הוו. ושניהן סופגין את הארבעים הראשון משום לאו דשחוטי חוץ ולא יזבחו עוד את זבחיהם והשני משום לאו אותו ואת בנו: חולין בפנים שניהם פסולין כלומר דהחולין בעזרה פסולין והשני סופג את הארבעים משום אותו ואת בנו. ופסול משום מחוסר זמן חולין וקדשים בחוץ כו' והשני סופג את הארבעים משום לאו דאותו ואת בנו: קדשים וחולין בחוץ כו' ושניהם סופגין את הארבעים זה משום לאו דשחוטי חוץ וזה משום לאו דאותו ואת בנו: (חולין וקדשים) [קדשים וחולין] בפנים כו' והשני סופג את הארבעים ופסול. כלומר סופג את הארבעים משום אותו ואת בנו ופסול משום חולין בעזרה: חולין בחוץ ובפנים כו' כלומר והשני סופג את הארבעים משום אותו ואת בנו ופסול דחולין בפנים [פסול]: קדשים בחוץ ובפנים כו' ושניהן פסולין כלומר ראשון משום דקדשים בחוץ והשני פסול דמחוסר זמן [הוא] [הוא] ושניהן סופגין את הארבעים הראשון משום שחוטי חוץ והשני משום לאו דאותו ואת בנו: חולין בפנים ובחוץ הראשון פסול ופטור כו' כלומר ראשון פסול דחולין בפנים הוא והשני סופג את הארבעים משום אותו ואת בנו וכשר. קדשים בפנים ובחוץ כו' והשני סופג את הארבעים משום אותו ואת בנו ופסול משום דקדשים בחוץ הן ומחוסר זמן: שור הפסיק הענין. כלומר אי כתב שור או כשב או עז כי יולד כו' אותו ואת בנו לא תשחטו ביום אחד הוה אמרינן במוקדשין ולא בחולין השתא דכתיב שור או שה אותו ואת בנו הפסיק הענין: ושור מוסיף

עין משפט נר מצוה

צג א מיי' פ"י מהל' טומאת צרעת הל"ו סמג עשין רלה:

ב מיי' פי"ב מהל' שחיטה הל"ב סמג לאוין קמב:

מסורת הש"ס

סוטה לב: נדה סו. שבת סז. מ"ק ה.

[ר"ל מותר כל זה עד סוף הליכוך ועיין רש"א מקיים גי' הספרים]

[עיין תוס' לקמן פ. ד"ה חולין]

[ע' תוס' שם ד"ה הראשון]

[יבמות ט. וש"נ]

[עיין היטב תוס' זבחים לג: ד"ה לענין וכו' לעשה דפסח שיש בו כרת חמור ודחי]

[לקמן עט: תוספתא פ"ה]

הגהות הב"ח

(א) רש"י ד"ה בפני הבית ושלא בפני הבית בזמן הבית ושלא בזמן הבית:

Koren Talmud Bavli

THE NOÉ EDITION

ḤULLIN

KOREN TALMUD BAVLI

THE NOÉ EDITION

ḤULLIN

Daf 68a through Daf 78a

COMMENTARY BY

Rabbi Adin Even-Israel Steinsaltz

EDITOR-IN-CHIEF

Rabbi Dr Tzvi Hersh Weinreb

SENIOR CONTENT EDITOR

Rabbi Dr Shalom Z Berger

EXECUTIVE EDITOR

Rabbi Joshua Schreier

•

STEINSALTZ CENTER

KOREN PUBLISHERS JERUSALEM

Supported by the Matanel Foundation

Koren Talmud Bavli, The Noe Edition
Vol. 31d: Tractate Ḥullin, Daf 68a through Daf 78a
Paperback, ISBN, 978-965-7767-31-3

First Hebrew/English paperback edition, 2026

Koren Publishers Jerusalem Ltd.
PO Box 4044, Jerusalem 91040, ISRAEL
PO Box 8531, New Milford, CT 06776, USA
www.korenpub.com

Steinsaltz Center

Steinsaltz Center is the parent organization of institutions established by Rabbi Adin Even-Israel Steinsaltz

PO Box 45187, Jerusalem 91450 ISRAEL
Telephone: +972 2 646 0900, Fax +972 2 624 9454
www.steinsaltz-center.org

הִנֵּה יָמִים בָּאִים, נְאֻם אֲדֹנָי יֱהוִה, וְהִשְׁלַחְתִּי רָעָב בָּאָרֶץ,
לֹא־רָעָב לַלֶּחֶם וְלֹא־צָמָא לַמַּיִם, כִּי אִם־לִשְׁמֹעַ אֵת דִּבְרֵי יהוה.

Behold, days are coming – says the Lord God – I will send a hunger to the land, not a hunger for bread nor a thirst for water, but to hear the words of the Lord. (AMOS 8:11)

The Noé edition of the Koren Talmud Bavli
with the commentary of Rabbi Adin Even-Israel Steinsaltz
is dedicated to all those who open its covers
to quench their thirst for Jewish Knowledge,
in our generation of Torah renaissance.

This beautiful edition is for the young, the aged,
the novice and the savant alike,
as it unites the depth of Torah knowledge
with the best of academic scholarship.

Within its exquisite and vibrant pages,
words become worlds.

It will claim its place in the library of classics,
in the bookcases of the Beit Midrash,
the classrooms of our schools,
and in the offices of professionals and business people
who carve out precious time to grapple with its timeless wisdom.

For the Student and the Scholar

DEDICATED BY LEO AND SUE NOÉ

Executive Director, Steinsaltz Center

Rabbi Meni Even-Israel

Managing Editor

Rabbi Jason Rappoport

Senior Content Editor

Rabbi Dr. Shalom Z. Berger

Editors

Rabbi Dr. Joshua Amaru, *Coordinating Editor*
Rabbi Yehoshua Duker, *Final Editor*
Rabbi Yedidya Naveh, *Content Curator*
Rabbi Avishai Magence, *Content Curator*
Menucha Chwat
Rabbi Yonatan Shai Freedman
Rabbi Ayal Geffon
Noam Harris
Yisrael Kalker
Rabbi Tzvi Chaim Kaye
Rabbi Adin Krohn
Catriel Lev
Elisha Loewenstern
Rabbi Jonathan Mishkin
Rabbi Eli Ozarowski
Rabbi David Sedley
Rabbi Jonathan Shulman
Rabbi Michael Siev
Aryeh Sklar
Avi Steinhart
Rabbi Yitzchak Twersky

Hebrew Edition Editors

Rabbi Yehonatan Eliav
Rabbi Avraham Gelbstein
Rabbi Gershon Kitsis

Copy Editors

Aliza Israel, *Coordinator*
Ita Olesker
Debbie Ismailoff
Shira Finson
Ilana Sobel
Deena Nataf
Eliana Kurlantzick Yorav
Erica Hirsch Edvi
Sara Henna Dahan
Oritt Sinclair

Language Consultants

Dr. Stéphanie E. Binder, *Greek & Latin*
Rabbi Yaakov Hoffman, *Arabic*
Dr. Shai Secunda, *Persian*
Shira Shmidman, *Aramaic*

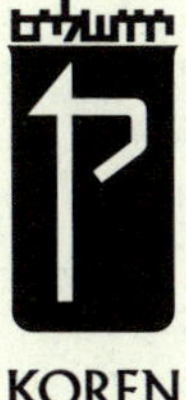

Design & Typesetting

Dena Landowne Bailey, *Typesetting*
Tomi Mager, *Typesetting*
Tani Bayer, *Jacket Design*
Raphaël Freeman, *Design & Typography*

Images

Eliahu Misgav, *Illustration & Image Acquisition*
Daniel Gdalevich, *Illustration & Image Acquisition*

Introduction by the Publisher

The Talmud has sustained and inspired Jews for thousands of years. Throughout Jewish history, an elite cadre of scholars has absorbed its learning and passed it on to succeeding generations. The Talmud has been the fundamental text of our people.

Beginning in the 1960s, Rabbi Adin Even-Israel Steinsaltz שליט״א created a revolution in the history of Talmud study. His translation of the Talmud, first into modern Hebrew and then into other languages, as well the practical learning aids he added to the text, have enabled millions of people around the world to access and master the complexity and context of the world of Talmud.

It is thus a privilege to present the *Koren Talmud Bavli*, an English translation of the talmudic text with the brilliant elucidation of Rabbi Steinsaltz. The depth and breadth of his knowledge are unique in our time. His rootedness in the tradition and his reach into the world beyond it are inspirational.

Working with Rabbi Steinsaltz on this remarkable project has been not only an honor, but a great pleasure. Never shy to express an opinion, with wisdom and humor, Rabbi Steinsaltz sparkles in conversation, demonstrating his knowledge (both sacred and worldly), sharing his wide-ranging interests, and, above all, radiating his passion. I am grateful for the unique opportunity to work closely with him, and I wish him many more years of writing and teaching.

Our intentions in publishing this new edition of the Talmud are threefold. First, we seek to fully clarify the talmudic page to the reader – textually, intellectually, and graphically. Second, we seek to utilize today's most sophisticated technologies, both in print and electronic formats, to provide the reader with a comprehensive set of study tools. And third, we seek to help readers advance in their process of Talmud study.

To achieve these goals, the *Koren Talmud Bavli* is unique in a number of ways:

- The classic *tzurat hadaf* of Vilna, used by scholars since the 1800s, has been reset for great clarity, and opens from the Hebrew "front" of the book. Full *nikkud* has been added to both the talmudic text and Rashi's commentary, allowing for a more fluent reading with the correct pronunciation; the commentaries of *Tosafot* have been punctuated. Upon the advice of many English-speaking teachers of Talmud, we have separated these core pages from the translation, thereby enabling the advanced student to approach the text without the distraction of the translation. This also reduces the number of volumes in the set. At the bottom of each *daf*, there is a reference to the corresponding English pages. In addition, the Vilna edition was read against other manuscripts and older print editions, so that texts which had been removed by non-Jewish censors have been restored to their rightful place.

- The English translation, which starts on the English "front" of the book, reproduces the *menukad* Talmud text alongside the English translation (in bold) and commentary and explanation (in a lighter font). The Hebrew and Aramaic text is presented in logical paragraphs. This allows for a fluent reading of the text for the non-Hebrew or non-Aramaic reader. It also allows for the Hebrew reader to refer easily to the text alongside. Where the original text features dialogue or poetry, the English text is laid out in a manner appropriate to the genre. Each page refers to the relevant *daf*.

- Critical contextual tools surround the text and translation: personality notes, providing short biographies of the Sages; language notes, explaining foreign terms borrowed from Greek, Latin, Persian, or Arabic; and background notes, giving information essential to the understanding of the text, including history, geography, botany, archaeology, zoology, astronomy, and aspects of daily life in the talmudic era.
- Halakhic summaries provide references to the authoritative legal decisions made over the centuries by the rabbis. They explain the reasons behind each halakhic decision as well as the ruling's close connection to the Talmud and its various interpreters.
- Photographs, drawings, and other illustrations have been added throughout the text – in full color in the Standard and Electronic editions, and in black and white in the Daf Yomi edition – to visually elucidate the text.

This is not an exhaustive list of features of this edition, it merely presents an overview for the English-speaking reader who may not be familiar with the "total approach" to Talmud pioneered by Rabbi Steinsaltz.

Several professionals have helped bring this vast collaborative project to fruition. My many colleagues are noted on the Acknowledgments page, and the leadership of this project has been exceptional.

RABBI MENACHEM EVEN-ISRAEL, DIRECTOR OF THE STEINSALTZ CENTER, was the driving force behind this enterprise. With enthusiasm and energy, he formed the happy alliance with Koren and established close relationships among all involved in the work.

RABBI DR. TZVI HERSH WEINREB שליט״א, EDITOR-IN-CHIEF, brought to this project his profound knowledge of Torah, intellectual literacy of Talmud, and erudition of Western literature. It is to him that the text owes its very high standard, both in form and content, and the logical manner in which the beauty of the Talmud is presented.

RABBI JOSHUA SCHREIER, EXECUTIVE EDITOR, assembled an outstanding group of scholars, translators, editors, and proofreaders, whose standards and discipline enabled this project to proceed in a timely and highly professional manner.

RABBI MEIR HANEGBI, EDITOR OF THE HEBREW EDITION OF THE STEINSALTZ TALMUD, lent his invaluable assistance throughout the work process, supervising the reproduction of the Vilna pages.

RAPHAËL FREEMAN, EXECUTIVE EDITOR OF KOREN, created this Talmud's unique typographic design which, true to the Koren approach, is both elegant and user friendly.

It has been an enriching experience for all of us at Koren Publishers Jerusalem to work with the Steinsaltz Center to develop and produce the *Koren Talmud Bavli*. We pray that this publication will be a source of great learning and, ultimately, greater *avodat Hashem* for all Jews.

Matthew Miller, Publisher
Koren Publishers Jerusalem
Jerusalem 5772

Contents

For the vocalized Vilna Shas layout, please open as a Hebrew book.

Introduction to **Perek IV**

And every animal that parts the hoof, and has the hooves wholly cloven in two, and chews the cud, among the animals, that you may eat.

(Deuteronomy 14:6)

And you shall be holy men unto Me, and you shall not eat any flesh that is torn of animals [tereifa] in the field; you shall cast it to the dogs.

(Exodus 22:30)

This chapter deals with one central topic: The *halakha* of an animal fetus found inside its mother's womb after the mother is slaughtered.

When an animal encounters difficulty in giving birth and its owner is concerned that it could die, he may decide to slaughter it first. This act of slaughter raises a series of questions, not with regard to the animal itself, which is certainly kosher if the slaughter was performed properly, but with regard to the fetus in its womb.

The assumption is that the slaughter is effective with regard to the entire animal, including everything inside it. Therefore, just as all its limbs may be eaten, so too, the fetus is considered part of it for the purposes of this *halakha* and may likewise be eaten. Yet in a case where the animal is having difficulty giving birth, the fetus it contains has usually completed its term of gestation. It is unclear whether a fetus is still considered part of the mother and is permitted by its slaughter, or whether it has the status of an independent creature. Likewise, it is possible that there are differences between fetuses at various stages of development.

There are also cases where a fetus found alive in the womb of a slaughtered animal, called a *ben pekua*, survives and develops in the normal manner. Does this animal require slaughter? Furthermore, if it is considered part of its mother, perhaps it does not have the status of an animal at all, which would mean that other prohibitions that apply to animals, e.g., the sciatic nerve and forbidden fats, do not apply to it.

The decision to slaughter an animal encountering difficulty in giving birth is generally made after the beginning of the labor. This raises several questions, including the exact stage of birth at which the fetus is considered to be born, i.e., when the slaughter of its mother is no longer effective with regard to it. What is the *halakha* with regard to a limb that was extended out of the mother's body? Is this limb also permitted by the act of slaughter? If it is not, but the fetus withdrew it before the slaughter took place, is it once again included in the slaughter? Furthermore, on occasion it is necessary to sever the extended limb before the slaughter of the mother, and the precise status of this limb must be established.

These issues with regard to the status of a fetus or one of its limbs concern not only the question of whether or not they are permitted for consumption, but also the other aspect of slaughter, preventing the animal from having the status of a carcass, which is a primary category of ritual impurity. The chapter also discusses the question of whether or not the slaughter of the mother is effective with regard to the purity of the limb in the same manner that slaughter renders pure from the impurity of an animal carcass an animal with a wound that will cause it to die within twelve months [*tereifa*].

Apropos these questions with regard to a fetus, the chapter addresses the definition of a fetus in its mother's womb. With regard to other halakhic matters, to what extent

is it considered part of its mother and to what extent is it an independent animal? It also analyzes the case of a placenta without a fetus, found inside a slaughtered animal, as well as the *halakhot* concerning the placenta in general.

These are the major topics of this chapter. Incidental to these matters the Gemara examines several fundamental issues involving the prohibition of a limb from a living animal, as well as the *halakhot* of impurity and purity. It also completes the discussion of Chapter Three concerning a *tereifa*.

מתני׳ בְּהֵמָה הַמְקַשָּׁה לֵילֵד, וְהוֹצִיא הָעוּבָּר אֶת יָדוֹ וְהֶחֱזִירוֹ – מוּתָּר בַּאֲכִילָה. הוֹצִיא אֶת רֹאשׁוֹ, אַף עַל פִּי שֶׁהֶחֱזִירוֹ – הֲרֵי זֶה כַּיָּלוּד.

MISHNA When a pregnant kosher animal is slaughtered, the slaughter also renders the consumption of its fetus permitted. Even if **an animal was encountering difficulty giving birth and** meanwhile **the fetus extended its foreleg** outside the mother animal's womb **and** then **brought it back** inside, and then the mother animal was slaughtered, the **consumption** of the fetus is **permitted**[H] by virtue of the slaughter of the mother animal. But if the fetus **extended its head**[H] outside the womb, **even if it** then **brought it back** inside, the halakhic status of **that** fetus is **like** that of **a newborn,** and the slaughter of the mother animal does not permit the consumption of the fetus. Rather, it requires its own slaughter.

חוֹתֵךְ מֵעוּבָּר שֶׁבְּמֵעֶיהָ – מוּתָּר בַּאֲכִילָה, מִן הַטְּחוֹל וּמִן הַכְּלָיוֹת – אָסוּר בַּאֲכִילָה. זֶה הַכְּלָל: דָּבָר שֶׁגּוּפָהּ – אָסוּר, וְשֶׁאֵינָהּ גּוּפָהּ – מוּתָּר.

If, prior to slaughtering an animal, one **severs** pieces **from a fetus that is in** the **womb**[H] and leaves those pieces in the womb, their **consumption** is **permitted** by virtue of the slaughter of the mother animal. By contrast, if one severs pieces **of the spleen or of the kidneys**[H] of an animal and then slaughters it, then even if those pieces are left inside the animal their **consumption** is **prohibited,** because an organ severed from a living being is not permitted by the subsequent slaughter of the animal. **This is the principle: An item that is** part of an animal's **body** that was severed prior to its slaughter is **prohibited** even after slaughter, **and** an item **that is not** part of **its body,** i.e., its fetus, is **permitted** by virtue of its slaughter.

גמ׳ אָמַר רַב יְהוּדָה אָמַר רַב: וְאֵבֶר עַצְמוֹ אָסוּר.

GEMARA The Gemara qualifies the first ruling of the mishna: **Rav Yehuda says** that **Rav says: But** as for **the limb itself,**[H] i.e., the foreleg, its consumption is **prohibited,** even though the fetus brought it back inside prior to the slaughter.

מַאי טַעְמָא? דְּאָמַר קְרָא: ״וּבָשָׂר בַּשָּׂדֶה טְרֵפָה לֹא תֹאכֵלוּ״ – כֵּיוָן שֶׁיָּצָא בָּשָׂר חוּץ לִמְחִיצָתוֹ – נֶאֱסַר.

What is the reason for this? It is **as the verse states: "And flesh, in the field, a *tereifa*, you shall not eat"** (Exodus 22:30). A *tereifa* is an animal with a wound that will cause it to die within twelve months; its consumption is prohibited even if it is ritually slaughtered. The Gemara interprets the verse as teaching a principle: **Once flesh** whose permitted status is dependent on being within a certain area, e.g., sacrificial meat within the Temple courtyard, **has gone outside of its boundary,** i.e., the area in which it is permitted, which the verse describes as being "in the field," **it becomes** permanently **prohibited,** like a *tereifa*. Likewise, the permitted status of a fetus is dependent on its being within the womb when the mother animal is slaughtered. Accordingly, if any part of the fetus leaves the womb before the slaughter, it is rendered permanently prohibited.

תְּנַן: בְּהֵמָה הַמְקַשָּׁה לֵילֵד, וְהוֹצִיא הָעוּבָּר אֶת יָדוֹ וְהֶחֱזִירוֹ – מוּתָּר בַּאֲכִילָה; מַאי לָאו, אַאֵבֶר? לָא, אַעוּבָּר.

The Gemara raises a difficulty: **We learned** in the mishna: If **an animal was encountering difficulty giving birth and** as a result **the fetus extended its foreleg** outside the mother animal's body **but** then **brought it back,** and then the animal was slaughtered, the **consumption** of the fetus is **permitted** by virtue of the slaughter of the mother animal. The Gemara assumes: **What,** is the mishna **not referring to** the entire fetus, including **the limb,** i.e., the foreleg, when it states that its consumption is permitted by the slaughter? This would contradict Rav's ruling. The Gemara answers: **No,** the mishna is **referring to** the rest of the **fetus,** apart from the foreleg.

אִי אַעוּבָּר, מַאי אִירְיָא הֶחֱזִירוֹ? אֲפִילּוּ לֹא הֶחֱזִירוֹ נַמִי! הוּא הַדִּין אַף עַל גַּב דְּלָא הֶחֱזִירוֹ; וְאַיְּידֵי דְּקָא בָּעֵי מִיתְנָא סֵיפָא: הוֹצִיא אֶת רֹאשׁוֹ, אַף עַל פִּי שֶׁהֶחֱזִירוֹ הֲרֵי זֶה כַּיָּלוּד – תְּנָא נַמִי רֵישָׁא: הֶחֱזִירוֹ.

The Gemara asks: **If** the mishna is **referring to** the rest of the **fetus, why** state **specifically** that the fetus **brought back** its foreleg? **Even** if it did **not bring it back** the rest of the fetus would still be permitted. The Gemara answers: **The same is true,** that the rest of the fetus is permitted, **even if** it **did not bring back** its foreleg. **But since** the *tanna* of the mishna **wants to teach** in **the latter clause:** If the fetus **extended its head, even though it brought it back,** the halakhic status of **that** fetus is **like** that of a **newborn** and is permitted only through its own slaughter, therefore **he also taught** in **the first clause** that the fetus **brought back** its foreleg, for stylistic reasons, despite the fact that the ruling is not limited to that case.

HALAKHA

The fetus extended its foreleg and brought it back, its consumption is permitted – הוֹצִיא הָעוּבָּר אֶת יָדוֹ וְהֶחֱזִירוֹ מוּתָּר בַּאֲכִילָה: If an animal was encountering difficulty giving birth and the fetus extended its foreleg outside the womb and then brought it back inside, and then the mother animal was slaughtered, the consumption of the entire fetus is permitted, except for the foreleg itself. If it did not bring its foreleg back inside, then both the foreleg and the location of the cut, i.e., the point on the foreleg that lay on the boundary between the inside and outside of the womb, are prohibited, as Rav explains (Rambam *Sefer Kedusha, Hilkhot Ma'akhalot Assurot* 5:10; *Shulḥan Arukh, Yoreh De'a* 14:2).

Extended its head – הוֹצִיא אֶת רֹאשׁוֹ: If a fetus extended its head from its mother's womb, it is considered to have been born and is no longer permitted by virtue of its mother's slaughter (Rambam *Sefer Kedusha, Hilkhot Ma'akhalot Assurot* 5:9, 15; *Shulḥan Arukh, Yoreh De'a* 14:1–2).

If one severs pieces from a fetus that is in the womb – חוֹתֵךְ מֵעוּבָּר שֶׁבְּמֵעֶיהָ: If prior to slaughtering an animal one severs pieces from a fetus that is in the womb, leaving those pieces in the womb, their consumption is permitted by virtue of the slaughter of the mother animal (Rambam *Sefer Kedusha, Hilkhot Ma'akhalot Assurot* 5:9; *Shulḥan Arukh, Yoreh De'a* 14:6).

Of the spleen or of the kidneys – מִן הַטְּחוֹל וּמִן הַכְּלָיוֹת: If one severed pieces of the spleen or kidneys of an animal, or any other organ whose removal does not thereby render the animal a *tereifa*, and then slaughtered the animal, it is prohibited to consume those pieces even if they were left inside the animal, because they have the status of limbs from a living animal (Rambam *Sefer Kedusha, Hilkhot Ma'akhalot Assurot* 5:9; *Shulḥan Arukh, Yoreh De'a* 14:6 and *Taz* and *Shakh* there).

The limb itself – אֵבֶר עַצְמוֹ: If a fetus extended its foreleg outside the mother animal's womb and then brought it back inside, the slaughter of the mother animal does not permit the foreleg for consumption. This ruling is in accordance with the opinion of Rav and applies only if the mother was slaughtered before the offspring was born. But if it was born before the mother was slaughtered, the foreleg is permitted by means of the offspring's own slaughter, provided that its full term of gestation was completed, which is five months for a small animal and nine months for a large animal (Rambam *Sefer Kedusha, Hilkhot Ma'akhalot Assurot* 5:9, 15; *Shulḥan Arukh, Yoreh De'a* 14:1–2, and in the comment of Rema).

BACKGROUND

Firstborn with regard to inheritance – **בְּכוֹר לְנַחֲלָה**: A father's firstborn son is given an extra share in the inheritance (see Deuteronomy 21:17). This privilege is granted even if he is not the mother's firstborn son, and even if he is a *mamzer*. The firstborn son's share is twice the size of that received by each of the other sons, and is given only from property actually present in the estate at the time of the father's death, not from property accruing to the estate later, which is divided equally among all heirs.

Firstborns – **בְּכוֹרוֹת**: The Torah states: "Sanctify to Me every firstborn, whatever opens the womb among the children of Israel, both of man and of animal, it is Mine" (Exodus 13:2). In practical terms, the sanctity of a firstborn son is limited to the obligation to redeem him from the priest for five pieces of silver (see Exodus 13:13 and Numbers 18:15–16). Similarly, the Torah requires that all firstborn male donkeys be redeemed by giving a lamb to a priest in exchange for them. If the donkey is not redeemed its neck must be broken (see Exodus 13:13).

LANGUAGE

Concealed opening [*prozdor*] – **פְּרוֹזְדוֹר**: Many commentaries maintain the proper spelling of this word is *prozdod*. In any event, the term is derived from Greek, apparently from προστάς, *prostas*, meaning entrance room, gatehouse, and the like. The word is used by the Sages in reference to certain architectural structures, as well as euphemistically to refer to female genitalia. Here it refers to the inner thighs, which cover the opening of the vagina in humans but not in animals (see *Tosafot*).

Colonnaded entrance hall from a tomb in Cyprus, fourth century BCE

וְסֵיפָא מַאי קָמַשְׁמַע לָן, דְּכֵיוָן דְּיָצָא רֹאשׁוֹ הָוְיָא לַהּ לֵידָה? תְּנֵינָא: אֵיזֶהוּ בְּכוֹר לְנַחֲלָה וְאֵינוֹ בְּכוֹר לַכֹּהֲנִים – הַבָּא אַחַר נְפָלִים, אַף עַל פִּי שֶׁיָּצָא רֹאשׁוֹ חַי, אוֹ בֶּן תִּשְׁעָה שֶׁיָּצָא רֹאשׁוֹ מֵת;

The Gemara asks: **And** concerning this **latter clause** itself, **what does it teach us?** Does it teach **that once** the fetus **extended its head, that is** considered **a birth?** But **we** have already **learned** this in a mishna (*Bekhorot* 46a): **Who is** considered **a firstborn with regard to inheritance**[B] **but is not** considered **a firstborn**[B] **with regard to** the requirement to be redeemed by giving five shekels to **the priests?**[HN] It is a son **who came after** the **miscarriage** of an underdeveloped fetus. The mishna adds that the category of stillbirth includes the case of a child who did not reach full term, **even if its head emerged alive,**[N] **or** a fully developed, **nine-month-old** fetus **whose head emerged dead.**

טַעְמָא – דְּרֹאשׁוֹ מֵת, הָא רֹאשׁוֹ חַי – הַבָּא אַחֲרָיו בְּכוֹר לְנַחֲלָה נַמִי לָא הָוֵי!

The Gemara infers from the final clause of the mishna: **The reason** a son born following the miscarriage is considered a firstborn with regard to inheritance is **that** the **head** of the miscarriage emerged only after it was already **dead. But** if **its head** had initially emerged **alive,** even if it then died before being fully delivered, the son **born after him would not be** considered **a firstborn even with regard to inheritance.** Apparently, this is because the emergence of the head alive is considered a birth, and therefore any subsequent child cannot be considered the firstborn. Evidently, it is unnecessary for the mishna here to teach this definition of a birth.

וְכִי תֵּימָא: אַשְׁמְעִינַן בְּאָדָם, וְקָא מַשְׁמַע לָן בִּבְהֵמָה;

And if you would say that the mishna there **teaches us** the definition of birth **with regard to a person, and** the mishna here **teaches us** that the same definition applies **to an animal,** another problem remains, as the Gemara will presently explain.

דְּאָדָם מִבְּהֵמָה לָא יָלֵיף – דְּאֵין פְּרוֹזְדוֹר לִבְהֵמָה, וּבְהֵמָה מֵאָדָם לָא יָלְפָא – דַּחֲשִׁיב פַּרְצוּף פָּנִים דִּידֵיהּ;

Before explaining the problem with this suggestion, the Gemara explains why it is necessary to teach the definition with regard to both people and animals: **Because** the definition of birth with regard to **a person cannot be derived from** that **of an animal, as an animal does not have a concealed opening** [*prozdor*][L] to the womb, unlike women, whose thighs conceal the opening to their womb. Consequently, even if the definition were stated with regard to an animal, one might limit it to animals, as that stage is immediately visible; whereas in women it is not. **And** conversely, the definition of birth with regard to **an animal cannot be derived from** that **of a person, as the form of** a person's **face is significant** because people are created in the image of God, and their faces bear the mark of their intelligence, which is not true of animals. Consequently, perhaps the emergence of the head alone is considered a birth only with regard to a person.

HALAKHA

Who is a firstborn with regard to inheritance but is not a firstborn with regard to the priests – **אֵיזֶהוּ בְּכוֹר לְנַחֲלָה וְאֵינוֹ בְּכוֹר לַכֹּהֲנִים**: A son born following a miscarriage does not have firstborn status with regard to the requirement of redemption. By contrast, with regard to inheritance it does have firstborn status, even if the miscarried fetus's head initially emerged alive but it had not reached its full term, or if had reached its full term but was stillborn. This is in accordance with the mishna in *Bekhorot* (46a). The *halakha* in a case where the entire fetus emerged is subject to a dispute between the later commentaries. In the case of a non-viable newborn that died immediately after its head emerged, a son born afterward does not have the status of the firstborn either with regard to redemption or with regard to inheritance (Rambam *Sefer Zera'im*, *Hilkhot Bikkurim* 11:15 and *Sefer Mishpatim*, *Hilkhot Naḥalot* 2:10; *Shulḥan Arukh*, *Yoreh De'a* 305:22 and *Ḥoshen Mishpat* 277:6).

NOTES

Who is a firstborn with regard to inheritance but is not a firstborn with regard to the priests – **אֵיזֶהוּ בְּכוֹר לְנַחֲלָה וְאֵינוֹ בְּכוֹר לַכֹּהֲנִים**: The status of a firstborn with regard to the requirement to redeem it is derived from the verse: "Sanctify to Me all the firstborn, whatever opens the womb" (Exodus 13:2). The phrase "whoever opens the womb" indicates that the status of the firstborn is applied only to the first child to issue from the mother's womb. Therefore, even a miscarriage would preclude a subsequent child from having firstborn status in this regard.

By contrast, with regard to inheritance, where the firstborn receives a double portion, the verse states: "For he is the first fruits of his strength [*ono*], the right of the firstborn is his" (Deuteronomy 21:17). The term "his strength [*ono*]" is interpreted as being associated with mourning [*aninut*], and so it indicates that firstborn status in this respect is given to the first child over which the father would mourn were it to die. This is understood to be limited to a child that was born alive (see Rashi, citing *Bava Batra* 111a). Accordingly, even if that child were preceded by a stillbirth, it would be considered the firstborn for the purposes of inheritance.

Even if its head emerged alive – **אַף עַל פִּי שֶׁיָּצָא רֹאשׁוֹ חַי**: The novelty of this statement is that despite the fact that the child's head emerged while it was alive, since it had not reached full term and it died before being fully born, this does not preclude a subsequent child from having firstborn status. This statement applies only to firstborn status with regard to inheritance. With regard to redemption, even if the child was dead by the time its head emerged, a subsequent child would not be considered a firstborn (see *Bekhorot* 46a).

הָא נַמִּי תְּנֵינָא: שִׁלְיָא שֶׁיָּצְתָה מִקְצָתָהּ – אֲסוּרָה בַּאֲכִילָה, כְּסִימָן וָלָד בְּאִשָּׁה כָּךְ סִימָן וָלָד בִּבְהֵמָה!

The Gemara proceeds to explain why the above suggestion is not a solution: With regard to **this** *halakha* **also,** that the emergence of the head of an animal is considered a birth, **we have** already **learned** it in a mishna (77a): **If part of a placenta**[B] **emerged**[H] from the womb of an animal before it was slaughtered, its **consumption is prohibited**[N] even after the mother animal is slaughtered. The reason for this is just **as** the placenta is **an indication of** the presence of **a fetus in a woman, so too,** it is **an indication of** the presence of **a fetus in an animal.** Consequently, it is possible that the part of the placenta that emerged contained the head of the fetus, and accordingly it would be considered to have been born. The slaughter of the mother animal would therefore not permit it for consumption. Evidently, it is unnecessary for the mishna here to teach the definition of a birth even with regard to an animal.

אִי אָמְרַתְּ בִּשְׁלָמָא הֶחֱזִירוֹ דְּרֵישָׁא דַּוְקָא – תְּנָא סֵיפָא אַטּוּ רֵישָׁא.

The Gemara has established that the latter clause does not teach any novelty. Accordingly, it returns to challenging Rav's ruling: **Granted,** the mishna is understood **if you say** that the statement that the fetus **brought** its foreleg **back** inside the mother animal, which is mentioned **in the first clause** of the mishna, is written **specifically** in order to teach the novelty that the foreleg is permitted if it was brought back before the slaughter, in contrast to Rav's ruling. If so, then one can claim the mishna **taught** it in **the latter clause due to the first clause,** so that they would be parallel stylistically, and no novelty is necessary in the latter clause.

אֶלָּא אִי אָמְרַתְּ לָא דְּרֵישָׁא דַּוְקָא וְלָא דְּסֵיפָא דַּוְקָא, לָמָּה לֵיהּ לְמִתְנְיֵיהּ כְּלָל?

But if you say the first clause is **not** written **specifically** and does not teach a novelty, but rather the mishna is referring to the permitted status of the rest of the fetus, which is permitted even if it does not bring back its foreleg, **and** you also say **the latter clause is not** written **specifically** to teach a novelty, since the definition of birth is already taught in a mishna elsewhere, then **why does it** need **to teach** the *halakha* that the foreleg or head were brought back **at all?** Perforce, the first clause must be referring to the permitted status of the foreleg and limiting it specifically to the case where it was brought back inside. This contradicts Rav's ruling.

לָא, לְעוֹלָם אֵעוּבָּר, וּכְדַאֲמַר רַב נַחְמָן בַּר יִצְחָק: לָא נִצְרְכָה אֶלָּא לִמְקוֹם חֲתָךְ, הָכָא נַמִּי – לָא נִצְרְכָה אֶלָּא לִמְקוֹם חֲתָךְ.

The Gemara responds: **No; actually,** the mishna is **referring to** the permitted status of the rest of the **fetus, but** nevertheless, the statement that the fetus brought back its foreleg does teach a novelty. This is **similar to that which Rav Naḥman bar Yitzḥak said,** in explanation of a ruling in a *baraita* cited below, that it is **necessary only with regard to the location of a cut** limb on the fetus's body. If the foreleg were to be severed at precisely the point that lay on the boundary between the inside and the outside of the womb, then the location of the cut on the fetus's body would also be prohibited. **Here too,** one can explain that the ruling is **necessary only with regard to the location of the cut,**[N] and it teaches that if the fetus did not bring back its foreleg, then not only is the foreleg prohibited but the location of the cut is also prohibited.

BACKGROUND

Placenta – שִׁלְיָא: The placenta is a mass filled with blood vessels affixed to the wall of the uterus through which, by way of the umbilical cord, the fetus is nourished. Shortly after birth, usually within the first hour, the placenta separates from the uterus and is expelled from the body. The existence of a placenta is clear evidence that a woman or a female animal was pregnant. Such an indication is important when there is uncertainty whether there had been a birth, which is relevant for the *halakhot* of impurity and for defining whether subsequent offspring will have the status of a firstborn. If a placenta is expelled, then even if there is no fetus present, it is assumed that either it was delivered and then taken away, or it never developed properly and therefore is not discernible.

Terracotta model of a placenta from the Roman period

HALAKHA

If part of a placenta emerged – שִׁלְיָא שֶׁיָּצְתָה מִקְצָתָהּ: If part of a placenta emerged from the womb, the consumption of the entire placenta is prohibited, in accordance with the ruling of the mishna on 77a (Rambam *Sefer Kedusha, Hilkhot Ma'akhalot Assurot* 5:13).

NOTES

If part of a placenta emerged its consumption is prohibited – שִׁלְיָא שֶׁיָּצְאָה מִקְצָתָהּ אֲסוּרָה בַּאֲכִילָה: The placenta is permitted for consumption by the slaughter of the mother only if the fetus contained within the mother was permitted. Since in this case the head of the fetus may have already emerged but was unnoticed because it was obscured by the presence of the placenta, there is concern the fetus may no longer be permitted by the mother's slaughter. Therefore, the entire placenta is also prohibited, including the part of the placenta that remained inside the animal.

It is necessary only with regard to the location of the cut – לָא נִצְרְכָה אֶלָּא לִמְקוֹם חֲתָךְ: According to this, when the mishna states: If the fetus extended its foreleg and then brought it back the consumption is permitted, it is referring to the permitted status not of the limb but of the location of the cut. The limb that left the womb is certainly permanently prohibited, and the rest of the fetus is permitted. The location of the cut is unique in that when the limb was still outside of the womb, it lay on the boundary of the womb and so is considered neither to be inside the womb nor to have fully left it. Consequently, if at the time of the slaughter the limb was still outside the womb, then since at that time the location of the cut was not enclosed inside the womb it would not be permitted by virtue of the mother's slaughter. Nevertheless, since ultimately it never fully left the womb, if it is then returned inside, the mother's slaughter will permit it (see Rashi and Ran).

תָּא שְׁמַע: בְּהֵמָה הַמְקַשָּׁה לֵילֵד, הוֹצִיא עוּבָּר אֶת יָדוֹ וְהֶחֱזִירָהּ, וְאַחַר כָּךְ שָׁחַט אֶת אִמּוֹ – מוּתָּר בַּאֲכִילָה. שָׁחַט אֶת אִמּוֹ וְאַחַר כָּךְ הֶחֱזִירָהּ – אָסוּר בַּאֲכִילָה.

The Gemara suggests: **Come and hear** a challenge to Rav's ruling from a *baraita*: If **an animal was encountering difficulty giving birth,** and as a result **the fetus extended its foreleg** outside the mother animal's body **and then brought it back** inside **and then afterward one slaughtered its mother,** its **consumption is permitted** by virtue of the slaughter of the mother animal. But if **one** first **slaughtered its mother, and** only **afterward** did the fetus **return its** foreleg back inside, its **consumption is prohibited.**

הוֹצִיא אֶת יָדוֹ וַחֲתָכוֹ, וְאַחַר כָּךְ שָׁחַט אֶת אִמּוֹ; שֶׁבַּחוּץ – טָמֵא וְאָסוּר, וְשֶׁבִּפְנִים – טָהוֹר וּמוּתָּר.

If the fetus **extended its foreleg** outside **and** one **cut it off,**[H] **and** then **afterward one slaughtered its mother,** then the part of the foreleg **that was outside** and was cut off is **ritually impure and** its consumption is **prohibited,**[N] as it has the status of a limb cut from a living animal, which is forbidden. **And** the rest of the fetus **that was inside** is **ritually pure and** its consumption is **permitted** by virtue the slaughter of the mother animal.

שָׁחַט אֶת אִמּוֹ וְאַחַר כָּךְ חֲתָכוֹ

If **one slaughtered its mother and** only **afterward cut off** the foreleg that had been extended outside,

HALAKHA

Extended its foreleg and one cut it off – הוֹצִיא אֶת יָדוֹ וַחֲתָכוֹ: If a fetus extended its foreleg and one cut it off before the mother was slaughtered, it is prohibited to consume the part of the limb that was cut off. It also imparts ritual impurity like an animal carcass, as it is regarded as a limb from a living animal. The rest of the fetus is ritually pure and permitted to be consumed, as stated in the *baraita* (Rambam *Sefer Kedusha, Hilkhot Ma'akhalot Assurot* 5:11 and *Sefer Tahara, Hilkhot She'ar Avot HaTumot* 2:9; *Shulḥan Arukh, Yoreh De'a* 14:2).

NOTES

That was outside is ritually impure and its consumption is prohibited – שֶׁבַּחוּץ טָמֵא וְאָסוּר: Since at the time the limb was cut the fetus was alive, the limb is considered a limb from a living animal, which imparts ritual impurity as does a carcass (see 128b).

Perek **IV**
Daf **68** Amud **b**

הַבָּשָׂר מַגַּע נְבֵלָה, דִּבְרֵי רַבִּי מֵאִיר,

then **the flesh** of both the mother animal and the fetus, excluding the foreleg, is impure due to **contact with a carcass.** Since the foreleg of the now dead fetus was not permitted through an act of slaughtering, it is regarded as a carcass. It therefore imparts impurity to the rest of the flesh, which was in contact with it. This is **the statement of Rabbi Meir.**

וַחֲכָמִים אוֹמְרִים: מַגַּע טְרֵפָה שְׁחוּטָה.

And the Rabbis say: Although the slaughter of the mother animal does not permit the consumption of the foreleg, it does serve to prevent the foreleg from imparting the ritual impurity of a carcass. Accordingly, the flesh has the status of having been in **contact with a slaughtered *tereifa*.**[H] By Torah law, consumption of the animal is prohibited but it does not impart ritual impurity. The Sages decreed it to be impure in that it disqualifies sacrificial flesh with which it comes in contact.

קָתָנֵי מִיהָא רֵישָׁא: הוֹצִיא עוּבָּר אֶת יָדוֹ וְהֶחֱזִירָהּ, וְאַחַר כָּךְ שָׁחַט אֶת אִמּוֹ – מוּתָּר בַּאֲכִילָה; מַאי לָאו אַאֵבֶר? לָא, אַעוּבָּר.

The Gemara explains the challenge to Rav's ruling: **In any event, the first clause** of the *baraita* **teaches: If the fetus extended its foreleg** outside the mother animal's body **and then brought it back** inside **and** then **afterward one slaughtered its mother,** its **consumption** is **permitted. What, is it not** referring **to the limb,** i.e., the foreleg, and the *baraita* rules that it is permitted, in contradiction to Rav's ruling? The Gemara responds: **No,** it **is referring to** the rest of **the fetus.**

אִי אַעוּבָּר, אֵימָא סֵיפָא: שָׁחַט אֶת אִמּוֹ וְאַחַר כָּךְ הֶחֱזִירוֹ – אָסוּר בַּאֲכִילָה; וְאִי עוּבָּר, אַמַּאי אָסוּר?

The Gemara questions this: **If** the *baraita* **is referring to the fetus, say the latter clause:** If **one** first **slaughtered its mother, and** only **afterward** the fetus **returned its** foreleg inside, its **consumption** is **prohibited.** The Gemara explains the question: **And if** it is referring to the **fetus, why** should it be **prohibited** in this case?

כִּדְאָמַר רַב נַחְמָן בַּר יִצְחָק: לָא נִצְרְכָה אֶלָּא לִמְקוֹם חֲתָךְ, הָכָא נַמִּי – לָא נִצְרְכָה אֶלָּא לִמְקוֹם חֲתָךְ.

The Gemara answers: The *baraita* is referring to the fetus, and should be explained in a manner **similar to that which Rav Naḥman bar Yitzḥak said,** in explanation of a ruling in a *baraita* cited below, that it is **necessary only with regard to the location of the cut** limb on the fetus's body. If the foreleg was severed at precisely the point that lay on the boundary between the inside and outside when it was extended outside the womb, the location of the cut on the fetus's body is also prohibited. **Here too,** one can explain that this ruling is **necessary only with regard to the location of the cut,** and it teaches that if the fetus did not return its foreleg, then not only is the foreleg prohibited but the location of the cut is prohibited as well. The foreleg itself, though, is prohibited even if it was brought back inside before the slaughter.

HALAKHA

The status of having been in contact with a slaughtered *tereifa* – מַגַּע טְרֵפָה שְׁחוּטָה: If an animal encountered difficulty giving birth and the fetus reached a limb outside the womb, and then that limb was cut off after its mother's slaughter, the limb is regarded as a *tereifa* that was slaughtered. Therefore, by rabbinic law it imparts impurity to consecrated items but does not render *teruma* impure. The rest of the fetus is regarded as food that came into contact with a slaughtered *tereifa*. This is in accordance with the opinion of the Rabbis (Rambam *Sefer Kedusha, Hilkhot Ma'akhalot Assurot* 5:11; *Shulḥan Arukh, Yoreh De'a* 14:2).

אִינִי? וְהָא כִּי אֲתָא אֲבִימִי מִבֵּי חוֹזַאי, אֲתָא וְאַיְיתֵי מַתְנִיתָא בִּידֵיהּ: פַּרְסָה הֶחֱזִיר – אֱכוֹל, פְּרָסוֹת הֶחֱזִיר – אֱכוֹל; מַאי לָאו, הֶחֱזִיר פַּרְסָה – אֱכוֹל פַּרְסָה?

The Gemara asks: **Is that so? But when Avimi came from Bei Ḥozai**[B] **he came and brought a *baraita* with him:** One of the sources (see 69a) that the slaughter of a pregnant animal also serves to permit the consumption of the fetus is the verse: "And every animal that has a split hoof and is cloven into two hooves, chews the cud, of the animals, it you may eat" (Deuteronomy 14:6). The verse mentions both "hoof" in the singular and "hooves" in the plural to teach that sometimes one may eat two hooves and sometimes only one, as follows: If the fetus extended two of its hooves outside the womb, if it **returned** one **hoof one may eat,** if it brought back both **hooves one may eat. What, is it not** that the *baraita* means that if it **brought back** one **hoof one may eat** that **hoof,** and likewise if it brought back both **hooves one may eat** both of them, in contradiction to Rav's ruling?

לָא, הֶחֱזִיר פַּרְסָה – אֱכוֹל עוּבָּר. אִי עוּבָּר, מַאי אִירְיָא הֶחֱזִיר, אֲפִילּוּ לֹא הֶחֱזִיר נָמֵי! אָמַר רַב נַחְמָן בַּר יִצְחָק: לָא נִצְרְכָה אֶלָּא לִמְקוֹם חֲתָךְ.

The Gemara responds: **No,** it means that if it **brought back** one **hoof** or even both, **one may eat** the rest of the **fetus** but not the hooves. The Gemara objects: **If** it is referring to the permitted status of the **fetus, why does it specifically** state that it **brought back** the hoof? **Even** if it did **not bring** it **back** the fetus would be permitted. **Rav Naḥman bar Yitzḥak said** the ruling of the *baraita* **is necessary only with regard to the location of the cut** limb on the body of the fetus. If the limb were to be severed at precisely the point that lay on the boundary between the inside and the outside when it was extended outside the womb, then the location of the cut on the fetus's body would also be prohibited, but only if the fetus had not brought back that limb before the mother animal was slaughtered.

וְהָא תְּרֵי קְרָאֵי קָא נָסֵיב לַהּ, מַאי לָאו: חַד – לְאֵבֶר, וְחַד – לִמְקוֹם חֲתָךְ? לָא, חַד – לִמְקוֹם חֲתָךְ, וְחַד – לְקָלוּט בִּמְעֵי פָּרָה,

The Gemara persists: **But** even given Rav Naḥman bar Yitzḥak's claim the *baraita* **adduces two verses,** i.e., the mention of hoof and hooves. **What, is it not** that **one** serves **to** permit the **limb,** in contradiction to Rav's ruling, **and** the other **one** serves **to** permit the **location of the cut,** in accordance with Rav Naḥman bar Yitzḥak's ruling? The Gemara responds: **No; one** mention does serve **to** permit the **location of the cut, but** the other **one** serves **to** permit a fetus with **non-cloven hooves** [*kalut*][L] found **inside the womb of a cow**[NH] that was slaughtered. Although the fetus does not bear the distinguishing characteristics of a kosher species, it is nevertheless permitted by virtue of the slaughter of its mother.

וְאַלִּיבָּא דְּרַבִּי שִׁמְעוֹן; דְּאָמַר רַבִּי שִׁמְעוֹן: קָלוּט בֶּן פָּרָה אָסוּר – הָנֵי מִילֵּי הֵיכָא דְּיָצָא לַאֲוִיר הָעוֹלָם, אֲבָל בִּמְעֵי אִמּוֹ – שָׁרֵי.

And it is necessary to have a specific source to permit this **according to** the opinion **of Rabbi Shimon, as Rabbi Shimon says:** A calf with **non-cloven hooves born from a** kosher **cow**[B] **is forbidden,** as the calf does not bear the distinguishing characteristics of a kosher species. The verse teaches that **this matter** applies only **where** the fetus **emerged into the airspace of the world,** i.e., it was born before the mother animal was slaughtered. **But** if it was still **inside its mother's womb** when the mother was slaughtered, it is permitted.

עוּלָּא אָמַר רַבִּי יוֹחָנָן: וְאֵבֶר עַצְמוֹ מוּתָּר.

§ The Gemara attempted to challenge Rav's ruling that once a limb of a fetus is extended outside the mother animal's body it becomes prohibited even if it was then brought back, but did not find a conclusive refutation. It now presents a dissenting opinion: **Ulla** says that **Rabbi Yoḥanan says: And** even the **limb itself is permitted** by virtue of the slaughter of the mother animal.

אֲמַר לֵיהּ רַב יְהוּדָה לְעוּלָּא: וְהָא רַב וּשְׁמוּאֵל דְּאָמְרִי תַּרְוַיְיהוּ אֵבֶר עַצְמוֹ אָסוּר! אֲמַר לֵיהּ: מַאן יָהֵיב לָן מֵעַפְרָא דְּרַב וּשְׁמוּאֵל וּמָלֵינַן עַיְינִין! אֶלָּא הָכִי אָמַר רַבִּי יוֹחָנָן: הַכֹּל הָיוּ בִּכְלַל "בָּשָׂר בַּשָּׂדֶה טְרֵפָה לֹא תֹאכֵלוּ",

Rav Yehuda said to Ulla: But Rav and Shmuel both say the **limb itself is prohibited;** how can you say otherwise? Ulla **said to him: Who will give us** some **of the dust of** the graves of **Rav and Shmuel and we will fill our eyes** with it; such is the greatness of those Sages. **But** I follow the opinion of Rabbi Yoḥanan, and **this** is what **Rabbi Yoḥanan says:** Initially one would assume **all** flesh that is permitted due to being within a certain boundary, e.g., a fetus inside its mother's womb, the flesh of offerings of the most sacred order within the Temple courtyard, and the flesh of offerings of lesser sanctity within Jerusalem, **was included** in the verse: **"And flesh, in the field, a *tereifa*, you shall not eat"** (Exodus 22:30). The verse is interpreted to teach that if such flesh leaves its boundaries it is rendered forbidden, even should it subsequently return.

BACKGROUND

Bei Ḥozai – בֵּי חוֹזַאי: This is the Aramaic name for the area of the Persian kingdom surrounding the confluence of the Tigris and Euphrates rivers. Nowadays it is known as Khuzestan, which is derived from the original name Ḥozai. This area was so distant from the centers of Jewish life in Babylonia that the trip between them took several months. Despite this, due to the strong business relations between Bei Ḥozai, Babylonia, and Eretz Yisrael, there was constant interaction between these places.

Calf with non-cloven hooves born from a cow – קָלוּט בֶּן פָּרָה: Sometimes an offspring of two cloven-hoofed animals is born with a birth defect of syndactyl, i.e., non-cloven, hooves. Despite the fact that genetically it is certainly a specimen of a kosher species, this offspring lacks one of the two signs of a kosher animal.

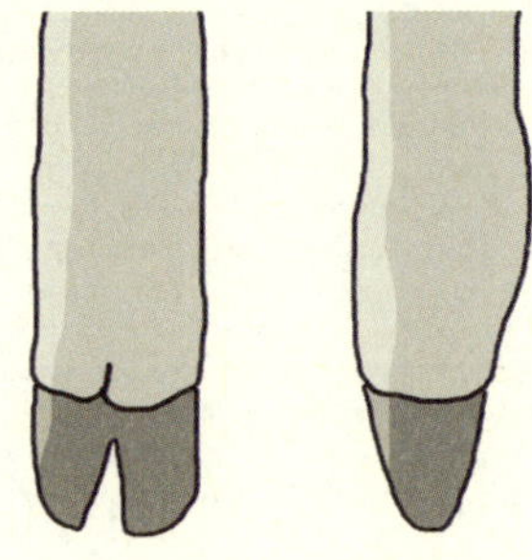

Normal cow hoof at left, syndactyl hoof at right

LANGUAGE

Fetus with non-cloven hooves [*kalut*] – קָלוּט: In this context, *kalut* means attached or intermingled. The term may be related to the word *miklat*, refuge, i.e., a closed place where one can hide.

NOTES

But the other one serves to permit a fetus with non-cloven hooves found inside the womb of a cow – וְחַד לְקָלוּט בִּמְעֵי פָּרָה: This fetus developed with hooves that are not fully cloven; instead, the two toes are fused together. Since the verse that teaches a fetus is permitted through the slaughter of its mother refers to a fetus with "a hoof," using the singular form, it teaches that even a fetus with such a hoof is permitted.

HALAKHA

A fetus with non-cloven hooves found inside the womb of a cow – קָלוּט בִּמְעֵי פָּרָה: If a kosher animal gave birth to an offspring that resembles a non-kosher animal, it is permitted for consumption despite the fact that its hooves are not wholly cloven and it does not chew its cud. The *halakha* is in accordance with the opinion of the Rabbis, who disagree with Rabbi Shimon (Rambam *Sefer Kedusha, Hilkhot Ma'akhalot Assurot* 1:4; *Shulḥan Arukh, Yoreh De'a* 79:2).

כְּשֶׁפָּרַט לְךָ הַכָּתוּב גַּבֵּי חַטָּאת שֶׁיָּצְתָה חוּץ לִמְחִיצָתָהּ וְחָזְרָה אָסוּר – חַטָּאת הוּא דִּפְרַט רַחֲמָנָא בָּהּ, אֲבָל כׇּל מִילֵּי – כֵּיוָן דַּהֲדוּר שָׁרֵי.

Once another **verse applies** the concept **for you specifically with regard to a sin offering,**[BN] teaching **that** if it **went outside of its boundary and returned** it **is prohibited** (see Leviticus 10:18), then it is apparent **that the Merciful One specifically applied** the concept **to a sin offering. But** with regard to **all** other **items** that left their boundary, **once** they are **brought back** they are **permitted,** including the limb of a fetus that was extended outside the womb and then was brought back.

מֵיתִיבִי: ״בָּשָׂר בַּשָּׂדֶה טְרֵפָה לֹא תֹאכֵלוּ״ מָה תַּלְמוּד לוֹמַר? לְפִי שֶׁמָּצִינוּ בְּמַעֲשֵׂר שֵׁנִי וּבִכּוּרִים, שֶׁאַף עַל פִּי שֶׁיָּצְאוּ חוּץ לִמְחִיצָתָן וְחָזְרוּ – מוּתָּרִין, יָכוֹל אַף זֶה כֵּן? תַּלְמוּד לוֹמַר: ״טְרֵפָה״.

The Gemara **raises an objection** to the opinion of Ulla and Rabbi Yoḥanan from a *baraita*: It is derived from the verse: **"And flesh, in the field, a *tereifa*, you shall not eat,"** that flesh that leaves the boundary in which it is permitted is thereby rendered forbidden like a *tereifa*. **Why must the verse state** that it is like a *tereifa*? The *baraita* explains: **Since we find with regard to second tithe**[B] **and first fruits**[B] **that even though they went outside of their boundary,**[H] which is the city of Jerusalem and the only place where it is permitted to eat them, nevertheless if they **are brought back** to there **they are** once again **permitted,** one **might** have thought **that also** with regard to **this** prohibition, that of flesh that leaves its boundary, **it is so,** i.e., if it is brought back it once again becomes permitted for consumption. Therefore, **the verse states: "A *tereifa*."**

מַאי תַּלְמוּדָא? אָמַר רַבָּה: כִּטְרֵפָה, מָה טְרֵפָה, כֵּיוָן שֶׁנִּטְרְפָה – שׁוּב אֵין לָהּ הֶיתֵּר, אַף בָּשָׂר, כֵּיוָן שֶׁיָּצָא חוּץ לִמְחִיצָתוֹ – שׁוּב אֵין לוֹ הֶיתֵּר! תְּיוּבְתָּא דְּעוּלָּא, תְּיוּבְתָּא.

The Gemara clarifies: **What is the** biblical **derivation** from the term "a *tereifa*"? **Rabba said:** The verse indicates that the prohibition of flesh that left its boundary is **like** the prohibition of **a *tereifa*. Just** as with regard to **a *tereifa*, once** an animal **is mortally wounded,** rendering it a *tereifa*, **it can no longer regain a permitted status, so too** with regard to **flesh** referred to in the verse: **Once it has gone outside of its boundary**[H] **it can no longer regain permitted** status. Accordingly, if the limb of a fetus was extended outside the womb it would thereby become permanently prohibited, contradicting the opinion of Ulla and Rabbi Yoḥanan. The Gemara concludes: **The refutation of** the statement of **Ulla**[H] is indeed **a conclusive refutation.**

אָמַר מָר: לְפִי שֶׁמָּצִינוּ בְּמַעֲשֵׂר שֵׁנִי וּבִכּוּרִים, הֵיכָן מָצִינוּ?

The Gemara analyzes the *baraita*, which states: **The Master said: Since we find with regard to second tithe and first fruits** that although they left their boundary, if they are brought back there they are again permitted. The Gemara asks: **Where did we find** this, i.e., what is the source for this *halakha*?

NOTES

Once another verse applies the concept for you specifically with regard to a sin offering, etc. – כְּשֶׁפָּרַט לְךָ הַכָּתוּב גַּבֵּי חַטָּאת וכו׳: The requirement to burn an offering that went out of its boundary is derived from the rebuke given by Moses to Aaron and his sons for burning the sin offering of the eighth day of the inauguration of the Tabernacle instead of eating it (see Leviticus 10:17–20). The Gemara (*Zevaḥim* 101a) expounds that Moses suggested to them that perhaps they burned the sin offering because it had left its boundary. They responded that it had not. This indicates that if it had left its boundary there would have been a requirement to burn it.

HALAKHA

Second tithe and first fruits that…went outside of their boundary – מַעֲשֵׂר שֵׁנִי וּבִכּוּרִים...שֶׁיָּצְאוּ חוּץ לִמְחִיצָתָן: With regard to second tithe and first fruits that went outside their boundary, i.e., they were taken outside Jerusalem, one should bring them back and they are permitted for consumption, as stated in the *baraita* (Rambam *Sefer Zera'im*, *Hilkhot Ma'aser Sheni* 2:9 and *Hilkhot Bikkurim* 3:4).

Flesh, once it has gone outside of its boundary – בָּשָׂר כֵּיוָן שֶׁיָּצָא חוּץ לִמְחִיצָתוֹ: With regard to meat of offerings of the most sacred order that was taken outside the wall of the Temple courtyard, and of offerings of lesser sanctity that were taken outside the wall of Jerusalem, even if they are brought back in, they are disqualified and their consumption is permanently prohibited. The *halakha* is in accordance with the ruling of the *baraita* and not with the opinion of Rabbi Yoḥanan (Rambam *Sefer Avoda*, *Hilkhot Ma'aseh HaKorbanot* 11:6).

The refutation of the statement of Ulla – תְּיוּבְתָּא דְּעוּלָּא: If a fetus extended its foreleg and brought it back, consuming the portion of the limb that left the womb is not permitted by the slaughter of the mother. If the foreleg was not brought back, then the location of the cut where it would be cut from the body is also prohibited. The *halakha* is in accordance with the opinion of Rav, as Rabbi Yoḥanan's ruling is contradicted by the *baraita* (Rambam *Sefer Kedusha*, *Hilkhot Ma'akhalot Assurot* 5:10; *Shulḥan Arukh*, *Yoreh De'a* 14:2).

BACKGROUND

Sin offering – חַטָּאת: In a case where one unwittingly commits a transgression punishable by *karet* if performed intentionally, he is obligated to bring a sin offering. A sin offering brought by an individual is either a female lamb or a female goat less than one year old. It must be slaughtered in the northern section of the Temple courtyard and its blood received there. The blood of the sin offering is placed on each of the four corners of the altar, while the fats are burned on the altar and the meat is eaten by the priests. Other sin offerings are brought in certain cases as part of the purification rites at the conclusion of a period of ritual impurity, e.g., in the case of a woman who has given birth. There are yet other sin offerings that serve to atone for the community, as well as special sin offerings brought by the leaders of the people to atone for their transgressions.

Second tithe – מַעֲשֵׂר שֵׁנִי: This tithe is set aside after *teruma* has been given to the priests and the first tithe to the Levites. Second tithe is separated during the first, second, fourth, and fifth years of the Sabbatical cycle. In the time of the Temple, after the second tithe was separated it was brought to Jerusalem and eaten there by its owner. If the journey to Jerusalem was long, rendering transport of the produce there difficult, or if the produce became ritually impure, it could be redeemed for an equivalent sum of money. If the owner redeemed his own produce, he was obligated to add one-fifth of its value to the price of redemption. He would then take the money to Jerusalem, where it was spent on food to be eaten within the city walls.

First fruits – בִּיכּוּרִים: Each year, the first fruits of the new harvest were given to the priests (see Deuteronomy 26:1–11). When the Temple stood, a farmer would select the first fruits of the seven types of fruit with which Eretz Yisrael is specially favored: Wheat, barley, grapes, figs, pomegranates, olives, and dates (see Deuteronomy 8:8). By rabbinic decree at least one-sixtieth of the harvest must be brought as first fruits. The farmer would bring these fruits to the Temple in a basket, place them in the courtyard, and recite a declaration of appreciation to God (see Deuteronomy 26:3–10). Afterward, the fruit was given to the priests and eaten under the same provisions that govern *teruma*. The first fruits were brought to the Temple between the festivals of *Shavuot* and *Sukkot*. If they were not brought within this period, an extension was granted until Hanukkah. An entire tractate of the Mishna, *Bikkurim*, is devoted to the *halakhot* and practices governing this mitzva.

Pilgrims, including the king, present first fruits at the Temple

דִּכְתִיב: "לֹא תוּכַל לֶאֱכֹל בִּשְׁעָרֶיךָ מַעְשַׂר דְּגָנְךָ" וגו', בִּשְׁעָרֶיךָ הוּא דְּלָא תֵּיכוּל, אֲבָל יָצְאוּ חוּץ לִמְחִיצָתָן וְחָזְרוּ – מוּתָּרִין.

The Gemara explains **that it is written: "You may not eat within your gates the tithe of your grain,** or of your wine, or of your oil, or the firstborn of your herd or of your flock, nor any of your vows that you have vowed, nor your voluntary offerings, nor the offering of your hand. But you shall eat them before the Lord your God" (Deuteronomy 12:17–18). The phrase "the tithe of your grain, or of your wine, or of your oil" is referring to second tithe, and the phrase "the offering of your hand" is referring to first fruits. The verse states that all the items listed may be eaten only "before the Lord your God," i.e., within the city of Jerusalem. The prohibition stated in the verse is that **within your gates,** i.e., outside of Jerusalem, **you may not eat** these items. **But** by inference, if these items **went outside of their boundary,** i.e., outside of Jerusalem, **and then were brought back, they are permitted.**

בְּמַעְרְבָא מַתְנוּ הָכִי, רַב אָמַר: יֵשׁ לֵידָה לָאֵבָרִים, וְרַבִּי יוֹחָנָן אָמַר: אֵין לֵידָה לָאֵבָרִים.

§ The Gemara explained the dispute between Rav and Rabbi Yoḥanan in the way in which it was taught in Babylonia. The Gemara notes that **in the West,** Eretz Yisrael, **they taught** the dispute **like this: Rav says there is** a concept of **birth with regard to limbs.** When a limb is extended outside the womb, it is considered born and is independent of the mother animal. Consequently, it can never be permitted by virtue of the slaughter of the mother animal. **And Rabbi Yoḥanan says** that **there is no** concept of **birth with regard to limbs.**[H] Since the limb is never considered to have been born, as long as it is inside the mother animal when the mother animal is slaughtered it will be permitted by virtue of that slaughter.

מַאי בֵּינַיְיהוּ? אִיכָּא בֵּינַיְיהוּ לְמֵיסַר מִיעוּט אֵבֶר שֶׁבִּפְנִים.

The Gemara asks: **What is the difference between**[N] these two versions which explain why Rav deemed the limb forbidden? The Gemara answers: The practical difference **between** them is in a case in which only the majority of a limb was extended outside the womb. In that case, the issue is whether or not **to prohibit the minority of** the **limb that** remained **inside.** If the limb is forbidden because it is considered to have been born, the entire limb would be forbidden and not just the part that was extended. If the limb is forbidden because it left its boundary, then only the part that extended outside the womb would be forbidden.

אִיבַּעְיָא לְהוּ: לְדִבְרֵי הָאוֹמֵר אֵין לֵידָה לָאֵבָרִים; הוֹצִיא הָעוּבָּר אֶת יָדוֹ וְהֶחֱזִירָהּ, וְחָזַר וְהוֹצִיא אֶת יָדוֹ וְהֶחֱזִירָהּ, עַד שֶׁהִשְׁלִימוֹ לְרוּבּוֹ, מַהוּ? מִי אָמְרִינַן: הָא נְפַק לֵיהּ רוּבָּא, אוֹ דִּלְמָא: כֵּיוָן דַּהֲדַר הֲדַר?

A dilemma was raised before the Sages: **According to the statement of the one who says there is no** concept of **birth with regard to limbs,**[N] **if the fetus extended its foreleg** outside the womb **and brought it back, and again**[H] **it extended its** other **foreleg** outside **and brought it back,** and continued to extend parts of its body outside **until** the total amount that had been outside the womb **constituted the majority of** the fetus, **what is the** *halakha*? **Do we say** that ultimately the **majority** of the fetus **has left** the womb and the entire fetus should be regarded as having been born, and consequently the slaughter of its mother can no longer permit its being consumed? **Or perhaps, since it brought** each limb **back,** the limbs are considered to have been **brought back;** therefore, the majority of the fetus is not considered to have left the womb and it is not regarded as having been born. In that case, the slaughter of its mother would still permit its being consumed.

HALAKHA

There is no birth with regard to limbs – אֵין לֵידָה לָאֵבָרִים: If a fetus extended a foreleg from the womb, even if most of the foreleg left the womb, only that part is forbidden while the rest of the limb is permitted. The *halakha* is in accordance with the opinion of Rabbi Yoḥanan as presented in the version of the dispute taught in Eretz Yisrael, and as explained by the Rif. Although with regard to the limb itself the *halakha* is in accordance with the opinion of Rav, this is because a *baraita* contradicts the opinion of Rabbi Yoḥanan. But Rabbi Yoḥanan's opinion was not contradicted with regard to his claim that there is no birth for limbs. Therefore, one follows the principle that the *halakha* is in accordance with the opinion of Rabbi Yoḥanan in his disputes with Rav (Rambam *Sefer Kedusha, Hilkhot Ma'akhalot Assurot* 5:10, and see *Maggid Mishne* there; *Shulḥan Arukh, Yoreh De'a* 14:2).

The fetus extended its foreleg and brought it back, and again, etc. – הוֹצִיא הָעוּבָּר אֶת יָדוֹ וְהֶחֱזִירָהּ וְחָזַר וכו': If a fetus extended its foreleg outside the womb and brought it back inside the womb, and again extended another limb and brought it back, and so on until most of the fetus had left the womb, the minority portion that had not left the womb is still permitted. This is in accordance with the principle that when the Gemara raises a dilemma and then states: If you want to say, concerning one of the options, the *halakha* is in accordance with that option. But if one severed each limb as it emerged, once the majority of the animal has emerged then the entire fetus is forbidden. The reason is that this dilemma is left unresolved by the Gemara, and therefore the *halakha* is to be stringent (*Shulḥan Arukh, Yoreh De'a* 14:4).

NOTES

What is the difference between – מַאי בֵּינַיְיהוּ: Rashi and Rabbeinu Gershom Meor HaGola explain that the Gemara is asking about the difference between the two versions of Rav's opinion. With regard to Rabbi Yoḥanan's opinion, there is no practical difference between the two versions of his statement. The statements: There is no concept of birth with regard to limbs, and: The limb itself is permitted, have the same meaning. The commentaries raise several difficulties with this interpretation, primarily that the Gemara does not state explicitly: What is the difference between this version and that version, as it often does in such cases (see, e.g., *Nidda* 3a). Therefore, the Rosh prefers the explanation of Rabbeinu Ḥananel and the Rif, which is that the Gemara's question concerns the difference between the opinions of Rav and Rabbi Yoḥanan, as they were taught in Eretz Yisrael. According to these commentaries, the dispute as taught in Eretz Yisrael is not referring to the limb that was brought back inside the womb but to a limb of which only a majority was extended outside the womb, and the dispute concerns whether the minority remaining inside is permitted or not (see Ramban).

According to the statement of the one who says there is no concept of birth with regard to limbs – לְדִבְרֵי הָאוֹמֵר אֵין לֵידָה לָאֵבָרִים: Rashi explains that this dilemma was raised only with regard to the opinion of Rabbi Yoḥanan, as according to Rav it is obvious that the bringing back of the limb is of no consequence in these cases (Rashi).

אִם תִּמְצֵי לוֹמַר כֵּיוָן דְּהֲדַר הֲדַר; הוֹצִיא עוּבָּר אֶת יָדוֹ וַחֲתָכָהּ, וְחָזַר וְהוֹצִיא אֶת יָדוֹ וַחֲתָכָהּ, עַד שֶׁהִשְׁלִימוֹ לְרוּבּוֹ, מַהוּ? מִי אָמְרִינַן: הָא נְפֵיק לֵיהּ רוּבָּא, אוֹ דִּלְמָא: רוּבָּא בְּבַת אַחַת בָּעֵינַן?

The Gemara asks: **If you want to say** that **since it brought back** each limb, they are considered to have been **brought back** and the majority of the fetus is not considered to have left the womb, the following dilemma still arises: If the **fetus extended its foreleg** outside **and** someone **severed it, and again it extended its** other **foreleg** outside **and** someone **severed it,** and this continued with its other limbs **until** the total amount outside the womb **constituted the majority of** the fetus, **what is** the *halakha*? **Do we say** that since the **majority** of the fetus **has left** the womb, the entire fetus should be regarded as having been born and therefore the slaughter of its mother can no longer permit it? **Or perhaps,** in order for the fetus to be regarded as having been born **we require a majority** of the fetus to leave **simultaneously,** which does not exist in this case.

תָּא שְׁמַע:

The Gemara suggests: **Come** and **hear** a proof from the mishna:

Perek **IV**
Daf **69** Amud **a**

זֶה הַכְּלָל: דָּבָר שֶׁגּוּפָהּ – אָסוּר, וְשֶׁאֵינָהּ גּוּפָהּ – מוּתָּר. שֶׁאֵין גּוּפָהּ לְאֵתוֹיֵי מַאי, לָאו לְאֵתוֹיֵי כְּהַאי גַּוְונָא?

This is the principle: An item that is part of an animal's **body** that was severed prior to the slaughter is **prohibited** to be consumed even after slaughter, **and** an item **that is not** part of **its body,** i.e., its fetus, is **permitted** by virtue of its slaughter. The Gemara asks: Just prior to stating the principle, the mishna states the *halakha* that even if parts of a fetus are cut from it the slaughter of the mother permits it. If so, when the mishna presents the principle and states that an item **that is not** part of **its body** is permitted, **what is added?** Is it **not to include a case like this,** where the majority of the fetus has already left the womb, and nevertheless the principle clarifies that the rest of the fetus that remains inside the womb is permitted?

לָא, לְאֵתוֹיֵי קָלוּט בִּמְעֵי פָּרָה, וְאַלִּיבָּא דְּרַבִּי שִׁמְעוֹן; דְּאַף עַל גַּב דְּאָמַר רַבִּי שִׁמְעוֹן: קָלוּט בֶּן פָּרָה אָסוּר – הָנֵי מִילֵּי הֵיכָא דְּיָצָא לַאֲוִיר הָעוֹלָם, אֲבָל בִּמְעֵי אִמּוֹ – שָׁרֵי.

The Gemara rejects this suggestion: **No, it comes to include** a fetus with **non-cloven hooves** found **inside the womb of a cow** that was slaughtered. Although the fetus does not bear the hallmarks of a kosher animal, which has split hooves and chews its cud, it is nevertheless permitted to be consumed by virtue of the slaughter of its mother. **And** a specific clause in the mishna permitting this is necessary **according to** the opinion **of Rabbi Shimon, as Rabbi Shimon says:** A calf with **non-cloven hooves born from a** kosher **cow** is **forbidden,** as the calf does not bear the hallmarks of a kosher animal. The mishna teaches that **this matter** applies only **where** the fetus **emerged into the airspace of the world,** i.e., it was born before the mother animal was slaughtered. **But** if it is still **inside its mother's womb** when the mother is slaughtered, it is permitted to be consumed.

בָּעֵי רַב חֲנַנְיָא: הוֹצִיא עוּבָּר אֶת יָדוֹ בָּעֲזָרָה, מַהוּ? מִגּוֹ דְּהָוְיָא מְחִיצָה לְגַבֵּי קָדָשִׁים – הָוְיָא נַמִי לְגַבֵּי דְּהַאי. אוֹ דִּלְמָא: לְגַבֵּי דְּהַאי – לָאו מְחִיצָה הִיא, דִּמְחִיצַת עוּבָּר – אִמּוֹ הִיא?

§ The Gemara taught that the reason to deem a limb of a fetus that was extended outside the womb forbidden for consumption is because it went outside of its boundary. Based on this, **Rav Ḥananya raises a dilemma:** If the **fetus** of a sacrificial animal of the most sacred order **extended its foreleg** outside the womb while **in the** Temple **courtyard** and then brought it back, **what is the** *halakha*?[N] Will the slaughter of the mother permit that limb? Do we say that **since** the courtyard **is** regarded as the **boundary for** such **sacrificial** animals, as they are permitted only when in the courtyard, therefore **it is also** regarded as the boundary **for this** fetus, and even if it extended its limb outside of the womb, it is irrelevant since it ultimately remained within its boundary? **Or perhaps, for this** fetus, the courtyard **is not** considered its **boundary, as the boundary of a fetus is its mother,** and so the limb would become prohibited.

NOTES

If the fetus extended its foreleg in the courtyard what is the ***halakha*** **– הוֹצִיא עוּבָּר אֶת יָדוֹ בָּעֲזָרָה מַהוּ:** This inquiry is based on the assumption that the prohibitions of a limb that left its mother's womb and sacrifices that were taken out of the Temple courtyard are similar in that both involve food that left its boundary and are based on the verse: "And flesh, in the field, a *tereifa*, you shall not eat" (Exodus 22:30). Accordingly, if a pregnant animal was consecrated as an offering, since its boundary is defined as the Temple courtyard because it must be slaughtered in the courtyard, perhaps the courtyard is also considered to be the fetus's boundary. Therefore, if the fetus extends its limb outside the womb, but the limb remained within the courtyard, perhaps it is not considered to have left its boundary and remains permitted for consumption.

אָמַר לֵיהּ אַבָּיֵי: וְתִבָּעֵי לָךְ קָדָשִׁים קַלִּים בִּירוּשָׁלַיִם! קָדָשִׁים קַלִּים בִּירוּשָׁלַיִם מַאי טַעְמָא לָא קָא מִיבַּעְיָא לָךְ – דִּמְחִיצַת עוּבָּר אִמּוֹ הוּא, הָכָא נַמִי – מְחִיצַת עוּבָּר אִמּוֹ הוּא.

Abaye said to Rav Ḥananya: **But** why don't **you raise** the same **dilemma** with regard to the fetuses of **offerings of lesser sanctity,** which are permitted only **within Jerusalem?** Abaye continues: It would appear that concerning **offerings of lesser sanctity within Jerusalem, what is the reason** that **you did not raise** this **dilemma?** It is because it is clear to you **that the boundary of a fetus is its mother.** But **here too,** concerning a fetus of an offering of the most sacred order, one must say that **the boundary of a fetus is its mother,** and not the Temple courtyard.

בָּעֵי אִילְפָא: הוֹצִיא עוּבָּר אֶת יָדוֹ בֵּין סִימָן לְסִימָן, מַהוּ?

§ The *baraita* cited on 68b discusses the case of a fetus that extended a limb outside the womb. It cites the opinion of the Rabbis that although the slaughter of the mother does not permit the consumption of the limb, it does prevent it from being defined as a carcass with the associated ritual impurity. Based on this, **Ilfa raises a dilemma: If** the **fetus extended its foreleg** outside the womb **between** the severing of its mother's windpipe, which is **one of the organs that must be severed in ritual slaughter** [***siman***]**,** and the severing of the other *siman*,[H] the gullet, **what is** the *halakha*?

מִי מִצְטָרֵף סִימָן רִאשׁוֹן לְסִימָן שֵׁנִי לְטַהֲרֵיהּ מִידֵי נְבֵלָה, אוֹ לָא? אָמַר רָבָא: קַל וָחוֹמֶר, אִם הוֹעִיל לוֹ סִימָן רִאשׁוֹן לְסִימָן שֵׁנִי לְהַתִּירוֹ בַּאֲכִילָה, לֹא יוֹעִיל לוֹ לְטַהֲרֵיהּ מִידֵי נְבֵלָה?

Does the cutting of the **first *siman* combine with** that of **the second *siman* to render** that limb **pure from** the impurity of **a carcass or not?** The cutting of the first *siman* could potentially permit the consumption of the limb, as the limb was still inside the womb, whereas the cutting of the second *siman* could not permit consumption, as the limb had already been extended outside the womb. Since they have different effects, can they combine to render the limb pure? **Rava said:** It is **an *a fortiori*** inference:[N] **If** the cutting of the **first *siman* was effective to** the extent that it can combine with the cutting of the **second *siman* to permit** the rest of the fetus **for consumption, will it not be effective** with regard to the limb **to render it pure from** the impurity **of a carcass?**

בָּעֵי רַבִּי יִרְמְיָה: מַהוּ לָחוּשׁ לְזַרְעוֹ?

Rabbi Yirmeya raises a dilemma: If a fetus extended a limb outside the womb, thereby rendering the limb forbidden, and then, after the mother animal was slaughtered, the fetus emerged alive, **what is** the *halakha* **concerning** whether there is a need **to be concerned with regard to** any **offspring of** that fetus, i.e., that the prohibition pertaining to its limb will pass on to its offspring?

הֵיכִי דָּמֵי, אִילֵימָא דַּאֲזַל אַבְּהֵמָה מְעַלַּיְיתָא – מַאי אִירְיָא הַאי דְּאִית בֵּיהּ אִיסּוּר יוֹצֵא?

The Gemara clarifies: **What are the circumstances** of this case? **If we say** the dilemma applies to the offspring in a case **where** the fetus matured and **mated with a full-fledged,** normal **animal,** which would be fully permitted if slaughtered, then **why** raise this dilemma **specifically** with regard to **this** fetus, **which has a prohibition** attached to it caused **by leaving** its boundary?

אֲפִילּוּ בֶּן פְּקוּעָה דְּעָלְמָא נַמִי! דְּאָמַר רַב מְשַׁרְשְׁיָא: לְדִבְרֵי הָאוֹמֵר חוֹשְׁשִׁין לְזֶרַע הָאָב, בֶּן פְּקוּעָה הַבָּא עַל בְּהֵמָה מְעַלַּיְיתָא – הַוָּלָד אֵין לוֹ תַּקָּנָה!

Even in the case of **a regular fetus that emerged alive from its mother's womb after the mother was slaughtered** [***ben pekua***]**,** which is permitted without the need for any slaughter, the dilemma could **also** be raised, **as Rav Mesharshiyya says: According to the statement of the one who says** that when defining the status of an animal **one** needs **to be concerned with its paternity** and not only its maternity, if **a *ben pekua* mated with a full-fledged animal, the offspring has no rectification.**[N] The offspring of two *ben pekua* animals is permitted without ritual slaughter. But if the father is a *ben pekua* but not the mother, then it is simultaneously defined as requiring slaughter, based on the mother, and being excluded from the possibility of being permitted through slaughter, based on the father. Therefore, no act of slaughter can permit it.

HALAKHA

If the fetus extended its foreleg between the severing of one *siman* and the severing of the other *siman* – **הוֹצִיא עוּבָּר אֶת יָדוֹ בֵּין סִימָן לְסִימָן**: If a fetus extended its foreleg outside the womb between the severing of one *siman* and the severing of the other, the severing of the two *simanim* is effective with regard to the foreleg to the extent that it does not have the impurity of a carcass, as stated by Rava (Rambam *Sefer Tahara*, *Hilkhot She'ar Avot HaTumot* 2:9).

NOTES

Rava said it is an *a fortiori* inference, etc. – **אָמַר רָבָא קַל וָחוֹמֶר וכו׳**: Rashi explains: In all cases of slaughter, the cutting of the first *siman* alone is ineffective for permitting consumption of the animal, and yet it combines with the cutting of the second *siman* to permit the animal for consumption and render it pure from the impurity of a carcass. If so, then certainly in this case, where the severing of the first *siman* combines with the severing of the second to permit the mother animal, it will also render pure the limb that was extended outside the womb from the impurity of a carcass.

The offspring has no rectification – **הַוָּלָד אֵין לוֹ תַּקָּנָה**: Since the father is a *ben pekua* and is therefore considered to have been slaughtered, all the limbs of its offspring, including the windpipe and the gullet, are regarded as having been partially slaughtered. Therefore, severing the windpipe and the gullet cannot permit consumption of the offspring. Alternatively, it might be regarded as though one of those two *simanim* was fully slaughtered and the other not at all. But to permit an animal it is necessary to sever the majority of both *simanim* (Rashi).

לָא צְרִיכָא, דַּאֲזַל אַבֵּן פְּקוּעָה דִּכְוָותֵיהּ, מַאי? אֵבֶר מוֹלִיד אֵבֶר, וְחָתֵיךְ לֵיהּ וְשָׁרֵי, אוֹ דִּלְמָא: מִבַּלְבֵּל זַרְעֵיהּ?

The Gemara answers: **No,** the dilemma does not concern that case. Rather, it is **necessary** in a case in **which** the fetus later **mated with a** *ben pekua* **like it** and had offspring. Since neither of the parents require slaughter, the offspring does not require it either. In such a case, **what** is the *halakha*? To what extent does the prohibition pertaining to the limb of the father pass to the offspring? Do we say that each **limb** of the father **produces** the corresponding **limb** in the offspring, **and** so only the parallel limb in the offspring is prohibited, **and** therefore **one** could **sever** that limb **and** the rest of the offspring will be **permitted? Or perhaps** the father's **seed is intermingled** through the entire offspring, and so the entire offspring is prohibited.

הֲדַר אָמַר: פְּשִׁיטָא דְּמִבַּלְבֵּל זַרְעֵיהּ, דְּאִם כֵּן – סוּמָא יוֹלֵד סוּמָא, וְקִיטֵּעַ יוֹלֵד קִיטֵּעַ!

After raising this dilemma, Rabbi Yirmeya **then said:** It is **obvious that the seed of** the father **is intermingled** through the entire offspring, **as if** it were **so** that each limb produces the corresponding limb, every **blind** father would **bear blind** offspring, **and an amputee** father would **bear** offspring that is **an amputee.**

אֶלָּא, פְּשִׁיטָא דְּמִבַּלְבֵּל זַרְעֵיהּ. וְהָכִי קָמִיבַּעְיָא לַן: בְּהֵמָה בְּעָלְמָא, לָאו מִכֹּחַ חֵלֶב וְדָם קָאָתְיָא, וְשָׁרְיָא? הָכָא נַמִי לָא שְׁנָא. אוֹ דִּלְמָא: תְּרֵי אִיסּוּרֵי אָמְרִינַן, תְּלָתָא – לָא אָמְרִינַן?

Rather, it is **obvious that the seed of** the father **is intermingled, and this is** the **dilemma we are raising:** Even with regard to **a regular animal,** is it **not produced from the influence of** the forbidden **fat and blood** of its father and mother, **and** yet it **is permitted** to be consumed? **Here too,** it **is no different,** and although the forbidden limb of the father was an influence in the offspring's formation, the offspring should nevertheless be permitted. **Or perhaps we say** that the Torah permitted these **two prohibitions,** the consumption of forbidden fat and the consumption of blood, but **we do not say** that it permitted **three** prohibitions, i.e., also the prohibition of a limb that left its boundary.

וּלְמַאן? אִי לְרַבִּי מֵאִיר – אִיסּוּר חֵלֶב וְדָם אִיכָּא, אִיסּוּר יוֹצֵא לֵיכָּא;

The Gemara asks: **And according to whom** is it possible to speak of three prohibitions in order to raise this dilemma? **If** it is **in accordance with** the opinion of **Rabbi Meir** that is difficult, because he holds that a fetus that has completed its gestational term is regarded as being independent of its mother and is no longer permitted by virtue of its mother's slaughter. Consequently, **there is a prohibition of** forbidden **fat and blood,** just like any other animal, **but there is no prohibition of** a limb that **leaves** its boundary, as its permitted status is no longer dependent on being within its mother's womb.

אִי לְרַבִּי יְהוּדָה – אִיסּוּר יוֹצֵא אִיכָּא, אִיסּוּר חֵלֶב וְדָם לֵיכָּא!

And **if** you say it is **in accordance with** the opinion of **Rabbi Yehuda** that is also difficult, because he holds that since ultimately the offspring was inside its mother's womb when the mother was slaughtered, the fetus is permitted in its entirety by virtue of that slaughter. Consequently, **there is a prohibition of** a limb that **leaves** its boundary, **but there is no prohibition of** forbidden **fat and blood.**

דִּתְנַן: גִּיד הַנָּשֶׁה נוֹהֵג בְּשָׁלִיל, וְחֶלְבּוֹ אָסוּר, דִּבְרֵי רַבִּי מֵאִיר; רַבִּי יְהוּדָה אוֹמֵר: אֵין נוֹהֵג בְּשָׁלִיל, וְחֶלְבּוֹ מוּתָּר!

The Gemara cites the source of the opinions of Rabbi Meir and Rabbi Yehuda: **As we learned** in a *baraita*: The prohibition of the **sciatic nerve**[B] **applies to the fetus** that had already completed its gestational term when its mother was slaughtered, **and** likewise **its fat is forbidden;** this is **the statement of Rabbi Meir. Rabbi Yehuda says** that the prohibition of the **sciatic nerve does not apply to the fetus, and its fat is permitted.** Evidently, according to all opinions, both the prohibitions of forbidden fat and blood and the prohibition of a limb that leaves its boundary cannot apply to the same animal.

BACKGROUND

Sciatic nerve – גִּיד הַנָּשֶׁה: In Latin this nerve is known as the *nervus ischiadicus*. It runs down the back of the hind leg of an animal. The sciatic nerve is one of the parts of a kosher domesticated animal and a kosher undomesticated animal whose consumption is forbidden by Torah law (see Genesis 32:33). In addition to the nerve itself, it is prohibited by rabbinic law to eat the thin, tendril-like nerve fibers that branch off and run alongside it, and the fat that encloses it.

אֶלָּא, כָּל מִכֹּחַ לָא אָמְרִינַן, דְּשָׁרֵי.

Rather, it must be that **we do not say** that **any** item that is produced **from the influence of** a forbidden entity is itself forbidden, **as** in fact **it is permitted.** Therefore, it would certainly be permitted to consume the offspring of a fetus whose limb had been forbidden, and the dilemma does not concern such an animal.

וְהָכִי קָמִיבַּעְיָא לָן: מַהוּ לִגְמוֹעַ אֶת חֲלָבוֹ? חָלָב דְּעָלְמָא, לָא כְּאֵבֶר מִן הַחַי דָּמֵי, וְשָׁרֵי? הַאי נַמִי לָא שְׁנָא.

And this is the **dilemma** that **we are raising: What is** the *halakha* **with regard to drinking** the **milk** of a fetus whose limb is forbidden?[H] **Isn't regular milk** of a normal animal **comparable to a limb from a living** animal, given that it is taken from a live animal, **and** yet it **is permitted?** If so, **this** milk **too** should be **no different,** and although the milk comes from an animal whose limb is forbidden as a limb from a living animal, as it was not permitted through the slaughter of its mother, nevertheless, the milk should be permitted.

אוֹ דִּלְמָא: הָתָם – אִית לֵיהּ תַּקַּנְתָּא לְאִיסּוּרֵיהּ בִּשְׁחִיטָה, הָכָא – לֵית לֵיהּ תַּקַּנְתָּא לְאִיסּוּרֵיהּ בִּשְׁחִיטָה? תֵּיקוּ.

Or perhaps there, with regard to regular milk, the Torah waives the prohibition of a limb from a living animal, **as there is a rectification for its prohibition through slaughter.** But **here,** with regard to a fetus whose limb is forbidden as a limb from a living animal, **there is no rectification for its prohibition through slaughter.** The Gemara accepts that this was the dilemma, but concludes that no resolution for it was found, and so the dilemma **shall stand** unresolved.

"חוֹתֵךְ מֵעוּבָּר" וכו'. מְנָלַן? דִּכְתִיב: "וְכָל בְּהֵמָה מַפְרֶסֶת פַּרְסָה" וגו', "בְּהֵמָה בַּבְּהֵמָה" – לְרַבּוֹת אֶת הַוָּלָד.

§ The mishna states: If, prior to slaughtering an animal, one **severed** pieces **from a fetus** that is in its womb, leaving those pieces in the womb, their consumption is permitted by virtue of the slaughter of the mother animal. The Gemara asks: **From where do we** derive this *halakha*? It is derived from a verse, **as it is written: "And every animal that has a split hoof** and is cloven into two hooves, chews the cud, of the animals, it you may eat" (Deuteronomy 14:6). The term "of the animals [*babehema*]" is translated literally as: In the animal, and is referring to the term "every animal" mentioned at the beginning of the verse. Accordingly, the verse may be read as saying: Every **animal in the animal** you may eat, and is referring to a fetus inside its mother. It therefore serves **to include the offspring,** i.e., the fetus, as being permitted by its mother's slaughter, even if parts of the fetus had been severed.

אֶלָּא מֵעַתָּה יָמִירוּ בּוֹ!

The Gemara objects: **If that is so,** that the phrase: Every animal of the animals, is referring to a fetus, then one should be able to **substitute**[B] a non-sacred animal **for** the sanctified fetus of a pregnant offering, i.e., the non-sacred animal should become consecrated through the attempt to do so. This is because the verse referring to substitution also uses that phrase: "And if he shall substitute an animal for an animal [*behema bivhema*], it and its substitute shall be consecrated" (Leviticus 27:10). There too, the phrase "an animal for an animal" translates literally as: An animal in an animal.

אַלְמָה תְּנַן: אֵין מְמִירִין לֹא אֵבָרִין בְּעוּבָּרִין, וְלֹא עוּבָּרִין בְּאֵבָרִין, וְלֹא אֵבָרִין וְעוּבָּרִין בִּשְׁלֵמִין, וְלֹא שְׁלֵמִין בָּהֶן?

Why, then, **did we learn** in a mishna (*Temura* 10a): **One cannot substitute limbs** of a non-sacred animal **for fetuses** of pregnant offerings, i.e., those limbs will not thereby be consecrated; **and** one **cannot** substitute **fetuses** of non-sacred animals **for limbs** of an offering, **and** one **cannot** substitute **limbs and fetuses** of non-sacred animals **for whole** offerings, **and** one **cannot** substitute **whole,** non-sacred animals **for them,** i.e., limbs and fetuses of offerings?

HALAKHA

Drinking the milk of a fetus whose limb is forbidden – לִגְמוֹעַ אֶת חֲלָבוֹ: If a female fetus extended a limb from its mother's womb and then its mother was slaughtered, and the fetus emerged alive, the milk of the fetus is forbidden. The reason is that the milk derives from all the animal's limbs, one of which is forbidden. As a result, the milk is regarded as a mixture of permitted and forbidden milk. Since Rabbi Yirmeya's dilemma was left unresolved, the *halakha* is stringent. In a case where the rest of the animal is sixty times greater in size than the forbidden limb, a ratio that usually serves to render a mixture permitted, the later authorities disagree as to whether or not its milk is permitted (Rambam *Sefer Kedusha, Hilkhot Ma'akhalot Assurot* 5:12; *Shulḥan Arukh, Yoreh De'a* 14:5, and see *Shakh* and *Pitḥei Teshuva* there).

BACKGROUND

Substitute – מְמִירִין: The possibility of substitution is mentioned in the Torah (see Leviticus 27:10), and tractate *Temura* focuses on the *halakhot* related to this concept. The main features of substitution are as follows: The Torah forbids the substitution of any offering, whether whole or blemished, for another animal. One who does so violates a prohibition and is punished with flogging. Although substitution is prohibited, if it is nevertheless performed the second animal is sanctified, although the initial animal also remains sacred.

All animals can be used as substitutes, even though it is forbidden to substitute any offering, whether they are whole or blemished, and the animal designated as a substitute can never be worked or redeemed until it develops a blemish. The fate of the substitute varies with the particular type of offering. In some instances, e.g., a substitute for a sin offering, the animal is left to die. In other cases, such as a guilt offering, the animal is put out to graze until it becomes blemished. There are also some substitutes, e.g., that of a peace offering, that are consecrated for the altar in addition to the original animal.

אֶלָּא, אָמַר קְרָא: "וְכׇל בְּהֵמָה" – לְרַבּוֹת אֶת הַוָּלָד.

Rather, the *halakha* that a fetus and its severed pieces are permitted to be consumed by virtue of the slaughter of the mother animal is derived from that which **the verse states: "And every animal."** The term "and every" serves **to include the offspring,** i.e., the fetus, as being permitted, even if parts of it had been severed.

אִי הָכִי, אֲפִילּוּ חוֹתֵךְ מִן הַטְּחוֹל וּמִן הַכְּלָיוֹת נָמֵי! אַלְמָה תְּנַן: חוֹתֵךְ מִן הָעוּבָּר שֶׁבְּמֵעֶיהָ – מוּתָּר בַּאֲכִילָה, מִן הַטְּחוֹל וּמִן הַכְּלָיוֹת – אָסוּר בַּאֲכִילָה? אָמַר קְרָא: "אוֹתָהּ" – שְׁלֵמָה, וְלֹא חֲסֵרָה.

The Gemara objects: **If so,** then **even** if **one severs** pieces **of the spleen or of the kidneys** of an animal, those pieces should be permitted **as well.**[N] **Why,** then, **did we learn** in the mishna: If one **severed** pieces **from a fetus that was in** its **womb,** leaving those pieces in the womb, their **consumption** is **permitted** by virtue of the slaughter of the mother animal, but if one severed pieces **of the spleen or of the kidneys** of an animal and then slaughtered it their **consumption** is **prohibited?** The Gemara explains: That **verse states:** "Of the animal, **it** you may eat," which indicates that slaughter permits consumption of only the **whole** animal, **but not** of the parts of the animal that it is **lacking,** i.e., the parts that were severed.

אֶלָּא מֵעַתָּה, הַשּׁוֹחֵט אֶת הַבְּהֵמָה וּמָצָא בָּהּ דְּמוּת יוֹנָה, תִּשְׁתְּרִי! אַלְמָה אָמַר רַבִּי יוֹחָנָן: הַשּׁוֹחֵט אֶת הַבְּהֵמָה וּמָצָא בָּהּ דְּמוּת יוֹנָה – אָסוּר בַּאֲכִילָה?

The Gemara objects: **If that is so,** that the *halakha* is derived from the term "and every animal," then even in the case of **one who slaughters an animal and finds a dove-shaped** fetus **in it,**[H] **it should be permitted. Why,** then, **does Rabbi Yoḥanan say: One who slaughters an animal and finds a dove-shaped** fetus **in it,** that fetus is **prohibited for consumption?**

NOTES

Even if one severs pieces of the spleen or of the kidneys those pieces should be permitted as well – אֲפִילּוּ חוֹתֵךְ מִן הַטְּחוֹל וּמִן הַכְּלָיוֹת נָמֵי: The question here means that if the term "and every animal" is interpreted to include the entirety of the animal, including that which is inside it, i.e., the fetus, then it should likewise be interpreted to include its internal organs. This question does not arise if one derives the principle from the phrase: "An animal in an animal" (Leviticus 27:10), as the term animal can be applied to a fetus but not to organs (Ramban).

HALAKHA

One who slaughters an animal and finds a dove-shaped fetus in it – הַשּׁוֹחֵט אֶת הַבְּהֵמָה וּמָצָא בָּהּ דְּמוּת יוֹנָה: If one slaughtered an animal and found a fetus shaped like a bird inside it, the fetus is prohibited for consumption. Only a fetus that has hooves is permitted by the slaughter of its mother, as stated by Rabbi Yoḥanan. The Rema, citing *Tosafot*, maintains that if the fetus is similar to any type of animal that has cloven hooves it is permitted, even if the fetus itself does not have cloven hooves (Rambam *Sefer Kedusha*, *Hilkhot Ma'akhalot Assurot* 1:7; *Shulḥan Arukh*, *Yoreh De'a* 13:5).

Perek **IV**
Daf **69** Amud **b**

בָּעֵינָא פַּרְסוֹת, וְלֵיכָּא!

The Gemara explains: In order for the fetus to be permitted, **I require** that it have **hooves,** and a dove-shaped fetus **does not have**[N] hooves.

אֶלָּא מֵעַתָּה, קָלוּט בִּמְעֵי פָרָה לִיתְסַר! הָא תָּנָא דְּבֵי רַבִּי יִשְׁמָעֵאל כְּרַבִּי שִׁמְעוֹן בֶּן יוֹחַי: "פַּרְסָה בַּבְּהֵמָה תֹּאכֵלוּ".

The Gemara objects: **If that is so,** that the fetus is permitted only if it fulfills the conditions mentioned in that verse, then a fetus with **non-cloven** hooves found **inside a cow's womb should be forbidden,**[N] whereas the *baraita* cited on 68b states that it is permitted. The Gemara answers: **This is as the school of Rabbi Yishmael taught in accordance with** the opinion of **Rabbi Shimon ben Yoḥai:** Each phrase in the verse is taken as a sufficient condition. Furthermore, the term "hoof" can be understood independently of the phrase "cloven into two hooves," and is referring to a non-cloven hoof. Accordingly, the verse can be interpreted as teaching: An animal that has **a hoof, in the animal,** it **you may eat,** and teaches that even a fetus with a non-cloven hoof is permitted.

NOTES

I require hooves and it does not have – בָּעֵינָא פַּרְסוֹת וְלֵיכָּא: Rashi explains this requirement is apparent from the fact that the verse from which the permitted status of the fetus is derived mentions hooves: "And every animal that has a split hoof and is cloven into two hooves, chews the cud, of the animals, it you may eat" (Deuteronomy 14:6). Other commentaries hold that this does not mean the fetus must actually have cloven hooves to be permitted for consumption. Rather, the *halakha* is that the fetus is permitted provided that it is born to a kosher animal, whose hooves are cloven, even if the fetus has only one hoof or it has the form of a camel or a donkey (see *Bekhorot* 5b). Conversely, the Torah did not permit a bird-shaped fetus, even if it has a hoof (*Shakh*). It is similarly stated in the Jerusalem Talmud (*Terumot* 8:1) that the verse: "Animal…in an animal you may eat," indicates that one may not eat an animal with the form of a repugnant creature that was inside an animal, nor one with the form of a bird that was in an animal (Meiri).

A fetus with non-cloven hooves found inside a cow's womb should be forbidden – קָלוּט בִּמְעֵי פָרָה לִיתְסַר: This question refers specifically to the opinion of Rabbi Shimon, who deems an offspring of this kind that was born forbidden for consumption. According to the Rabbis, who maintain an offspring with non-cloven hooves that was born from a cow is permitted for consumption, it is obvious that if it was inside its mother's womb it is also permitted (*Tosafot*).

רַב שִׁימִי בַּר אַשִׁי אָמַר: לְעוֹלָם כִּדְקָאָמְרַתְּ מֵעִיקָּרָא. וּדְקָא קַשְׁיָא לָךְ: אֵין מְמִירִין! הָא מַנִּי – רַבִּי שִׁמְעוֹן הִיא, דְּמַקִּישׁ תְּמוּרָה לְמַעֲשֵׂר; מָה מַעֲשֵׂר אֵינוֹ נוֹהֵג בְּאֵבָרִים וְעוּבָּרִים – אַף תְּמוּרָה אֵינָהּ נוֹהֶגֶת בְּאֵבָרִים וְעוּבָּרִים.

Rav Shimi bar Ashi said: Actually, the *halakha* that the fetus and its severed pieces are permitted **should be** derived **as you** previously **said,** i.e., from the phrase: An animal in the animal. **And** with regard to **that which posed a difficulty for you,** i.e., the mishna in *Temura* that states **one cannot substitute** a non-sacred animal for the fetus of a pregnant offering, that difficulty can be resolved by saying: In accordance with **whose** opinion **is this? It is** the opinion of **Rabbi Shimon, who compares substitution to** the animal **tithe:**[B] **Just as the** animal **tithe does not apply to limbs and fetuses** but only to live animals that can walk, as it is stated: "Whatever passes under the rod" (Leviticus 27:32), **so too, substitution does not apply to limbs and fetuses.**

וּמְנָא תֵּימְרָא? דִּתְנַן, אָמַר רַבִּי יוֹסֵי: וַהֲלֹא בְּמוּקְדָּשִׁים, הָאוֹמֵר: ״רַגְלָהּ שֶׁל זוֹ עוֹלָה״ – כּוּלָּהּ עוֹלָה, אַף כְּשֶׁיֹּאמַר: ״רֶגֶל שֶׁל זוֹ תַּחַת זוֹ״ – תְּהֵא כּוּלָּהּ תְּמוּרָה תַּחְתֶּיהָ.

The Gemara asks: **And from where do you say** that this mishna expresses the opinion of Rabbi Shimon? The Gemara explains: **As we learned** in the same mishna (*Temura* 10a) that **Rabbi Yosei says: But with regard to consecrated** offerings, **if one says the leg of this** animal **is a burnt offering,**[H] then **all of** the animal **is** consecrated as **a burnt offering.** Accordingly, **even** with regard to substitution, if one says: **The leg of this** non-sacred animal should be substituted **instead of that** offering, **the entire** animal **should be a substitute in its stead.**

לְמַאן קָא מַהְדַּר לֵיהּ? אִילֵימָא לְרַבִּי מֵאִיר וְרַבִּי יְהוּדָה – מִי אִית לְהוּ הַאי סְבָרָא? וְהָתַנְיָא, יָכוֹל הָאוֹמֵר: ״רַגְלָהּ שֶׁל זוֹ עוֹלָה״, תְּהֵא כּוּלָּהּ עוֹלָה? תַּלְמוּד לוֹמַר: ״כֹּל אֲשֶׁר יִתֵּן מִמֶּנּוּ לַה׳ יִהְיֶה קֹּדֶשׁ״ – מִמֶּנּוּ קֹדֶשׁ, וְלֹא כּוּלּוֹ קֹדֶשׁ;

Rabbi Yosei clearly disagrees with the opinion that substituting a limb is not possible. But Rabbi Yosei's formulation indicates that even according to that opinion, if a single limb is consecrated then the entire animal becomes consecrated. The Gemara clarifies: **To whom is** Rabbi Yosei **responding? If we say** he is responding **to Rabbi Meir and Rabbi Yehuda, do they accept this reasoning? But isn't it taught** in a *baraita*: One **might** have thought that in the case of **one who says: The leg of this** animal **is a burnt offering, all of it will be a burnt offering.** Therefore, **the verse states:** "And if it is an animal of those that they bring as an offering to the Lord, **anything of it that one gives to the Lord, it shall be sacred"** (Leviticus 27:9). The verse indicates that the part **of it** that one gives will be **sacred, but all of it** will **not be sacred.**

יָכוֹל תֵּצֵא לְחוּלִּין? תַּלְמוּד לוֹמַר: ״יִהְיֶה״ – בַּהֲוָיָיתָהּ תְּהֵא; הָא כֵּיצַד? תִּמָּכֵר לְצָרְכֵי עוֹלוֹת, וְדָמֶיהָ חוּלִּין, חוּץ מִדְּמֵי אֵבֶר שֶׁבָּהּ, דִּבְרֵי רַבִּי מֵאִיר וְרַבִּי יְהוּדָה.

A non-sacred animal with a consecrated limb may not be sacrificed. Accordingly, one **might** have thought the consecrated limb may be redeemed and thereby **transferred to non-sacred** status. Therefore, **the verse states: "It shall be** sacred," indicating that **it shall** remain **as it is. How is this** possible? The animal **should be sold for the needs of burnt offerings,** i.e., to an individual who will sacrifice the entire animal as a burnt offering, **and the payment** received **for** the animal will be **non-sacred, except for the payment** received in exchange **for** that one **limb** that is consecrated. This is **the statement of Rabbi Meir and Rabbi Yehuda.**

רַבִּי יוֹסֵי וְרַבִּי שִׁמְעוֹן אוֹמְרִים: מִנַּיִן לָאוֹמֵר: ״רַגְלָהּ שֶׁל זוֹ עוֹלָה״ – תְּהֵא כּוּלָּהּ עוֹלָה? תַּלְמוּד לוֹמַר: ״יִהְיֶה״ – לְרַבּוֹת אֶת כּוּלָּהּ.

Rabbi Yosei and Rabbi Shimon say: From where is it derived **that** in the case of **one who says: The leg of this** animal **is a burnt offering, all of it becomes a burnt offering? The verse states: "It shall be** sacred." This serves **to include all of** the animal,[N] indicating that it all becomes sacred.

לְמַאן? אִי לְרַבִּי מֵאִיר וְרַבִּי יְהוּדָה – מִי אִית לְהוּ הַאי סְבָרָא? אֶלָּא לָאו, לְרַבִּי שִׁמְעוֹן.

The Gemara reiterates its question: **To whom is** Rabbi Yosei responding? Rabbi Yosei clearly disagrees with the opinion that if a single limb is consecrated then the entire animal becomes consecrated. **If we say** he is responding **to Rabbi Meir and Rabbi Yehuda, do they accept this reasoning? Rather, isn't** Rabbi Yosei responding **to Rabbi Shimon,**[N] as the Gemara suggests above in resolution of the difficulty from the mishna in *Temura*?

לָא, רַבִּי יוֹסֵי טַעְמָא דְּנַפְשֵׁיהּ קָאָמַר.

The Gemara responds: **No,** it is possible that Rabbi Yosei is not responding directly to any other opinion; rather, **he stated his own reasoning,** without reference to that of another Sage. Consequently, his statement affords no proof that the mishna in *Temura* expresses the opinion of Rabbi Shimon.

BACKGROUND

Animal tithe – מַעֲשַׂר בְּהֵמָה: On three occasions each year the owner of a herd of kosher animals was required to gather all the young born during the preceding period into an enclosure and let them out one by one. These animals were passed "under the rod" (Leviticus 27:32), i.e., they were counted one by one, and every tenth animal was marked with red paint to indicate it was consecrated as the animal tithe. If it was fit to be sacrificed, the animal tithe was brought to the Temple and sacrificed in a manner similar to a peace offering: The blood was sprinkled on the altar and the meat eaten by its owner. The details of animal tithe are elucidated in tractate *Bekhorot*.

HALAKHA

If one says the leg of this animal is a burnt offering – הָאוֹמֵר רַגְלָהּ שֶׁל זוֹ עוֹלָה: If one says: The foreleg or the hind leg of this animal is a burnt offering, the animal should be sold to an individual who is required to bring a burnt offering. The proceeds from the sale are non-sacred, apart from the value of that limb. This ruling is in accordance with the opinion of Rabbi Yehuda and Rabbi Meir (Rambam *Sefer Avoda, Hilkhot Ma'aseh HaKorbanot* 15:2).

NOTES

It shall be sacred, this serves to include all of the animal – יִהְיֶה לְרַבּוֹת אֶת כּוּלָּהּ: The Gemara in *Temura* (11b) explains this derivation more fully: If only the leg was sacred and not the entire animal, the verse could have simply stated: "Anything of it that one gives to the Lord." The additional phrase "it shall be sacred" therefore serves to include the entire animal.

Rather, isn't he responding to Rabbi Shimon – אֶלָּא לָאו לְרַבִּי שִׁמְעוֹן: Once it has been established that the mishna in *Temura* that states one cannot substitute a non-sacred animal for the fetus of a pregnant offering is presenting the ruling of Rabbi Shimon, it can be explained in accordance with his opinion that substitution is compared to the animal tithe: Just as the animal tithe does not apply to fetuses, the same is true of substitution. But with regard to all other *halakhot* a fetus is called an animal. Therefore, the *halakha* of the mishna that the slaughter of an animal permits the fetus inside it can in fact be derived from the verse: "Animal…in an animal."

מתני׳ הַמְבַכֶּרֶת הַמְקַשָּׁה לֵילֵד – מְחַתֵּךְ אֵבֶר אֵבֶר, וּמַשְׁלִיךְ לַכְּלָבִים. יָצָא רוּבּוֹ – הֲרֵי זֶה יִקָּבֵר, וְנִפְטֶרֶת מִן הַבְּכוֹרָה.

MISHNA Upon its birth, the firstborn male offspring of a domesticated animal is automatically consecrated with firstborn status, and it is prohibited to derive benefit from it. Furthermore, if it dies, it may not be discarded, but must be buried. If **an animal that was giving birth to a firstborn male**[N] **was encountering difficulty giving birth,**[H] and in order to alleviate the difficulty one wishes to terminate the birth, **he may cut up** the fetus **limb by limb**[N] **and cast it to the dogs.** Since the fetus was not born, it is non-sacred and does not require burial. If **a majority of** the fetus **had** already **emerged,**[H] it is considered to have been born and is therefore consecrated; consequently, if one cut it up **it must be buried,**[N] **and** the mother animal **is exempted from** having **firstborn** status[N] conferred on any future offspring.

גמ׳ אִתְּמַר: יָצָא שְׁלִישׁ וּמְכָרוֹ לְגוֹי, וְחָזַר וְיָצָא שְׁלִישׁ אַחֵר – רַב הוּנָא אָמַר: קָדוֹשׁ, רַבָּה אָמַר: אֵינוֹ קָדוֹשׁ.

GEMARA An amoraic dispute **was stated** with regard to a case in which **one-third** of a firstborn fetus **emerged** from the womb **and** then **one sold it to a gentile,**[H] **and then another one-third** of the fetus **emerged.** Once a majority of the fetus emerges it is considered born. The *halakha* is that a fetus partly owned by a gentile is not consecrated as a firstborn. In this case, the firstborn was sold to a gentile only after it had already partially emerged from the womb. **Rav Huna says** it is **consecrated,** while **Rabba says** it is **not consecrated.**

רַב הוּנָא אָמַר קָדוֹשׁ – קָסָבַר: לְמַפְרֵעַ קָדוֹשׁ, וְכֵיוָן דִּנְפַק לֵיהּ רוּבֵּיהּ – אִיגַּלַּאי מִילְּתָא לְמַפְרֵעַ דְּמֵעִיקָּרָא הֲוָה קָדוֹשׁ, וּמַאי דְּזַבֵּין – לָא כְּלוּם זַבֵּין.

The Gemara elaborates: **Rav Huna says** it is **consecrated,** as **he maintains** a firstborn is **consecrated retroactively** from the moment the first part of its body emerges from the womb. **And** therefore in this case, **once most of it had emerged,** it **became clarified retroactively that it had** already **been consecrated from the outset, and** so with regard to **that which he had sold** to a gentile, it arises that **he did not** actually **sell anything** at all. Since it had already been consecrated, he did not have full ownership of it to be able to sell it.

רַבָּה אָמַר אֵינוֹ קָדוֹשׁ, קָסָבַר: מִכָּאן וּלְהַבָּא קָדוֹשׁ, וּמַאי דְּזַבֵּין – שַׁפִּיר זַבֵּין.

Rabba says it is **not consecrated,** as he **maintains** a firstborn is consecrated **from that point forward,** i.e., only at the moment the majority of it emerges. **And** so with regard to **that which he had sold** to a gentile, it arises that **he had sold** it **properly,**[N] i.e., the sale was valid because at the time of the sale it had not been consecrated. Accordingly, by the time the majority of its body emerged it was already partly owned by a gentile, and that prevented it from being consecrated.

HALAKHA

An animal that was giving birth to a firstborn male was encountering difficulty giving birth – הַמְבַכֶּרֶת הַמְקַשָּׁה לֵילֵד: With regard to a kosher animal that encounters difficulty giving birth to its firstborn, it is permitted to cut the fetus limb by limb and toss the pieces to the dogs. The next animal born will then have firstborn status, although some authorities, such as the *Tur*, rule that it does not (Rambam *Sefer Korbanot, Hilkhot Bekhorot* 4:14; *Shulḥan Arukh, Yoreh De'a* 319:1).

If a majority of the fetus had emerged – יָצָא רוּבּוֹ: If an animal encounters difficulty giving birth to its firstborn, and a majority of the fetus has already emerged, it is consecrated and must be buried if it dies. The next offspring born to that mother animal will not be consecrated as the firstborn (Rambam *Sefer Korbanot, Hilkhot Bekhorot* 4:14; *Shulḥan Arukh, Yoreh De'a* 319:1).

One-third of a fetus emerged from the womb and one sold it to a gentile – יָצָא שְׁלִישׁ וּמְכָרוֹ לְגוֹי: If one-third of a fetus emerged from the womb, then even if the owner sold that one-third to a gentile, upon the emergence of another one-third the animal will be consecrated as the firstborn retroactively. This is in accordance with the opinion of Rav Huna. Others, such as the Rosh, rule that it is not consecrated retroactively, in accordance with the opinion of Rabba (Rambam *Sefer Korbanot, Hilkhot Bekhorot* 4:15; *Shulḥan Arukh, Yoreh De'a* 319:2).

NOTES

An animal that was giving birth to a firstborn male – הַמְבַכֶּרֶת: The male firstborn of a kosher domesticated animal must be given to a priest, who sacrifices it in the Temple and eats its meat. If the firstborn developed a blemish it cannot be redeemed like other offerings. It remains sacred, and the priest is permitted to slaughter it outside the Temple. Because there is no Temple nowadays the mitzvot pertaining to most offerings are no longer observed. By contrast, the *halakha* of the firstborn applies in all generations, and the sanctity of the animal must be respected. In practice, efforts are undertaken to avoid a firstborn becoming consecrated in the first place. This is often achieved by selling part of the mother or the fetus to a gentile.

He may cut up the fetus limb by limb – מְחַתֵּךְ אֵבֶר אֵבֶר: Although it is prohibited to inflict a blemish on consecrated animals, the sanctity of the firstborn takes effect only at birth, and in cases of irregular birth, e.g., caesarean section, the animal is not consecrated at all. Therefore, the mishna rules it is permitted to dismember the fetus in the womb and remove it piece by piece in order to save the life of the mother (*Ḥatam Sofer*).

If a majority of the fetus had emerged it must be buried – יָצָא רוּבּוֹ הֲרֵי זֶה יִקָּבֵר: The phrase: A majority of it had emerged, can be explained in two ways: as a continuation of the first case in the mishna, i.e., it was cut up limb by limb and the pieces were not thrown to the dogs until the majority of the fetus had emerged; or, as Rashi explains based on the conclusion of the Gemara, that this clause is referring to a case where most of the fetus emerged at one time, and then the owner cut up the fetus to save the mother.

Other commentaries question this explanation, as in that case, since a majority of the fetus had emerged before he cut it, it would have already become consecrated, and so it should be prohibited for him to cut it up. The Ramban therefore explains that the mishna is referring to a situation where the animal emerged from the womb dead, or died immediately after it left the womb. In these situations the animal is unfit for sacrifice, and therefore the prohibition against inflicting a blemish does not apply (see *Tosafot* on 70a).

And is exempted from firstborn status – וְנִפְטֶרֶת מִן הַבְּכוֹרָה: This *halakha* applies whether the fetus was removed from the womb limb by limb or whether most of it emerged at one time. The reason is that the verse states with regard to the mitzva of the firstborn: "Consecrate to Me every firstborn, that which opens the womb" (Exodus 13:2), and the second animal, which comes out after the fetus, did not open the womb (Rashi). Others maintain that if the fetus was cut limb by limb it does not render the subsequent offspring exempt from firstborn status, as since the fetus was not considered to have been born it is not considered to have opened the womb (Rambam; see *Tzlaḥ*).

That which he had sold to a gentile he had sold properly – וּמַאי דְּזַבֵּין שַׁפִּיר זַבֵּין: In any case where a gentile owns even the smallest share of the fetus or its mother, it is not consecrated as a firstborn (see *Bekhorot* 13a).

וְאָזְדוּ לְטַעְמַיְיהוּ, דְּאִתְּמַר: יָצָא שְׁלִישׁ דֶּרֶךְ דּוֹפֶן, וּשְׁנֵי שְׁלִישֵׁי דֶּרֶךְ רֶחֶם – רַב הוּנָא אָמַר: אֵינוֹ קָדוֹשׁ, רַבָּה אָמַר: קָדוֹשׁ.

The Gemara notes: Rav Huna and Rabba **follow their** lines of **reasoning, as** another dispute between them **was stated** with regard to a case in which **one-third** of a firstborn fetus **emerged through** the **wall** of the womb, i.e., via caesarean section, **and** then the other **two-thirds** emerged **through** the opening of the **womb.**[H] The *halakha* is that a fetus is consecrated only if it emerged through the opening of the womb. In this case a majority did emerge through the opening, but the first majority to emerge was not through the opening. **Rav Huna says** it is **not consecrated** and **Rabba says** it is **consecrated.**

רַב הוּנָא אָמַר: אֵינוֹ קָדוֹשׁ – רַב הוּנָא לְטַעְמֵיהּ, דְּאָמַר: לְמַפְרֵעַ קָדוֹשׁ, וְרוּבָּא קַמָּא לֵיתֵיהּ בָּרֶחֶם. רַבָּה אָמַר: קָדוֹשׁ – רַבָּה לְטַעְמֵיהּ, דְּאָמַר: מִכָּאן וּלְהַבָּא קָדוֹשׁ, וְרוּבָּא דֶּרֶךְ רֶחֶם נָפֵיק.

The Gemara elaborates: When **Rav Huna says** it is **not consecrated Rav Huna** conforms **to his** standard line of **reasoning, as he says** a firstborn is **consecrated retroactively,** since the birth consecrates it. **And** in this case, **the first majority** that emerged, which defined its birth, was **not through** the opening of **the womb.**[N] Therefore, it was not consecrated. Conversely, when **Rabba says** it is **consecrated Rabba** conforms **to his** standard line of **reasoning, as he says** a firstborn is **consecrated from that point forward,** i.e., only once a majority of the fetus has emerged from the opening of the womb. This is because the emergence of a majority of the fetus through the opening of the womb consecrates it, even if that is not the first majority, **and** in this case **the majority** of the animal **emerged through** the opening of the **womb.**

וּצְרִיכָא, דְּאִי אַשְׁמְעִינַן בְּהָא – בְּהָא קָאָמַר רַב הוּנָא, מִשּׁוּם דִּלְקוּלָּא, אֲבָל בְּהָךְ דִּלְחוּמְרָא – אֵימָא מוֹדֵי לֵיהּ לְרַבָּה.

The Gemara notes: **And** it is **necessary** to convey Rav Huna and Rabba's dispute in both of these cases. **As, had** the Sages **taught us** only their dispute **with regard to this** case, where after one-third emerged it was sold to a gentile, one might have thought that it is only **with regard to this** case that **Rav Huna says** the animal is consecrated retroactively. This is **because** to rule it is consecrated from that point forward **would be a leniency,** as then the fetus would be exempt from being subject to firstborn status. **But with regard to that** case, when one-third emerged through the wall of the womb, **where** Rabba's opinion would lead to **a stringency,** one might **say** that Rav Huna **concedes to Rabba.**

Perek **IV**
Daf **70** Amud **a**

וְאִי אִתְּמַר בְּהָא – בְּהָא קָאָמַר רַבָּה, אֲבָל בְּהָא – אֵימָא מוֹדֵי לֵיהּ לְרַב הוּנָא, צְרִיכָא.

And if their dispute **was stated** only **with regard to that** case, when one-third emerged through the wall of the womb, one might have thought it is only **in that** case that **Rabba says** the animal is consecrated from that point forward, as that results in a stringency, i.e., the fetus is subject to firstborn status. **But in this** case, when after one-third emerged it was sold to a gentile, and where ruling that the animal is consecrated from that point forward results in a leniency, one might **say** that Rabba **concedes to Rav Huna.** Therefore, it was **necessary** for the dispute to be stated in both cases.

HALAKHA

One-third emerged through the wall of the womb and the other two-thirds emerged through the opening of the womb – יָצָא שְׁלִישׁ דֶּרֶךְ דּוֹפֶן וּשְׁנֵי שְׁלִישֵׁי דֶּרֶךְ רֶחֶם: If one-third of a firstborn fetus emerged through the wall of the womb, i.e., via caesarean section, and afterward the other two-thirds emerged normally through the opening of the womb, the animal is not consecrated as the firstborn. This is because a firstborn is consecrated retroactively from its initial emergence from the womb, and that emergence was not through the opening of the womb. This is in accordance with the opinion of Rav Huna. Others, such as the Rosh, hold that the animal is not consecrated, in accordance with the opinion of Rabba (Rambam *Sefer Korbanot, Hilkhot Bekhorot* 4:15; *Shulḥan Arukh, Yoreh De'a* 319:3).

NOTES

And the first majority was not through the womb – וְרוּבָּא קַמָּא לֵיתֵיהּ בָּרֶחֶם: An animal born by caesarean section is not consecrated as a firstborn, as it states: "Consecrate to Me every firstborn, that which opens the womb" (Exodus 13:2), and this animal did not emerge by opening the womb (see *Bekhorot* 19a). Alternatively, the verse: "All the firstborns that are born…you shall consecrate to the Lord" (Deuteronomy 15:19), excludes offspring that emerged through caesarean section, as they are not considered to have been born in the regular manner (*Sifrei*).

תנן: המבכרת המקשה לילד – מחתך אבר אבר ומשליך לכלבים; מאי לאו מחתך ומניח? ואי אמרת למפרע הוא קדוש, יקבר מיבעי ליה!

The Gemara raises a difficulty with the opinion of Rav Huna. **We learned** in the mishna: If **an animal that was giving birth to a firstborn male was encountering difficulty giving birth,** and in order to alleviate the difficulty one wishes to terminate the birth, **he may cut up** the fetus **limb by limb and cast it to the dogs. What, is it not** teaching that **one cuts** each limb **and leaves** it outside the body,[H] casting the limbs to the dogs only after he has already extracted a majority of its body? **And if you say** a firstborn is **consecrated retroactively,** then once the majority of the fetus emerges from the womb all of the limbs would be consecrated retroactively according to Rav Huna. Accordingly, the mishna **should have** said the limbs **must be buried.**[N]

לא, הכא במאי עסקינן – במחתך ומשליך.

The Gemara responds: **No, here we are dealing with one who cuts** each limb **and** immediately **casts it**[N] to the dogs, before any consecration takes effect.

אבל מחתך ומניח, מאי – יקבר? אדתנא סיפא: יצא רובו יקבר ונפטרה מן הבכורה – ליפלוג וליתני בדידיה: במה דברים אמורים? במחתך ומשליך אבר אבר, אבל מחתך ומניח – יקבר!

The Gemara asks: **But** according to this, if **one cuts** the limbs **and leaves** them, **what** is the *halakha*? Each one **must be buried.** If that is so, **rather than teaching in the latter clause** of the mishna: If a **majority of** the fetus **had** already **emerged** it is considered to have been born and duly consecrated, and so if one cut it up **it must be buried, and** any future offspring from that animal **is exempted from firstborn** status; **let** the *tanna* instead **distinguish and teach** a case in which the limbs are consecrated **within the** context of the first case **itself,** in the following manner: **In what** case **is this statement,** that the limbs may be cast to the dogs, **said?** It is **with regard to one who cuts** pieces of the fetus **and** immediately **casts** them to the dogs **limb by limb,** before a majority has emerged. **But** if **one cuts and leaves** the limbs until a majority has emerged, each one of them **must be buried.**

הכי נמי קאמר: במה דברים אמורים? במחתך ומשליך, אבל מחתך ומניח – נעשה כמי שיצא רובו, ויקבר.

The Gemara answers: **That is** indeed **what** the latter clause of the mishna **is saying: In what** case **is this statement said?** It is **with regard to one who cuts and casts** the limbs to the dogs before a majority emerges. **But if one cuts and leaves** the limbs until a majority emerges it is **regarded as though a majority of it emerged** at one time, **and** so **it must be buried.**

בעי רבא: הלכו באיברין אחר הרוב, או לא הלכו באיברין אחר הרוב? היכי דמי?

§ **Rava raises a dilemma:** Does **one follow the majority with regard to limbs** or does **one not follow the majority with regard to limbs?** The Gemara asks: **What are the circumstances** of this dilemma; what exactly is Rava's question?

אילימא כגון שיצא רוב במיעוט אבר, וקא מיבעיא ליה: האי מיעוט דברא, בתר רוב דאבר שדינן ליה, או בתר רובא דעובר שדינן ליה?

If we say it is referring to a case **where** the **majority** of the fetus **emerged,** but that majority **includes** the emergence of the **minority** part **of** one of its **limbs,** then Rava **is raising the** following **dilemma:** With regard to **this minority** part of a limb **that is outside** the womb, do **we cast it,** i.e., count it, together **with** the **majority of** that **limb,** which is still inside the womb, as if the entire limb was still inside the womb? If so, it would be regarded as though a majority of the fetus has not yet emerged. **Or** perhaps **we cast it** and count it together **with the majority of the fetus** that has already emerged, and so it is regarded as though a majority of the fetus has emerged and it is duly consecrated.

פשיטא דלא שבקינן רובא דעובר ואזלינן בתר רוב אבר!

The Gemara rejects this possibility: In that case it is **obvious that we do not disregard the majority of the fetus**[H] **and go after the majority of** the **limb.** Consequently, Rava would not have raised a dilemma about this.

אלא, כגון שיצא חציו ברוב אבר, וקא מיבעיא ליה: ההוא מיעוט דבגואי, מהו למישדייה בתר רוב אבר?

Rather, the dilemma is referring to a case **where half of** the fetus **emerged,** but that half **includes the majority of** a certain **limb, and** Rava **raises the** following **dilemma:** With regard to **this minority** part of a limb **that is inside** the womb, **what is** the *halakha* as to whether **one casts it** and counts it together **with the majority of** that **limb**[H] and considers it as if that entire limb has emerged? If it is counted, it would be regarded as though a majority of the fetus has emerged, and it is duly consecrated.

HALAKHA

Cuts and leaves it outside the body – מחתך ומניח: If an animal that was giving birth to a firstborn male was encountering difficulty giving birth, and one cut up the fetus limb by limb and placed the limbs to one side until a majority of the animal had emerged, then all the limbs require burial and no future offspring is subject to firstborn status. The reason is that once a majority of the animal exists outside the womb, even though it is in pieces, the entire animal is retroactively consecrated as the firstborn, in accordance with the opinion of Rav Huna (Rambam). According to the *Tur* the animal is not consecrated retroactively, and only those pieces cut from it after a majority has emerged require burial, in accordance with the opinion of Rabba (Rambam *Sefer Korbanot*, *Hilkhot Bekhorot* 4:14; *Shulḥan Arukh*, *Yoreh De'a* 319:1).

We do not disregard the majority of the fetus – לא שבקינן רובא דעובר: If the majority of a fetus emerged, even if that majority is reached only by including the minority of one of its limbs, it is considered born (Rambam *Sefer Korbanot*, *Hilkhot Bekhorot* 4:16; *Shulḥan Arukh*, *Yoreh De'a* 319:4).

What is the *halakha* as to whether one casts it with the majority of that limb – מהו למישדייה בתר רוב אבר: If half of a fetus emerged from the womb, and that half includes the majority of a limb that had already emerged, the animal's status as a firstborn is uncertain. Consequently, the next animal born, if it is a male, will also have uncertain firstborn status. The reason for this uncertain status is because the Gemara does not resolve the question of whether or not one says that since the majority of that limb emerged it is considered as though the entire limb had emerged, and consequently a majority of the fetus is considered to have emerged, thereby consecrating it as the firstborn (Rambam *Sefer Korbanot*, *Hilkhot Bekhorot* 4:16; *Shulḥan Arukh*, *Yoreh De'a* 319:4).

NOTES

And if you say a firstborn is consecrated retroactively, the mishna should have said the limbs must be buried – ואי אמרת למפרע הוא קדוש יקבר מיבעי ליה: According to the opinion that the animal is not consecrated retroactively but only from the point when a majority has emerged from the womb, the parts that had emerged before that point would not become consecrated and would not require burial. They may even be thrown to dogs (*Tosafot*).

Here we are dealing with one who cuts and immediately casts it – הכא במאי עסקינן במחתך ומשליך: Even if the fetus is consecrated retroactively, the consecration applies only to those parts of the fetus that still exist at the time when the majority of the fetus has emerged. Consequently, it is permitted to cast the limbs to the dogs as they are cut, as at that time the consecration has not yet taken effect. Even when it does take effect later, it does not take effect on the limbs that already emerged, as they no longer exist. By contrast, in the case in which the first third of the fetus to emerge was sold to a gentile, at the time that the majority of the fetus had emerged the third sold to the gentile was still extant. Therefore, the consecration takes effect on it retroactively and the sale does not take effect at all (Rashi).

תָּא שְׁמַע: יָצָא רוּבּוֹ – הֲרֵי זֶה יִקָּבֵר; מַאי רוּבּוֹ? אִילֵּימָא רוּבּוֹ מַמָּשׁ, עַד הָשְׁתָּא לָא אַשְׁמְעִינַן דְּרוּבּוֹ כְּכוּלּוֹ?

The Gemara suggests: **Come and hear** a resolution from a statement of the mishna: If **a majority of** the fetus **had** already **emerged,** it is considered to have been born and duly consecrated, and so if one cut it up **it must be buried.** The Gemara clarifies: **What** is meant by **a majority of** the fetus? **If we say** it means **literally the majority of** the fetus, then the following difficulty arises: **Until now had we not learned** the principle that **the majority** of an item is considered **like all of it?**[N] This is a well-established principle and it is not necessary to teach it again in this context.

אֶלָּא לָאו, כְּגוֹן שֶׁיָּצָא חֶצְיוֹ בְּרוֹב אֵבֶר!

Rather, is the mishna **not** referring to a case **where half of** the fetus **emerged,** but that half **includes the majority of a limb?** If so, the mishna directly resolves Rava's dilemma and teaches that the minority part of the limb inside the womb is regarded as though it had emerged.

לָא, כְּגוֹן שֶׁיָּצָא רוּבּוֹ בְּמִיעוּט אֵבֶר, וְקָא מַשְׁמַע לָן דְּלָא שָׁבְקִינַן רוּבּוֹ דְּעוּבָּר דִּבְהֵמָה וְאָזְלִינַן בָּתַר אֵבֶר.

The Gemara responds: **No,** the mishna could be referring to a case **where the majority of** the fetus **emerged,** but that majority **includes** the emergence of the **minority of a limb, and it teaches us that we do not disregard the majority of the fetus and go after the majority of the limb.**

בָּעֵי רָבָא: כְּרָכוֹ בְּסִיב, מַהוּ? בְּטַלִּיתוֹ מַהוּ?

§ A firstborn animal is consecrated by virtue of the fact that its birth is the first in which the womb of the mother opens, as indicated by the verse: "Consecrate to Me every firstborn, that which opens the womb" (Exodus 13:2). Concerning this condition, **Rava raises a dilemma: If one wrapped** the fetus **in the bast**[H] of a palm tree while it was still in the womb, and it therefore did not come in contact with the opening of the womb directly when it emerged, **what is** the *halakha* with regard to whether it is consecrated? Likewise, if one wrapped it **in his robe** when it emerged, **what is** the *halakha*?

בְּשִׁלְיָתוֹ מַהוּ? בְּשִׁלְיָתוֹ? אוֹרְחֵיהּ הוּא! אֶלָּא: בְּשִׁלְיָא אַחֶרֶת, מַהוּ?

Rava adds: If it emerged wrapped **in its afterbirth, what is** the *halakha*?[N] The Gemara interjects: How could one suggest that being wrapped **in its afterbirth** would pose a problem? **That is its** natural **manner** of birth, and the afterbirth is consequently not considered an interposition. Accordingly, it is considered as though it was in direct contact with the opening of the womb. **Rather,** Rava's dilemma must be as follows: If it emerged wrapped **in the afterbirth** of **a different** animal, **what is** the *halakha*?

כְּרָכַתּוּ וַאֲחָזַתּוּ וְהוֹצִיאַתּוּ, מַהוּ? הֵיכִי דָּמֵי? אִי דִּנְפַק דֶּרֶךְ רֵישֵׁיהּ – פַּטְרְתֵּיהּ! אֶלָּא, דִּנְפַק דֶּרֶךְ מַרְגְּלוֹתָיו.

Another dilemma: If one **wrapped it** in one's hands **and held it and brought it out**[N] in that fashion, such that the fetus did not come in direct contact with the opening of the womb, **what is** the *halakha*? With regard to all these dilemmas the Gemara asks: **What are the circumstances? If** the fetus **had** already partially **emerged headfirst**[N] and then one wrapped up the body, which was still inside the womb, the *halakha* in such a case is clear: Since its head emerged, it is already considered to have been born and to have **opened up** the womb, and it is duly consecrated. **Rather,** the dilemma is in a case **where it** partially **emerged hind legs first,** and the majority of the body, which was still in the womb, was wrapped before it emerged.

NOTES

Until now had we not learned the principle that the majority of an item is considered like all of it – עַד הָשְׁתָּא לָא אַשְׁמְעִינַן דְּרוּבּוֹ כְּכוּלּוֹ: The commentaries ask: According to the Gemara's interpretation of the mishna in accordance with the opinion of Rav Huna, this clause of the mishna does in fact teach a novelty. It teaches that if one cut the fetus limb by limb and set the limbs aside, even the pieces that were cut before the majority emerged must be buried. Why doesn't the Gemara consider this a sufficient novelty to justify the clause? Rashi clarifies that the Gemara's interpretation was considered problematic in any case, as it explains the mishna in a far-fetched manner; and in fact that is why it was rejected.

The Rosh concludes from the Gemara's claim here that the *halakha* is not in accordance with the opinion of Rav Huna. Rather, the *halakha* is in accordance with the opinion of Rabba, who explains the mishna in a straightforward manner.

If one wrapped it in the bast of a palm tree…in his robe…in its afterbirth, what is the *halakha* – כְּרָכוֹ בְּסִיב...בְּטַלִּיתוֹ...בְּשִׁלְיָתוֹ מַהוּ: In all of these cases the question is whether the substance is considered an interposition, which would prevent the animal from being consecrated as a firstborn. The Gemara presents the cases in order of increasing novelty. For instance, even if bast or a robe are considered to be interpositions, perhaps that is only because they are composed of types of material different from a fetus. Therefore, it is still possible that afterbirth would not be considered an interposition.

Wrapped it in one's hands and held it [*ve'aḥazatu*] and brought it out – כְּרָכַתּוּ וַאֲחָזַתּוּ וְהוֹצִיאַתּוּ: The verbal forms used here are third person female. Rashi explains they refer to a midwife, and this is how midwives would regularly assist a birth. The Gemara's question, therefore, is that perhaps her wrapping it in her hands and bringing it out should be considered the normal manner of birth and should therefore not be considered an interposition. Others question this interpretation, as the Gemara is referring to the birth of an animal, and in such cases, the Gemara generally refers to the person assisting the birth as a male shepherd, not as a female midwife (Rabbeinu Tam). For this reason Rabbeinu Tam prefers the version of the text cited by Rabbeinu Ḥananel, which reads *aḥoto*, meaning: Its sister, instead of *ve'aḥazatu*, meaning: And she held it. Accordingly, the reference is to a male fetus born together with a female twin, with the legs of the latter wrapped around the head of the former. The dilemma is whether the male is considered to have opened the womb.

What are the circumstances if it had emerged headfirst – הֵיכִי דָּמֵי אִי דִּנְפַק דֶּרֶךְ רֵישֵׁיהּ: Rashi states that this clarification refers to all of the preceding dilemmas, including the cases of a fetus wrapped in bast or a robe. Since one can wrap a fetus only after it has begun to emerge, the issue of whether its head emerged first is critical, as if it did, that alone is sufficient to consecrate it as a firstborn.

According to the explanation of Rabbeinu Ḥananel that the previous dilemma concerned a case where the male fetus emerged wrapped around its sister, this question concerns specifically that case, and the phrase: Emerged headfirst, refers to the sister. If her head emerged first, she would be considered the first to be born, and the brother would not become consecrated upon his birth. The Gemara's answer is that the legs of the female emerged first, with the head of the male between them.

HALAKHA

If one wrapped the fetus in the bast, etc. – כְּרָכוֹ בְּסִיב וכו׳: If one wrapped an animal in bast or in the afterbirth of another animal while it was still in its mother's womb and it then emerged from the womb, or if it emerged wrapped in the limbs of its sister, which is Rabbeinu Ḥananel's explanation of the Gemara, it is considered an uncertain firstborn. This is because the Gemara does not resolve the dilemma of whether such items are considered an interposition (Rambam *Sefer Korbanot*, *Hilkhot Bekhorot* 4:17).

בְּלָעַתְהוּ חוּלְדָּה וְהוֹצִיאַתּוּ, מַהוּ? הוֹצִיאַתּוּ? הָא אַפִּיקְתֵּיהּ! אֶלָּא: בְּלָעַתּוּ וְהוֹצִיאַתּוּ, וְהִכְנִיסַתּוּ וְהֵקִיאַתּוּ, וְיָצָא מֵאֵלָיו, מַהוּ?

Rava raises additional dilemmas: If **a weasel**[B] entered the womb and **swallowed** the fetus there, **and** then exited the womb, **bringing** the fetus **out** in its stomach, **what is the** *halakha*? The Gemara interjects: Is there any doubt about a case where the weasel **brought** the fetus **out** in its stomach? In such a case it is the weasel that **brought it out,** and it is certainly not regarded as though the fetus opened the womb. **Rather,** the dilemma concerns a case where the weasel **swallowed** the fetus **and brought it out, and** then **brought** it back **into** the womb **and vomited it** out while inside the womb, **and** the fetus subsequently **emerged of its own accord. What is** the *halakha* in this case?

הִדְבִּיק שְׁנֵי רְחָמִים, וְיָצָא מִזֶּה וְנִכְנַס לָזֶה, מַהוּ? דִּידֵיהּ פָּטַר, דְּלָאו דִּידֵיהּ לָא פָּטַר; אוֹ דִּלְמָא דְּלָאו דִּידֵיהּ נַמִי פָּטַר? תֵּיקוּ.

Another dilemma: If **one pressed together** the openings of **two wombs**[NH] of two animals giving birth to firstborns, **and** a fetus **exited from** the womb of **this** animal **and entered** the womb of **that** animal, and then emerged from the womb of the second animal, after which the second animal gave birth to its fetus, **what is** the *halakha* with regard to whether the fetus of the second animal is consecrated as a firstborn? Is the womb considered to have **opened** only when **its own** fetus emerges from inside, but a fetus **that is not its own** is **not** halakhically considered to have **opened** the womb? **Or perhaps** even a fetus **that is not its own is also** considered to have **opened** the womb? The Gemara does not provide a resolution for these dilemmas and concludes: The dilemma **shall stand** unresolved.

בָּעֵי רַב אַחָא: נִפְתְּחוּ כּוֹתְלֵי בֵּית הָרֶחֶם מַהוּ? אֲוִיר רֶחֶם מַקְדִּישׁ – וְהָאִיכָּא, אוֹ דִּלְמָא נְגִיעַת רֶחֶם מְקַדְּשָׁה – וְהָא לֵיכָּא?

Rav Aḥa raises a dilemma: If **the walls of the** opening of the **womb opened**[H] and widened to such an extent that when the fetus emerged it did not touch them, **what is** the *halakha*? Does the **airspace** of the opening of the **womb consecrate** the fetus as it is born, **and** this situation **exists** here in this case; **or perhaps** it is the **contact with** the opening of the **womb** that **consecrates it, and** this situation **does not exist** here in this case?

בָּעֵי מָר בַּר רַב אַשִׁי: נֶעֶקְרוּ כּוֹתְלֵי בֵּית הָרֶחֶם מַהוּ? נֶעֶקְרוּ? לֵיתְנְהוּ! אֶלָּא: נֶעֶקְרוּ וְתָלוּ לֵיהּ בְּצַוָּארֵיהּ, מַאי? בִּמְקוֹמָן מְקַדְּשִׁי, שֶׁלֹּא בִּמְקוֹמָן לָא מְקַדְּשִׁי, אוֹ דִּלְמָא שֶׁלֹּא בִּמְקוֹמָן נַמִי מְקַדְּשִׁי?

Mar bar Rav Ashi raises a dilemma: If **the walls of the** opening of the **womb were removed,**[H] **what is** the *halakha*? The Gemara interjects: The *halakha* in this case is clear, since if **they were removed they are not** there to consecrate the fetus. **Rather,** the dilemma is in a case where **they were removed** from their original place, recessed inside the womb, **and** as the fetus emerged, the walls **lay on its neck.** In such a case, **what is** the *halakha*? Do the walls of the opening of the womb **consecrate** a fetus only **when they are in their** natural **place,** but **when they are not in their** natural **place they cannot consecrate** a fetus? **Or perhaps when they are not in their** natural **place they also consecrate** the fetus.

BACKGROUND

Weasel [*ḥulda*] – חוּלְדָּה: The *ḥulda* of the Talmud, which is probably the same as the *ḥoled* of Leviticus 11:29, is described in tractate *Ta'anit* (8a) as killing a human baby. Yisrael Aharoni, an influential, early twentieth-century Israeli zoologist, proposed that it is the brown rat, a predatory animal, and therefore *ḥulda* became the name for the rat in modern Hebrew. Yet it is now known that brown rats reached the Middle East only very recently. Moreover, in the talmudic era, the only rat present in the Middle East was the black rat, a much smaller rodent, which is not predatory.

The opinion of the medieval European rabbinic tradition with regard to the *ḥulda* is more likely the correct one, which identifies it as a member of the weasel family. The weasel itself does not live in the Middle East, although it did live there in the early biblical era and possibly survived through talmudic times. The marten, which belongs to the same family, is found in Eretz Yisrael today and is also a possible candidate for the *ḥulda*. Other references to the *ḥulda* in the Talmud (see, e.g., *Pesaḥim* 9a–b) depict a creature that stores and eats crumbs of bread, which is plainly not a weasel or a marten. This has led researchers to conclude that the term must refer to different species in different contexts.

NOTES

If a weasel swallowed and exited, bringing the fetus out…if one pressed together two wombs – בְּלָעַתְהוּ חוּלְדָּה וְהוֹצִיאַתּוּ...הִדְבִּיק שְׁנֵי רְחָמִים: The commentaries note that these cases could never happen in practice, and they are discussed here in accordance with the principle: Expound on new understandings of Torah and receive reward (see *Sota* 44a), i.e., one should learn Torah for its own sake, even without practical ramifications (*Tosafot* on *Shabbat* 152b). That said, there are many instances where a hypothetical case sheds light on a basic principle, which affects the *halakha* in other situations. In this context, modern biology has made possible certain cases, e.g., the transplantation of fetuses and surrogate mothers, where these dilemmas are in fact relevant, and are discussed by some contemporary authorities in that context.

HALAKHA

If one pressed together two wombs – הִדְבִּיק שְׁנֵי רְחָמִים: If one pressed the womb of one animal to the womb of another, and then a fetus exited from one womb and entered the other, it is uncertain whether or not the second mother is exempted from having its subsequent offspring counted a firstborn, as the Gemara leaves the dilemma unresolved (Rambam *Sefer Korbanot*, *Hilkhot Bekhorot* 4:18).

If the walls of the opening of the womb opened – נִפְתְּחוּ כּוֹתְלֵי בֵּית הָרֶחֶם: If the walls of an animal's womb widened and the animal emerged without coming into contact with them, it is an uncertain firstborn. The reason is that the Gemara does not resolve the question of whether the physical contact with or the airspace of the cervix effects the consecration of a firstborn (Rambam *Sefer Korbanot*, *Hilkhot Bekhorot* 4:19).

If the walls of the opening of the womb were removed – נֶעֶקְרוּ כּוֹתְלֵי בֵּית הָרֶחֶם: If the walls of an animal's cervix were removed from their natural place and were hanging from the neck of the fetus, it is an uncertain firstborn. The reason is that the Gemara does not resolve the dilemma of whether the cervix effects consecration only when it is in its natural place or even when it is not in its place (Rambam *Sefer Korbanot*, *Hilkhot Bekhorot* 4:20).

בָּעֵי מִינֵּיהּ רַבִּי יִרְמְיָה מֵרַבִּי זֵירָא: נִגְמְמוּ כּוֹתְלֵי בֵּית הָרֶחֶם, מַהוּ? אֲמַר לֵיהּ: קָא נָגַעְתְּ בְּבַעְיָא דְּאִיבַּעְיָא לַן. דִּבְעֵי רַבִּי זֵירָא, וְאָמְרִי לַהּ בְּעָא מִינֵּיהּ רַבִּי זֵירָא מֵרַבִּי אַסִי: עוֹמֵד מְרוּבֶּה עַל הַפָּרוּץ, וְיָצָא דֶּרֶךְ פָּרוּץ; פָּרוּץ מְרוּבֶּה עַל הָעוֹמֵד, וְיָצָא דֶּרֶךְ עוֹמֵד, מַאי?

Rabbi Yirmeya raises a dilemma before Rabbi Zeira: If the walls of the opening of the womb were thinned [*nigmemu*][NLH] by removing the inner layer, **what is the** *halakha*? If the fetus then emerges through them is it consecrated? Rabbi Zeira **said to him: You have touched upon a dilemma that was** already **raised before us,** and that discussion provides the answer to your dilemma. **As Rabbi Zeira raised a dilemma, and some say Rabbi Zeira raised** that **dilemma before Rabbi Asi:** If a section of the opening of the womb was cut away, but the **standing** section, i.e., the part remaining, **is greater** in size **than the breached,** removed, section,[H] **and the** offspring **emerged through the breached** section; or if the **breached** section **is greater** in size **than the standing** section **and** the offspring **emerged through** the **standing** section, **what is** the *halakha*?

עַד כָּאן לָא אִיבַּעְיָא לֵיהּ אֶלָּא פָּרוּץ מְרוּבֶּה עַל הָעוֹמֵד, דְּאִיכָּא עוֹמֵד בָּעוֹלָם, אֲבָל נִגְמְמוּ לָא קָא מִיבַּעְיָא לֵיהּ.

Rabbi Zeira explains how this dilemma can resolve Rabbi Yirmeya's dilemma: That **dilemma was raised only with regard to** a case where the **breached** section **is greater than the standing** section, **as there is** at least some part of the womb still **standing** and therefore one can consider the possibility that it could consecrate the fetus. **But a dilemma was not raised with regard to** case where the walls **were thinned,** because in that case it is obvious that the fetus is not consecrated, as there is nothing left to consecrate it.

NOTES

Were thinned – נִגְמְמוּ: Rashi cites two explanations for this case. The first is that the walls of the cervix became thinned out all the way around, while the second is that the inner section of the wall of the cervix was cut away, leaving only its outer rim.

LANGUAGE

Thinned [*nigmemu*] – נִגְמְמוּ: The root *nun, gimmel, mem* refers to cutting. It does not mean to cut an object into two, or even to uproot it. Rather, it refers to the removal of the upper part of an item while the main section remains intact. The Sages use the term in this manner with reference to cutting wood, vessels (see, e.g., *Shabbat* 60b), and the molars of animals.

HALAKHA

If the walls of the opening of the womb were thinned – נִגְמְמוּ כּוֹתְלֵי בֵּית הָרֶחֶם: If the walls of the cervix were cut away, then the fetus that emerges is not consecrated as a firstborn. The Gemara infers this from Rabbi Zeira's dilemma, according to the interpretation of the Rambam (Rambam *Sefer Korbanot, Hilkhot Bekhorot* 4:21).

The standing section is greater than the breached section – עוֹמֵד מְרוּבֶּה עַל הַפָּרוּץ: If a minority of the sides of the cervix were missing and the fetus emerged via the missing section, or if most of the sides were missing and the fetus emerged via the extant part, it is an uncertain firstborn. The reason is that Rabbi Zeira's dilemma with regard to this case is left unresolved (Rambam *Sefer Korbanot, Hilkhot Bekhorot* 4:21).

Perek **IV**
Daf **70** Amud **b**

מַתְנִי׳ בְּהֵמָה שֶׁמֵּתָה עוּבָּרָהּ בְּתוֹךְ מֵעֶיהָ, וְהוֹשִׁיט הָרוֹעֶה אֶת יָדוֹ וְנָגַע בּוֹ, בֵּין בִּבְהֵמָה טְמֵאָה בֵּין בִּבְהֵמָה טְהוֹרָה – טָהוֹר. רַבִּי יוֹסֵי הַגְּלִילִי אוֹמֵר: בִּטְמֵאָה – טָמֵא, וּבִטְהוֹרָה טָהוֹר.

MISHNA With regard to **an animal whose fetus died in its womb**[H] **and the shepherd reached his hand** into the womb **and touched** the fetus, **both** in the case of **a non-kosher animal and** in the case of **a kosher animal** the fetus does not have the status of an animal carcass that imparts ritual impurity, and the shepherd remains **ritually pure. Rabbi Yosei HaGelili says: In** the case of **a non-kosher** animal it is **impure, and in** the case of **a kosher** animal it is **pure.**

גְּמָ׳ מַאי טַעְמָא דְּתַנָּא קַמָּא? אָמַר רַב חִסְדָּא: קַל וָחוֹמֶר, אִם הוֹעִילָה אִמּוֹ לְהַתִּירוֹ בַּאֲכִילָה, לֹא תּוֹעִיל לוֹ לְטַהוֹרֵיהּ מִידֵי נְבֵלָה?

GEMARA The Gemara asks: **What is the reason** for the ruling **of the first** *tanna*? **Rav Ḥisda said:** It is apparent through **an** ***a fortiori*** inference: **If** being inside **its mother is effective to permit it for consumption** through the slaughter of its mother even if the fetus was found dead inside the womb, then **should** being inside its mother **not** also **be effective to render it pure from** the impurity of **an animal carcass?**

אַשְׁכְּחַן בְּהֵמָה טְהוֹרָה, בְּהֵמָה טְמֵאָה מְנָלַן? אָמַר קְרָא: ״וְכִי יָמוּת מִן הַבְּהֵמָה״ – זוֹ בְּהֵמָה טְמֵאָה, ״אֲשֶׁר הִיא לָכֶם לְאָכְלָה״ – זוֹ בְּהֵמָה טְהוֹרָה, אִיתְקַשׁ בְּהֵמָה טְמֵאָה לִבְהֵמָה טְהוֹרָה, מַה בְּהֵמָה טְהוֹרָה – עוּבָּרָהּ טָהוֹר, אַף בְּהֵמָה טְמֵאָה – עוּבָּרָהּ טָהוֹר.

The Gemara asks: **We found** a rationale for this *halakha* with regard to **a kosher animal; from where do we** derive that the same applies to **a non-kosher animal?** The Gemara answers that **the verse states:** "And when a domesticated animal dies, of those that you eat, one who touches its carcass shall be impure until the evening" (Leviticus 11:39). The Gemara interprets the verse as follows: **"And when a domesticated animal dies," this** is referring **to a non-kosher animal; "of those that you eat," this** is referring **to a kosher animal.** The verse thereby **juxtaposes a non-kosher animal to a kosher animal** with regard to imparting impurity of a carcass, and teaches that **just as** with regard to **a kosher animal, its fetus** that died in its womb **is pure,** as derived above through an *a fortiori* inference, **so too,** with regard to **a non-kosher animal, its** dead **fetus is pure.**

HALAKHA

An animal whose fetus died in its womb – בְּהֵמָה שֶׁמֵּתָה עוּבָּרָהּ בְּתוֹךְ מֵעֶיהָ: If the fetus of a kosher or a non-kosher animal died in its womb, and the shepherd inserted his hand and touched it, he remains ritually pure, in accordance with the opinion of the first *tanna* in the mishna (Rambam *Sefer Tahara, Hilkhot She'ar Avot HaTumot* 2:2).

וְרַבִּי יוֹסֵי הַגְּלִילִי מַאי טַעְמָא? אָמַר רַבִּי יִצְחָק, דְּאָמַר קְרָא ״וְכֹל הוֹלֵךְ עַל כַּפָּיו בְּכָל הַחַיָּה הַהֹלֶכֶת״ וגו׳ – מְהַלְּכֵי כַּפַּיִם בְּחַיָּה טִמֵּאתִי לָךְ.

The Gemara asks: **And** as for **Rabbi Yosei HaGelili, what is the reason** for his ruling? **Rabbi Yitzḥak said that the verse states** with regard to non-kosher animals that do not have cloven hooves: **"And whatever walks on its paws, among any [*bekhol*] undomesticated animal [*ḥayya*] that walks** on all fours, they are impure for you; whoever touches their carcass shall be impure until the evening" (Leviticus 11:27). Rabbi Yosei HaGelili expounds this verse as follows: Those animals **that walk on** their **paws,** i.e., that do not have cloven hooves, which are **inside** the body of **an animal, I rendered impure for you.** Rabbi Yitzḥak interprets the term *bekhol* as meaning: Inside the body of, and the word *ḥayya* as meaning: A live animal. Accordingly, he understands the verse to be referring to a dead fetus found inside a living animal.

אֶלָּא מֵעַתָּה, קָלוּט בִּמְעֵי פָּרָה לִיטַמֵּא, דִּמְהַלְּכֵי כַּפַּיִם בְּחַיָּה הוּא! מְהַלְּכֵי כַּפַּיִם בִּמְהַלְּכֵי אַרְבַּע, וְהַאי – מְהַלְּכֵי אַרְבַּע בִּמְהַלְּכֵי שְׁמֹנֶה הוּא.

The Gemara objects: **If that is so,** then a dead fetus with **non-cloven** hooves found **inside a cow should be impure,** despite the fact that it is from a kosher species, **as it is** an animal that **walks on** its **paws** that is **inside** the body of a kosher **animal.** The Gemara explains: The verse renders impure an animal that **walks upon** its four **paws** that is **inside** an animal **that walks** on **four** paws. **But this is** a case of an animal that **walks on four inside** an animal that **walks on eight.** Since the mother cow's hooves are entirely split into two parts, it actually walks on eight parts and is not the animal referred to by the verse.

פָּרָה בִּמְעֵי גָּמָל לָא תִּטַּמֵּא, דִּמְהַלְּכֵי שְׁמֹנֶה בִּמְהַלְּכֵי אַרְבַּע הוּא! ״הוֹלֵךְ״ ״וְכֹל הוֹלֵךְ״ – לְרַבּוֹת פָּרָה בִּמְעֵי גָּמָל.

The Gemara raises another objection: If that is so, then a dead fetus in the form of **a cow,** which has eight parts to its legs, **inside the womb of a camel,** a non-kosher animal with non-cloven hooves, **should not be impure, as it is** an animal that **walks on eight inside** an animal that **walks on four,** and the verse is not referring to it. The Gemara responds that the verse could have stated: **Walks upon,** but instead states: **"And whatever walks upon,"** i.e., the addition of the word "whatever" serves **to include** a dead **cow** fetus **in the womb of a camel,** teaching that it is impure.

קָלוּט בִּמְעֵי קְלוּטָה לִיטַמֵּא, דִּמְהַלְּכֵי אַרְבַּע בִּמְהַלְּכֵי אַרְבַּע הוּא! לְהָכִי אַהֲנֵי קַל וָחוֹמֶר דְּרַב חִסְדָּא.

The Gemara objects: If that is so, then a dead fetus with **non-cloven** hooves **inside the womb of** a cow with **non-cloven** hooves should **be impure, as it is** an animal that **walks on four inside** an animal that **walks on four,** but the *halakha* is that since the mother is a kosher species, it is pure. The Gemara explains: It is **to that** end that the ***a fortiori*** inference of **Rav Ḥisda is effective,** as it renders pure the fetuses of all kosher animals, even if their hooves are not fully cloven.

מַתְקִיף לַהּ רַב אַחַדְבוֹי בַּר אַמֵּי: חֲזִיר בִּמְעֵי חֲזִירְתָּא לָא לִיטַמֵּא, דִּמְהַלְּכֵי שְׁמֹנֶה בִּמְהַלְּכֵי שְׁמֹנֶה הוּא!

Rav Aḥadvoi bar Ami objects to this explanation that the verse renders impure only animals that walk on four inside animals that walk on four: If that is so, a dead **pig** fetus **inside the womb of a female pig should not be impure,** as a pig has cloven hooves, and so **it is** an animal that **walks on eight inside** an animal that **walks on eight,** and so the verse is not referring to it.

אֶלָּא אָמַר רַב נַחְמָן בַּר יִצְחָק, מֵהָכָא: ״נֶפֶשׁ כִּי תִגַּע בְּכָל דָּבָר טָמֵא אוֹ בְנִבְלַת חַיָּה טְמֵאָה אוֹ בְּנִבְלַת בְּהֵמָה טְמֵאָה אוֹ בְּנִבְלַת שֶׁרֶץ טָמֵא״,

Rather, Rav Naḥman bar Yitzḥak said that Rabbi Yosei HaGelili's opinion is derived **from here:** The verse states with regard to the sliding-scale offering brought by one who was unaware that he was impure when he ate consecrated food or entered the Temple: **"A person who touched anything impure, or the carcass of a non-kosher undomesticated animal, or the carcass of a non-kosher domesticated animal, or the carcass of an impure creeping animal,** and is guilty, it having being hidden from him that he is impure" (Leviticus 5:2).

וְכִי נִבְלַת בְּהֵמָה טְמֵאָה מְטַמְּאָה, וּבִטְהוֹרָה לֹא מְטַמְּאָה? אֶלָּא אֵיזֶה זֶה – זֶה עוּבָר, שֶׁבִּטְמֵאָה – טָמֵא, וּבִטְהוֹרָה – טָהוֹר.

The verse presents a difficulty: **Does** only **a carcass of a non-kosher animal impart impurity, and** that of **a kosher** animal **not impart impurity?** The *halakha* is that both do. **Rather, what is this** animal to which the verse is referring? **This is a fetus, which** if **inside a non-kosher** animal is **impure, and** if **inside a kosher** animal is **pure.**

וּמֵאַחַר דְּנָפְקָא לֵיהּ מִדְּרַב נַחְמָן בַּר יִצְחָק, דְּרַבִּי יִצְחָק לָמָּה לִי? אִי לָאו דְּרַבִּי יִצְחָק, הֲוָה אָמֵינָא: כּוּלֵּיהּ לְכִדְרַבִּי הוּא דְּאָתָא, קָא מַשְׁמַע לַן.

The Gemara asks: **And since** this *halakha* **is derived from** the statement of **Rav Naḥman bar Yitzḥak, why do I** need the proof **of Rabbi Yitzḥak** from the verse: "And whatever walks on its paws, among any undomesticated animal that walks on all fours" (Leviticus 11:27)? The Gemara explains: **Were it not** for the derivation of **Rabbi Yitzḥak, I would say** that **the entire** verse expounded by Rav Naḥman bar Yitzḥak **comes to** teach only **that which Rabbi** Yehuda HaNasi derived from it, as cited by the Gemara later on. Rabbi Yitzḥak's statement **teaches us** that the verse is also to be expounded as Rav Naḥman bar Yitzḥak explained.

תַּנְיָא, אָמַר רַבִּי יוֹנָתָן: נַמְתִּי לוֹ לְבֶן עַזַּאי, לָמַדְנוּ נִבְלַת בְּהֵמָה טְהוֹרָה שֶׁמְּטַמְּאָה, וְנִבְלַת בְּהֵמָה טְמֵאָה שֶׁמְּטַמְּאָה, נִבְלַת חַיָּה טְמֵאָה שֶׁמְּטַמְּאָה;

§ **It is taught** in a *baraita* that **Rabbi Yonatan**, a student of Rabbi Yishmael, **says: I said** [*namti*][L] **to ben Azzai: We learned that a carcass of a kosher domesticated animal imparts impurity**[H] from the verse: "And when a domesticated animal dies, of those that you eat, one who touches its carcass shall be impure until the evening" (Leviticus 11:39). **And** we learned that **a carcass of a non-kosher domesticated animal imparts impurity,** and **that a carcass of a non-kosher undomesticated animal imparts impurity,** from the verse: "A person who touched anything impure, or the carcass of a non-kosher undomesticated animal, or the carcass of a non-kosher domesticated animal" (Leviticus 5:2).

נִבְלַת חַיָּה טְהוֹרָה לֹא לָמַדְנוּ מִנַּיִן! נַם לִי: "כֹּל הוֹלֵךְ עַל כַּפָּיו בְּכָל הַחַיָּה הַהֹלֶכֶת".

But **we did not** yet **learn** about **a carcass of a kosher undomesticated animal. From where** is it derived that it imparts impurity? Ben Azzai **said to me** that this is derived from the verse: "And **whatever walks on its paws, among any undomesticated animal that walks** on all fours" (Leviticus 11:27). The inclusive term "among any" serves to include even a carcass of a kosher undomesticated animal among those that impart impurity.

נַמְתִּי לוֹ: וְכִי נֶאֱמַר "וְכָל חַיָּה"? וַהֲלֹא לֹא נֶאֱמַר אֶלָּא: "בְּכָל הַחַיָּה", לִמְהַלְּכֵי כַּפַּיִם בְּחַיָּה הוּא דְּאָתָא! נַם לִי: וּמָה יִשְׁמָעֵאל אוֹמֵר בַּדָּבָר הַזֶּה?

Rabbi Yonatan continues. **I said to** ben Azzai: **But does it state: And any undomesticated animal? Isn't it stated only: "Among any undomesticated animal"?** And as explained earlier, this **comes to** teach **that** a dead fetus in the form of any of the animals that **walk** on their **paws inside an undomesticated animal imparts impurity. He said to me: And what does** Rabbi **Yishmael,** your teacher, **say about this matter?**

נַמְתִּי לוֹ: "וְכִי יָמוּת מִן הַבְּהֵמָה" – זוֹ בְּהֵמָה טְמֵאָה, "אֲשֶׁר הִיא לָכֶם לְאׇכְלָה" – זוֹ בְּהֵמָה טְהוֹרָה. לָמַדְנוּ: חַיָּה בִּכְלַל בְּהֵמָה, וּבְהֵמָה בִּכְלַל חַיָּה;

I said to him that Rabbi Yishmael derives all these *halakhot* from the verse: "And when a domesticated animal dies, of those that you eat, one who touches its carcass shall be impure until the evening" (Leviticus 11:39), as follows: **"And when a domesticated animal** [*habehema*] **dies," this** is referring to **a non-kosher animal; "of those that you eat," this** is referring to **a kosher animal.** And **we learned** that **a *ḥayya* is included** in the category of **a *behema*,** i.e., the term *behema* can also refer collectively to both domesticated and undomesticated animals. **And** likewise, **a *behema* is included** in the category of **a *ḥayya*.**

חַיָּה טְהוֹרָה בִּכְלַל בְּהֵמָה טְהוֹרָה, חַיָּה טְמֵאָה בִּכְלַל בְּהֵמָה טְמֵאָה,

Furthermore, **a kosher *ḥayya* is included** when the Torah makes reference to **a kosher *behema*,** and **a non-kosher *ḥayya* is included** when the Torah makes reference to **a non-kosher *behema*.**

LANGUAGE

I said [*namti*] – נַמְתִּי: From the root *nun, aleph, mem*, which refers to speech and appears frequently in both the Bible and statements of the Sages. The verb is often conjugated as though the root were *nun, vav, mem*.

HALAKHA

That a carcass of a kosher domesticated animal imparts impurity, etc. – נִבְלַת בְּהֵמָה טְהוֹרָה שֶׁמְּטַמְּאָה וכו׳: When an animal dies without being ritually slaughtered, whether it was domesticated or undomesticated, kosher or non-kosher, its flesh is a primary source of ritual impurity [*av hatuma*]. It imparts impurity to people and vessels by contact, to earthenware vessels through their airspace, and imparts impurity to a person who carries it, thereby rendering his garments impure as well (Rambam *Sefer Tahara, Hilkhot She'ar Avot HaTumot* 1:1).

LANGUAGE

Woe [*haval*] – חֲבָל: This exclamation is derived from the root *het, beit, lamed*, in accordance with the Aramaic meaning of *havala*, loss.

HALAKHA

With regard to distinguishing characteristics – לְסִימָנִים: The distinguishing characteristics of a kosher animal are the same for domesticated and undomesticated animals. The animal must have cloven hooves and chew its cud (Rambam *Sefer Kedusha, Hilkhot Ma'akhalot Assurot* 1:2; *Shulhan Arukh, Yoreh De'a* 79:1).

With regard to mating – לְהַרְבָּעָה: If one mates two animals from different species he is liable to receive lashes. This applies to both domesticated and undomesticated animals, whether they are kosher or non-kosher (Rambam *Sefer Zera'im, Hilkhot Kilayim* 9:1, 8; *Shulhan Arukh, Yoreh De'a* 297:1).

בְּהֵמָה טְמֵאָה בִּכְלָל חַיָּה טְמֵאָה, בְּהֵמָה טְהוֹרָה בִּכְלָל חַיָּה טְהוֹרָה. וּבְלָשׁוֹן הַזֶּה אָמַר לִי: חֲבָל עַל בֶּן עַזַּאי שֶׁלֹּא שִׁימֵּשׁ אֶת רַבִּי יִשְׁמָעֵאל!

And likewise, **a non-kosher *behema* is included** in the category of **a non-kosher *hayya*,** and **a kosher *behema* is included** in the category of **a kosher *hayya*.** Accordingly, although the verse here is referring to a *behema*, it is understood to be referring collectively to both a *behema* and a *hayya*, and teaches that the carcasses of both types impart impurity. **And** upon hearing this, ben Azzai **said to me in these words: Woe** [*haval*][L] **unto ben Azzai, who did not serve Rabbi Yishmael.**[N]

חַיָּה בִּכְלָל בְּהֵמָה, מְנָלַן? דִּכְתִיב: ״זֹאת הַבְּהֵמָה אֲשֶׁר תֹּאכֵלוּ שׁוֹר שֵׂה כְשָׂבִים וגו׳ אַיָּל וּצְבִי וְיַחְמוּר״ וגו׳, הָא כֵּיצַד? חַיָּה בִּכְלָל בְּהֵמָה.

The Gemara analyzes Rabbi Yishmael's statement: **From where do** we derive that according to the Torah, **a *hayya* is included** in the category of **a *behema*? As it is written: "These are the *behema* that you may eat: An ox, a sheep,** and a goat, **a deer, and a gazelle, and a fallow deer,** and a wild goat, and an oryx, and an aurochs, and a wild sheep" (Deuteronomy 14:4–5). Despite employing the term "*behema*," the verse also lists the deer and the gazelle, which are undomesticated animals. **How is this** possible? From here it is evident that **a *hayya* is included** by the Torah in the category of **a *behema*.**

בְּהֵמָה בִּכְלָל חַיָּה, מְנָלַן? דִּכְתִיב: ״זֹאת הַחַיָּה אֲשֶׁר תֹּאכְלוּ מִכָּל הַבְּהֵמָה אֲשֶׁר עַל הָאָרֶץ כֹּל מַפְרֶסֶת פַּרְסָה״, הָא כֵּיצַד? בְּהֵמָה בִּכְלָל חַיָּה.

From where do we derive that according to the Torah, **a *behema* is included** in the category of **a *hayya*? As it is written: "These are the *hayya* that you may eat, among all the *behema* that are on the earth. Whatever parts the hoof"** (Leviticus 11:2–3). **How is this** possible, that the verse mentions a *hayya* and then refers to a *behema*? This indicates that **a domesticated animal is included** in the category of **a *hayya*** by the Torah.

חַיָּה טְהוֹרָה בִּכְלָל בְּהֵמָה טְהוֹרָה – לְסִימָנִים,

The Gemara further clarifies: The principle that **a kosher *hayya* is included** by the Torah in the category of **a kosher *behema*** is relevant **with regard to** the **distinguishing characteristics**[H] of kosher animals. The Torah states with regard to a domesticated animal that only a species that chews its cud and has cloven hooves is kosher. Nevertheless, this requirement is understood as a reference to both domesticated and undomesticated animals.

חַיָּה טְמֵאָה בִּכְלָל בְּהֵמָה טְמֵאָה – לְהַרְבָּעָה,

The principle that **a non-kosher *hayya* is included** by the Torah in the category of **a non-kosher *behema*** is relevant **with regard to** the prohibition against **mating**[H] one species with another. The Torah states the prohibition with regard to a *behema*: "You shall not let your animal [*behema*] mate with a diverse kind" (Leviticus 19:19). Nevertheless, this is understood as referring to both a *behema* and a *hayya*.

בְּהֵמָה טְמֵאָה בִּכְלַל חַיָּה טְמֵאָה – לְכִדְרַבִּי; דְּתַנְיָא,

The principle that **a non-kosher *behema* is included** by the Torah in the category of **a non-kosher *hayya*** is relevant **with regard to that which Rabbi** Yehuda HaNasi taught, **as it is taught** in a *baraita*: The verse delineates a case in which one is obligated to bring a sliding-scale offering as an atonement: "A person who touched anything impure, or the carcass of a non-kosher undomesticated animal [*hayya*], or the carcass of a non-kosher domesticated animal [*behema*], or the carcass of an impure creeping animal, and is guilty, it having being hidden from him that he is impure" (Leviticus 5:2). But the nature of the transgression for which the person requires atonement is not apparent from the verse.

NOTES

Woe unto ben Azzai, who did not serve Rabbi Yishmael – חֲבָל עַל בֶּן עַזַּאי שֶׁלֹּא שִׁימֵּשׁ אֶת רַבִּי יִשְׁמָעֵאל: Ben Azzai issued this remark about himself. He felt it was to his detriment that he had not had the opportunity to study under Rabbi Yishmael, who could have taught him many *halakhot* he did not know. It is noted by the *Maharatz Hayyut* that initially ben Azzai asked Rabbi Yonatan: What does Yishmael say about this matter, without entitling him Rabbi. Once he heard this exposition cited in his name, he called him Rabbi Yishmael, in accordance with the statement that whoever learns even one matter from another must call him Rabbi (see *Avot* 6:3).

רַבִּי אוֹמֵר: אֶקְרָא אֲנִי חַיָּה, בְּהֵמָה לָמָּה נֶאֶמְרָה?

Rabbi Yehuda HaNasi **says:** Since a domesticated animal is also referred to as a *ḥayya*, it would be sufficient if **I would read,** i.e., the verse would write, only the clause about **a *ḥayya*,** and I would have known that one who touches a carcass of any non-kosher animal is impure. **Why,** then, **is** an explicit clause about **a *behema* stated?** It serves as the basis for a verbal analogy.

נֶאֶמְרָה כָּאן "בְּהֵמָה טְמֵאָה", וְנֶאֱמַר לְהַלָּן "בְּהֵמָה טְמֵאָה", מָה לְהַלָּן – טוּמְאַת קֹדֶשׁ, אַף כָּאן – טוּמְאַת קֹדֶשׁ.

It is stated here, with regard to one who is unaware that he touched an impure item: **"Non-kosher *behema*," and it is** likewise **stated below,** with regard to one who was aware that he touched an impure item: **"Non-kosher *behema*,"** in the following verse: "And when any one shall touch any impure thing, whether it is the impurity of man, or a non-kosher *behema*, and then eats of the flesh of a peace offering to the Lord, that soul shall be cut off from its people" (Leviticus 7:21). **Just as below,** the verse is referring to the **defiling of sacrificial** foods, **so too here,** the reference is to the **defiling of sacrificial** foods,[N] and therefore one must bring a sliding-scale offering as an atonement.

בְּהֵמָה טְהוֹרָה בִּכְלַל חַיָּה טְהוֹרָה – לִיצִירָה, דִּתְנַן: הַמַּפֶּלֶת מִין בְּהֵמָה חַיָּה וְעוֹף, בֵּין טְמֵאִין בֵּין טְהוֹרִין, אִם זָכָר – תֵּשֵׁב לְזָכָר,

The Gemara clarifies the final statement: The principle that **a kosher *behema* is included** by the Torah in the category of **a kosher *ḥayya*** is relevant **with regard to** the **formation** of children. **As we learned** in a mishna (*Nidda* 21a): With regard to a woman **who miscarries** a fetus that appears to be in the form of **a type of *behema*,**[H] ***ḥayya*, or bird, whether** it had the form of **a non-kosher** species **or a kosher** species, **if** the fetus is **a male,** then **she observes** the periods of impurity and purity required **for** giving birth to **a male.**

אִם נְקֵבָה – תֵּשֵׁב לִנְקֵבָה,

The mishna continues: And **if** the fetus is **a female,** then **she observes** the periods required **for** giving birth to **a female.** After giving birth to a male, a woman is impure for seven days, during which it is prohibited for her to engage in intercourse. During the next thirty-three days she may immerse in a ritual bath at any time, after which she is permitted to engage in intercourse even should she then experience a discharge of uterine blood. Nevertheless, during the entire forty-day period she may not enter the Temple or be in contact with consecrated foods. After giving birth to a girl, the length of each of these periods is doubled to fourteen days and sixty-six days, respectively (see Leviticus 12:2–5).

אֵינוֹ יָדוּעַ – תֵּשֵׁב לְזָכָר וְלִנְקֵבָה,

If the sex of the fetus is **unknown, she observes** the strictures of a woman who gave birth both **to a male and to a female.** Accordingly, it is prohibited for her to engage in intercourse for the fourteen days after birth, after which she immerses in a ritual bath. After that she is permitted to engage in intercourse despite any discharge of uterine blood until the fortieth day after birth, i.e., for thirty-three days following the seven days she would have been prohibited from engaging in intercourse if the fetus was male. The prohibition against entering the Temple, however, continues until eighty days have passed from the birth.

דִּבְרֵי רַבִּי מֵאִיר.

This is **the statement of Rabbi Meir.** The Gemara elsewhere (*Nidda* 22b) explains that Rabbi Meir derives his opinion from the fact that the term "formation" is used to describe both the formation of man: "Then the Lord God formed man" (Genesis 2:7), and the formation of animals and birds: "The Lord God formed every animal [*ḥayya*] of the field, and every bird of the air" (Genesis 2:19). Furthermore, he holds that the term "*ḥayya*" is referring to both domesticated and undomesticated animals, and concludes that a woman observes these periods of purity and impurity if the fetus has the form of any of these types of animals.

NOTES

Just as below it is referring to the defiling of sacrificial foods so too here the reference is to the defiling of sacrificial foods – מָה לְהַלָּן טוּמְאַת קֹדֶשׁ אַף כָּאן טוּמְאַת קֹדֶשׁ: This derivation is necessary because with regard to the sliding-scale offering the verse simply states: "And is guilty, it being hidden from him that he is impure" (Leviticus 5:2), without specifying the reason for his guilt. The verse is certainly not deeming him guilty for merely being in a state of ritual impurity, as there is no prohibition against being impure (see Ramban on Leviticus 5:2). Rather, it must be referring to an impure person who rendered something else impure. Since it is prohibited by Torah law to partake of *teruma* while one is impure, the verse could have been understood as referring to such a case. Accordingly, the derivation is necessary to teach that one is liable for the offering only in a case where he partook of an offering while impure (see *Shevuot* 7a).

HALAKHA

A woman who miscarries a fetus in the form of a type of *behema*, etc. – הַמַּפֶּלֶת מִין בְּהֵמָה וכו׳: With regard to a woman who miscarries a fetus that looks like a type of *behema*, *ḥayya*, or bird, if its face is like that of a person it is considered a child, and the woman is impure with the impurity of childbirth. If it does not have a human face it is not considered a child, and she remains pure. This ruling is in accordance with the opinion of the Rabbis. The Rashba states that nowadays no one is an expert in these features, and therefore the *halakha* is to be stringent and she is deemed impure in all cases (Rambam *Sefer Kedusha*, *Hilkhot Issurei Bia* 10:8; *Shulḥan Arukh*, *Yoreh De'a* 194:3).

וַחֲכָמִים אוֹמְרִים: כָּל שֶׁאֵינוֹ מְצוּרַת אָדָם – אֵינוֹ וָלָד.

And the Rabbis say: Any fetus **that is not of human form is not** regarded as **an offspring** with regard to observance of these periods of purity and impurity, and she is permitted to engage in intercourse provided she does not experience a discharge of uterine blood.

וּלְרַבָּנַן, הַאי קְרָא לָמָּה לִי?

§ The Gemara returns to explaining the opinion of the Rabbis, cited in the mishna, who hold that a dead fetus found inside its mother's womb does not impart impurity, irrespective of whether it is of a kosher or a non-kosher animal. Rabbi Yosei HaGelili disagrees and holds that a dead fetus inside a non-kosher animal imparts impurity. He derives this from the verse: "A person who touched anything impure, or the carcass of a non-kosher *ḥayya*, or the carcass of a non-kosher *behema*, or the carcass of an impure creeping animal, and is guilty" (Leviticus 5:2), which is referring only to non-kosher animals. The Gemara asks: **And according to the Rabbis, why do I** need **this verse?**[N]

כּוּלֵּיהּ לִכְדְרַבִּי הוּא דְּאָתָא.

The Gemara answers: **The entire** verse **comes to** teach **that which Rabbi** Yehuda HaNasi taught in the *baraita* cited earlier, that the verse obligates one to bring a sliding-scale offering only in cases where one partook of consecrated foods or entered the Temple while in a state of impurity of which one was unaware.

מתני׳ הָאִשָּׁה שֶׁמֵּת וְלָדָהּ בְּתוֹךְ מֵעֶיהָ, וּפָשְׁטָה חַיָּה אֶת יָדָהּ וְנָגְעָה בּוֹ – הַחַיָּה טְמֵאָה טוּמְאַת שִׁבְעָה, וְהָאִשָּׁה טְהוֹרָה עַד שֶׁיֵּצֵא הַוָּלָד.

MISHNA With regard to **a woman whose fetus died in her womb**[H] and the **midwife extended her hand** into the womb **and touched** the fetus, **the midwife is** thereby rendered **impure with the seven**-day **impurity** imparted by a corpse, **and the woman** remains **ritually pure until the offspring emerges**[N] from the womb.

גמ׳ אָמַר רַבָּה: כְּשֵׁם שֶׁטּוּמְאָה בְּלוּעָה אֵינָהּ מְטַמְּאָה – כָּךְ טָהֳרָה בְּלוּעָה אֵינָהּ מִיטַּמְּאָה.

GEMARA **Rabba says: Just as** a ritually **impure** item that is **encapsulated** within a body **does not impart impurity**[NH] to an item that comes in contact with it, **so too,** a ritually **pure** item that is **encapsulated** within a body **cannot be rendered impure** if it comes in contact with an impure item. For example, if one swallowed a ring that was ritually pure and then entered a tent containing a corpse, the ring would not be rendered impure.

טוּמְאָה בְּלוּעָה מְנָלַן? דִּכְתִיב: ״וְהָאֹכֵל מִנִּבְלָתָהּ יְכַבֵּס בְּגָדָיו״; מִי לָא עָסְקִינַן דְּאָכַל סָמוּךְ לִשְׁקִיעַת הַחַמָּה? וְקָאָמַר רַחֲמָנָא טָהוֹר.

The Gemara asks: **From where do we** derive that **an encapsulated impure** item does not impart impurity? **As it is written: "And one who eats of its carcass shall wash his clothes,** and be impure until the evening" (Leviticus 11:40), i.e., he must immerse his body and garments in a ritual bath, and he then becomes pure at sunset. **Are we not dealing** even with a case **where one ate** from the carcass **close to sunset** and then immersed? **And yet the Merciful One states** that he is **pure** once the sun sets, despite the fact that his stomach still contains pieces of the carcass that have not yet been digested. If so, it is apparent that an encapsulated impure item does not impart impurity.

NOTES

And according to the Rabbis why do I need this verse – **וּלְרַבָּנַן הַאי קְרָא לָמָּה לִי**: Rashi explains, in accordance with the standard version of the text, that at this point the Gemara returns to the statement of Rav Naḥman bar Yitzḥak on the previous *amud* with regard to the opinion of Rabbi Yosei HaGelili (Rashi). Other early commentaries cite a different version of the Gemara text: This works out well according to the opinion of Rabbi Meir, but according to the opinion of the Rabbis, what can be said? This version understands the Gemara to be continuing the previous discussion with regard to the form of a child, and the Gemara is asking whether the principle that a kosher *behema* is included in the category of a kosher *ḥayya* is relevant only according to the opinion of Rabbi Meir, or also according to the opinion of the Rabbis, who disagree with Rabbi Meir. The Gemara answers that according to the Rabbis the statement that a *behema* is included in the category of a *ḥayya* is necessary only with regard to a non-kosher *behema* and a non-kosher *ḥayya*, as stated by Rabbi Yehuda HaNasi (*Tosefot HaRosh*; see *Tosafot*, Rabbeinu Gershom Meor HaGola, and Maharsha).

And the woman remains ritually pure until the offspring emerges – **וְהָאִשָּׁה טְהוֹרָה עַד שֶׁיֵּצֵא הַוָּלָד**: The Gemara in 72b will discuss the reason for this difference between the mother and the midwife.

Just as an encapsulated impure item does not impart impurity, etc. – **כְּשֵׁם שֶׁטּוּמְאָה בְּלוּעָה אֵינָהּ מְטַמְּאָה וכו׳**: Rabbeinu Gershom Meor HaGola explains that the Gemara cites this statement as an explanation for the ruling in the mishna with regard to a fetus that died *in utero*. By contrast, Rashi explains that this is an independent statement derived from the verse cited further in the discussion. This explanation is consistent with Rashi's opinion (see 72a) that the mishna's ruling is not necessarily based on the *halakha* of encapsulated impurity. Rather, it is an expression of a different principle, discussed in the Gemara further on, that impurity via contact is imparted from one item to another only when the contact is made through an exposed surface. Other commentaries disagree with this opinion of Rashi and maintain that ultimately, even according to the discussion later in the Gemara, the mishna's ruling is based on the concept of encapsulated impurity (see *Tosafot* on 72a).

The early commentaries offer various rationales as to why an encapsulated impure item does not render other items impure. Many of the explanations accept the understanding that the principle applies only to impure items within a living body, which is the opinion of the Rambam (see *Kelim* 8:5). Rashi here suggests that the item is regarded as though it had been digested. On *Nidda* 42b, he adds that it is considered to be nonexistent, and that is why it does not impart impurity either through physical contact or by being carried. In a similar vein, others explain that the impurity is considered to be part of the body (Rabbi Shimshon of Saens on *Mikvaot* 10:8; Meiri). A different understanding, based on the rulings of the Rambam, is that the encapsulating body serves as an interposition preventing an item inside it from imparting impurity to, or contracting impurity from, an item outside of it. This is similar to the *halakha* of an earthenware vessel that is closed by a tightly sealed cover, which prevents a ritually pure item inside it from becoming impure, from which the *halakha* of an item inside a person is derived later through an *a fortiori* inference (see *Ḥiddushei Rabbeinu Ḥayyim HaLevi al HaRambam* on Rambam *Sefer Tahara, Hilkhot Tumat Met* 22:2; *Ḥiddushei HaGriz* on *Bekhorot* 22a).

HALAKHA

A woman whose fetus died in her womb – **הָאִשָּׁה שֶׁמֵּת וְלָדָהּ בְּתוֹךְ מֵעֶיהָ**: With regard to a woman whose fetus died in her womb, and a midwife extended her hand into the womb and touched the fetus, the midwife is impure for seven days by rabbinic decree. This decree was enacted because the Rabbis were concerned the midwife might have touched the fetus after it had emerged. By contrast, the woman herself remains pure until the child actually emerges. This ruling is in accordance with the mishna as explained by Rabbi Hoshaya on 72b (Rambam *Sefer Tahara, Hilkhot Tumat Met* 25:12).

Encapsulated impurity does not impart impurity, etc. – **טוּמְאָה בְּלוּעָה אֵינָהּ מְטַמְּאָה וכו׳**: An impure item encapsulated inside a living body does not impart impurity. Similarly, a pure item inside the body of a living being cannot be rendered impure (Rambam *Sefer Tahara, Hilkhot Tumat Met* 20:1).

וְדִלְמָא שָׁאנֵי הָתָם, דְּלָא חֲזֵיָא לְגֵר!

The Gemara challenges: **But perhaps it is different there,** as with regard to the prohibition against eating a carcass the Torah states: "You shall not eat any carcass; you may give it to the gentile resident who is in your cities" (Deuteronomy 14:21). The juxtaposition of the two parts of the verse teaches that the prohibition is limited to a carcass that is fit to be given to a gentile resident, i.e., it is fit for human consumption. Accordingly, perhaps the carcass that the person ate does not impart impurity, **as it is no** longer **fit for a gentile resident,**[N] i.e., it is now unsuitable for human consumption.

הָנִיחָא לְרַבִּי יוֹחָנָן דְּאָמַר: אַחַת זוֹ וְאַחַת זוֹ – עַד לַכֶּלֶב, שַׁפִּיר;

The Gemara comments that the effectiveness of the proof depends on whether a carcass can impart impurity to a person despite its not being fit for human consumption: **This proof works out well according to** the opinion of **Rabbi Yoḥanan, who says:** A carcass imparts impurity to **both this,** a person, **and that,** food, even if it is unfit for human consumption, **until** it is no longer fit **for** consumption by **a dog.**[H] According to this opinion the proof is understood **well,** as the carcass in the person's stomach still has the ability to impart impurity to him because it is still fit for consumption by a dog. Therefore, it is apparent that the only reason it does not impart impurity is that it is encapsulated within his body.

אֶלָּא לְבַר פַּדָּא דְּאָמַר: טוּמְאָה חֲמוּרָה – לְגֵר, וְטוּמְאָה קַלָּה – עַד לַכֶּלֶב, מִשּׁוּם דְּלָא חֲזֵיָא לְגֵר הוּא!

But according to the opinion of **bar Padda, who says** a carcass has the **severe form of ritual impurity,** which can impart impurity to people only while it is still fit to be eaten **by a gentile resident and** it has **the light form of ritual impurity**[N] even **until** the point that it is no longer fit for consumption **by a dog,** this proof is flawed. This is because it is possible the carcass in the person's stomach does not render him impure simply because it is no longer fit for human consumption. Can one claim that the carcass cannot impart impurity **because it is no** longer **fit for a gentile resident?**

נְהִי דְּלָא חֲזֵיָא בְּפָנָיו, שֶׁלֹּא בְּפָנָיו מִיחְזָא חֲזֵיָא לֵיהּ.

Granted that the carcass **is not fit** to be eaten by someone when it was eaten **in his presence,** as he is aware that it was swallowed and considers it disgusting to eat a swallowed item, but **it is** still sometimes **fit** for a person to eat when it was eaten **not in his presence** and he is unaware that it had been previously swallowed. This is possible where one consumed a small piece of food and did not chew it prior to swallowing. The Gemara concedes this point and therefore accepts the proof.

אַשְׁכְּחַן טוּמְאָה בְּלוּעָה, טְהֹרָה בְּלוּעָה מְנָלַן?

The Gemara asks: **We found** a source for the *halakha* that **an encapsulated impure** item does not impart impurity. **From where do we** derive that **a pure** item that is **encapsulated** within another body **cannot be rendered impure** if it comes in contact with an impure item?

HALAKHA

Until it is no longer fit for consumption by a dog – עַד לַכֶּלֶב: With regard to any food that became impure and subsequently spoiled, if it is unfit for human consumption but still fit to be eaten by a dog it retains its status of impurity. If it is no longer fit to be eaten by a dog it is ritually pure. The *halakha* with regard to the dispute in the Gemara is in accordance with the opinion of Rabbi Yoḥanan (Rambam *Sefer Tahara, Hilkhot Tumat Okhalin* 2:18).

NOTES

As it is no longer fit for a gentile resident, etc. – דְּלָא חֲזֵיָא לְגֵר וכו׳: The Torah (Leviticus 11:39–40) states the basic principle that an animal carcass is considered a primary category of ritual impurity, which imparts impurity to people and vessels that either come into contact with it or carry it. To render oneself pure from this impurity, it is necessary to immerse in a ritual bath and then wait until nightfall.

In addition, the Torah states (see Deuteronomy 14:21) that a carcass may be given to a gentile for him to eat. The Gemara understands from this that the Torah regards as a carcass only that which is fit for human consumption, and consequently only such a carcass is deemed a primary category of ritual impurity. The precise application of this limitation is subject to a dispute between bar Padda and Rabbi Yoḥanan (see *Bekhorot* 23b), referred to by the Gemara here.

Bar Padda maintains that the limitation that the carcass be fit for human consumption pertains only to its imparting the level of ritual impurity imparted by a severe primary category of ritual impurity. But he concedes that a carcass that is not fit for human consumption but is fit to be consumed by a dog also imparts ritual impurity. In such a case, the carcass is regarded as possessing the lighter, first-degree ritual impurity, which is limited in that it can impart impurity only to food items. He explains that it is impure with first-degree impurity because it should not be viewed as any different from food that was rendered impure through contact with a carcass that was fit for human consumption. Such food is imbued with first-degree ritual impurity and continues to carry that level of impurity until the point that it is no longer fit to be consumed by a dog (Rashi). Rabbi Yoḥanan disagrees and maintains that the limitation that the carcass be fit for human consumption requires only that there be a point in time at which it was fit. If it was never fit it would not carry any ritual impurity at all, and if it was fit, then even if it subsequently deteriorated, it would continue to be a primary category of ritual impurity as long as it is still fit to be consumed by a dog.

Severe ritual impurity and light ritual impurity – טוּמְאָה חֲמוּרָה וְטוּמְאָה קַלָּה: Rashi explains that the severe form of ritual impurity the Gemara is referring to is the impurity possessed by a carcass fit for human consumption, which is a primary category of ritual impurity. Such a carcass has the capacity to render even people impure. The less severe form of impurity is the impurity possessed by a carcass no longer fit for human consumption, which is impure with first-degree impurity and can render food but not people impure. Alternatively, Rashi on *Bekhorot* 23b states that the severe form of ritual impurity is where the carcass is fit for human consumption and can impart impurity either through contact or through carrying, while the less severe form of ritual impurity is where it is not fit for human consumption and can impart impurity only through contact. Both explanations assume that both forms of impurity come from the carcass itself and that, according to bar Padda, even if a carcass is not fit for human consumption it is still the source for the lower level of ritual impurity. Others disagree and maintain that even according to bar Padda, once a carcass is no longer fit for human consumption it can no longer be a source of impurity at all (see Ramban, citing Rabbeinu Ḥananel).

NOTES

Sealed cover – צָמִיד פָּתִיל: In general, any person or item susceptible to impurity that is under the same roof as a corpse is rendered impure by the corpse. One of the verses describing this principle states: "And every open vessel, which has no sealed cover upon it, is impure" (Numbers 19:15). The Sages derive from here a significant exception to the rule: If an item is contained within a tightly sealed earthenware vessel, it is not rendered impure despite ultimately being under the same roof as the corpse. A mishna (*Kelim* 10:2) clarifies that the cover must be stuck to the vessel, or the opening of the vessel must be fully sealed, e.g., with tar or wax.

קַל וָחוֹמֶר: וּמָה כְּלִי חֶרֶס הַמּוּקָף צָמִיד פָּתִיל, שֶׁאֵינוֹ מַצִּיל עַל טוּמְאָה שֶׁבְּתוֹכוֹ מִלְּטַמֵּא, דְּאָמַר מָר: טוּמְאָה רְצוּצָה בּוֹקַעַת וְעוֹלָה עַד לָרָקִיעַ – מַצִּיל עַל טׇהֳרָה שֶׁבְּתוֹכוֹ מִלִּטַּמֵּא,

The Gemara explains: It is derived through **an *a fortiori*** inference: **If an earthenware vessel that is closed with a tightly sealed cover,**[N] **which does not shield,** i.e., prevent, the **impure** piece of a corpse **contained within it**[H] **from imparting impurity** to other items in the same tent as it; the Gemara interrupts the explication of the inference and clarifies: **As the Master said:** The **impure** piece of a corpse that is **in a tight space;** e.g., it is buried in the ground and there is not a handbreadth of hollow space above it, beneath the dirt, **breaks through** the earth above it **and ascends**[H] **up to the heavens,** imparting impurity in that path. The Gemara resumes the explication of the inference: Although the tightly sealed earthenware vessel does not shield the impure item, it **does shield a pure** item **contained within it from being rendered impure** (see Numbers 19:15).[H]

HALAKHA

An earthenware vessel…does not shield the impure piece contained within it – כְּלִי חֶרֶס...אֵינוֹ מַצִּיל עַל טוּמְאָה שֶׁבְּתוֹכוֹ: An earthenware vessel does not shield a piece of a corpse contained within it from imparting impurity to items in the house in which it is situated, even if the vessel is closed with a sealed cover (Rambam *Sefer Tahara, Hilkhot Tumat Met* 20:1).

The impure piece in a tight space breaks through and ascends – טוּמְאָה רְצוּצָה בּוֹקַעַת וְעוֹלָה: With regard to an item that imparts impurity to other items under the same roof, e.g., a piece of a corpse, if there is less than a handbreadth of airspace under the roof, the impurity does not spread to other items under that roof. Rather, it breaks through and ascends to the heavens, and it likewise breaks through and descends to the depths, in accordance with the mishna in *Oholot* 14:6 and elsewhere (Rambam *Sefer Tahara, Hilkhot Tumat Met* 7:5).

Does shield a pure item contained within it from being rendered impure – מַצִּיל עַל טׇהֳרָה שֶׁבְּתוֹכוֹ מִלִּטַּמֵּא: An earthenware vessel with a tightly sealed cover shields pure items inside it from becoming impure. For example, if there was a tightly sealed earthenware vessel inside a house, and the house contained a piece of a corpse, all pure items inside the vessel remain pure. By rabbinic decree, this *halakha* applies only to food and drink inside an earthenware vessel, not to another vessel within that vessel (Rambam *Sefer Tahara, Hilkhot Tumat Met* 20:1, 23:1).

אָדָם שֶׁמַּצִּיל עַל טוּמְאָה שֶׁבְּתוֹכוֹ מִלְּטַמֵּא – אֵינוֹ דִּין שֶׁמַּצִּיל עַל טׇהֳרָה שֶׁבְּתוֹכוֹ מִלִּיטַּמֵּא?

Then with regard to **a person, who does shield** the **impurity** of a piece of a corpse **contained within him from imparting impurity** to other items in the same tent, as the Gemara derived above, **is it not logical that he shields a pure** item **contained within him from being rendered impure?**

מָה לִכְלִי חֶרֶס – שֶׁכֵּן אֵין מִטַּמֵּא מִגַּבּוֹ, תֹּאמַר בְּאָדָם שֶׁמִּטַּמֵּא מִגַּבּוֹ!

The Gemara challenges the inference: **What** is notable **about an earthenware vessel?** It is notable **in that it cannot become impure through** a source of impurity coming in contact with **its exterior. Can you say,** then, that it is comparable **to a person, who can become impure through** a source of impurity coming in contact with **his exterior?** Since here the *halakhot* concerning impurity of a person are more stringent than those concerning an earthenware vessel, one cannot apply to a person a leniency with regard to an earthenware vessel.

אַטּוּ אֲנַן מִגַּבּוֹ קָאָמְרִינַן? מִתּוֹכוֹ קָאָמְרִינַן!

The Gemara responds: **Is that to say we are speaking of** rendering an item impure through a source of impurity coming in contact with **its exterior? We are** in fact **speaking of** where the impurity comes in contact with **its interior.** For such cases, it is reasonable to compare the case of a person with an earthenware vessel.

אַדְּרַבָּה, כְּלִי חֶרֶס חָמוּר – שֶׁכֵּן מִטַּמֵּא מֵאֲוִירוֹ.

The Gemara adds: **On the contrary,** the contraction of impurity by **an earthenware vessel is more stringent** than that of a person, **as it becomes impure through** the presence of a source of impurity in **its airspace,** even if the source does not touch the vessel itself. By contrast, a person is rendered impure from a source of impurity in his airspace, e.g., in his mouth, only if it actually touches him, and the *a fortiori* inference remains valid.

אַשְׁכְּחַן בָּלוּעַ דִּלְמַעְלָה, בָּלוּעַ דִּלְמַטָּה מְנָלַן? קַל וָחוֹמֶר: וּמָה לְמַעְלָה שֶׁאֵינוֹ עוֹשֶׂה עִיכּוּל – מַצִּיל, לְמַטָּה שֶׁעוֹשֶׂה עִיכּוּל – אֵינוֹ דִּין שֶׁמַּצִּיל?

The Gemara asks: **We found** a source for the *halakha* that an impure item **encapsulated** in a body that entered it **from above,** i.e., through the mouth, does not impart impurity. **From where do we** derive that an impure item **encapsulated** in a body that entered it **from below,** i.e., through the rectum, also does not impart impurity?[N] The Gemara answers: It is derived through **an *a fortiori*** inference: **And if,** when the impure item enters **from above,** through the mouth, **which** is a place that **does not digest** the food, the body nevertheless **shields**[N] the impure item from imparting impurity, then **with regard to** a case where the impure item enters **from below, which** is a place that **does digest** food, **is it not logical that** the body should **shield** it from imparting impurity?

כְּלוּם עוֹשֶׂה עִיכּוּל לְמַטָּה אֶלָּא עַל יְדֵי מַעְלָה! אֲפִילּוּ הָכִי, עִיכּוּל דִּלְמַטָּה רַב.

The Gemara challenges the basis of the inference: **Isn't digestion performed below only by means of** the chewing and digestive functions of the body **above?** The Gemara explains: **Even so,** the **digestion** performed **below is greater** than that performed above.

אַשְׁכְּחַן בָּלוּעַ דְּאָדָם, בָּלוּעַ דִּבְהֵמָה מְנָלַן? קַל וָחוֹמֶר: וּמָה אָדָם שֶׁמְּטַמֵּא מֵחַיִּים – מַצִּיל בְּבָלוּעַ, בְּהֵמָה שֶׁאֵינָהּ מְטַמְּאָה מֵחַיִּים – אֵינוֹ דִּין שֶׁתַּצִּיל בְּבָלוּעַ?

The Gemara asks: **We found** a source for the *halakha* that an impure item **encapsulated** in the body **of a person** does not impart impurity; **from where do we** derive that an impure item **encapsulated** in the body **of an animal** does not impart impurity? The Gemara answers: It is derived through **an *a fortiori*** inference: **If** the body of **a person, who can impart impurity** even **while he is** still **alive,** e.g., if he is a leper or a *zav*, nevertheless **shields** the impure item **encapsulated** inside him from imparting impurity, then with regard to **an animal, which does not impart impurity while it is alive, is it not logical that it should shield** an impure item **encapsulated** inside it from imparting impurity?

מָה לְאָדָם – שֶׁכֵּן צָרִיךְ שֶׁהִיָּיה בְּבֵית הַמְנוּגָּע, תֹּאמַר בִּבְהֵמָה שֶׁאֵינָהּ צְרִיכָה שֶׁהִיָּיה בְּבֵית הַמְנוּגָּע!

The Gemara challenges the inference: **What** is notable **about** the impurity of **a person?** It is notable **in that** if he entered a leprous house, in order for his garment to be rendered impure **he needs to remain**[N] in the **leprous house** for a minimal period of time (see Leviticus 14:33–53). **Can you say,** then, that it is comparable **to an animal, which does not need to remain in a leprous house** for a minimal period of time? Rather, any utensils placed upon it are rendered impure immediately upon its entry. Since here the *halakhot* concerning impurity of an animal are more stringent than those concerning a person, one cannot necessarily apply to an animal a leniency with regard to a person.

בְּהֵמָה דְּאֵינָהּ צְרִיכָה שֶׁהִיָּיה בְּבֵית הַמְנוּגָּע, לְמַאי הִלְכְתָא – לְכֵלִים שֶׁעַל גַּבָּהּ; אָדָם נַמִי לָא בָּעֵי,

The Gemara responds: When it is stated about **an animal that it does not need to remain in a leprous house** for a minimal period of time, **with regard to what *halakha*** was that said? A living animal itself cannot be impure. Perforce, the statement is referring **to utensils that are** placed **upon its back,** and they are rendered impure immediately upon entry. But in this regard there is no difference between animals and people: **A person as well does not need** to remain in the leprous house for a minimal period of time in order to render impure any utensils placed on his back. Rather, they are rendered impure immediately upon entry.

דִּתְנַן: הַנִּכְנָס לְבֵית הַמְנוּגָּע וְכֵלָיו עַל כְּתֵפָיו, וְסַנְדָּלָיו וְטַבְּעוֹתָיו בְּיָדָיו – הוּא וְהֵן טְמֵאִין מִיָּד. הָיָה לָבוּשׁ כֵּלָיו, וְסַנְדָּלָיו בְּרַגְלָיו, וְטַבְּעוֹתָיו בְּאֶצְבְּעוֹ – הוּא טָמֵא מִיָּד, וְהֵן טְהוֹרִין עַד שֶׁיִּשְׁהֶא בִּכְדֵי אֲכִילַת פְּרַס; פַּת חִטִּים וְלֹא פַּת שְׂעוֹרִים, מֵיסֵב וְאוֹכֵל בְּלִיפְתָּן.

This is **as we learned** in a mishna (*Nega'im* 13:9): With regard to **one who enters a leprous house**[H] **with his clothes** resting **on his shoulders** but who is not wearing them in the normal manner, **and his sandals and his rings** are **in his hands,** both **he and they,** the clothes, sandals, and rings, are rendered **ritually impure immediately. If he was dressed in his clothes, and his sandals** were **on his feet and his rings** were **on his fingers, he** is rendered **impure immediately** upon entering the house, **but they,** the clothes, sandals, and rings, remain **pure until he remains** in the house **for** the time it takes **to eat a half-loaf** of bread. This calculation is made with **wheat bread and not** with **barley bread,** which takes more time to eat than wheat bread. In addition, the calculation is made with regard to one who is **reclining, and eating** the bread together **with a relish** usually consumed with bread, which hastens the eating.

NOTES

From where do we derive that an impure item encapsulated in a body that entered it from below does not impart impurity – בָּלוּעַ דִּלְמַטָּה מְנָלַן: Since the *halakha* of an encapsulated impure item is derived from the case of one who eats a carcass, perhaps it is limited to cases where the impure item entered the body through the mouth (Rashi). The proof cited by the Gemara here applies only to encapsulated impure items, not to encapsulated pure items. It was already derived earlier by an *a fortiori* inference from a tightly sealed earthenware vessel that since a person shields an impure item inside him from imparting its impurity, he certainly shields a pure item inside him from contracting impurity.

And if the impure item enters from above, which does not digest the food, the body shields, etc. – וּמָה לְמַעְלָה שֶׁאֵינוֹ עוֹשֶׂה עִיכּוּל מַצִּיל וכו׳: This is likely the source of Rashi's opinion that the reason an encapsulated impure item does not impart impurity is that it is considered as though it was digested inside one's body.

It is notable in that he needs to remain – שֶׁכֵּן צָרִיךְ שֶׁהִיָּיה: If one enters a house afflicted by leprosy, both he and his garments are rendered impure. These *halakhot* are derived from the verses: "And he who goes into the house while it is shut up shall be impure until the evening, and he who lies in the house shall wash his clothes, and he who eats in the house shall wash his clothes" (Leviticus 14:46–47). The Sages explain that the first clause refers to the impurity that is imparted to a person or any item immediately upon entering the house. The second clause, which refers to eating in the house, teaches that if he remained in the house for the period of time necessary to perform a regular act of eating, even if he did not eat, the garments he is wearing are also rendered impure. The Sages had a tradition that this period was the length of time it takes to consume half a loaf of bread.

HALAKHA

One who enters a leprous house – הַנִּכְנָס לְבֵית הַמְנוּגָּע: One who enters a leprous house is thereby rendered impure immediately. Nevertheless, the garments he is wearing are rendered impure only once he has remained inside the house for the duration of time required to eat half a loaf of bread. This is the time the average person would take to consume three egg-bulks of wheat bread, when eaten together with a relish. If his garments or jewelry were not being worn but were held in his hand, they are rendered impure immediately upon entry (Rambam *Sefer Tahara*, *Hilkhot Tumat Tzara'at* 16:6–7).

אָמַר רָבָא: תַּרְוַיְיהוּ תְּנַנְהִי, טוּמְאָה בְּלוּעָה תְּנֵינָא, טָהֳרָה בְּלוּעָה תְּנֵינָא!

§ Rabba stated above that an encapsulated impure item cannot impart impurity and that an item that is ritually pure that is encapsulated within another body cannot be rendered impure. **Rava said:** Why is this statement necessary? **We learn both** *halakhot* in a mishna: **We learn** about **an encapsulated impure** item, and **we learn** about **an encapsulated pure** item.

טוּמְאָה בְּלוּעָה – דִּתְנַן: בָּלַע טַבַּעַת טְמֵאָה – טוֹבֵל וְאוֹכֵל בִּתְרוּמָתוֹ, הֱקִיאָהּ – טְמֵאָה וְטִמְּאַתּוּ.

Rava elaborates: With regard to **an encapsulated impure** item, the *halakha* is **as we learned** (*Mikvaot* 10:8): If someone **swallowed a ring** that was **impure**[H] due to having been in contact with a corpse, he is thereby rendered impure. To render himself pure **he immerses and** then **he may partake of his** ***teruma***, despite the fact that the impure ring is still inside him. The reason this is permitted is that since the ring in encapsulated inside the person's body it cannot impart impurity. If **he vomited** out this ring it remains **impure,** as it was not purified by his immersion, **and** therefore **it renders him impure** upon its exit from his body.

טָהֳרָה בְּלוּעָה תְּנֵינָא – דִּתְנַן: בָּלַע טַבַּעַת טְהוֹרָה, וְנִכְנַס לְאֹהֶל הַמֵּת, וְהִזָּה וְשָׁנָה וְטָבַל וְהֱקִיאָהּ – הֲרֵי הִיא כְּמָה שֶׁהָיְתָה!

Likewise, **we learn** the *halakha* that **an encapsulated pure** item cannot be rendered impure, **as we learn** in the same mishna (*Mikvaot* 10:8): If one **swallowed a ritually pure ring**[H] **and** then **entered a tent containing a corpse,** thereby contracting impurity, **and** then in order to render him pure someone **sprinkled** upon him the water that is mixed with the ashes of the red heifer, once on the third day **and again** on the seventh day as required, **and** then **he immersed,** thereby completing the purification process; **and** then **he vomited** out the ring, the ring **is** pure **as it** always **was,** i.e., it was not rendered impure from the corpse.

כִּי קָאָמַר רַבָּה – כְּגוֹן שֶׁבָּלַע שְׁתֵּי טַבָּעוֹת, אַחַת טְמֵאָה וְאַחַת טְהוֹרָה, דְּלָא מְטַמְּיָא לַהּ מְטַמְּאָה לִטְהוֹרָה.

The Gemara answers: The cases in the mishna concern the possibility of imparting impurity from the ring to the body within which it is contained and vice versa. But **when Rabba was speaking** he was referring to imparting impurity from one item to another where both are contained together inside a body, **such as where** a person **swallowed two rings,**[HN] **one impure and one pure,** and they came in direct contact with one another. Rabba taught that even in this case the **impure** ring **does not render the pure** ring **impure.**

HALAKHA

Swallowed a ring that was impure – בָּלַע טַבַּעַת טְמֵאָה: If someone swallowed a ritually impure ring and then immersed in a ritual bath, he is purified, although the ring remains impure. Therefore, if he subsequently vomits up the ring, he is rendered impure through his contact with it (Rambam *Sefer Tahara, Hilkhot Mikvaot* 2:8).

Swallowed a ritually pure ring – בָּלַע טַבַּעַת טְהוֹרָה: If one swallowed a ritually pure ring and then entered a tent containing a corpse, although the person himself is thereby rendered impure, the ring remains pure (Rambam *Sefer Tahara, Hilkhot Tumat Met* 20:2).

Where he swallowed two rings – שֶׁבָּלַע שְׁתֵּי טַבָּעוֹת: If one swallowed an impure ring and a pure ring, the pure ring is not rendered impure through contact with the impure ring because the contact occurred inside the body of the person. This *halakha* is in accordance with the opinion of Rabba (Rambam *Sefer Tahara, Hilkhot Tumat Met* 25:12).

NOTES

When Rabba was speaking he was referring to imparting impurity such as where he swallowed two rings – כִּי קָאָמַר רַבָּה כְּגוֹן שֶׁבָּלַע שְׁתֵּי טַבָּעוֹת: Rashi explains that Rabba wished to state unambiguously the principle of encapsulated pure and impure items. Nevertheless, the cited mishna is not an absolute proof of the concept. That mishna could have been understood as an expression of the principle, mentioned in the Gemara (72b), that impurity cannot be imparted within a concealed area. So too, it is possible that a person can be rendered impure only through contact of an impure item with an external part of his body and not from within. The Gemara therefore explains that Rabba's statement serves to apply the concept even in the case of two rings within a person's body. In that case, the contact between the rings is on their external sides, similar to two rings touching one another inside a box, and therefore the only justification for the fact that impurity is not imparted from one to the other is that they are encapsulated in the body.

Tosafot and other early commentaries disagree with Rashi's understanding and insist that the mishna is a valid proof of the principle of encapsulated pure and impure items. Nevertheless, they concede that had the principle been derived only from the mishna, one might have limited it and claimed that encapsulated impurity is unable to impart impurity to items outside of the encapsulation but does impart impurity to items within the encapsulation. Therefore, Rabba taught that the principle is more far-reaching and that an encapsulated impure item cannot impart impurity at all.

וְהָא עוּבָר וְחַיָּה, דִּכְשְׁתֵּי טַבָּעוֹת דָּמוּ, וְקָא מְטַמֵּא לָהּ עוּבָר לְחַיָּה!

The Gemara objects: **But** what about the mishna's case of a dead **fetus** in its mother's womb, **and a midwife** who touched it there, **which is similar** to the case of **two** swallowed **rings, and** yet the mishna rules that the **fetus renders** the midwife **impure.**

אָמַר רַבָּה: שָׁאנֵי עוּבָר, הוֹאִיל וְסוֹפוֹ לָצֵאת. אֲמַר רָבָא: עוּבָר – סוֹפוֹ לָצֵאת, טַבַּעַת – אֵין סוֹפוֹ לָצֵאת? אֶלָּא אָמַר רָבָא: פּוּמְבְּדִיתָאֵי יָדְעִי טַעְמָא דְּהָא מִילְּתָא, וּמַנּוּ – רַב יוֹסֵף.

Rabba said: A fetus is different from a ring in this regard, **since it will ultimately leave** the womb. **Rava said** in puzzlement: Is that to say that **a fetus will ultimately leave** the womb, but **a ring** that someone swallowed **will not ultimately leave** his body? A ring will certainly be expelled eventually as well. **Rather, Rava said:** The scholars **of Pumbedita**[B] **know the reason for this matter, and who** is the Sage referred to as the scholars of Pumbedita? It is **Rav Yosef.**

דְּאָמַר רַב יוֹסֵף אָמַר רַב יְהוּדָה אָמַר שְׁמוּאֵל: טוּמְאָה זוֹ אֵינָהּ מִדִּבְרֵי תוֹרָה, אֶלָּא מִדִּבְרֵי סוֹפְרִים. מַאי "אֵינָהּ מִדִּבְרֵי תוֹרָה אֶלָּא מִדִּבְרֵי סוֹפְרִים"? דְּלָא תֵּימָא, אַלִּיבָּא דְּרַבִּי עֲקִיבָא דְּאָמַר: עוּבָר בִּמְעֵי אִשָּׁה טָמֵא, אֶלָּא אֲפִילּוּ לְרַבִּי יִשְׁמָעֵאל דְּאָמַר: עוּבָר בִּמְעֵי אִשָּׁה טָהוֹר – גָּזְרוּ בָּהּ טוּמְאָה מִדְּרַבָּנַן.

As Rav Yosef says that **Rav Yehuda says** that **Shmuel says: This impurity** of the midwife in the mishna's case **is not** in effect **by Torah law; rather,** it was decreed **by rabbinic law.** The Gemara asks: **What** was Shmuel's intention in emphasizing: **It is not** in effect **by Torah law; rather,** it was decreed **by rabbinic law?** It should have sufficed for him to say simply the impurity is decreed by rabbinic law. The Gemara answers: He said this so **that you should not say** that the ruling of the mishna is only **in accordance with** the opinion **of Rabbi Akiva, who says** that one who touches a dead **fetus in a woman's womb is impure**[H] by Torah law, and that is why the midwife was rendered impure. **Rather, even according to** the opinion of **Rabbi Yishmael, who says** that one who touches a dead **fetus in a woman's womb is pure** by Torah law, nevertheless, the Sages **decreed** that a midwife who touches it is **impure by rabbinic law.**

מַאי טַעְמָא? אָמַר רַב הוֹשַׁעְיָא: גְּזֵירָה שֶׁמָּא יוֹצִיא וָלָד רֹאשׁוֹ חוּץ לַפְּרוֹזְדוֹר.

The Gemara asks: **What is the reason** for this decree? **Rav Hoshaya said:** It is a rabbinic **decree lest** the **fetus extend its head out of the concealed opening** of its mother's womb. If it did, it would be regarded as having been born, and it would then be ritually impure by Torah law. The Sages were concerned that the fetus extended its head and then the head returned inside but the midwife did not notice. Consequently, when she touched the fetus she mistakenly assumed she remained ritually pure. To safeguard against this, the Sages decreed that in any case where she touches the dead fetus, she is ritually impure.

אִי הָכִי, אִשָּׁה נַמִּי! אִשָּׁה מַרְגֶּשֶׁת בְּעַצְמָהּ. וְתֵימָא לָהּ לְחַיָּה! טְרִידָא.

The Gemara objects: **If so,** the Sages should **also** decree that the **woman** herself, who is carrying the fetus, is impure, since she also might not notice that the fetus's head emerged. The Gemara explains: **A woman** accurately **senses with regard to her own** body whether the head of the fetus had emerged. The Gemara asks: **But** then **she would have said** this **to the midwife.** Why is there a need for a decree? The Gemara answers: Since the mother is **distracted** by the pain of childbirth, she does not have the presence of mind to warn the midwife.

מַאי רַבִּי יִשְׁמָעֵאל וּמַאי רַבִּי עֲקִיבָא? דְּתַנְיָא: "וְכֹל אֲשֶׁר יִגַּע עַל פְּנֵי הַשָּׂדֶה" – לְהוֹצִיא עוּבָר בִּמְעֵי אִשָּׁה, דִּבְרֵי רַבִּי יִשְׁמָעֵאל; רַבִּי עֲקִיבָא אוֹמֵר: לְרַבּוֹת גּוֹלֵל וְדוֹפֵק.

The Gemara cited a dispute as to whether one who touches a dead fetus in a woman's womb is ritually impure. It now elucidates that dispute: **What** is the opinion of **Rabbi Yishmael, and what** is the opinion of **Rabbi Akiva? As it is taught** in a *baraita* with regard to the verse: **"And whoever in the open field touches** one who is slain by the sword, or one who dies on his own, or a bone of a man, or a grave, shall be impure seven days" (Numbers 19:16). The phrase "in the open field" indicates that one is rendered impure only in a case where he touches an exposed corpse. This serves **to exclude** one who touches a dead **fetus in a woman's womb** from being rendered impure; this is **the statement of Rabbi Yishmael. Rabbi Akiva says:** This phrase serves **to include the grave cover**[B] **and the grave walls,** upon which the cover rests, as sources of impurity that render impure anyone who touches them.

BACKGROUND

Pumbedita – פּוּמְבְּדִיתָא: Pumbedita was a major city on the Euphrates River, northwest of Neharde'a. It was an important center of the Babylonian Jewish community for many generations. As early as the Second Temple period Pumbedita was referred to simply as: the Diaspora, since it was considered the center of Babylonian Jewry. After the destruction of Neharde'a some scholars from its yeshiva relocated to Pumbedita, and from then on Torah study continued there without interruption until the end of the geonic period.

The scholars of Pumbedita during the talmudic period were particularly renowned for their acumen. The most famous heads of the yeshiva in Pumbedita were its founder, Rav Yehuda, as well as Rabba, Rav Yosef, Abaye, Rav Naḥman bar Yitzhak, Rav Zevid, and Rafram bar Pappa. The yeshiva in Pumbedita was prominent in the geonic period as well, often overshadowing the yeshiva in Sura. The last heads of the yeshiva in Pumbedita were the renowned *ge'onim* Rav Sherira Gaon and his son Rav Hai Gaon.

Grave cover [*golel*] – גּוֹלֵל: A *golel* was a large stone that was rolled onto a grave or a burial cave to seal its entrance. Important burial caves were covered with large, wheel-shaped stones that could be rolled back to allow entrance to the cave.

Stone used to seal a burial cave

HALAKHA

A dead fetus in a woman's womb is impure – עוּבָר בִּמְעֵי אִשָּׁה טָמֵא: A dead fetus in a woman's womb is impure despite the fact that it has not yet left the womb, in accordance with the opinion of Rabbi Akiva (Rambam *Sefer Tahara*, *Hilkhot Tumat Met* 25:8).

וְרַבִּי יִשְׁמָעֵאל, גּוֹלֵל וְדוֹפֵק הִלְכְתָא גְּמִירִי לַהּ. וְרַבִּי עֲקִיבָא, עוּבָּר בִּמְעֵי אִשָּׁה טָמֵא מִדְּאוֹרַיְיתָא, מְנָא לֵיהּ? אָמַר רַבִּי אוֹשַׁעְיָא, אָמַר קְרָא: ״הַנֹּגֵעַ בְּמֵת בְּנֶפֶשׁ״, אֵיזֶהוּ מֵת שֶׁבְּנֶפֶשׁ שֶׁל אָדָם? הֱוֵי אוֹמֵר זֶה עוּבָּר שֶׁבִּמְעֵי אִשָּׁה.

The Gemara asks: **And** from where does **Rabbi Yishmael** derive that **the grave cover and the grave walls**[NH] render one who touches them impure? He **learned this** *halakha* **through tradition,** not from a verse. The Gemara asks: **And** as for **Rabbi Akiva, from where** does **he** derive that a dead **fetus in a woman's womb is impure by Torah law? Rabbi Oshaya said** he derives it from **the verse** that **states: "Whoever touches of a corpse, of the life** of a person that died, he will be impure" (Numbers 19:13). The term "of the life" can also be interpreted as: Inside the life. **What is** the case of **a corpse that is inside the life of a person? You must say** that **this is** a dead **fetus inside a woman's womb.**

וְרַבִּי יִשְׁמָעֵאל, הַאי מִיבָּעֵי לֵיהּ לִרְבִיעִית דָּם הַבָּאָה מִן הַמֵּת, שֶׁמְּטַמְּאָה, שֶׁנֶּאֱמַר: ״הַנֹּגֵעַ בְּמֵת בְּנֶפֶשׁ הָאָדָם״, אֵיזֶהוּ נֶפֶשׁ שֶׁל אָדָם שֶׁמְּטַמֵּא? הֱוֵי אוֹמֵר זוֹ רְבִיעִית דָּם.

The Gemara comments: **And Rabbi Yishmael requires** that verse **to** teach about **a quarter-***log* **of blood that comes from a corpse,** meaning **that** even **it imparts impurity** like a corpse, **as it is stated: "Whoever touches of a corpse, of the life of a person** that died" (Numbers 19:13). **What is** the case **of a life of a person that imparts impurity? You must say this** is referring **to a quarter-***log* **of blood,**[N] as blood is regarded as the life force of a person, as the verse states: "For the blood is the life" (Deuteronomy 12:23), and a person requires a minimum of a quarter-*log* of blood to survive.

וְרַבִּי עֲקִיבָא לְטַעְמֵיהּ, דְּאָמַר: אַף רְבִיעִית דָּם הַבָּא מִשְּׁנֵי מֵתִים מְטַמֵּא בְּאֹהֶל. דְּתַנְיָא, רַבִּי עֲקִיבָא אוֹמֵר: מִנַּיִן לִרְבִיעִית דָּם הַבָּאָה מִשְּׁנֵי מֵתִים שֶׁמְּטַמְּאָה בְּאֹהֶל?

The Gemara comments: **And Rabbi Akiva** does not accept this derivation. He conforms **to his** line of **reasoning, as he says** even **a quarter-***log* **of blood that comes from two corpses**[H] **imparts ritual impurity in a tent** to people and other items that are under the same roof. **As it is taught** in a *baraita*: **From where** is it derived **that a quarter-***log* **of blood that came out of two** separate **corpses** also **imparts ritual impurity in a tent?**

שֶׁנֶּאֱמַר: ״וְעַל כׇּל נַפְשֹׁת מֵת לֹא יָבֹא״ – שְׁתֵּי נְפָשׁוֹת וְשִׁיעוּר אֶחָד.

It is derived from a verse, **as it is stated** with regard to the prohibition against priests coming in contact with a dead body: **"He shall not come upon any people that are a corpse** [*nafshot met*]" (Leviticus 21:11). The use of the plural form "people [*nafshot*]" indicates that the blood imparts impurity even if it comes from **two people,** as blood is referred to as "*nefesh*" (see Deuteronomy 12:23), and the use of the singular form "corpse [*met*]" indicates that this blood combines to complete **one measure,** i.e., the minimum amount of a quarter-*log* required to impart impurity.

מתני׳ בְּהֵמָה הַמַּקְשָׁה לֵילֵד, וְהוֹצִיא עוּבָּר אֶת יָדוֹ, וַחֲתָכָהּ, וְאַחַר כָּךְ שָׁחַט אֶת אִמּוֹ – הַבָּשָׂר טָהוֹר. שָׁחַט אֶת אִמּוֹ וְאַחַר כָּךְ חֲתָכָהּ – הַבָּשָׂר מַגַּע נְבֵלָה, דִּבְרֵי רַבִּי מֵאִיר,

MISHNA If **an animal was encountering difficulty giving birth**[H] **and** as a result **the fetus extended its foreleg** outside the mother's womb, **and** someone **severed it and afterward slaughtered the mother** animal, **the flesh** of the fetus is **ritually pure.**[N] If one first **slaughtered the mother** animal **and afterward severed** the foreleg, **the flesh** of both the mother animal and the fetus are ritually impure due to having been in **contact with a carcass.**[N] Since the foreleg was not permitted to be consumed through the act of slaughtering, it is regarded as a carcass with the associated ritual impurity. The rest of the flesh, which was permitted to be consumed by the slaughter, was in contact with it and so was rendered ritually impure from it; this is **the statement of Rabbi Meir.**

NOTES

The grave cover [*golel*] and the grave walls [*dofek*] – גּוֹלֵל וְדוֹפֵק: Rashi explains that when the Gemara refers to a grave, the reference is specifically to an interred coffin. Accordingly, these words refer to the sides and cover that make up the coffin. The Rambam explains that the walls are called *dofekim* because they press [*doḥakim*] upon the dead, and the cover is called a *golel* as it often consisted of a stone that would be rolled [*megalgel*] on top of the grave (Rambam's Commentary on the Mishna, *Oholot* 2:4). Both commentaries assume these items are parts of the grave of a corpse buried in the ground. Other commentaries question this interpretation, as the Gemara here discusses a body found in an open field, not buried in the ground. They therefore explain that the grave cover is the gravestone placed over a grave, whereas the wall refers to the stones upon which the headstone rests (*Tosafot* on *Ketubot* 4b, citing Rabbeinu Tam).

You must say this is referring to a quarter-*log* of blood – הֱוֵי אוֹמֵר זוֹ רְבִיעִית דָּם: Rashi explains that a quarter-*log* of blood is the minimum quantity of blood needed by an individual to remain alive. Therefore, even a quarter-*log* of blood imparts impurity of a corpse. An alternative explanation appears in the *Tosefta* (*Oholot* 3:2), where Abba Shaul states that every fetus contains a quarter-*log* of blood at the beginning of its formation (Rabbi Shimshon of Saens on *Oholot* 2:2).

The flesh is ritually pure – הַבָּשָׂר טָהוֹר: The foreleg itself is ritually impure. Since the slaughter of the mother is not effective with regard to foreleg, therefore, even before the mother's slaughter, the limb is considered either a limb from a living animal or an animal carcass, with the associated impurity. Nevertheless, the remainder of the fetus inside the mother is not rendered impure through its contact with that limb. This is because an animal cannot become impure while alive. The commentaries add that even if the fetus was dead it would not be rendered impure because the fetus is considered a part of the mother animal, and so as long as the mother is alive the fetus as well is regarded as being alive in this regard. Once the mother is slaughtered, both the mother and the fetus are thereby regarded as food, which can be rendered impure though their contact with the limb.

The flesh of both are ritually impure due to having been in contact with a carcass – הַבָּשָׂר מַגַּע נְבֵלָה: Rashi offers two interpretations of this statement: According to the first interpretation, the foreleg is not considered like an animal carcass; rather, it is considered like a limb severed from a living animal, which imparts a severe form of impurity either through contact or by being carried, just like an animal carcass (see 128b).

According to the second interpretation, the foreleg is actually regarded as an animal carcass, as the case concerns a situation where the fetus was subsequently found dead in its mother's womb. Although the rest of the fetus is permitted through the slaughter of the mother, that is only because it remained inside the mother's body, in which case the slaughter of the mother also renders the fetus permitted. By contrast, since the foreleg of the dead fetus had left the mother it is never permitted, and remains prohibited and impure just like any dead animal. The later commentaries note that these interpretations are linked to an amoraic dispute on 74a concerning how to interpret the mishna (Rabbi Akiva Eiger; Rabbi Betzalel Ronsburg).

Tosafot note that Rabbi Meir must hold in accordance with the opinion on 73a that the slaughter of an animal renders such a limb as though it had already fallen off immediately prior to the slaughter. That is why Rabbi Meir holds that the limb is regarded as a limb severed from a living animal or as a carcass because it was not considered to be connected at the moment of the slaughter. It follows that according to Rabbi Meir, before the slaughter, when the limb is certainly still considered attached, the limb is not impure.

HALAKHA

The grave cover and the grave walls – גּוֹלֵל וְדוֹפֵק: If one places vessels, stones, or anything similar on the sides of a corpse and covers the corpse on top with a similar item, both the sides and the cover impart impurity imparted by contact, as well as impurity imparted in a tent, but they do not impart impurity by being carried. The impurity imparted by these items is due to a rabbinic decree and the verse cited by Rabbi Akiva is mere support for this *halakha*, not the actual source (Rambam *Sefer Tahara, Hilkhot Tumat Met* 2:15 and *Kesef Mishne* there, and see Ra'avad there).

A quarter-*log* of blood that comes from two corpses – רְבִיעִית דָּם הַבָּא מִשְּׁנֵי מֵתִים: A quarter-*log* of blood that comes from combining the blood from two corpses is ritually pure, as the quarter-*log* must come from a single corpse for it to impart impurity. The *halakha* is not in accordance with the ruling of Rabbi Akiva, whose opinion is disputed by the Rabbis in the mishna in *Oholot* 2:6 (Rambam *Sefer Tahara, Hilkhot Tumat Met* 4:1).

If an animal was encountering difficulty giving birth, etc. – בְּהֵמָה הַמַּקְשָׁה לֵילֵד וכו׳: If an animal encounters difficulty giving birth and the fetus extends its foreleg, and the owner severs it and then slaughters the mother, the limb that was cut is considered an animal carcass, while the rest of the fetus is ritually pure. If one slaughtered the mother and then severed the limb, the foreleg is regarded as a *tereifa* that was slaughtered, and the flesh of both the mother animal and the fetus are ritually impure due to having been in contact with a *tereifa*. They therefore impart impurity to sacrificial food but not to *teruma*. The *halakha* is in accordance with the opinion of the Rabbis (Rambam *Sefer Tahara, Hilkhot She'ar Avot HaTumot* 2:9).

וַחֲכָמִים אוֹמְרִים: מַגַּע טְרֵפָה שְׁחוּטָה.

And the Rabbis say: The flesh has the ritual impurity of having been in **contact with a *tereifa* that was slaughtered,**[N] as the limb is regarded as a *tereifa* that was slaughtered. By Torah law, although it is prohibited to consume it, it does not impart ritual impurity. Nevertheless, the Sages decreed that a *tereifa* that was slaughtered, as well as anything that comes in contact with it, is regarded as ritually impure to the extent that it disqualifies sacrificial foods that come in contact with it.

NOTES

Ritual impurity of having been in contact with a *tereifa* that was slaughtered – מַגַּע טְרֵפָה שְׁחוּטָה: According to the Rabbis the extended foreleg is not considered to be detached from the rest of the fetus, and so it does not have the status of a limb from a living animal. Nevertheless, it is prohibited for consumption, as it is flesh that left its boundary, in accordance with the derivation of the verse on 68a: "And flesh, in the field, a *tereifa*, you shall not eat" (Exodus 22:30). Even though the slaughter of its mother does not serve to negate that prohibition, it is effective in rendering it pure from the impurity of an animal carcass, in the same way that the slaughter of a *tereifa* renders it pure from the impurity of a carcass despite the fact that it is prohibited to consume it. Therefore, the foreleg is actually pure by Torah law, and the impurity referred to here is by rabbinic law.

Perek **IV**
Daf **72** Amud **b**

מַה מָּצִינוּ בִּטְרֵפָה שֶׁשְּׁחִיטָתָהּ מְטַהַרְתָּהּ, אַף שְׁחִיטַת בְּהֵמָה תְּטַהֵר אֶת הָאֵבָר.

The Rabbis explain the rationale behind their opinion: **Just as we found in** the case of **a *tereifa* that its slaughter renders it ritually pure**[H] according to Torah law, i.e., ritual slaughter prevents it from having the ritual impurity of a carcass despite not rendering the animal permitted for consumption, **so too, the slaughter of** the mother **animal should render the limb** of its fetus that left the womb **ritually pure,** despite the fact that its consumption is prohibited.

אָמַר לָהֶם רַבִּי מֵאִיר: לֹא, אִם טִיהֲרָה שְׁחִיטַת טְרֵפָה אוֹתָהּ – דָּבָר שֶׁגּוּפָהּ, תְּטַהֵר אֶת הָאֵבָר – דָּבָר שֶׁאֵינוֹ גּוּפָהּ?

Rabbi Meir said to them: No, if the slaughter of a *tereifa* renders the body of the animal **ritually pure,** it is because the slaughter is performed on **something that is** part of **its body,** i.e., its throat. Does it necessarily follow that **you should** also **render the limb** that left the womb **pure,** given that it is **something that is not** part of the mother's **body?** Certainly not.

מִנַּיִן לִטְרֵפָה שֶׁשְּׁחִיטָתָהּ מְטַהַרְתָּהּ? בְּהֵמָה טְמֵאָה אֲסוּרָה בַּאֲכִילָה, אַף טְרֵפָה אֲסוּרָה בַּאֲכִילָה, מַה בְּהֵמָה טְמֵאָה אֵין שְׁחִיטָתָהּ מְטַהַרְתָּהּ – אַף טְרֵפָה לֹא תְּטַהֲרֶנָּה שְׁחִיטָה!

The mishna asks: **From where** is it derived **with regard to a *tereifa* that its slaughter renders it ritually pure,** i.e., prevents it from having the ritual impurity of a carcass? The mishna notes there is a reason to say the slaughter should not render it pure, as one can compare a *tereifa* with a non-kosher animal: **A non-kosher animal is prohibited for consumption; so too, a *tereifa* is prohibited for consumption.** Therefore, conclude: **Just as** with regard to **a non-kosher animal,**[H] **its slaughter does not render it ritually pure,**[N] **so too** with regard to **a *tereifa*, its slaughter should not render it ritually pure.**

לֹא, אִם אָמַרְתָּ בִּבְהֵמָה טְמֵאָה, שֶׁלֹּא הָיְתָה לָהּ שְׁעַת הַכּוֹשֶׁר, תֹּאמַר בִּטְרֵפָה, שֶׁהָיְתָה לָהּ שְׁעַת הַכּוֹשֶׁר?

The mishna questions the comparison: **No, if you said** that slaughtering cannot prevent an animal from having the ritual impurity of a carcass **in the case of a non-kosher animal, which** is distinct in that it **did not have a period of** potential **fitness** when slaughtering it could have rendered its consumption permitted, does it necessarily follow that **you should** also **say** this **in the case of a *tereifa*, which did have a period of** potential **fitness?** Perhaps, since the animal had a period of potential fitness its slaughter remains effective in preventing it from having the ritual impurity of a carcass.

טוֹל לְךָ מַה שֶּׁהֵבֵאתָ, הֲרֵי שֶׁנּוֹלְדָה טְרֵפָה מִן הַבֶּטֶן, מִנַּיִן?

The mishna rejects this distinction: **Take back to yourself** this claim **that you brought,** as it is insufficient. What about a case **where** an animal **was born as a *tereifa* from the womb,** and so it never had a period of potential fitness? For such a case, **from where** is it derived that its slaughter renders it ritually pure?

HALAKHA

In the case of a *tereifa* that its slaughter renders it ritually pure – בִּטְרֵפָה שֶׁשְּׁחִיטָתָהּ מְטַהַרְתָּהּ: If a *tereifa* was ritually slaughtered in the proper manner it is ritually pure, even though it is prohibited for consumption (Rambam *Sefer Tahara, Hilkhot She'ar Avot HaTumot* 2:6).

A non-kosher animal – בְּהֵמָה טְמֵאָה: The slaughter of a non-kosher domesticated or undomesticated animal does not render it pure from the impurity of an animal carcass (Rambam *Sefer Tahara, Hilkhot She'ar Avot HaTumot* 1:3).

NOTES

Just as with regard to a non-kosher animal its slaughter does not render it ritually pure – מַה בְּהֵמָה טְמֵאָה אֵין שְׁחִיטָתָהּ מְטַהַרְתָּהּ: A *baraita* in *Torat Kohanim* derives this *halakha* from the verse in Leviticus (11:26): "Every animal which parts the hoof, but is not cloven-footed, nor chews the cud, is impure for you; everyone who touches them shall be impure," where the latter phrase is superfluous (Rashi; see Maharsha).

לֹא, אִם אָמַרְתָּ בִּבְהֵמָה טְמֵאָה, שֶׁכֵּן אֵין בְּמִינָהּ שְׁחִיטָה, תֹּאמַר בִּטְרֵפָה, שֶׁיֵּשׁ בְּמִינָהּ שְׁחִיטָה?

The mishna reformulates the distinction: **No, if you say** that slaughtering cannot prevent a prohibited animal from having the ritual impurity of a carcass **with regard to a non-kosher animal, which** is distinct in that **there are no** animals **of its kind** that are permitted through **slaughtering,** as the Torah states the concept of slaughtering only with regard to kosher animals, does it necessarily follow that **you should** also **say** this **with regard to a** *tereifa* kosher animal, given **that there are** other animals **of its kind** that are permitted through **slaughtering,** i.e., kosher animals that are not *tereifa*? Perhaps, since the concept of slaughtering is relevant to that kind of animal it can serve to prevent the animal from having the ritual impurity of a carcass even if the slaughter cannot render it permitted for consumption.

בֶּן שְׁמֹנָה חַי – אֵין שְׁחִיטָתוֹ מְטַהַרְתּוֹ, לְפִי שֶׁאֵין בְּמִינוֹ שְׁחִיטָה.

The mishna notes: Based on this reasoning, one must conclude that with regard to **an eight**-month-**old** fetus that was born **alive,**[H] **slaughter does not render it ritually pure, as there are no** animals **of its kind** that are permitted through **slaughtering.** The Torah applies the concept of slaughter only with regard to animals that were born full term.

גמ׳ אַמַּאי? טוּמְאַת בֵּית הַסְּתָרִים הִיא, וְטוּמְאַת בֵּית הַסְּתָרִים לָא מְטַמְּיָא! לֵימָא רַבִּי מֵאִיר לְטַעְמֵיהּ,

GEMARA The mishna states that according to Rabbi Meir, if a foreleg of a fetus emerges from the womb and is severed after the slaughter of the mother, it is regarded as a carcass with the associated ritual impurity. Furthermore, the rest of the fetus from which it was cut is thereby rendered ritually impure through its contact with the foreleg. The Gemara asks: **Why** should the rest of the fetus be impure? **This is** a case of **impurity** imparted within **a concealed area,**[H] as the point of contact between the foreleg and the fetus existed when they were still naturally connected to each other. **And** the *halakha* is that **an impure** item within **a concealed area does not impart impurity.** If the two items were in contact in a concealed area and not on an external surface, impurity cannot be imparted from one item to the other. **Shall we say** that **Rabbi Meir** conforms **to his** standard line of **reasoning** in this regard, as he holds that an impure item within a concealed area does impart impurity?

דִּתְנַן: שְׁלֹשָׁה עַל שְׁלֹשָׁה שֶׁנֶּחְלַק – טָהוֹר מִן הַמִּדְרָס,

This is **as we learned** in a mishna (*Kelim* 27:10) concerning ritual impurity imparted by treading: If a person who is ritually impure due to having experienced a bodily emission, such as a man who experiences a gonorrhea-like discharge [*zav*], sits or leans upon an item that was designated for that purpose, the item is rendered ritually impure due to ritual impurity imparted by treading. The item will then impart impurity to people or utensils that come in contact with it. In the case of a garment that is impure with ritual impurity imparted by treading that was **three by three** handbreadths in size, i.e., the minimum size to impart such impurity, **that was split**[H] into smaller pieces, each part is **ritually pure with regard to** ritual impurity **imparted by treading**[N] and will no longer impart impurity to people and utensils that come in contact with it.

אֲבָל טָמֵא מַגַּע מִדְרָס, דִּבְרֵי רַבִּי מֵאִיר.

The mishna continues: **But** each piece will still have the **ritual impurity** of having been in **contact with** an item that imparts ritual impurity **imparted by treading.** Before the garment was split, when it still imparted ritual impurity imparted by treading, each piece of the garment was in contact with another part of it. Through that connection, each piece was rendered ritually impure with the impurity of having been in contact with ritual impurity imparted by treading. When the garment was subsequently split, although the pieces were no longer able to impart ritual impurity imparted by treading, they retained the ritual impurity they acquired through their contact with the other pieces before the garment was split. This is **the statement of Rabbi Meir.** In this case, the contact between the pieces occurred within a concealed area, as the connection between parts of the same item has the status of a connection within a concealed area. Evidently, Rabbi Meir holds that impurity can be imparted within a concealed area.

HALAKHA

An eight-month-old fetus born alive – בֶּן שְׁמֹנָה חַי: The slaughter of an eight-month-old animal that was born alive does not render it pure from the impurity of a carcass. This is because there are no animals of that kind that are permitted through slaughtering. Some authorities rule that the *halakha* is in accordance with the opinion of the *tanna'im* on *Shabbat* 136a, who rule that its slaughter does render it pure from this impurity (Rambam *Sefer Tahara, Hilkhot She'ar Avot HaTumot* 2:6 and *Kesef Mishne* there).

Impurity imparted within a concealed area – טוּמְאַת בֵּית הַסְּתָרִים: One who touches an impure item located in a place that cannot be seen is not rendered impure. The reason is that impurity within a concealed area cannot be imparted elsewhere (Rambam *Sefer Tahara, Hilkhot Tumat Met* 1:3).

A garment three by three handbreadths that was split – שְׁלֹשָׁה עַל שְׁלֹשָׁה שֶׁנֶּחְלַק: If a garment of three by three handbreadths was rendered impure by the treading of a *zav* and was subsequently split into smaller pieces it is not impure with the impurity of treading, as stated by Rabbi Yosei. But if one tore from it a piece of three by three fingerbreadths, and the rest of the garment is at least three by three handbreadths, although the torn piece is not impure with the impurity of treading, it is impure due to its initial contact with the rest of the garment that remained impure with the impurity of treading. This *halakha* is in accordance with the statement of Ulla (Rambam *Sefer Tahara, Hilkhot Kelim* 23:9).

NOTES

In the case of a garment that was three by three handbreadths that was split, each part is ritually pure with regard to impurity imparted by treading – שְׁלֹשָׁה עַל שְׁלֹשָׁה שֶׁנֶּחְלַק טָהוֹר מִן הַמִּדְרָס: When a *zav* lies, sits, or rides on items designated for such purposes, he renders them primary sources of ritual impurity. Anyone who comes in contact with them or moves them is thereby rendered impure with first-degree ritual impurity. In addition to a *zav*: A *zava*, a menstruating woman, a woman after childbirth, and, to a certain degree, a leper, all impart impurity in this manner. This impurity is referred to by the term treading.

The minimum measures for susceptibility to ritual impurity of different items and materials are determined by their quality. Generally speaking, the more significant the item, the smaller will be the minimum size determining when it becomes susceptible to ritual impurity. A coarser or more irregular garment will have a larger measure. The minimum measure at which an item becomes impure is also determined by the type of impurity in question. A cloth of three by three fingerbreadths becomes ritually impure with the impurity imparted by a corpse, as a cloth of this size can be used by the poor (see Rashi; *Shabbat* 26b). Conversely, the measure for impurity imparted to an item by a *zav* lying upon it is three by three handbreadths. If a cloth of this kind became impure by a *zav* sitting upon it and was subsequently divided, its pieces are no longer impure, as is the *halakha* with regard to any previously impure vessel which was then broken into pieces.

וְתַנְיָא, אָמַר רַבִּי יוֹסֵי: וְכִי בְּאֵיזֶה מִדְרָס נָגַע זֶה? אֶלָּא: שֶׁאִם נָגַע בּוֹ זָב – שֶׁיְּהֵא טָמֵא מַגַּע זָב!

And it is taught in that mishna that **Rabbi Yosei says,** disagreeing with Rabbi Meir: **But what** source of impurity **imparted by treading did these** pieces **touch?** Rabbi Yosei disregards the contact between the pieces that occurred before the garment was split, as that contact has the status of a connection within a concealed area. **Rather,** the only way the pieces could still be ritually impure is if **a** ***zav*** **had touched** the garment directly, e.g., when he sat on the garment he also touched it with his skin. In that case the garment would have also been rendered **ritually impure due to contact with a** ***zav,*** and that impurity would remain even after the garment was split. It would appear, then, that the opinion of Rabbi Meir in the mishna here can be reconciled only with the opinion of Rabbi Meir in the mishna in *Kelim*, but not with the opinion of Rabbi Yosei.

לָאו אִיתְּמַר עֲלַהּ, אָמַר עוּלָּא: לֹא שָׁנוּ אֶלָּא שְׁלֹשָׁה עַל שְׁלֹשָׁה שֶׁנֶּחְלַק,

The Gemara responds: **Wasn't it stated with regard to that** mishna in *Kelim* that **Ulla said: They taught** that Rabbi Yosei disagrees with Rabbi Meir **only** in the case of a garment of **three by three** handbreadths **that was split** into smaller pieces, as once it is split, there is no piece large enough to impart to the other pieces impurity imparted through treading.

אֲבָל שָׁלֹשׁ עַל שָׁלֹשׁ הַבָּאוֹת מִבֶּגֶד גָּדוֹל – בִּשְׁעַת פְּרִישָׁתָן מֵאֲבִיהֶן מְקַבְּלוֹת טוּמְאָה מֵאֲבִיהֶן; הָא נַמִי – בִּשְׁעַת פְּרִישָׁתָן מֵאֵבֶר מְקַבֵּל טוּמְאָה מֵאֵבֶר.

But with regard to pieces of **three by three** fingerbreadths **that come,** i.e., are cut, **from a large garment,** everyone agrees that **at the time of their separation from their original** garment, before they are fully detached from it, **they are rendered impure through** their contact with the **original** garment, despite the fact that the contact occurs within a concealed area. In **this** case of the mishna here **also,** one can say that **at the time of separation** of the flesh of the fetus **from** the **limb,** i.e., the foreleg, it is **rendered impure through** its contact with **the limb.** According to Ulla, then, the mishna can be reconciled also with the opinion of Rabbi Yosei.

רָבִינָא אָמַר: בֶּגֶד – לָאו לַחֲתִיכָה קָאֵי, עוּבָּר – לַחֲתִיכָה קָאֵי, וְכָל הָעוֹמֵד לַחְתּוֹךְ

Ravina said there is a different explanation of how the mishna can be reconciled with the opinion of Rabbi Yosei: **A garment does not stand,** i.e., is not intended, **to be cut.** On the contrary, it is better for it to remain whole. Therefore, the connections between its pieces are regarded as being within a concealed area that cannot impart impurity. By contrast, with regard to **a fetus** that extends its foreleg, the foreleg **does stand to be cut,** as it is prohibited for consumption while the rest of the fetus is permitted, **and** the halakhic principle is that **any** item **that stands to be cut**

Perek **IV**
Daf **73** Amud **a**

כְּחָתוּךְ דָּמֵי.

is regarded as though it were cut. Therefore, it is regarded as though the foreleg had already been severed from the body of the fetus, and the point of contact between them is not considered to be a concealed area. Rather, it is regarded as if the foreleg and fetus were two separate items that came into contact with each other. Consequently, the former can impart impurity to the latter.

כְּמַאן, כְּרַבִּי מֵאִיר? דִּתְנַן: כָּל יְדוֹת הַכֵּלִים שֶׁהֵן אֲרוּכּוֹת וְעָתִיד לְקַצְּצָן – מַטְבִּיל עַד מְקוֹם מִדָּה, דִּבְרֵי רַבִּי מֵאִיר,

The Gemara asks: **In accordance with** whose opinion is this halakhic principle that Ravina cites? It is **in accordance with** the opinion of **Rabbi Meir, as we learned** in a mishna (*Mikvaot* 10:5): When a vessel is immersed in a ritual bath, it is purified only if all parts of the vessel are submerged at the same time. But with regard to **any handles of vessels**[H] **that are** too **long and** therefore **will ultimately be cut off, one** must **immerse them** only **until the point of** their eventual **size.** Even though the part of the handle that will be cut off is not submerged, the vessel is nevertheless purified; this is **the statement of Rabbi Meir.** Evidently, Rabbi Meir holds that even though the handle is still physically attached, since that part of the handle stands to be cut off, it is already regarded as though it were cut off. Consequently, immersing the handle up until that point is regarded as immersing the entire vessel.

HALAKHA

Handles of vessels – יְדוֹת הַכֵּלִים: With regard to handles of vessels that are too long and will ultimately be cut off, one is required to immerse them only until the point of their ultimate size. This *halakha* is in accordance with the opinion of Rabbi Meir (Rambam *Sefer Tahara, Hilkhot Mikvaot* 3:25; *Shulḥan Arukh, Yoreh De'a* 202:9).

HALAKHA

Connections between two pieces of food – חִבּוּרֵי אוֹכָלִין: The Ra'avad rules explicitly in accordance with the opinion of Ravina. With regard to the opinion of the Rambam, some claim that since he rules in accordance with the opinion of Ulla earlier with regard to a garment that was divided, it is evident that he does not rule in accordance with the opinion of Ravina. Others suggest that the Rambam differentiates between food and garments, and with regard to food he accepts Ravina's opinion (see Rambam *Sefer Avoda, Hilkhot Pesulei HaMukdashin* 1:15, and Ra'avad, Mahari Kurkus, *Kesef Mishne*, and *Leḥem Mishne* there).

A *tereifa* that one slaughtered imparts impurity to sacrificial animals – טְרֵפָה שֶׁשְּׁחָטָהּ מְטַמְּאָה בְּמוּקְדָּשִׁין: A *tereifa* that was slaughtered is pure by Torah law. It imparts impurity by rabbinic law, but only to sacrificial foods, and not to *teruma* or non-sacred foods, in accordance with the opinion of Shmuel's father (Rambam *Sefer Tahara, Hilkhot She'ar Avot HaTumot* 2:8–9).

NOTES

Since the mishna needed to teach in the first clause, etc. – אַיְּידֵי דִּתְנָא רֵישָׁא וכו׳: This first clause concerns the case in which the foreleg was severed before the slaughter of the mother. As long as the mother is alive, it and the fetus inside it are not susceptible to ritual impurity. Accordingly, if the foreleg is severed before the slaughter, that limb is unable to impart impurity to the fetus. If the foreleg would still be attached at the time of the slaughter, at that point it would be able to impart impurity to the fetus.

A *tereifa* that one slaughtered imparts impurity to sacrificial animals – טְרֵפָה שֶׁשְּׁחָטָהּ מְטַמְּאָה בְּמוּקְדָּשִׁין: The Rambam maintains that a *tereifa* imparts impurity only to sacrificial foods, but not to *teruma*, and certainly not to non-sacred food (*Sefer Tahara, Hilkhot She'ar Avot HaTumot* 2:8). If so, this is an example of the higher standards the Sages applied to sacrifices and sacrificial food. Rashi explains (123b) that the Gemara's statement concerns the imparting of impurity in the case of an animal consecrated as an offering which was discovered to be a *tereifa*. It would appear, then, that in contrast to the Rambam, Rashi holds that a non-sacred *tereifa* does not impart impurity even to sacrificial foods (see also Ba'al HaMaor on 74b).

וַחֲכָמִים אוֹמְרִים: עַד שֶׁיַּטְבִּיל אֶת כּוּלּוֹ?

And the Rabbis say that the vessel is not purified **until he immerses all of it,** including the handle. Apparently, the Rabbis do not hold that an item that stands to be cut is regarded as though it was already cut, and Ravina's explanation is in accordance only with the opinion of Rabbi Meir.

אֲפִילּוּ תֵּימָא רַבָּנַן, חִבּוּרֵי אוֹכָלִין כְּמַאן דִּמְפָרְתֵי דָּמֵי, וּנְגִיעֵי בַּהֲדָדֵי.

The Gemara responds: **You** may **even say** that Ravina's explanation is in accordance with the opinion of **the Rabbis.** The disagreement between the Rabbis and Rabbi Meir concerns utensils, but even the Rabbis agree that the **connections** between two pieces **of food**[H] **are** disregarded, and the item is **considered as though it is** already **separated** into two pieces **that are touching one another,** and so ritual impurity can be imparted from one piece to another. Similarly, the fetus and the foreleg are considered like food in this regard. Therefore, it is considered as if they have already been separated and are touching, allowing the foreleg to impart impurity to the fetus.

בִּשְׁלָמָא לְעוּלָּא, הַיְינוּ דְּקָתָנֵי: חֲתָכָהּ, אֶלָּא לְרָבִינָא, מַאי חֲתָכָהּ? אַיְּידֵי דִּתְנָא רֵישָׁא חֲתָכָהּ – תְּנָא נַמִי סֵיפָא חֲתָכָהּ.

The Gemara asks: **Granted, according to** the explanation of **Ulla** that the fetus was rendered impure at the time of separation of the flesh of the fetus from the limb, **this** explanation is consistent with **that which** the mishna **teaches,** that the foreleg **was severed** from the body of the fetus. **But according to** the explanation of **Ravina,** the connection between the foreleg and fetus is like that of food, and even if the foreleg was never severed from the fetus it would still impart impurity to the fetus. **What,** then, is the reason the mishna states **it was severed?** The Gemara answers: **Since** the mishna needed to **teach** in **the first clause**[N] that the foreleg **was severed, it also taught** in **the latter clause** that **it was severed,** for stylistic consistency, even though the *halakha* would apply even were it not severed.

״וַחֲכָמִים אוֹמְרִים: מַגַּע טְרֵפָה שְׁחוּטָה״. טְרֵפָה שְׁחוּטָה מִי מְטַמְּיָא? אִין, כְּדַאֲבוּהּ דִּשְׁמוּאֵל, דְּאָמַר אֲבוּהּ דִּשְׁמוּאֵל: טְרֵפָה שֶׁשְּׁחָטָהּ – מְטַמְּאָה בְּמוּקְדָּשִׁין.

§ The mishna states: **And the Rabbis say:** The flesh of a fetus that extended its foreleg outside the mother's womb and whose mother was subsequently slaughtered has ritual impurity due to having been in **contact with a *tereifa* that was slaughtered.** The Gemara asks: **Does a slaughtered *tereifa* impart impurity?** The Gemara answers: **Yes,** and this is **in accordance** with the statement **of Shmuel's father, as Shmuel's father says:** The Sages decreed that **a *tereifa* that one slaughtered imparts impurity to sacrificial** animals,[HN] i.e., it will disqualify them if it comes in contact with them.

״מָה מָצִינוּ בִּטְרֵפָה שֶׁשְּׁחִיטָתָהּ מְטַהַרְתָּהּ, אַף שְׁחִיטַת בְּהֵמָה תְּטַהֵר אֶת הָעוּבָּר״.

§ The mishna cites the Rabbis' rationale for their opinion: **Just as we found in** the case of a ***tereifa* that its slaughter renders it ritually pure** according to Torah law, i.e., it prevents it from having the ritual impurity of a carcass, despite not rendering the animal permitted for consumption, **so too, the slaughter of** the mother **animal should render the** limb of its **fetus** that left the womb **ritually pure,** despite the fact that it is prohibited for consumption.

תַּנְיָא, אָמַר לָהֶן רַבִּי מֵאִיר: וְכִי מִי טִיהֲרוֹ לְאֵבֶר זֶה מִידֵי נְבֵלָה – שְׁחִיטַת אִמּוֹ; אִם כֵּן תַּתִּירֶנּוּ בַּאֲכִילָה!

The mishna itself proceeds to cite Rabbi's Meir's response to this claim. The Gemara here cites a different version of his response based on that which **is taught** in a *baraita*: **Rabbi Meir said to** the Rabbis: **But what renders this limb pure from** the impurity of a **carcass?** You might say it is **the slaughter of its mother,** but **if so,** the act of slaughter **should** also **permit** it even **for consumption.**

אָמְרוּ לוֹ: הַרְבֵּה מַצֶּלֶת עַל שֶׁאֵינוֹ גּוּפָהּ יוֹתֵר מִגּוּפָהּ, שֶׁהֲרֵי שָׁנִינוּ: חוֹתֵךְ מִן הָעוּבָּר שֶׁבְּמֵעֶיהָ – מוּתָּר בַּאֲכִילָה, מִן הַטְּחוֹל וּמִן הַכְּלָיוֹת – אָסוּר בַּאֲכִילָה.

The Rabbis **said to him:** The slaughter of an animal has a **greater effect in shielding that which is not** part of its **body** from having the ritual impurity of a carcass **than that which is** part of **its body, as** is apparent from that **which we learned** in the mishna (68a): If, prior to slaughtering an animal, one **severs** pieces **from a fetus that is in** its **womb,** leaving those pieces in the womb, their **consumption is permitted** by virtue of the slaughter of the mother animal. By contrast, if one severs pieces **of the spleen or of the kidneys** of an animal and then slaughtered it, then even if those pieces were left inside the animal, their **consumption is prohibited.**

מַאי קָאָמַר? אָמַר רָבָא וְאָמְרִי לָהּ כְּדִי: חַסּוּרֵי מִחַסְּרָא, וְהָכִי קָתָנֵי, אָמַר לָהֶן רַבִּי מֵאִיר: וְכִי מִי טִיהֲרוֹ לְאֵבֶר זֶה מִידֵי נְבֵלָה – שְׁחִיטַת אִמּוֹ; אִם כֵּן תַּתִּירֶנּוּ בַּאֲכִילָה! אָמְרוּ לוֹ: טְרֵפָה תּוֹכִיחַ, שֶׁשְּׁחִיטָתָהּ מְטַהַרְתָּהּ מִידֵי נְבֵלָה, וְאֵינָהּ מַתִּירָתָהּ בַּאֲכִילָה.

The Gemara clarifies the response of the Rabbis: **What are** the Rabbis **saying? Rava said, and some say it unattributed** [***kedi***][N] to any particular Sage, that the *baraita* **is incomplete, and this** is what **it is teaching: Rabbi Meir said to** the Rabbis: **But what renders this limb pure from** the impurity **of a carcass?** You might say it is **the slaughter of its mother,** but **if so, it should** also **permit it** even **for consumption.** In response the Rabbis **said to him:** Let the *halakha* of **a *tereifa* prove** the point, **as its slaughter renders it pure from** the impurity **of a carcass but it does not permit it for consumption.** Similarly, the slaughter of the mother animal should render pure even the foreleg of its fetus, even if it does not permit it for consumption.

אָמַר לָהֶן: לֹא, אִם טִיהֲרָה שְׁחִיטַת טְרֵפָה אוֹתָהּ – דָּבָר שֶׁהִיא גּוּפָהּ, תְּטַהֵר אֶת הָאֵבֶר – דָּבָר שֶׁאֵינוֹ גּוּפָהּ? אָמְרוּ לוֹ: הַרְבֵּה מַצֶּלֶת עַל שֶׁאֵינוֹ גּוּפָהּ יוֹתֵר מִגּוּפָהּ, שֶׁהֲרֵי שָׁנִינוּ: חוֹתֵךְ מִן הָעוּבָּר שֶׁבְּמֵעֶיהָ – מוּתָּר בַּאֲכִילָה, מִן הַטְּחוֹל וּמִן הַכְּלָיוֹת – אָסוּר בַּאֲכִילָה.

Rabbi Meir **said to them: No,** even **if the slaughter of a *tereifa* renders** the animal itself **pure** from having the impurity of a carcass, that is true with regard to **something that is** part **of its own body.** Does it necessarily follow that **it should** also **render pure the limb** of its fetus, which is **something that is not** part of **its own body?** The Rabbis **said to him:** The slaughter of an animal **has a greater effect in shielding that which is not** part of **its body** from having the impurity of a carcass **than that which is** part of **its body, as** is apparent from that **which we learned** in the mishna at the beginning of the chapter: If one **severs** pieces **from a fetus that is in** an animal's **womb** and then slaughters the mother animal, their **consumption is permitted.** By contrast, if one severs pieces **of the spleen or of the kidneys** of an animal and then slaughters it, their **consumption is prohibited.**

תַּנְיָא נַמִי הָכִי, אָמַר לָהֶן רַבִּי מֵאִיר: וְכִי מִי טִיהֲרוֹ לְאֵבֶר זֶה מִידֵי נְבֵלָה? אָמְרוּ לוֹ: שְׁחִיטַת אִמּוֹ. אִם כֵּן תַּתִּירֶנּוּ בַּאֲכִילָה! אָמְרוּ לוֹ: טְרֵפָה תּוֹכִיחַ, שֶׁשְּׁחִיטָתָהּ מְטַהַרְתָּהּ מִידֵי נְבֵלָה, וְאֵינָהּ מַתִּירָתָהּ בַּאֲכִילָה.

The Gemara notes that **this** clarification of Rava **is also taught** explicitly in a *baraita*: **Rabbi Meir said to** the Rabbis: **But what renders this limb pure from** the impurity **of a carcass?** The Rabbis **said to him:** It is **the slaughter of its mother.** Rabbi Meir responded: But **if so, it should** also **permit it** even **for consumption.** In response the Rabbis **said to him: Let** the *halakha* of a *tereifa* **prove** the point, **as its slaughter renders it pure from** the impurity of **a carcass but it does not permit it for consumption.** Similarly, the slaughter of the mother animal should render pure even the foreleg of its fetus, even if it does not permit it for consumption.

אָמַר לָהֶן: אִם טִיהֲרָה שְׁחִיטַת טְרֵפָה אוֹתָהּ, וְאֶת הָאֵבֶר הַמְדוּלְדָּל בָּהּ – דָּבָר שֶׁגּוּפָהּ, תְּטַהֵר אֶת הָעוּבָּר שֶׁאֵינוֹ גּוּפָהּ?

Rabbi Meir **said to them:** Even **if the slaughter of a *tereifa* renders** the animal itself **pure, and** likewise the slaughter of any animal renders **the limb that** was partially cut from it but still **hangs**[H] **from it** pure from imparting the impurity of a carcass despite being prohibited for consumption, that is the *halakha* with regard to **something that is** part of **its own body.** Does it necessarily follow that **it should** also **render pure the limb** of its fetus, which is **something that is not** part of **its own body?**

אָמְרוּ לוֹ: הַרְבֵּה מַצֶּלֶת עַל שֶׁאֵינוֹ גּוּפָהּ יוֹתֵר מִגּוּפָהּ, שֶׁהֲרֵי שָׁנִינוּ: חוֹתֵךְ מִן הָעוּבָּר שֶׁבְּמֵעֶיהָ – מוּתָּר בַּאֲכִילָה, מִן הַטְּחוֹל וּמִן הַכְּלָיוֹת – אָסוּר בַּאֲכִילָה.

The Rabbis **said to him:** The slaughter of an animal **has a greater effect in shielding that which is not** part of **its body** from imparting the ritual impurity of a carcass **than that which is** part of **its body, as** is apparent from that **which we have learned** in the mishna above: If one **severed** pieces **from a fetus that was in** an animal's **womb** and then slaughtered the mother animal, their **consumption is permitted.** But if one severed pieces **of the spleen or of the kidneys** of an animal and then slaughtered it, their **consumption is prohibited.**

אָמַר רַבִּי שִׁמְעוֹן בֶּן לָקִישׁ: כְּמַחֲלוֹקֶת בְּעוּבָּרִין – כָּךְ מַחֲלוֹקֶת בְּאֵיבָרִין.

§ **Rabbi Shimon ben Lakish said: Just as** there is **a dispute** between Rabbi Meir and the Rabbis **with regard to fetuses,** concerning whether the slaughter of the mother prevents a limb that emerged from the womb from having the impurity of a carcass, **so too,** they have a parallel **dispute with regard to limbs** of an animal that were partially cut from it but still hanging from it, whether the slaughter of the animal prevents such limbs from having the impurity of a carcass.

וְרַבִּי יוֹחָנָן אָמַר: מַחֲלוֹקֶת – בְּאֵבֶר דְּעוּבָּר, אֲבָל בְּאֵבֶר דִּבְהֵמָה – דִּבְרֵי הַכֹּל שְׁחִיטָה עוֹשָׂה נִיפּוּל.

And Rabbi Yoḥanan said: Their **dispute** is only **with regard to a limb of a fetus** that emerged from the womb, **but with regard to a limb** hanging **from an animal, everyone agrees** that the **slaughter** of the animal **renders** such a limb as though it had already **fallen** off prior to the slaughter, and the slaughter does not prevent the limb from having the impurity of a carcass.

NOTES

Unattributed [*kedi*] – כְּדִי: There are various opinions as to the meaning of this word. Rashi in several places suggests two possibilities: One that it is the name, or the nickname, of a Sage (Maharatz Ḥayyut); the other that it is an introduction to an unattributed statement. The latter appears to be the explanation of the *ge'onim*, who hold the word is an abbreviation of *kedehi*, meaning: As it is, without a name.

HALAKHA

The limb that hangs – הָאֵבֶר הַמְדוּלְדָּל: A limb that has become partially detached from an animal and cannot be restored is prohibited for consumption. This applies whether it is hanging from a domesticated or an undomesticated animal. If the animal was slaughtered, this limb does not impart impurity like a carcass, as the slaughter does not render such a limb as though it had already fallen off prior to the slaughter (Rambam *Sefer Kedusha, Hilkhot Ma'akhalot Assurot* 5:6; *Shulḥan Arukh, Yoreh De'a* 62:3).

NOTES

This limb has a means of rectification by returning back – הַאי אִית לֵיהּ תַּקַּנְתָּא בַּחֲזָרָה: This refers to the *halakha* taught in the first mishna of this chapter (68a) that if a fetus extended its foreleg and returned it, it is permitted for consumption. Rav ruled that the meaning of the mishna is that the fetus itself may be eaten, but the foreleg is permanently prohibited, even though it was returned. Rabbi Yoḥanan held (68b) that even the foreleg is permitted if it was returned before the slaughter of the mother. Rabbi Yoḥanan here is consistent with his opinion cited earlier in interpreting the opinion of the Rabbis.

אָמַר רַבִּי יוֹסֵי בְּרַבִּי חֲנִינָא: מַאי טַעְמָא דְּרַבִּי יוֹחָנָן אַלִּיבָּא דְּרַבָּנַן? הַאי – אִית לֵיהּ תַּקַּנְתָּא בַּחֲזָרָה, וְהָא – לֵית לֵיהּ תַּקַּנְתָּא בַּחֲזָרָה.

Rabbi Yosei, son of Rabbi Ḥanina, said: What is the reason for the distinction made **by Rabbi Yoḥanan concerning** the opinion **of the Rabbis** that the slaughter of an animal renders pure the limb of its fetus, but does not render pure a limb hanging from the animal itself? The reason is that **this** limb of the fetus that emerged from its womb **has** a means of **rectification by returning back**[N] inside the womb, in accordance with the opinion that it will then be permitted for consumption by virtue of the slaughter of the mother animal. **But this** hanging limb **does not have** a means of **rectification by returning,** as it cannot be reattached to the animal's body.

מֵיתִיבִי, אָמַר לָהֶם רַבִּי מֵאִיר: לֹא, אִם טִיהֲרָה שְׁחִיטַת טְרֵפָה אוֹתָהּ, וְאֶת הָאֵבֶר הַמְדוּלְדָּל בָּהּ – דָּבָר שֶׁגּוּפָהּ, תְּטַהֵר אֶת הָעוּבָּר – דָּבָר שֶׁאֵינוֹ גּוּפָהּ?

The Gemara **raises an objection** to Rabbi Yoḥanan's opinion from the *baraita* cited above: **Rabbi Meir said to them: No,** even **if the slaughter of a** *tereifa* **renders pure** the animal itself **and** similarly the slaughter of any animal renders pure **the limb that is hanging from it** from having the impurity of a carcass, this is true with regard to **something that is** part of **its own body.** Does it necessarily follow that **it should** also **render pure the limb** of its fetus, which is **something that is not** part of **its own body?**

Perek **IV**
Daf **73** Amud **b**

NOTES

Rather if such a dispute was stated it was stated like this – אֶלָּא אִי אִתְּמַר הָכִי אִתְּמַר: According to this version of the dispute, Rabbi Yoḥanan maintains that Rabbi Meir's statement in the *baraita*, that a hanging limb is rendered pure through the slaughter of the animal, is accepted by everyone. Rabbi Shimon ben Lakish disagrees and contends that Rabbi Meir spoke to the Rabbis in accordance with their opinion, as explained at the beginning of the *amud*.

בִּשְׁלָמָא לְרַבִּי שִׁמְעוֹן בֶּן לָקִישׁ, לְדִבְרֵיהֶם קָאָמַר לְהוּ: לְדִידִי – לָא שְׁנָא אֵבֶר דְּעוּבָּר וְלָא שְׁנָא אֵבֶר דִּבְהֵמָה, כִּי הֲדָדֵי נִינְהוּ;

Rabbi Meir's statement appears inconsistent with his opinion, as he holds that a hanging limb is not rendered pure by slaughtering the animal. The Gemara suggests that this difficulty can be resolved only according to Rabbi Shimon ben Lakish's version of the Rabbis' opinion, but not according to Rabbi Yoḥanan's version. **Granted, according to Rabbi Shimon ben Lakish,** one can explain that Rabbi Meir **was speaking in accordance with the statement of** the Rabbis, as follows: **According to my** own opinion, there **is no difference** with regard to **the limb of a fetus, and there is no difference** with regard to **a limb** hanging **from an animal; they are the same** in that the slaughter of the animal does not render either of them pure. Accordingly, Rabbi Meir must have been speaking in accordance with the opinion of the Rabbis that a limb hanging from an animal is rendered pure by the animal's slaughter.

אֶלָּא לְרַבִּי יוֹחָנָן – קַשְׁיָא!

But according to Rabbi Yoḥanan, who holds that both the Rabbis and Rabbi Meir agree that a limb hanging from an animal is not rendered pure by the animal's slaughter, Rabbi Meir's statement is **difficult,** as it is inconsistent with both his opinion and the Rabbis' opinion. The Gemara concedes the challenge.

אֶלָּא, אִי אִתְּמַר הָכִי אִתְּמַר: אָמַר רַבִּי שִׁמְעוֹן בֶּן לָקִישׁ כְּמַחֲלוֹקֶת בְּעוּבָּרִים – כָּךְ מַחֲלוֹקֶת בְּאֵיבָרִין. וְרַבִּי יוֹחָנָן אָמַר: מַחֲלוֹקֶת – בְּאֵבֶר דְּעוּבָּר, אֲבָל בְּאֵבֶר דִּבְהֵמָה – דִּבְרֵי הַכֹּל אֵין שְׁחִיטָה עוֹשָׂה נִיפּוּל.

Rather, if such a dispute **was stated, it was stated like this:**[N] **Rabbi Shimon ben Lakish said: Just** as there is **a dispute** between Rabbi Meir and the Rabbis **with regard to fetuses** whose limbs emerged from the womb, **so** too, they have a parallel **dispute with regard to limbs** hanging from an animal. **And Rabbi Yoḥanan said:** Their **dispute is** only **with regard to the limb of a fetus** that emerged from the womb; **but with regard to a limb** hanging **from an animal, everyone agrees** that the **slaughter** of the animal **does not render** such a limb as though it had already **fallen off** prior to the slaughter, and does not impart the impurity of a carcass. According to this version of Rabbi Yoḥanan's understanding of the dispute, Rabbi Meir's statement is consistent even with his own opinion.

אָמַר רַבִּי יוֹסֵי בְּרַבִּי חֲנִינָא: מַאי טַעְמָא דְּרַבִּי יוֹחָנָן אַלִּיבָּא דְּרַבִּי מֵאִיר? הַאי – גּוּפָהּ, וְהַאי – לָאו גּוּפָהּ.

Rabbi Yosei, son of Rabbi Ḥanina, said: What is the reason for the distinction made **by Rabbi Yoḥanan concerning** the opinion **of Rabbi Meir,** that the slaughter of an animal does not render pure the limb of its fetus, but it does render pure a limb hanging from the animal itself? It is that **this** hanging limb is part of the animal's **body, but that,** the limb of the fetus, is **not** part of **its body.**

אָמַר רַב יִצְחָק בַּר יוֹסֵף אָמַר רַבִּי יוֹחָנָן: הַכֹּל מוֹדִים שֶׁמִּיתָה עוֹשָׂה נִיפוּל, וְאֵין שְׁחִיטָה עוֹשָׂה נִיפוּל.

§ The Gemara continues to elucidate the dispute between Rabbi Meir and the Rabbis. **Rav Yitzḥak bar Yosef says** that **Rabbi Yoḥanan says: Everyone agrees that** the **death** of an animal by means other than slaughter **renders** a limb as though it had already **fallen off**[NH] prior to the animal's death. Therefore, it will not have the impurity of a carcass, but it will have the impurity of a limb taken from a living animal. **And** likewise, everyone agrees that the **slaughter** of the animal **does not render** a limb as though it had already **fallen off**[H] prior to the slaughter, and therefore it will not have the impurity of a carcass.

בְּמַאי עָסְקִינַן? אִילֵימָא בְּאֵבֶר דְּעוּבָּר – מִיפְלַג פְּלִיגִי! אֶלָּא בְּאֵבֶר דִּבְהֵמָה – מִיתָה תְּנֵינָא, שְׁחִיטָה תְּנֵינָא!

The Gemara clarifies: **What are we dealing with** here? **If we say** we are dealing **with a limb of** its **fetus** that emerged from its womb, Rabbi Meir and the Rabbis explicitly **disagree** with regard to this case. **Rather,** we are dealing **with a limb** hanging **from an animal.** But if so, Rabbi Yoḥanan's statement is unnecessary. With regard to a hanging limb, **we** already **learn** about the effect of the **death** of the animal in a mishna elsewhere, and **we** already **learn** about the effect of the **slaughter** of the animal in a mishna elsewhere.

מִיתָה תְּנֵינָא: מֵתָה הַבְּהֵמָה – הַבָּשָׂר צָרִיךְ הֶכְשֵׁר, וְהָאֵבֶר מְטַמֵּא מִשּׁוּם אֵבֶר מִן הַחַי, וְאֵינוֹ מְטַמֵּא מִשּׁוּם אֵבֶר מִן הַנְּבֵלָה, דִּבְרֵי רַבִּי מֵאִיר.

The Gemara elaborates: We already **learn** about the effect of the **death** of an animal in the mishna (127b): If **the animal died** without slaughter, any hanging **flesh needs** to be rendered **susceptible**[N] to contracting ritual impurity in order to become impure. This is accomplished by coming in contact with liquid, with the owner's approval. The reason is that its halakhic status is that of flesh severed from a living animal, which is ritually pure and does not have the status of an unslaughtered carcass. **And** a hanging **limb imparts impurity as a limb** severed **from a living** animal, **but does not impart impurity as a limb from a carcass;** this is **the statement of Rabbi Meir.** Evidently, Rabbi Meir holds that upon the animal's death, anything hanging from the animal is considered as though it had already fallen off before the animal's death. Since the mishna does not record that the Rabbis disagree, it would appear that they agree.

שְׁחִיטָה נַמִי תְּנֵינָא: נִשְׁחֲטָה בְּהֵמָה – הוּכְשְׁרוּ בְּדָמֶיהָ, דִּבְרֵי רַבִּי מֵאִיר. רַבִּי שִׁמְעוֹן אוֹמֵר: לֹא הוּכְשְׁרוּ!

Likewise, **we** already **learn** about the effect of the **slaughter** of an animal in the same mishna: If **the animal is slaughtered, they,** the limb and the flesh hanging from it, **are** thereby **rendered susceptible** to impurity, by coming in contact **with its blood.**[H] Blood is one of the seven liquids that render foods susceptible to impurity and its presence is considered to be with the approval of the owner, as it makes the meat look redder and fresher; this is **the statement of Rabbi Meir. Rabbi Shimon says: They were not rendered susceptible**[N] to impurity through the animal's own blood, but only once they were wet with another liquid, with the owner's approval. It is apparent that both opinions in that mishna agree that the limb does not have the impurity of a limb severed from a living animal. Evidently, they hold that the slaughter does not render the hanging limb as though it had already fallen off beforehand.

NOTES

Death renders a limb fallen off – **מִיתָה עוֹשָׂה נִיפוּל:** The Gemara on 74a derives this principle from a verse. According to this principle, since the limb is considered to have fallen off prior to the animal's death it is not considered to have come from an animal carcass, but is viewed as a limb severed from a living animal. Although there is no distinction between a limb from a living animal and a carcass with regard to the impurity imparted by them, there is a difference with regard to flesh separated from them. With regard to a carcass, impurity is imparted by a piece of flesh the size of an olive-bulk. By contrast, with regard to a limb severed from a living animal, only a complete limb imparts impurity, but not pieces of flesh taken from it.

If the animal died any hanging flesh needs to be rendered susceptible – **מֵתָה הַבְּהֵמָה הַבָּשָׂר צָרִיךְ הֶכְשֵׁר:** Food is susceptible to ritual impurity only if it has come into contact with water or one of six other liquids listed in the mishna in *Makhshirin* (6:4), including blood.

Rabbi Shimon says: They were not rendered susceptible – **רַבִּי שִׁמְעוֹן אוֹמֵר לֹא הוּכְשְׁרוּ:** The Gemara (127b–128a) discusses the reason for Rabbi Shimon's ruling and the basis of the dispute between him and Rabbi Meir. In any case, Rabbi Shimon does not disagree with Rabbi Meir with regard to the question of whether or not slaughter renders a limb as though it had already fallen off prior to the slaughter. Likewise, there is no record of other Sages disagreeing with Rabbi Meir in this regard (Rashi).

HALAKHA

Death renders a limb fallen off – **מִיתָה עוֹשָׂה נִיפוּל:** With regard to flesh, or a limb, that was hanging from an animal that died without being ritually slaughtered, the flesh needs to be rendered susceptible to impurity, while the limb itself imparts impurity as a limb severed from a living animal, but not as a limb from a carcass. This is because the limb is regarded as though it had fallen off during the animal's lifetime, as death renders a hanging limb fallen off (Rambam *Sefer Tahara, Hilkhot She'ar Avot HaTumot* 2:5).

Slaughter does not render a limb fallen off – **אֵין שְׁחִיטָה עוֹשָׂה נִיפוּל:** The hanging flesh and the hanging limb of an animal that was slaughtered do not impart impurity as an animal carcass, as they are not considered to have fallen off while the animal was still alive. This is in accordance with the principle that slaughter does not render a hanging limb as though it had already fallen off prior to slaughter, which is accepted by all opinions, as stated by Rabbi Yoḥanan (Rambam *Sefer Tahara, Hilkhot She'ar Avot HaTumot* 2:5).

If the animal is slaughtered they are rendered susceptible with its blood – **נִשְׁחֲטָה בְּהֵמָה הוּכְשְׁרוּ בְּדָמֶיהָ:** If there was flesh or a limb hanging from an animal and the animal was slaughtered, the hanging flesh or limb is rendered susceptible to impurity through the act of slaughter, in accordance with the opinion of Rabbi Meir (Rambam *Sefer Tahara, Hilkhot She'ar Avot HaTumot* 2:5).

אִי מֵהַהִיא, הֲוָה אָמֵינָא: מַאי הוּכְשְׁרוּ – אַבָּשָׂר.

Given that the mishna has already taught both *halakhot*, what was the necessity of Rabbi Yoḥanan's statement? The Gemara answers: **If** these *halakhot* were derived only **from that** mishna, **I would say** that actually, slaughter does render a hanging limb as though it had already fallen off beforehand, and such a limb would have the impurity of a limb severed from a live animal. If so, **what** does the mishna mean when it states: **They are rendered susceptible** to impurity by coming in contact with its blood? Ostensibly, the intention is that both the limb and the flesh must be rendered susceptible to impurity, which indicates that the limb does not have any impurity of its own. The Gemara explains: One would have explained that the need to be rendered susceptible to impurity is referring only **to the flesh,** as flesh severed from a living animal does not have any impurity of its own.

וְהָא "הוּכְשְׁרוּ" קָתָנֵי! מַהוּ דְּתֵימָא: חַד לְבָשָׂר הַפּוֹרֵשׁ מִן הַבְּהֵמָה, וְחַד לְבָשָׂר הַפּוֹרֵשׁ מִן הָאֵבֶר.

The Gemara objects: **But** the mishna **teaches: They are rendered susceptible,** in the plural, which is apparently referring to both the flesh and the limb, which were mentioned previously in the mishna. The Gemara explains: **You might say** that the plural is used because the statement is referring to two types of hanging flesh that upon slaughter are considered to have been separated from a living animal: **One** is **for flesh that separates from** the body of **the animal, and** the other **one** is **for flesh that separates from the** hanging **limb.** Neither type has its own impurity, so they must be rendered susceptible to impurity by coming in contact with liquid.

וּמַאי אוּלְמֵיהּ דְּהַאי מֵהַאי? סָלְקָא דַּעְתָּךְ אָמֵינָא: הוֹאִיל וּמְטַמֵּא טוּמְאָה חֲמוּרָה אַגַּב אָבִיו – אֵימָא לָא לִיבְּעֵי הֶכְשֵׁר, קָמַשְׁמַע לַן.

The Gemara asks: **But** in **what** way **is** it **more compelling** to apply the *halakha* **to this** type of flesh **than** to **that** type, making it necessary to state the *halakha* with regard to both? The Gemara answers: It might **enter your mind to say** that **since** flesh that is attached to a limb severed from a living animal **imparts** the same **severe** form of **ritual impurity** as the limb **on account of being a part of** it, one might **say** that once the flesh is separated from the limb it does **not need**[N] **to** then **be rendered susceptible** to impurity. To reject this possibility, the mishna uses the plural form to **teach us** that this type of flesh does need to be rendered susceptible to impurity.

אָמַר רַב יוֹסֵף: נְקוֹט דְּרַב יִצְחָק בַּר יוֹסֵף בִּידָךְ, דְּרַבָּה בַּר בַּר חָנָה קָאֵי כְּוָותֵיהּ, דְּתַנְיָא: "וּבָשָׂר בַּשָּׂדֶה טְרֵפָה לֹא תֹאכֵלוּ" – לְהָבִיא הָאֵבֶר וְהַבָּשָׂר הַמְדוּלְדָּלִין בִּבְהֵמָה וּבְחַיָּה וּבְעוֹף, וּשְׁחָטָן – שֶׁהֵן אֲסוּרִין; וְאָמַר רַבָּה בַּר בַּר חָנָה אָמַר רַבִּי יוֹחָנָן:

§ **Rav Yosef said: Take** the statement **that Rav Yitzḥak bar Yosef** says that Rabbi Yoḥanan says, i.e., that the slaughter of an animal does not render a hanging limb as though it had already fallen off prior to the slaughter, **in your hand,** i.e., accept it as correct, **as Rabba bar bar Ḥana** also **holds in accordance with** this opinion. **As it is taught** in a *baraita*: **"And flesh that is torn in the field, you shall not eat"** (Exodus 22:30). This serves **to include** the case of **the limb or the flesh that was** partially cut off but was still **hanging on a domesticated animal or on an undomesticated animal or on a bird, and one slaughtered** them; it is derived **that they are prohibited** as limbs severed from a living animal. **And Rabba bar bar Ḥana says** that **Rabbi Yoḥanan says** with regard to the ruling of this *baraita*:

NOTES

It might enter your mind to say that since flesh imparts the same severe form of ritual impurity…say it does not need – סָלְקָא דַּעְתָּךְ אָמֵינָא הוֹאִיל וּמְטַמֵּא טוּמְאָה חֲמוּרָה...אֵימָא לָא לִיבְּעֵי: The Gemara on 120a explains that food that will ultimately impart a severe type of impurity does not need to be rendered susceptible to ritual impurity in order to contract impurity from something else. For example, the flesh of an unslaughtered carcass of a kosher bird imparts a severe form of impurity to a person when it is in his throat. Therefore, that flesh does not need to be rendered susceptible in order for it to contract impurity from a creeping animal that falls upon it. The Gemara suggests here that perhaps an item that initially had a severe degree of impurity does not need to be rendered susceptible to impurity even if it loses its severe impurity. But the Gemara rejects this suggestion and concludes that the principle discussed on 120a should not be extended (Rashi). Other commentaries hold that the Gemara here does not definitively prove that the principle should not be extended. Rather, they explain, based on the Gemara on 129a, that the reason it is necessary to render the flesh susceptible to impurity is that initially, when it was part of the limb, it was not classified as food; it was only regarded as food once it separated from the limb. Therefore, the fact that at that point it imparted a severe form of impurity is of no relevance (Ramban; see *Tosafot* and *Tosefot HaRosh*).

אֵין בָּהֶן אֶלָּא מִצְוַת פְּרוֹשׁ בִּלְבַד.

In fact, such limbs and flesh are not prohibited by Torah law, as the slaughter does not render them as though they had already fallen off prior to the slaughter, and the verse cited in the *baraita* is not a true derivation but a mere support. Accordingly, **with regard to them, there is nothing other than** a rabbinic **mitzva to separate**[NH] oneself from consuming them.

יָתֵיב רַב יוֹסֵף קַמֵּיהּ דְּרַב הוּנָא, וְיָתֵיב וְקָאָמַר, אָמַר רַב יְהוּדָה אָמַר רַב: אֲכָלוֹ לָזֶה – לוֹקֶה. אֲמַר לֵיהּ הַהוּא מֵרַבָּנַן: לָא תְּצִיתוּ לֵיהּ, הָכִי אָמַר רַב יִצְחָק בַּר שְׁמוּאֵל בַּר מָרְתָא מִשְּׁמֵיהּ דְּרַב: אֲכָלוֹ לָזֶה – אֵינוֹ לוֹקֶה.

§ **Rav Yosef sat before Rav Huna, and he sat and said: Rav Yehuda says that Rav says:** If **one ate this** hanging limb he is **flogged** for violating the prohibition against eating a limb from a living animal. **One of the Sages said to him: Do not listen to his** statement in the name of Rav, as **this is** what **Rav Yitzḥak bar Shmuel bar Marta says in the name of Rav:** If **one ate this** hanging limb **he is not flogged.**

אֲמַר לֵיהּ רַב הוּנָא: אֲנַן אַמַּאן נִסְמוֹךְ? אַהַדְרִינְהוּ רַב יוֹסֵף לְאַפֵּיהּ, אֲמַר לֵיהּ: מַאי קוּשְׁיָא? כִּי אָמְרִי אֲנָא – בְּמִיתָה, דְּעוֹשָׂה נִיפּוֹל; כִּי אָמַר אִיהוּ – בִּשְׁחִיטָה, דְּאֵינָהּ עוֹשָׂה נִיפּוֹל.

Rav Huna said to Rav Yosef: **Upon whose** version of Rav's ruling **shall we rely? Rav Yosef turned his face away** in anger **and said to him: What is the difficulty? When I said** in Rav's name that one is flogged for eating a limb that had been hanging from an animal when it died, I was **referring to** a case of **death**[N] by means other than slaughter, **which renders** the limb as though it had already **fallen**[H] off prior to the animal's death. **When** Rav Yitzḥak bar Shmuel bar Marta **said** in the name of Rav that one is not flogged, he was **referring to** the case of **a slaughter, which does not render** the limb as though it had already **fallen off** prior to the slaughter and therefore serves to render the limb permitted for consumption.

אָמַר רָבָא, מְנָא הָא מִלְּתָא דַּאֲמוּר רַבָּנַן: מִיתָה עוֹשָׂה נִיפּוֹל, שְׁחִיטָה אֵינָהּ עוֹשָׂה נִיפּוֹל? דִּכְתִיב: ״וְכֹל אֲשֶׁר יִפֹּל עָלָיו מֵהֶם בְּמֹתָם יִטְמָא״, לְמַעוּטֵי מַאי? אִילֵימָא לְמַעוּטֵי בְּחַיֵּיהֶם – מִ״נִּבְלָתָם״ נָפְקָא! אֶלָּא שְׁמַע מִינַּהּ: מִיתָה עוֹשָׂה נִיפּוֹל, וְאֵין שְׁחִיטָה עוֹשָׂה נִיפּוֹל.

§ **Rava said: From where is this matter that the Sages stated** derived: The **death** of an animal by means other than slaughter **renders** a hanging limb as though it had already **fallen off** prior to the slaughter, whereas the **slaughter** of the animal **does not render** a limb as though it had already **fallen off? As it is written** with regard to the eight species of impure creeping animals: **"And anything that these fall upon, when they are dead, it shall be impure"** (Leviticus 11:32). **What** does the term "when they are dead" serve **to exclude? If we say** it serves **to exclude** the time **when they are alive,** that principle is **derived from:** "And everything upon which any part **of their carcass** falls shall be impure" (Leviticus 11:35), which explicitly states that only their carcasses impart impurity. **Rather, learn from** the verse that **death renders** a hanging limb as though it had already **fallen off,** and **slaughter does not render** a hanging limb as though it had already **fallen off.**

אֲמַר לֵיהּ רַב אַדָּא בַּר אַהֲבָה לְרָבָא: וְהָא קְרָא בִּשְׁרָצִים כְּתִיב! אֲמַר לֵיהּ: אִם אֵינוֹ עִנְיָן לִשְׁרָצִים, דְּלָאו בְּנֵי שְׁחִיטָה נִינְהוּ – תְּנֵהוּ עִנְיָן לִבְהֵמָה.

Rav Adda bar Ahava said to Rava: But this **verse is written with regard to creeping animals,** which do not require slaughter. How then can a *halakha* with regard to slaughter be derived from here? Rava **said to him: If,** because it is superfluous, this verse **is not** referring to the **matter**[B] **of creeping animals, which are not subject to the** requirement of **slaughter, apply it** to the **matter of an animal,** which is subject to slaughter.

NOTES

With regard to them there is nothing other than a rabbinic mitzva to separate – אֵין בָּהֶן אֶלָּא מִצְוַת פְּרוֹשׁ בִּלְבַד: This is a rabbinic decree enacted as a safeguard for the prohibition against eating a limb from a living animal, and the verse cited by the *baraita* as the source for this prohibition serves as mere support for the *halakha* (Rashi). Rashi on *Karetot* 21b explains that the expression: Mitzva to separate, indicates that it is not a full-fledged prohibition but a mitzva to abstain from eating these foods (see *Tosafot* there). From the Rambam it appears that the Gemara is in fact referring to a Torah prohibition, but it is less severe in that one is not flogged for its violation, as can be understood from Rav's later comment. In this regard, it is similar to the consumption of half a measure of a prohibited substance, which is prohibited by Torah law but is not punishable with lashes (see *Maggid Mishne* on Rambam *Sefer Kedusha, Hilkhot Ma'akhalot Assurot* 5:11).

When I said that I was referring to death – כִּי אָמְרִי אֲנָא בְּמִיתָה: If an animal dies without being slaughtered, one is flogged for eating any part of it. Rashi explains that Rav mentions the punishment of lashes with regard to the consumption of a hanging limb to illustrate that lashes in this case are given only if the person was forewarned with regard to the prohibition against eating a limb from a living animal. But if he was forewarned only about the prohibition of a carcass he is not flogged.

BACKGROUND

If this is not referring to the matter – אִם אֵינוֹ עִנְיָן: This form of reasoning is one of the thirty-two hermeneutical principles of Rabbi Eliezer, son of Rabbi Yosei. According to most commentaries, the conclusions drawn from these principles are as authoritative as they would be if they were explicitly written in the Torah (see *Yad Malakhi*). This principle is based on the superfluity of verses in the context in which they are written. Nevertheless, the superfluous verse is never understood as applying to matters totally unrelated to the meaning of the text.

HALAKHA

With regard to them there is nothing other than a rabbinic mitzva to separate – אֵין בָּהֶן אֶלָּא מִצְוַת פְּרוֹשׁ בִּלְבַד: With regard to limbs or flesh hanging from an animal, if they cannot be healed they are prohibited for consumption, even if they were not fully separated from the animal before its slaughter. One is not flogged for eating them, in accordance with the *baraita* and the opinion of Rabbi Yoḥanan, and as indicated by the statement of Rav Yosef, citing Rav (Rambam *Sefer Kedusha, Hilkhot Ma'akhalot Assurot* 5:6; *Shulḥan Arukh, Yoreh De'a* 62:3).

Referring to death which renders the limb fallen – בְּמִיתָה דְּעוֹשָׂה נִיפּוֹל: With regard to limbs or flesh that are hanging from an animal and that cannot be healed, if the animal died without being slaughtered the hanging limb and flesh are considered to have already fallen off before the slaughter, i.e., while the animal was still alive. Consequently, if one consumed them he is flogged for violating the prohibition against consuming a limb from a living animal, as stated by Rav Yosef (Rambam *Sefer Kedusha, Hilkhot Ma'akhalot Assurot* 5:6, and see *Maggid Mishne* there).

HALAKHA

If they are moist they impart impurity, if they are dry they do not impart impurity – לַחִין מְטַמְּאִים יְבֵשִׁים אֵין מְטַמְּאִים: With regard to the flesh of a creeping animal that has dried until it is like earthenware, if it could return to its former state by being soaked in lukewarm water for twenty-four hours, it still imparts impurity, but if not, it is pure (Rambam *Sefer Tahara, Hilkhot She'ar Avot HaTumot* 4:12).

The limb of a fetus that was dead – אֵבֶר דְּעוּבָּר מֵת: If a fetus extended its foreleg outside the womb and the foreleg was not severed from the rest of the fetus until after the mother was slaughtered, then one who eats that foreleg is not flogged for eating a limb from a living animal. This *halakha* applies even if the fetus was found dead, in accordance with Rabba's explanation that the Rabbis disagree with Rabbi Meir even with regard to a dead fetus, as they claim that the slaughter of the mother does not render the limb as though it had already fallen off prior to the mother's death. The commentaries note that it is nevertheless prohibited to eat the foreleg, due to the prohibition against eating meat that has left its boundary, as explained on 68b (Rambam *Sefer Kedusha, Hilkhot Ma'akhalot Assurot* 5:9 and see Ra'avad and *Maggid Mishne* there, 5:11).

וְאַכַּתִּי מִבָּעֵי לֵיהּ – כְּעֵין מִיתָה; לַחִין – מְטַמְּאִים, יְבֵשִׁים – אֵין מְטַמְּאִים! תְּרֵי "בְּמֹתָם" כְּתִיבִי.

The Gemara objects: **But** the phrase "when they are dead, it shall be impure" **is still necessary** to teach a different *halakha*, i.e., that they impart impurity only when they are still in a state **similar to** their state at the time of their **death,** i.e., if they **are moist they impart impurity,** whereas if they **are dry they do not impart impurity.**[H] The Gemara explains that **"when they are dead" is written twice,** once in the verse cited, and once in the previous verse, which states: "Whoever touches them when they are dead shall be impure until the evening" (Leviticus 11:31).

אָמַר רַב חִסְדָּא: מַחְלוֹקֶת – בְּאֵבֶר דְּעוּבָּר חַי, אֲבָל בְּאֵבֶר דְּעוּבָּר מֵת – דִּבְרֵי הַכֹּל שְׁחִיטָה עוֹשָׂה נִיפּוּל. וְרַבָּה אָמַר: כְּמַחְלוֹקֶת בָּזֶה – כָּךְ מַחְלוֹקֶת בָּזֶה.

§ The Gemara returns to the dispute in the mishna (72a) with regard to a fetus that extended its foreleg and then its mother was slaughtered. Rabbi Meir holds that the foreleg is regarded as a carcass with the associated impurity, while the Rabbis hold that although it is not permitted for consumption, the slaughter prevents it from having the impurity of a carcass. With regard to this dispute, **Rav Ḥisda said:** The **dispute concerns** only **the limb of a fetus that was alive** when the mother was slaughtered; **but concerning** the case of **the limb of a fetus that was dead**[H] when the mother was slaughtered, **everyone agrees** that **slaughter renders** the fetus's limb as though it had already **fallen off**[N] prior to the slaughter, and it imparts impurity as a limb from a living animal. **But Rabba said:** Just **as** there is **a dispute** between Rabbi Meir and the Rabbis **concerning this** case, where the fetus was alive, **so** too, there is **a dispute** between them **concerning that** case,[N] where the fetus had died.

"בֶּן שְׁמֹנָה חַי". וְהָתַנְיָא: בֶּן שְׁמֹנָה חַי יוֹכִיחַ, שֶׁאַף עַל פִּי שֶׁיֵּשׁ בְּמִינוֹ שְׁחִיטָה, אֵין שְׁחִיטָתוֹ מְטַהַרְתּוֹ!

§ The mishna states that **an eight**-month-**old** fetus that was born **alive** is not rendered ritually pure by slaughtering it. The reason given is that the concept of permitting an animal through slaughter is never stated with regard to that kind of animal. The Gemara challenges: But **isn't it taught** in a *baraita* in a discussion about whether slaughter renders a *tereifa* pure from the impurity of a carcass: **An eight**-month-**old** fetus that was born **alive will prove** the point, **as even though there are** other animals **of that kind** that are permitted through **slaughter, its slaughter does not render it pure** from having the impurity of a carcass. This refutes the claim that the issue of slaughter rendering an animal pure from having the impurity of a carcass is a function of whether or not the concept of slaughter applies to that kind of animal.

אָמַר רַב כָּהֲנָא: יֵשׁ בְּמִינוֹ שְׁחִיטָה אַגַּב אִמּוֹ. וְתַנָּא דִּידַן, מִינָא דְּאִמֵּיהּ לָא פָּרֵיךְ.

Rav Kahana said: The *tanna* of the *baraita* holds that even with regard to an eight-month-old fetus it can be said that **there are** animals **of that kind** that are permitted through **slaughter,** i.e., when they are still inside the womb and the mother is slaughtered; such an animal is permitted **by virtue of** the slaughter of **its mother.** Therefore, he cites the case of an eight-month-old fetus as a refutation. **But the *tanna* of our** mishna holds that the fact that this **kind** of animal is permitted by virtue of the slaughter **of its mother** does not define it as a kind of animal concerning which there is a concept of slaughter, and therefore he holds that this case **cannot be used as a refutation.**

NOTES

Everyone agrees that slaughter renders it fallen off – דִּבְרֵי הַכֹּל שְׁחִיטָה עוֹשָׂה נִיפּוּל: The expression: Slaughter renders it fallen off, when it appears with regard to a foreleg extended by a fetus, does not have the same meaning as with regard to a hanging limb. The original use of the phrase, with regard to a hanging limb, means that the limb is viewed as though it had become detached from the body of the animal while it was still alive. When it is used in reference to an extended limb it simply means that it is not included in the mother's slaughter (Rabbeinu Gershom Meor HaGola). Since, with regard to a fetus, the issue is whether or not the fetus was included in the mother's slaughter, it is only relevant in a case where the fetus was found alive. If the fetus was dead, it is clear that the slaughter of the mother did not affect the limb and it imparts impurity as a carcass. This is because a dead fetus is not a category of animal to which the Torah applies the concept of slaughter, and therefore the slaughter of the mother cannot be applied to it (Rashi).

But Rabba said: Just as there is a dispute concerning this case so too there is dispute concerning that case – וְרַבָּה אָמַר כְּמַחְלוֹקֶת בָּזֶה כָּךְ מַחְלוֹקֶת בָּזֶה: Since the fetus is permitted through the slaughter of its mother, it does not matter whether it is alive or dead. According to this explanation, when Rabbi Meir states in the mishna: The flesh is ritually impure due to having been in contact with a carcass, it is because the foreleg is actually considered to be a carcass. According to the opinion of Rav Ḥisda that the mishna is referring to a live fetus, Rabbi Meir maintains that the foreleg is actually a limb of a living animal and the mishna's intention is just that it imparts impurity like a carcass.

וּלְהַאי תַּנָּא דְּפָרֵיךְ, טְרֵפָה דִּשְׁחִיטָתָהּ מְטַהַרְתָּהּ, מְנָא לֵיהּ? נָפְקָא לֵיהּ מִדְּרַב יְהוּדָה אָמַר רַב, דְּאָמַר רַב יְהוּדָה אָמַר רַב, וְאָמְרִי לַהּ בְּמַתְנִיתָא תָּנָא: אָמַר קְרָא ״וְכִי יָמוּת מִן הַבְּהֵמָה״ – מִקְצָת בְּהֵמָה מְטַמְּאָה, וּמִקְצָת בְּהֵמָה אֵינָהּ מְטַמְּאָה, וְאֵיזוֹ זוֹ – זוֹ טְרֵפָה שֶׁשְּׁחָטָהּ.

The Gemara asks: **And according to that *tanna*** of the *baraita*, **who does use it as a refutation, from where does he** derive **that the slaughter of a *tereifa* renders it pure**[N] from having the impurity of a carcass? The Gemara answers that he **derives it from that** which **Rav Yehuda** says that **Rav says, as Rav Yehuda says** that **Rav says, and some say it was taught in a *baraita*: The verse states: "And if some domesticated animal,** of which you may eat, **dies,** one who touches its carcass shall be impure until the evening" (Leviticus 11:39). The word "some" teaches that only **some** dead **animals impart impurity** as a carcass, **but some** dead **animals do not impart impurity** as a carcass. **And what is it that** does not impart impurity? **That is a *tereifa* that one slaughtered.**[N]

בָּעֵי רַב הוֹשַׁעְיָא: הוֹשִׁיט אֶת יָדוֹ לִמְעֵי בְהֵמָה, וְשָׁחַט בֶּן תִּשְׁעָה חַי, מַהוּ? תִּבָּעֵי לְרַבִּי מֵאִיר, וְתִבָּעֵי לְרַבָּנַן;

§ **Rav Hoshaya raises a dilemma:** If one **inserted his hand inside the womb of an animal**[H] **and slaughtered a nine**-month-old fetus that was **alive, what is** the *halakha*? Does the slaughter performed inside the mother render the fetus permitted? The Gemara notes: This dilemma **may be raised according to** the opinion of **Rabbi Meir,** and it **may be raised according to** the opinion of **the Rabbis.**

תִּבָּעֵי לְרַבִּי מֵאִיר: עַד כָּאן לָא קָאָמַר רַבִּי מֵאִיר בֶּן פְּקוּעָה טָעוּן שְׁחִיטָה – הָנֵי מִילֵּי הֵיכָא דְּיָצָא לַאֲוִיר הָעוֹלָם, אֲבָל בִּמְעֵי אִמּוֹ – לָא שָׁרְיָא לֵיהּ שְׁחִיטָה.

The Gemara elaborates: It **may be raised according to** the opinion of **Rabbi Meir.** It is possible that **Rabbi Meir states** in the mishna below that a nine-month-old ***ben pekua* requires slaughter,** and slaughter renders the animal permitted **only** in that case, because **that statement** may apply only in a case **where** the animal **emerged into the airspace of the world,** i.e., once it was born alive. **But** if it is still **inside its mother,** its **slaughter does not render it permitted.**

אוֹ דִּילְמָא: אֲפִילּוּ לְרַבָּנַן, אַרְבָּעָה סִימָנִין אַכְשַׁר בֵּיהּ רַחֲמָנָא?

Or perhaps even the Rabbis, who disagree with Rabbi Meir and maintain that a nine-month-old *ben pekua* is permitted by virtue of its mother's slaughter, would concede that the slaughter of the fetus itself also permits it. Perhaps **with regard to** such an animal **the Merciful One considers four *simanim*,** i.e., the windpipe and the gullet of the mother and the windpipe and the gullet of the fetus, **to be fit** for slaughter, and the fetus is permitted by the cutting of either pair.

אָמַר רַב חֲנַנְיָא, תָּא שְׁמַע: הֲרֵי שֶׁנּוֹלְדָה טְרֵפָה מִן הַבֶּטֶן; וְאִי אִיתָא, מַשְׁכַּחַתְּ לַהּ דַּהֲוָיָה לַהּ שְׁעַת הַכּוֹשֶׁר, דְּאִי בָּעֵי – עָיֵיל יְדֵיהּ וְשָׁחֲטָהּ!

Rav Ḥananya said: Come and **hear** a resolution of this dilemma from the mishna (72b), as it considers an animal **that was born as a *tereifa* from the womb** as one that never had a period of potential fitness. **But if it is so,** that one can slaughter a fetus in its mother's womb, **you find that** actually **it did have a period of** potential **fitness, as if one wants to, he can insert his hand** into the womb **and slaughter it** before it develops into a *tereifa*.

אָמַר לֵיהּ רָבָא, תְּנֵי: שֶׁנּוֹצְרָה טְרֵפָה מִן הַבֶּטֶן, וּמַשְׁכַּחַתְּ לַהּ בְּבַעֲלַת חָמֵשׁ רַגְלַיִם.

Rava said to Rav Ḥananya: **Teach** that mishna as referring to a case where the fetus **was formed as a *tereifa*** from its outset **while inside the womb, and you find such** a case **where** a fetus **has five legs,**[N] which certainly developed from the outset. Consequently, there was never a possibility of slaughtering it.

HALAKHA

If one inserted his hand inside the womb of an animal – הוֹשִׁיט אֶת יָדוֹ לִמְעֵי בְהֵמָה: If one slaughtered a fetus while it was inside the womb, the slaughter is ineffective and the fetus is prohibited for consumption. As explained by the Ran, the *halakha* is stringent because the Gemara's dilemma concerning this case is left unresolved (*Shulḥan Arukh, Yoreh De'a* 14:6, and in the comment of Rema).

NOTES

From where does he derive that the slaughter of a *tereifa* renders it pure – טְרֵפָה דִּשְׁחִיטָתָהּ מְטַהַרְתָּהּ מְנָא לֵיהּ: According to this *tanna*, the fact that there are animals of that kind that are permitted through slaughter is not a sufficient reason for the slaughter to render the animal pure. Therefore, the previous claim of the mishna remains in force: Just as a non-kosher animal is prohibited for consumption and its slaughter does not render it pure, so too, the slaughter of a *tereifa* should not render it pure (Rashi).

That is a *tereifa* that one slaughtered – זוֹ טְרֵפָה שֶׁשְּׁחָטָהּ: The verse "and if some domesticated animal, of which you may eat, dies" can be interpreted as also referring to a *tereifa*, as an animal that is a *tereifa* cannot survive (see 42a).

And you find such a case where a fetus has five legs – וּמַשְׁכַּחַתְּ לַהּ בְּבַעֲלַת חָמֵשׁ רַגְלַיִם: This animal is a *tereifa*, in accordance with the principle that having an extra limb is tantamount to having a limb removed, which would render the animal a *tereifa* (see 58b).

מתני׳ הַשּׁוֹחֵט אֶת הַבְּהֵמָה, וּמָצָא בָּהּ בֶּן שְׁמֹנָה חַי אוֹ מֵת, אוֹ בֶּן תִּשְׁעָה מֵת – קוֹרְעוֹ, וּמוֹצִיא אֶת דָּמוֹ.

MISHNA In the case of **one who slaughtered an animal**[H] **and found within it an eight**-month-old fetus, i.e., one that was not full term, whether it was **alive or dead, or a nine-month-old** fetus, i.e., one that was full term, that was **dead,**[N] that fetus is permitted by virtue of the slaughter of its mother, as it is considered part of its mother. Therefore, its blood is considered part of its mother's blood and is prohibited, so one must **tear** the fetus **and remove its blood** before it may be consumed.

מָצָא בֶּן תִּשְׁעָה חַי – טָעוּן שְׁחִיטָה, וְחַיָּיב בְּאוֹתוֹ וְאֶת בְּנוֹ, דִּבְרֵי רַבִּי מֵאִיר. וַחֲכָמִים אוֹמְרִים: שְׁחִיטַת אִמּוֹ מְטַהַרְתּוֹ.

If **he found** within it **a live nine**-month-**old** fetus, **it requires** its own **slaughter,**[N] as it is considered an independent full-fledged animal, **and** if one slaughters both the mother and fetus on the same day, **one is liable for** violating the prohibition against slaughtering an animal **itself and its offspring**[NH] on the same day; this is **the statement of Rabbi Meir. And the Rabbis say:** Even when the fetus is nine months old, it is still considered part of its mother, and **the slaughter of its mother renders it permitted** for consumption.

NOTES

An eight-month-old fetus whether alive or dead or a nine-month-old fetus that was dead – בֶּן שְׁמֹנָה חַי אוֹ מֵת אוֹ בֶּן תִּשְׁעָה מֵת: An eight-month-old fetus is one whose term of gestation has not been completed. The mention of eight months refers to the standard example of a cow, which has a full-term pregnancy of nine months like humans do, although with regard to other animals the full term of pregnancy is different, e.g., five months in the case of sheep. A fetus whose gestation has not been completed is not considered an animal in its own right, but as a limb of the mother. Consequently, it is permitted through its mother's slaughter, as derived from the verse: "And every animal that has a split hoof, and has the hooves wholly cloven in two, and chews the cud, in the animals, it you may eat" (Deuteronomy 14:6), which as the Gemara (69a) explains, teaches that an animal within another animal, i.e., a fetus, is permitted for consumption through the slaughter of the mother, with the exception of its blood and forbidden fats, which are explicitly prohibited by the Torah.

If he found a live nine-month-old fetus it requires slaughter – מָצָא בֶּן תִּשְׁעָה חַי טָעוּן שְׁחִיטָה: Rabbi Meir's reasoning is that the Torah permitted a fetus through the slaughter of its mother only when the fetus itself cannot be slaughtered. A nine-month-old fetus is viable and can be permitted through its own slaughter, e.g., in a case where its mother died without slaughter. Therefore, Rabbi Meir claims, its mother's slaughter cannot render it permitted.

And one is liable for slaughtering an animal itself and its offspring – וְחַיָּיב בְּאוֹתוֹ וְאֶת בְּנוֹ: It is prohibited to slaughter a mother and her offspring on the same day, as it is stated: "And whether it is a cow or ewe, you shall not kill it and its young both on one day" (Leviticus 22:28).

HALAKHA

One who slaughtered an animal, etc. – הַשּׁוֹחֵט אֶת הַבְּהֵמָה וכו׳: If one slaughtered an animal and found inside it an eight-month-old fetus, whether it was alive or dead, or a dead nine-month-old fetus, it does not require slaughter. In the case of a live nine-month-old fetus, if after emerging from the womb it stands upon the ground, by rabbinic decree it requires slaughter. This decree was enacted lest people who see that animal being eaten without its own slaughter mistakenly permit other animals that have not been slaughtered. Nevertheless, as long as it did not yet stand upon the ground it is permitted to eat it, as it was permitted through the slaughter of the mother. This ruling is in accordance with the opinion of the Rabbis, as explained by Rav Kahana on 75b (Rambam *Sefer Kedusha, Hilkhot Ma'akhalot Assurot* 5:14; *Shulḥan Arukh, Yoreh De'a* 13:2).

Itself and its offspring – אוֹתוֹ וְאֶת בְּנוֹ: If one slaughtered an animal and found inside it a live nine-month-old fetus that then stood upon the ground, he may not slaughter it on the same day as the slaughter of the mother. Nevertheless, if he slaughtered it he is not flogged. This is because the requirement to slaughter the offspring is only a rabbinic decree. This ruling is in accordance with the opinion of the Rabbis, as explained on 75b (Rambam *Sefer Kedusha, Hilkhot Sheḥita* 12:10).

Perek **IV**
Daf **74** Amud **b**

רַבִּי שִׁמְעוֹן שְׁזוּרִי אוֹמֵר: אֲפִילּוּ בֶּן חָמֵשׁ שָׁנִים וְחוֹרֵשׁ בַּשָּׂדֶה – שְׁחִיטַת אִמּוֹ מְטַהַרְתּוֹ. קְרָעָהּ וּמָצָא בָּהּ בֶּן תִּשְׁעָה חַי – טָעוּן שְׁחִיטָה, לְפִי שֶׁלֹּא נִשְׁחֲטָה אִמּוֹ.

Rabbi Shimon Shezuri says: Even if the fetus emerged alive and is now **five years old and plowing in the field,** the earlier **slaughter of its mother rendered it permitted** and it does not require slaughter before it is eaten. But if **one tore** an animal, i.e., he killed it without slaughtering it, **and** inside **he found a live nine**-month-**old** fetus,[H] everyone agrees that the fetus **requires** its own **slaughter because its mother was not slaughtered.**

גמ׳ אָמַר רַבִּי אֶלְעָזָר אָמַר רַבִּי אוֹשַׁעְיָא: לֹא הִילְּכוּ בּוֹ אֶלָּא עַל עִסְקֵי שְׁחִיטָה בִּלְבַד. לְמַעוּטֵי מַאי – לְמַעוּטֵי חֶלְבּוֹ וְגִידוֹ.

GEMARA **Rabbi Elazar says** that **Rabbi Oshaya says:** The Sages **discussed** the permissibility of a live nine-month-old fetus found inside a slaughtered animal **only**[N] **with regard to the matter of** whether it requires its own **slaughter.** The Gemara asks: **What does** Rav Oshaya's statement serve **to exclude?** Rav Oshaya's statement indicates that with regard to other matters all agree that it is considered an independent animal, with the associated prohibitions. The Gemara suggests: It serves **to exclude its fat,** i.e., the fats that are prohibited in a regular animal, such as the fat of the kidneys and innards, **and its sciatic nerve.**

HALAKHA

If one tore it and he found a live nine-month-old fetus – קְרָעָהּ וּמָצָא בָּהּ בֶּן תִּשְׁעָה חַי: A nine-month-old fetus found alive inside an animal that was not slaughtered can be permitted for consumption if it, i.e., the offspring, is slaughtered. If the offspring was less than nine months old it is prohibited and even slaughtering it will not render it permitted. The Rema, citing the *Smag*, states that nowadays no offspring found inside an unslaughtered animal is permitted, due to the concern that it is not yet nine months old (Rambam *Sefer Kedusha, Hilkhot Ma'akhalot Assurot* 5:15; *Shulḥan Arukh, Yoreh De'a* 13:3).

NOTES

The Sages discussed only, etc. – לֹא הִילְּכוּ בּוֹ וכו׳: Rashi explains that the reference is to the lenient ruling of the Rabbis to permit the offspring, which is limited specifically to the question of whether or not it requires slaughter. With regard to other relevant prohibitions they concede that it is considered a full-fledged animal. Others explain the Gemara in the opposite manner: Rabbi Meir is stringent and rules that the offspring has the status of a separate animal only with regard to slaughter. But with regard to other issues it is not considered a full-fledged animal and the relevant prohibitions do not apply to it (Rabbeinu Gershom Meor HaGola).

חֶלְבּוֹ דְּמַאי? אִילֵימָא: חֶלְבּוֹ דְּשָׁלִיל – מִפְלַג פְּלִיגִי! דְּתַנְיָא: גִּיד הַנָּשֶׁה נוֹהֵג בְּשָׁלִיל, וְחֶלְבּוֹ אָסוּר, דִּבְרֵי רַבִּי מֵאִיר; רַבִּי יְהוּדָה אוֹמֵר: אֵינוֹ נוֹהֵג בְּשָׁלִיל, וְחֶלְבּוֹ מוּתָּר; וְאָמַר רַבִּי אֶלְעָזָר אָמַר רַבִּי אוֹשַׁעְיָא: מַחְלוֹקֶת בְּבֶן תִּשְׁעָה חַי, וְהָלַךְ רַבִּי מֵאִיר לְשִׁיטָתוֹ, וְרַבִּי יְהוּדָה לְשִׁיטָתוֹ!

The Gemara asks: The fat of which part? **If we say** that this is referring to the **fat of the fetus,** that is difficult because the Sages **disagree** as to whether or not it is permitted, **as it is taught** in a *baraita*: The prohibition of **the sciatic nerve applies to a fetus and its fat is prohibited;** this is **the statement of Rabbi Meir. Rabbi Yehuda says:** The prohibition of the sciatic nerve **does not apply to a fetus, and its fat is permitted.**[H] **And Rabbi Elazar says** that **Rabbi Oshaya says:** This **dispute concerns a live nine-month-old** fetus, **and Rabbi Meir follows his** standard line of **reasoning,** which he expressed in the mishna, that such a fetus is considered an independent full-fledged animal; **and Rabbi Yehuda** follows **his** standard line of **reasoning,** as expressed by the Rabbis in the mishna, that such a fetus is considered a part of the mother.

אֶלָּא חֶלְבּוֹ דְּגִיד – מִפְלַג פְּלִיגִי! דְּתַנְיָא: גִּיד הַנָּשֶׁה – מְחַטֵּט אַחֲרָיו בְּכָל מָקוֹם שֶׁהוּא, וְחוֹתֵךְ שַׁמְנוֹ מֵעִיקָּרוֹ, דִּבְרֵי רַבִּי מֵאִיר. רַבִּי יְהוּדָה אוֹמֵר: גּוֹמְמוֹ עִם הַשּׁוּפִי!

Rather, say that Rabbi Elazar is referring to the **fat of** the sciatic **nerve**[N] of the fetus, which all agree is permitted. The Gemara rejects this as well: But the Sages also **disagree** with regard to that,[N] **as it is taught** in a *baraita*: With regard to **the sciatic nerve, one scrapes around it** to remove it entirely **in any place that it is found, and one cuts out its fat completely,** even those fats that are sunk into the flesh; this is **the statement of Rabbi Meir. Rabbi Yehuda says: One cuts out** the nerve and the fat that is **level with the flesh** of the thigh, but there is no obligation to remove all traces of the fat.

אֶלָּא, אִי אִתְּמַר – הָכִי אִתְּמַר, אָמַר רַבִּי אֶלְעָזָר אָמַר רַבִּי אוֹשַׁעְיָא: לֹא הִילְּכוּ בּוֹ אֶלָּא עַל עִסְקֵי אֲכִילָה בִּלְבַד, לְמַעוּטֵי רוֹבְעוֹ וְחוֹרֵשׁ בּוֹ.

Rather, if Rabbi Oshaya's statement **was stated, it was stated like this: Rabbi Elazar says** that **Rabbi Oshaya says:** The Sages **discussed** the permissibility of the fetus **only with regard to matters of consumption,** i.e., whether or not it must be slaughtered in order to permit its flesh and whether or not the fat and the sciatic nerve are permitted. This statement serves **to exclude** only one who **copulates with** the animal, **or** one who **plows with it**[N] together with an animal of a different species, as everyone agrees that these prohibitions apply to such a fetus just as they do to any other animal.

אָמַר רַבִּי שִׁמְעוֹן בֶּן לָקִישׁ: לְדִבְרֵי הַמַּתִּיר בְּחֶלְבּוֹ – מַתִּיר בְּדָמוֹ, לְדִבְרֵי הָאוֹסֵר בְּחֶלְבּוֹ – אוֹסֵר בְּדָמוֹ. וְרַבִּי יוֹחָנָן אָמַר: אַף לְדִבְרֵי הַמַּתִּיר בְּחֶלְבּוֹ – אוֹסֵר בְּדָמוֹ.

§ A related amoraic dispute is cited concerning a live nine-month-old fetus found inside a slaughtered animal: **Rabbi Shimon ben Lakish said: According to the statement of** Rabbi Yehuda, **who permits the fat,** he also **permits its blood; according to the statement of** Rabbi Meir, **who prohibits its fat,** he also **prohibits its blood. And Rabbi Yoḥanan said: Even according to** Rabbi Yehuda, **who permits its fat,** he **prohibits its blood.**[NH]

אֵיתִיבֵיהּ רַבִּי יוֹחָנָן לְרַבִּי שִׁמְעוֹן בֶּן לָקִישׁ: קוֹרְעוֹ וּמוֹצִיא אֶת דָּמוֹ! אָמַר רַבִּי זֵירָא: לוֹמַר שֶׁאֵין עָנוּשׁ כָּרֵת.

Rabbi Yoḥanan raised an objection to Rabbi Shimon ben Lakish from the mishna, which states with regard to an eight-month-old fetus, whether alive or dead, or a dead nine-month-old fetus, found inside a slaughtered animal, that since it is considered part of the mother its blood is prohibited. Therefore, one must **tear** the fetus **and remove its blood** before it may be consumed. The mishna prohibits the blood but apparently permits the rest of the fetus, including its fat, which contradicts the opinion of Rabbi Shimon ben Lakish. In resolution of this difficulty, **Rabbi Zeira said:** Rabbi Shimon ben Lakish meant **to say** only **that** the consumption of blood lost as the fetus died **is not punishable by excision from the World-to-Come [*karet*],** whereas Rabbi Yoḥanan holds that it is.

HALAKHA

The prohibition of the sciatic nerve does not apply to a fetus and its fat is permitted – אֵינוֹ נוֹהֵג בְּשָׁלִיל וְחֶלְבּוֹ מוּתָּר: If one slaughters an animal and finds an eight- or nine-month-old fetus inside it, the fetus's fat and sciatic nerve are permitted, in accordance with the opinion of Rabbi Yehuda. This lenient ruling applies only if the fetus did not stand upon the ground, but if it stood upon the ground the fat and sciatic nerve are prohibited, as stated on 75b. Some say that if the fetus was a nine months old and alive, its fat is prohibited even if it did not stand upon the ground, and one is punished with *karet* for its consumption. Furthermore, in such a case, one must also remove all strands and membranes of fat that are prohibited in other animals. This ruling is in accordance with the ruling of Rabbi Meir, as Rabbi Yehuda HaNasi formulated an unattributed mishna in accordance with it on 89b (Rambam *Sefer Kedusha, Hilkhot Ma'akhalot Assurot* 7:3; *Shulḥan Arukh, Yoreh De'a* 64:2, 65:7 and *Shakh* there).

Who permits its fat he prohibits its blood – הַמַּתִּיר בְּחֶלְבּוֹ אוֹסֵר בְּדָמוֹ: The blood of a fetus is prohibited like the blood of the mother, and one who eats it is liable to receive *karet*. This is in accordance with the opinion of Rabbi Yoḥanan that even Rabbi Yehuda, who permits its fat, prohibits its blood (Rambam *Sefer Kedusha, Hilkhot Ma'akhalot Assurot* 6:5; *Shulḥan Arukh, Yoreh De'a* 66:1).

NOTES

Fat of the sciatic nerve – חֶלְבּוֹ דְּגִיד: By Torah law certain fats of a kosher animal are prohibited for consumption, specifically those that are sacrificed upon the altar, including fats that are covered with a membrane that can be easily peeled off (see 49b). The fats attached to the sciatic nerve are not prohibited by Torah law but by rabbinic law (92b). Some claim that the Sages prohibited the fats as a prohibition that is ancillary to that of the sciatic nerve, while others contend that they are prohibited as an extension of the Torah prohibition against consuming forbidden fats (see 92b).

Rather the fat of the sciatic nerve but they also disagree with regard to that – אֶלָּא חֶלְבּוֹ דְּגִיד מִפְלַג פְּלִיגִי: Rashi omits this suggestion and its rejection from the Gemara's text, as the cited dispute does not refer to the sciatic nerve of a fetus, but to the prohibition of the sciatic nerve in general. Rashi also omits the opening sentence of the previous paragraph. He explains that it is obvious that Rabbi Meir and the Rabbis are discussing the fat of a fetus, as that is the case at hand. Rashi claims that this suggestion and its rejection was mistakenly copied from 92b, where it belongs. Rabbeinu Tam suggests that the standard version of the text can be preserved by interpreting the reference to the sciatic nerve as the sciatic nerve of the fetus. Accordingly, Rabbi Meir's broad statement in the *baraita*: One scrapes around it in any place that it is found, should be taken as an allusion to the sciatic nerve of the fetus (see *Tosafot*).

To exclude one who copulates with it [*rove'o*] or plows with it – לְמַעוּטֵי רוֹבְעוֹ וְחוֹרֵשׁ בּוֹ: Rashi explains that although the Rabbis claim that the fetus is not considered a full-fledged animal with regard to consumption, they agree that with regard to other prohibitions it is. The opposite explanation is suggested by Rabbeinu Gershom Meor HaGola. In his opinion, the distinction is drawn in accordance with the opinion of Rabbi Meir, who holds that the fetus is considered like a full-fledged animal only with regard to consumption, but with regard to other prohibitions it is not.

Rav Oshaya refers to the prohibition of *rove'o*. The simple understanding is that this is the prohibition against copulating with an animal (*Tosafot*; see Rashash). Some commentaries explain that the term *rove'o* refers to the prohibition against breeding diverse kinds of animals: "You shall not let your animal mate [*tarbia*] with a diverse kind" (Leviticus 19:19).

Even according to Rabbi Yehuda who permits its fat he prohibits its blood – אַף לְדִבְרֵי הַמַּתִּיר בְּחֶלְבּוֹ אוֹסֵר בְּדָמוֹ: The early commentaries suggest the following rationale for this distinction: The fat of a fetus is permitted by Torah law, as derived from the verse: "And every animal…in the animals, that you may eat" (Deuteronomy 14:6), which indicates that anything inside a slaughtered animal is permitted for consumption, as explained previously (69a). By contrast, the blood of the fetus is prohibited, as it is continuously mingled with its mother's blood (*Sefer HaEshkol*; Rosh). Therefore, the blood of the fetus must be treated like the blood of the mother's limbs, which is certainly prohibited (see Rashi here and on the mishna). Other commentaries suggest that this verse, which states: "That you may eat," applies only to substances that are eaten, e.g., fats, but not to blood, which is drunk (Ritva; Ran; see Rabbi Akiva Eiger and *Ḥatam Sofer* on the mishna). Others explain the difference between fats and blood as follows: The fetus itself is not viewed as a separate animal but as part of its mother. With regard to fats, not all of an animal's fat is prohibited; rather, only certain specific fats are. Therefore, the fats of the fetus are permitted since they do not lie in the specific parts of the mother where the fats are prohibited. By contrast, all the blood of the mother is prohibited, and therefore the blood of the fetus is automatically included in this prohibition (Maharatz Ḥayyut).

HALAKHA

Blood of exudate – דַּם הַתַּמְצִית: Although one is not liable to receive *karet* for consuming the blood of exudate, one who consumes an olive-bulk of it is flogged. The *halakha* is in accordance with the opinion of the Rabbis, who dispute the opinion of Rabbi Yehuda (Rambam *Sefer Kedusha, Hilkhot Ma'akhalot Assurot* 6:4).

Redeeming a firstborn donkey with a *ben pekua* – לִפְדּוֹת בְּבֶן פְּקוּעָה: It is permitted to redeem a firstborn donkey with a *ben pekua*, in accordance with the opinion of Rav Ashi, as he is the later authority (*Kesef Mishne*). Some hold that one may not redeem with a *ben pekua*. According to this opinion the *halakha* is in accordance with Mar Zutra since he resolved Rav Ashi's difficulty (Rambam *Sefer Zera'im, Hilkhot Bikkurim* 12:9; *Shulḥan Arukh, Yoreh De'a* 321:4, and in the comment of Rema, and Gra there).

לְמַאן קָאָמְרִי – לְרַבִּי יְהוּדָה; לֹא יְהֵא אֶלָּא דַּם הַתַּמְצִית, דְּתַנְיָא: דַּם הַתַּמְצִית – בְּאַזְהָרָה, רַבִּי יְהוּדָה אוֹמֵר: בְּהִכָּרֵת!

The Gemara clarifies: **According to whom did** Rabbi Shimon ben Lakish **state** that one who permits the fat of the fetus also holds that the consumption of its blood is not punishable by *karet*? Ostensibly, it is **according to** the opinion of **Rabbi Yehuda,** who permits its fat. But that is difficult, because this blood **should be regarded only as blood of exudate,**[H] i.e., blood that exudes from the neck of the animal after the initial spurt of its slaughter concludes. This blood did not spurt out during the slaughter of the mother. Rabbi Yehuda holds that consumption of even this blood is punishable by *karet*, **as it is taught** in a *baraita*: The consumption of **blood of exudate** is prohibited **by** a regular **prohibition** and is punishable with lashes, unlike the initial spurt of blood, known as blood of the soul, whose consumption is punishable by *karet*. **Rabbi Yehuda says:** Blood of exudate is also punishable **by *karet*.**

תַּרְגְּמָא רַב יוֹסֵף בְּרֵיהּ דְּרַב סַלָּא חֲסִידָא קַמֵּיהּ דְּרַב פָּפָּא: אִית לֵיהּ לְרַבִּי יְהוּדָה ״דָּם״ ״וְכָל דָּם״, כָּל הֵיכָא דְּמִיחַיַּיב אַדַּם הַנֶּפֶשׁ – מִיחַיַּיב אַדַּם הַתַּמְצִית, וְכָל הֵיכָא דְּלָא מִחַיַּיב אַדַּם הַנֶּפֶשׁ – לָא מִחַיַּיב אַדַּם הַתַּמְצִית.

Rav Yosef, son of Rav Salla the Pious, interpreted this matter **before Rav Pappa:** One of the verses prohibiting the consumption of blood states: "And whoever… eats any blood, and I will set My face against that soul that eats the blood, and will cut him off from among his people" (Leviticus 17:10). **Rabbi Yehuda holds** that since it would have been sufficient for the verse to state: **Blood, but** instead it states: **"Any blood,"** it is interpreted as teaching that **wherever one is liable** for *karet* **for** the consumption of **blood of the soul,** i.e., the initial spurt from the slaughter, as is the *halakha* with regard to a regular animal, one **is** also **liable** for *karet* **for** the consumption of **blood of exudate,** i.e., the rest of the blood. **But wherever** one **is not liable** for *karet* **for** the consumption of **blood of the soul,** as is the *halakha* with regard to the blood of a fetus according to Rabbi Yehuda, who holds that the fetus is not considered an independent life, one **is** also **not liable** for *karet* **for** the consumption of **blood of exudate;** rather, its blood is subject to a regular prohibition.

אִיבַּעְיָא לְהוּ: מַהוּ לִפְדּוֹת בְּבֶן פְּקוּעָה? אַלִּיבָּא דְּרַבִּי מֵאִיר לָא תִּיבְּעֵי לָךְ, דְּכֵיוָן דְּאָמַר טָעוּן שְׁחִיטָה – שֶׂה מְעַלְּיָא הוּא.

§ **A dilemma was raised before** the Sages: **What is** the *halakha* **with regard to redeeming** a firstborn donkey **with a *ben pekua*?**[H] Can one perform the mitzva, as stated in the Torah: "And every firstborn of a donkey you shall redeem with a lamb" (Exodus 13:13), with this animal? The Gemara elaborates: **According to** the opinion **of Rabbi Meir do not raise the dilemma, as, since he says** a *ben pekua* **requires slaughter,** evidently **it is a full-fledged lamb,** and therefore it can certainly be used to redeem a donkey.

כִּי תִּיבְּעֵי לָךְ – אַלִּיבָּא דְּרַבָּנַן, דְּאָמְרִי שְׁחִיטַת אִמּוֹ מְטַהַרְתּוֹ, מַאי? כֵּיוָן דְּאָמְרִי שְׁחִיטַת אִמּוֹ מְטַהַרְתּוֹ – כְּבִשְׂרָא בְּדִיקוּלָא הוּא. אוֹ דִּילְמָא: כֵּיוָן דְּרָהֵיט וְאָזֵיל, וְרָהֵיט וְאָתֵי – ״שֶׂה״ קָרֵינָא בֵּיהּ?

When should you raise the dilemma? Raise it **according to** the opinion **of the Rabbis, as they say** that **the slaughter of its mother renders it permitted. What** is the *halakha* in this case? Does one say that **since** the Rabbis **say** that **the slaughter of its mother renders it permitted, it is** apparent that despite being physically alive, a *ben pekua* is halakhically regarded **like meat** placed **in a pot,** which cannot be used to redeem a donkey (see *Bekhorot* 12a)? **Or perhaps, since** the animal is **running back and forth,** i.e., it is alive, **we call it a lamb** and it can be used?

מָר זוּטְרָא אָמַר: אֵין פּוֹדִין, וְרַב אַשִׁי אָמַר: פּוֹדִין.

Mar Zutra said: One cannot redeem a donkey with this lamb, **and Rav Ashi said: One can redeem** it.

אֲמַר לֵיהּ רַב אַשִׁי לְמָר זוּטְרָא: מַאי דַּעְתָּךְ – דְּגָמְרַתְּ ״שֶׂה״ ״שֶׂה״ מִפְּסָחִים;

Rav Ashi said to Mar Zutra: What is the reason for **your opinion?** Is it **because you derive** the *halakhot* of redeeming a firstborn donkey **from Paschal offerings** by means of a verbal analogy between the term **"lamb"** (Exodus 13:13) written concerning a firstborn donkey and **"lamb"** (Exodus 12:5) written concerning a Paschal offering, and a *ben pekua* is unfit for sacrifice as a Paschal offering?

אִי מָה לְהַלָּן – זָכָר, תָּמִים, וּבֶן שָׁנָה, אַף כָּאן – זָכָר, תָּמִים, וּבֶן שָׁנָה! ״תִּפְדֶּה״ ״תִּפְדֶּה״ רִיבָּה.

If so, **just as there,** with regard to the Paschal offering, it must be **male, unblemished, and in its first year, so too here,** the lamb must be **male, unblemished, and in its** first **year.** Yet the mishna in *Bekhorot* (9a) states explicitly that one may redeem with a female lamb, and even if it is blemished, and also with one that is past its first year. Mar Zutra responded: The repetition of the words **"You shall redeem," "You shall** not **redeem"** written in the verse: "And every firstborn of a donkey you shall redeem with a lamb, and if you shall not redeem it then you shall break its neck" (Exodus 13:13), **included** a lamb that does not fulfill these criteria.

אִי "תִּפְדֶּה" "תִּפְדֶּה" רִיבָּה, אֲפִילּוּ כָּל מִילֵּי נַמִי! אִם כֵּן, "שֶׂה" "שֶׂה" מַאי אַהֲנֵי לָךְ?

Rav Ashi responds: If the repetition of **"You shall redeem," "You shall not redeem"** serves **to amplify,** then it should **even** amplify **all** other types of lambs, including a *ben pekua*, i.e., they should also be included in the category of those that are fit for redemption. Mar Zutra answers: **If** that was **so, what purpose would** the verbal analogy of **"lamb," "lamb" serve?**[N] Rather, the repetition of "You shall redeem" serves to include all types of lambs, but the verbal analogy still serves to exclude a *ben pekua*.

אִיבַּעֲיָא לְהוּ: מַהוּ לִמְנוֹת בּוֹ רִאשׁוֹן וְשֵׁנִי?

§ **A dilemma was raised before** the Sages: According to the Rabbis, a *ben pekua* is permitted for consumption and is therefore susceptible to ritual impurity. If the *ben pekua* was still inside the slaughtered mother and the body of the mother came in contact with a primary source of ritual impurity, **what is** the ***halakha* with regard to counting** the mother as having **first**-degree ritual impurity **and** the *ben pekua* as having **second**-degree ritual impurity?[N] If the fetus is considered independent of the mother, it is rendered impure only through its contact with the mother and so would have second-degree impurity. But if it is considered part of the mother it would have the same first-degree impurity as the mother.

רַבִּי יוֹחָנָן אָמַר: מוֹנִין בּוֹ רִאשׁוֹן וְשֵׁנִי, רַבִּי שִׁמְעוֹן בֶּן לָקִישׁ אוֹמֵר: אֵין מוֹנִין בּוֹ רִאשׁוֹן וְשֵׁנִי, נַעֲשָׂה כָּאֱגוֹז הַמִּתְקַשְׁקֵשׁ בִּקְלִיפָּתוֹ.

Rabbi Yoḥanan says: One counts the mother as having **first**-degree impurity **and** the *ben pekua* as having **second**-degree impurity. **Rabbi Shimon ben Lakish says: One does not count** the mother as having **first**-degree impurity **and** the *ben pekua* as having **second**-degree impurity. Rather, the fetus has first-degree impurity like its mother, as **it is considered like a nut rattling in its shell;** this is considered a single entity such that if impurity touches the shell, both the nut and the shell are rendered impure with the same degree of impurity.

אֵיתִיבֵיהּ רַבִּי שִׁמְעוֹן בֶּן לָקִישׁ לְרַבִּי יוֹחָנָן: הַבָּשָׂר מַגַּע נְבֵלָה, דִּבְרֵי רַבִּי מֵאִיר,

Rabbi Shimon ben Lakish raised an objection to Rabbi Yoḥanan from the mishna (72a): If a fetus extended its foreleg outside its mother's womb and then the mother was slaughtered, and afterward the foreleg was severed, **the flesh** of both the mother and the fetus are ritually impure due to having been in **contact with a carcass.** Since the foreleg was not permitted through an act of slaughter it is regarded as a carcass with the associated ritual impurity. The rest of the flesh, which was permitted, was in contact with it and was thereby rendered ritually impure; this is **the statement of Rabbi Meir.**

וַחֲכָמִים אוֹמְרִים: מַגַּע טְרֵפָה שְׁחוּטָה.

And the Rabbis say: The flesh has the ritual impurity of having been in **contact with a *tereifa* that was slaughtered.** The limb is regarded as a *tereifa* that was slaughtered, which by Torah law is prohibited for consumption but does not carry ritual impurity. Nevertheless, the Sages decreed that if a *tereifa* was slaughtered and then came in contact with another item, the other item should be regarded as ritually impure to the extent that it will disqualify sacrificial foods that come in contact with it.

בִּשְׁלָמָא לְדִידִי, דְּאָמִינָא חַד גּוּפָא הוּא – הַיְינוּ דְּאִיתְכַּשַּׁר בִּדְמָא דְּאִמֵּיהּ. אֶלָּא לְדִידָךְ, בְּמַאי אִיתְכַּשַּׁר?

Rabbi Shimon ben Lakish explains his objection: **Granted, according to my** opinion, **as I say** that the mother and fetus together **are one entity; that is** why the flesh of the fetus **is rendered susceptible** to ritual impurity **through the blood of its mother** that spilled onto the body of the mother. When the blood from the mother's slaughter renders the mother susceptible to impurity, the fetus is also rendered susceptible to impurity, as it is considered part of the mother. **But according to your** opinion, that the fetus is an independent entity, **through what** means is **it rendered susceptible** to contracting impurity from its foreleg?

אֲמַר לֵיהּ: בִּשְׁחִיטָה, וּכְרַבִּי שִׁמְעוֹן.

Rabbi Yoḥanan **said to** Rabbi Shimon ben Lakish: It is rendered susceptible **through the slaughter** of its mother, which also permits the consumption of the fetus, **and** this is **in accordance with** the opinion of **Rabbi Shimon,** who maintains that the flesh of a slaughtered animal is rendered susceptible to ritual impurity by virtue of the fact that it is permitted for consumption, even if it did not come in contact with blood or one of the other six liquids. Accordingly, the fetus will be susceptible to impurity even if it is not considered part of its mother.

NOTES

If so what purpose would "lamb" "lamb" [*seh seh*] serve – אִם כֵּן שֶׂה שֶׂה מַאי אַהֲנֵי לָךְ: The rationale behind saying that the verbal analogy serves to include all types of lambs, including a blemished one and a female, and to exclude a *ben pekua*, is that it is normal to refer to both a blemished animal and a female sheep as a *seh*. This is not true of a *ben pekua*. If it is regarded as meat placed in a pot, it is certainly not classified as a *seh*, and even if it is not regarded as meat placed in a pot, since it was not born in the usual manner of sheep it is less suited to being referred to as a *seh* than a blemished or female sheep is (Ran).

What is the *halakha* with regard to counting first- and second-degree impurity – מַהוּ לִמְנוֹת בּוֹ רִאשׁוֹן וְשֵׁנִי: Rashi states that this dispute applies to a live nine-month-old fetus that was found inside its mother's womb, in accordance with the opinion of the Rabbis that such a fetus is permitted by virtue of the slaughter of the mother. Others hold that the dispute also applies to an eight-month-old fetus, whether alive or dead, and a live nine-month-old fetus, and is even in accordance with the opinion of Rabbi Meir, as in these cases he agrees that the fetus is permitted by virtue of the mother's slaughter (Ramban). Some commentaries write that according to Rashi everyone agrees with regard to an eight-month-old fetus, whether alive or dead, and a live nine-month-old fetus, that they are considered part of the mother, as they can be permitted only by the mother's slaughter (*Aḥiezer* 3:48; but see Maharsha). Alternatively, the dispute refers specifically to a live fetus, as Rabbi Yoḥanan maintains that a live fetus, even if it is eight months old, is considered a separate body from its mother. But with regard to a dead fetus everyone agrees that it is considered part of the mother, even if it is nine months old (Ba'al HaMaor).

אֵיתִיבֵיהּ רַבִּי יוֹחָנָן לְרַבִּי שִׁמְעוֹן בֶּן לָקִישׁ: עָבַר בַּנָּהָר – הוּכְשַׁר, הָלַךְ לְבֵית הַקְּבָרוֹת – נִטְמָא.

Rabbi Yoḥanan raised an objection to Rabbi Shimon ben Lakish from a *baraita*: If a *ben pekua* grew up and **passed through a river, it** was thereby **rendered susceptible** to impurity. Therefore, if it **went** from there **to a cemetery, it is rendered impure.**

בִּשְׁלָמָא לְדִידִי דְּאָמִינָא תְּרֵי גּוּפֵי נִינְהוּ – מִשּׁוּם הָכִי, הוּכְשַׁר – אִין, לָא הוּכְשַׁר – לָא. אֶלָּא לְדִידָךְ, דְּאָמְרַתְּ חַד גּוּפָא הוּא, הָא אִיתְכַּשַׁר בְּדַמָא דְאִמֵּיהּ!

Rabbi Yoḥanan explains his objection: **Granted, according to my** opinion, **as I say** that the mother and fetus **are two entities; it is due to that** reason that only if the *ben pekua* itself **has been rendered susceptible** to impurity by coming in contact with the water of the river, **yes,** it can be rendered impure upon entering a cemetery, whereas if **it has not been rendered susceptible** to impurity through these waters, **no,** it does not become impure when it enters a cemetery. **But according to your** opinion, in **which you said** that the mother and fetus together **are one entity,** why is it necessary for it to have passed through a river? **It was** already **rendered susceptible** to impurity **through the blood of its mother** that spilled onto the mother's body when it was slaughtered.

Perek **IV**
Daf **75** Amud **a**

בִּשְׁחִיטָה יְבֵישְׁתָּא, וּדְלָא כְּרַבִּי שִׁמְעוֹן.

Rabbi Shimon ben Lakish answers: The *baraita* is referring to a case **where** the **slaughter** of the mother was **dry,** i.e., where no blood was emitted, and therefore, even the mother was not rendered susceptible to ritual impurity. **And** the *baraita* is **not in accordance with** the opinion of **Rabbi Shimon,** who maintains that the flesh of a slaughtered animal is rendered susceptible to ritual impurity by virtue of the fact that it is permitted for consumption, regardless of whether or not it came into contact with blood or other liquids.

מַאן תְּנָא: עָבַר בַּנָּהָר – הוּכְשַׁר, הָלַךְ לְבֵית הַקְּבָרוֹת – נִטְמָא? אָמַר רַבִּי יוֹחָנָן: רַבִּי יוֹסֵי הַגְּלִילִי הִיא. דְּתַנְיָא, רַבִּי שִׁמְעוֹן בֶּן אֶלְעָזָר אוֹמֵר מִשּׁוּם רַבִּי יוֹסֵי הַגְּלִילִי: מְטַמֵּא טוּמְאַת אוֹכָלִים, וְצָרִיךְ הֶכְשֵׁר. וַחֲכָמִים אוֹמְרִים: אֵינוֹ מְטַמֵּא טוּמְאַת אוֹכָלִין, מִפְּנֵי שֶׁהוּא חַי, וְכָל שֶׁהוּא חַי – אֵינוֹ מְטַמֵּא טוּמְאַת אוֹכָלִין.

The Gemara asks: **Who is the** *tanna* who **taught** this *baraita*: If a *ben pekua* grew up and **passed through a river, it was** thereby **rendered susceptible** to impurity, and therefore if it **went** from there **to a cemetery, it is rendered impure? Rabbi Yoḥanan said: It is the** opinion of **Rabbi Yosei HaGelili,**[N] **as it is taught** in a *baraita* that **Rabbi Shimon ben Elazar says in the name of Rabbi Yosei HaGelili:** The flesh of a *ben pekua* **can become impure with the ritual impurity of food, but** it first **needs to be rendered susceptible** to ritual impurity by coming in contact with liquid. **But the Rabbis say: It cannot become impure with the ritual impurity of food because it is alive, and any live** animal **cannot become impure with the ritual impurity of food,**[H] even if it is permitted for consumption.

וְאָזְדָא רַבִּי יוֹחָנָן לְטַעְמֵיהּ, דְּאָמַר רַבִּי יוֹחָנָן: רַבִּי יוֹסֵי הַגְּלִילִי וּבֵית שַׁמַּאי אָמְרוּ דָּבָר אֶחָד;

The Gemara notes: **And Rabbi Yoḥanan follows his** standard line of **reasoning,**[N] **as Rabbi Yoḥanan says** that **Rabbi Yosei HaGelili and Beit Shammai said the same thing,** i.e., they both hold that even a live animal can become impure with the ritual impurity of food.

NOTES

Rabbi Yoḥanan said, it is the opinion of Rabbi Yosei HaGelili – אָמַר רַבִּי יוֹחָנָן רַבִּי יוֹסֵי הַגְּלִילִי הִיא: Rashi explains that Rabbi Yoḥanan's intention here is to emphasize that the question of whether or not a *ben pekua* becomes susceptible to impurity as food is not dependent on the dispute between Rabbi Meir and the Rabbis in the mishna as to whether or not it requires slaughter. Had these two *halakhot* been connected, one might have thought that according to the opinion of the Rabbis, that the slaughter of the mother permits the *ben pekua*, the animal is regarded as food and would become susceptible to ritual impurity upon contact with liquid. Rabbi Yoḥanan teaches that this is not so, and that according to the Rabbis in the mishna, as well as the Rabbis who dispute Rabbi Yosei HaGelili's opinion, as long as the animal is alive, it cannot become ritually impure.

And Rabbi Yoḥanan follows his standard line of reasoning, etc. – וְאָזְדָא רַבִּי יוֹחָנָן לְטַעְמֵיהּ וכו׳: According to Rabbi Yoḥanan, when the Rabbis disagree with the opinion of Rabbi Yosei HaGelili, they do not disagree because they concur with Rabbi Meir's opinion in the mishna that since a *ben pekua* requires slaughter it cannot be considered food and therefore cannot become impure. This is apparent from Rabbi Yoḥanan's equating of the opinions of Rabbi Yosei HaGelili and Beit Shammai. Evidently, Rabbi Yoḥanan holds that the Rabbis also disagree with Beit Shammai's opinion. If their reason for disputing the opinion of Rabbi Yosei HaGelili was only that they hold in accordance with the opinion of Rabbi Meir that when an animal still requires slaughter it cannot be considered food, then fish, which do not require slaughter, should be considered food even before they die and so they should already be susceptible to impurity at that point. Rather, as indicated by the Rabbis' formulation, they hold that anything that is still alive, even if it does not require slaughter and could already be considered food, cannot become impure due to the very fact that it is alive (Rashi).

HALAKHA

And any live animal cannot become impure with the ritual impurity of food – וְכָל שֶׁהוּא חַי אֵינוֹ מְטַמֵּא טוּמְאַת אוֹכָלִין: Living animals are not susceptible to the impurity of foods, in accordance with the opinion of the Rabbis. Nevertheless, if one slaughtered a domesticated animal, an undomesticated animal, or a bird, it is susceptible to the impurity of foods even if it is still twitching, as stated in the mishna on 117b (Rambam *Sefer Tahara, Hilkhot Tumat Okhalin* 2:6).

רַבִּי יוֹסֵי הַגְּלִילִי – הָא דַּאֲמָרַן, בֵּית שַׁמַּאי – דִּתְנַן: דָּגִים מֵאֵימָתַי מְקַבְּלִין טוּמְאָה? בֵּית שַׁמַּאי אוֹמְרִים: מִשֶּׁיִּצּוֹדוּ, וּבֵית הִלֵּל אוֹמְרִים: מִשֶּׁיָּמוּתוּ, רַבִּי עֲקִיבָא אוֹמֵר: מִשָּׁעָה שֶׁאֵין יְכוֹלִין לִחְיוֹת.

The opinion of **Rabbi Yosei HaGelili is that which we stated** in the *baraita*. The opinion of **Beit Shammai is as we learned** in a mishna (*Okatzin* 3:8): With regard to **fish, from when are they susceptible to impurity**[H] as food? **Beit Shammai say: From when they are caught**[N] in a trap, as at this point they are considered food, since they do not require slaughter. **And Beit Hillel say: From when they die. Rabbi Akiva says: From when they are no** longer **able to live.**

מַאי בֵּינַיְיהוּ? אָמַר רַבִּי יוֹחָנָן: דָּג מְקַרְטֵעַ אִיכָּא בֵּינַיְיהוּ.

The Gemara analyzes that mishna: **What** is the difference **between** the opinions of Rabbi Akiva and Beit Hillel? **Rabbi Yoḥanan said:** The difference **between them** is the case of **a convulsing fish.**[N] Rabbi Akiva holds that such a fish can already become ritually impure, while Beit Hillel require it to have actually died.

בָּעֵי רַב חִסְדָּא: נוֹלְדוּ בְּדָגִים סִימָנֵי טְרֵפָה, מַהוּ? תִּיבָּעֵי לְמַאן דְּאָמַר טְרֵפָה חַיָּה, וְתִיבָּעֵי לְמַאן דְּאָמַר טְרֵפָה אֵינָהּ חַיָּה.

Rav Ḥisda raises a dilemma: According to Rabbi Akiva, if **symptoms of a *tereifa* developed in a fish,**[NH] e.g., a perforation in the intestines, which will certainly result in the animal's death (see 42a), **what is** the *halakha*? Can it already be rendered ritually impure as if it were now dead? The Gemara clarifies: One can **raise this dilemma according to the one who says** that an animal that is **a *tereifa* can live,** i.e., it will not necessarily die within a year, **and** one can **raise this dilemma according to the one who says** that **a *tereifa* cannot live,** but will die within a year.

HALAKHA

Fish, from when are they susceptible to impurity – דָּגִים מֵאֵימָתַי מְקַבְּלִין טוּמְאָה: Fish are susceptible to impurity from when they die, in accordance with the opinion of Beit Hillel (Rambam *Sefer Tahara, Hilkhot Tumat Okhalin* 2:6).

Symptoms of a *tereifa* developed in a fish – נוֹלְדוּ בְּדָגִים סִימָנֵי טְרֵפָה: If a fish developed symptoms of a *tereifa* and then came into contact with a source of ritual impurity while it was still convulsing, it is uncertain whether it is considered dead and susceptible to impurity or whether it becomes susceptible to impurity only when it is entirely still like a stone. This uncertainty exists because the inquiry in the Gemara was not resolved (Rambam *Sefer Tahara, Hilkhot Tumat Okhalin* 2:6).

NOTES

Beit Shammai say, from when they are caught – בֵּית שַׁמַּאי אוֹמְרִים מִשֶּׁיִּצּוֹדוּ: The exclusion of fish from the requirement of slaughter is indicated by the verse: "If flocks and herds are slaughtered for them, will they suffice for them, or if all the fish of the sea are gathered together for them, will they suffice for them?" (Numbers 11:22). The fact that the verse mentions slaughter with regard to flocks and herds, but with regard to fish it merely refers to gathering, indicates that fish do not require slaughter. Nevertheless, some commentaries, such as the Rambam and Rav Se'adya Gaon, maintain that the act of gathering fish corresponds to an act of slaughter and is required in order to render the fish permitted for consumption (see 27b).

The difference between them is the case of a convulsing fish – דָּג מְקַרְטֵעַ אִיכָּא בֵּינַיְיהוּ: Rabbeinu Gershom Meor HaGola explains that the Gemara is referring to the difference between the opinions of Beit Hillel and Rabbi Akiva. Rabbi Akiva maintains that a fish taken out of water is susceptible to impurity, as it will ultimately die, whereas Beit Hillel rule that it is not susceptible to impurity until it actually dies. Rashi has a similar understanding but explains that the reference is to a fish with a dry spot the size of a *sela* coin between its fins, which cannot live (based on *Shabbat* 107b). Other commentaries contend that this difference is obvious, and the Gemara would not have inquired about it (*Tosafot*). Instead, they explain that the Gemara's question refers to the difference between the opinions of Beit Shammai and Rabbi Akiva. Rabbi Akiva holds that once a fish will inevitably die it is susceptible to impurity. Beit Shammai state that once it is caught it can become impure. The Gemara's question concerns the fact that since any fish that is caught out of water will inevitably die, the two opinions appear to be identical. The Gemara answers that the difference is with regard to the case of a fish taken out of water that is convulsing. Since it will survive if it is returned to the water without delay, Rabbi Akiva would concede that it is not susceptible to impurity, whereas Beit Shammai claim that the very fact it has been caught is sufficient (see *Torat Ḥayyim*).

Symptoms of a *tereifa* developed in a fish, etc. – נוֹלְדוּ בְּדָגִים סִימָנֵי טְרֵפָה וכו׳: According to Rashi, this dilemma refers to the opinion of Rabbi Akiva, who maintains that fish that developed the condition that will cause them to die are already considered susceptible to impurity even before they actually die. The Gemara inquires as to whether or not that opinion can be extended to apply to a fish with symptoms of a *tereifa*. The Gemara's question is whether or not such symptoms in a fish are true indicators of the fact that it will ultimately die. This explanation assumes that according to the opinion of Beit Hillel, i.e., that even a fish taken out of water is not susceptible to impurity until it actually dies, fish with symptoms of a *tereifa* will certainly not be susceptible to impurity (*Melo HaRo'im*).

According to the Rambam, the dilemma concerns the opinion of Beit Hillel. Perhaps Beit Hillel would concede that once a fish has developed symptoms of a *tereifa* it is susceptible to impurity as its inevitable death is physically evident in its body. This is similar to the case on 117b with regard to a slaughtered domesticated animal, undomesticated animal, or bird, which are considered dead with regard to the impurity of foods even if they are still twitching (*Torat Ḥayyim*; see also *Minḥat Ḥinnukh*).

HALAKHA

If an animal expelled a non-viable newborn – הִטִּילָה נֵפֶל: One is not liable for violating the prohibition against eating forbidden fats if he ate the fats of the non-viable newborn of a kosher animal. Nevertheless, he is flogged in this case for eating an animal carcass, as this fetus was not permitted by the slaughter of its mother. The *halakha* is in accordance with the statement that in any case where its months of gestation were not completed, it is not regarded as an animal (Rambam *Sefer Kedusha, Hilkhot Ma'akhalot Assurot* 7:1, and see *Maggid Mishne* and *Leḥem Mishne* there; *Shulḥan Arukh, Yoreh De'a* 64:2).

One inserted his hand into the womb of an animal – הוֹשִׁיט יָדוֹ לִמְעֵי בְהֵמָה: If one inserted his hand into the womb of an animal and removed the fat of a live nine-month-old fetus and ate it, he is liable for eating the forbidden fat of a domesticated animal, in accordance with the second version of the statement of Rabbi Yoḥanan (Rambam *Sefer Kedusha, Hilkhot Ma'akhalot Assurot* 7:4; *Shulḥan Arukh, Yoreh De'a* 64:3).

תִּיבָּעֵי לְמַאן דְּאָמַר טְרֵפָה חַיָּה: בְּהֵמָה הוּא דִּנְפִישָׁא חַיּוּתָהּ, אֲבָל דָּגִים דְּלָא נְפִישָׁא חַיּוּתַיְיהוּ – לָא; אוֹ דִילְמָא, אֲפִילּוּ לְמַאן דְּאָמַר טְרֵפָה אֵינָהּ חַיָּה – הָנֵי מִילֵּי בְּהֵמָה, דְּיֵשׁ בְּמִינָהּ שְׁחִיטָה, אֲבָל דָּגִים דְּאֵין בְּמִינָן שְׁחִיטָה – אֵימָא לָא? תֵּיקוּ.

The Gemara elaborates: One can **raise this dilemma according to the one who says** that a *tereifa* can **live,**[N] as perhaps that opinion is limited to **an animal,** as an animal has **a strong life force,** and it could live despite such symptoms. **But** with regard to **a fish, whose life force is not strong,** all would agree that it will **not** survive. **Or perhaps, even according to the one who says that a** ***tereifa*** **cannot live,** it is possible that **this matter,** that a *tereifa* is regarded as dead, applies only to **an animal, as** the requirement to **slaughter** it in order to permit it for consumption **applies to this type** of creature,[N] i.e., to animals, and so to invalidate its slaughter, the Torah classifies an animal that is a *tereifa* as though it is dead. But with regard to **fish, where** the requirement to **slaughter** it in order to permit it **does not apply to this type** of creature, **I would say** that a fish with symptoms of a *tereifa* is **not** considered as though it were dead. The Gemara concludes: The dilemma **shall stand** unresolved.

הִטִּילָה נֵפֶל – רַבִּי יוֹחָנָן אָמַר: חֶלְבּוֹ כְּחֵלֶב בְּהֵמָה, וְרַבִּי שִׁמְעוֹן בֶּן לָקִישׁ אָמַר: חֶלְבּוֹ כְּחֵלֶב חַיָּה.

§ The Rabbis state in the mishna that a nine-month-old fetus is considered to be part of its mother. Therefore, when the mother is slaughtered, the entire fetus is permitted, including all its fats. The Gemara asks: If an animal **expelled a non-viable newborn,**[H] what is the status of the fetus's fat? **Rabbi Yoḥanan said: Its fat is like the fat** of any other **domesticated animal,** and one is liable to receive *karet* if he eats it. **And Rabbi Shimon ben Lakish said: Its fat is like the fat of an undomesticated animal,**[N] which is not prohibited.

רַבִּי יוֹחָנָן אָמַר: חֶלְבּוֹ כְּחֵלֶב בְּהֵמָה – אֲוִירָא גָּרֵים, רַבִּי שִׁמְעוֹן בֶּן לָקִישׁ אָמַר: חֶלְבּוֹ כְּחֵלֶב חַיָּה – חֳדָשִׁים גָּרְמִי.

The Gemara elaborates: **Rabbi Yoḥanan said: Its fat is like the fat of** any other **domesticated animal,** as he maintains that the exit of a fetus through **the airspace** of the opening of the womb **causes** it to be regarded as an independent animal. **Rabbi Shimon ben Lakish said: Its fat is like the fat of an undomesticated animal,** as he maintains that the completion of the **months** of gestation **causes** a fetus to be regarded as an independent animal, and this stillborn did not reach this stage.

אִיכָּא דְאָמְרִי: כׇּל הֵיכָא דְּלָא כָּלוּ לוֹ חֳדָשָׁיו – לָא כְּלוּם הוּא. כִּי פְּלִיגִי – הֵיכָא דְּהוֹשִׁיט יָדוֹ לִמְעֵי בְהֵמָה, וְתָלַשׁ חֵלֶב שֶׁל בֶּן תִּשְׁעָה חַי וְאָכַל; רַבִּי יוֹחָנָן אָמַר: חֶלְבּוֹ כְּחֵלֶב בְּהֵמָה – חֳדָשִׁים גָּרְמִי, רַבִּי שִׁמְעוֹן בֶּן לָקִישׁ אָמַר: חֶלְבּוֹ כְּחֵלֶב חַיָּה – חֳדָשִׁים וַאֲוִירָא גָּרְמִי.

Some say that there is another explanation of this dispute: In **any case where its months** of gestation **were not completed,** everyone agrees that **it is nothing,** i.e., it is not an independent animal and its fat is not included in the prohibition of forbidden fats. **When they disagree** it is with regard to a case **where** one **inserted his hand into the womb of an animal**[H] **and removed the fat of a live nine-month-**old fetus **and ate it. Rabbi Yoḥanan said: Its fat is like the fat of** any other **domesticated animal,** as the **months** of gestation alone **cause** it to be regarded as an independent animal. **Rabbi Shimon ben Lakish said: Its fat is like the fat of an undomesticated animal,** as it is the **months** of gestation **and** its exit through the **airspace** of the opening of the womb that together **cause** it to be regarded as an independent animal. Since this fetus was not yet born, it is not subject to the prohibition of forbidden fats.

NOTES

One can raise this dilemma according to the one who says that a *tereifa* can live, etc. – תִּיבָּעֵי לְמַאן דְּאָמַר טְרֵפָה חַיָּה וכו׳: The symptoms of a *tereifa* that render it prohibited for consumption are a *halakha* transmitted to Moses from Sinai (see 43a). *Tanna'im* and *amora'im* dispute whether the prohibition of *tereifa* depends on the fact that the animal will die within twelve months, or whether an animal can be a *tereifa* even if it can live for a longer period (57b).

This matter applies only to an animal as slaughter applies to this type of creature – הָנֵי מִילֵּי בְּהֵמָה דְּיֵשׁ בְּמִינָהּ שְׁחִיטָה: According to Rabbeinu Gershom Meor HaGola, the Gemara here is linking the applicability of the requirement of slaughter with regard to specific living beings with whether or not symptoms of a *tereifa* are an indication that those creatures will die. This connection is problematic, as these two issues do not seem to be related. Furthermore, even according to the opinion that a *tereifa* cannot live, it is certainly not considered as though it were already dead, neither with regard to impurity, nor any other matter. Therefore, Rashi cites a different version of the Gemara that compares the significance of symptoms of a *tereifa* in a fish to the fact that there is no prohibition against eating such a fish. Other commentaries accept the standard version of the text and explain that the reference is to the *halakha* stated on 117b that a slaughtered animal that is still twitching is considered food with regard to ritual impurity. Consequently, the Gemara is saying that with regard to such an animal, which requires slaughter, it is regarded as food after slaughter, even before it has fully died. By contrast, with regard to fish, which are eaten only after they fully die, perhaps the inevitability of death is insufficient to have it be regarded as food (*Melo HaRo'im*).

Its fat is like the fat of an undomesticated animal – חֶלְבּוֹ כְּחֵלֶב חַיָּה: The intention is only that these fats are not included in the prohibition that applies to fats of a domesticated animal. But these fats are certainly prohibited for consumption as, just like the rest of the fetus, they were not rendered permitted by the slaughter of the mother (Rashi).

איתיביה רבי יוחנן לרבי שמעון בן לקיש: מה חלב ושתי כליות האמורות באשם – מוצא מכלל שליל, אף כל – מוצא מכלל שליל;

Rabbi Yoḥanan raised an objection to Rabbi Shimon ben Lakish from a *baraita* that discusses the sacrifice of the fat surrounding a fetus inside a pregnant animal: **Just** as with regard to the requirement to sacrifice **the fat and two kidneys** (see Leviticus 7:3–4), **which is stated with regard to a guilt offering,** the fat of **a fetus is excluded from the category** of fats that one is required to sacrifice because a guilt offering is always a male, **so too,** with regard to **every** offering, even in the case of a female offering, the fat of **a fetus is excluded from the category**[H] of fats that one is required to sacrifice.

בשלמא לדידי – היינו דאיצטריך קרא למעוטי, אלא לדידך – אמאי איצטריך? אמר ליה: טעמא דידי נמי מהכא.

Rabbi Yoḥanan explains his objection: **Granted, according to my** opinion that the fat of a fetus is forbidden for consumption, **this is why a verse was necessary to exclude** it from being sacrificed on the altar. **But according to your** opinion that it is not forbidden, **why is** a verse **necessary** to exclude it? Rabbi Shimon ben Lakish **said to him: My explanation is also** derived **from** the verse **here,** which serves as the source for the fact that the fat of a fetus is not forbidden.

ואיכא דאמרי, איתיביה רבי שמעון בן לקיש לרבי יוחנן: מה חלב ושתי כליות האמורות באשם – מוצא מכלל שליל, אף כל – מוצא מכלל שליל;

And some say that there is another version of this objection in which **Rabbi Shimon ben Lakish raised** an **objection to Rabbi Yoḥanan** from that *baraita*: **Just** as with regard to the requirement to sacrifice **"the fat and two kidneys" that is stated with regard to a guilt offering,** the fat of **a fetus is excluded from the category** of fats that one is required to sacrifice, **so too,** with regard to **every** offering, the fat of **a fetus is excluded from the category** of fats that one is required to sacrifice.

בשלמא לדידי – משום הכי מיעטיה רחמנא, אלא לדידך – ליקרב! אמר ליה: מידי דהוה אמחוסר זמן.

Rabbi Shimon ben Lakish explains the objection: **Granted, according to my** opinion that the fat of the fetus is not prohibited like the other fats, it is **due to that** reason that **the Merciful One excludes it** from the requirement of being sacrificed. **But according to your** opinion, that the fat of the fetus is considered one of the forbidden fats, **let it** also **be sacrificed.** Rabbi Yoḥanan **said to him:** The reason that this fat is not sacrificed is **just as it is** with regard to an offering **whose time has not yet** arrived, i.e., it is not yet seven days old, which may not be sacrificed (see Leviticus 22:27) despite being of a species of animal that may be sacrificed. Similarly, with regard to the fat of the fetus, despite being included among those fats that are prohibited, it may not be sacrificed.

אמר רבי אמי: השוחט את הטרפה ומצא בה בן תשעה חי, לדברי האוסר – מתיר, לדברי המתיר – אוסר.

§ The Gemara returns to the dispute in the mishna with regard to a nine-month-old fetus found alive inside its slaughtered mother. Rabbi Meir holds that the fetus itself must be slaughtered in order to permit it, whereas the Rabbis hold that it is permitted by virtue of the slaughter of its mother. **Rabbi Ami said:** With regard to **one who slaughtered a** ***tereifa*** **and found inside it a live nine-**month-**old** fetus: **According to the statement of** Rabbi Meir, **who prohibits** a nine-month-old fetus found inside a kosher animal until it is slaughtered itself, if it is found inside a *tereifa* **he permits** the fetus once it is slaughtered itself. But **according to the statement** of Rabbi Yehuda, referred to as the Rabbis in the mishna, **who permits** a nine-month-old fetus found inside a kosher animal by virtue of the slaughter of its mother, if it is found inside a *tereifa* **he prohibits** it, even if it is slaughtered itself.

רבא אמר: לדברי המתיר – נמי מותר, ארבעה סימנין אכשר ביה רחמנא.

Rava said: According to the statement of Rabbi Yehuda, **who permits** a nine-month-old fetus found inside a kosher animal by virtue of the slaughter of its mother, he **also permits**[H] it if it is found inside a *tereifa*, once the fetus itself is slaughtered. The reason is that **the Merciful One considers four** ***simanim*** **to be fit** for slaughter, i.e., the windpipe and gullet of the mother and those of the fetus, with the fetus being permitted by the cutting of either pair.

אמר רב חסדא: השוחט את הטרפה, ומצא בה בן תשעה חי

Rav Ḥisda said: With regard to **one who slaughtered a** ***tereifa*** **and found inside it a live nine-**month-**old** fetus,

HALAKHA

So too with regard to every offering the fat of a fetus is excluded from the category – אף כל מוצא מכלל שליל: The fats of a fetus are not sacrificed upon the altar, as stated in the *baraita* (Rambam *Sefer Avoda, Hilkhot Ma'aseh HaKorbanot* 1:19).

According to the statement of one who permits he also permits – לדברי המתיר נמי מותר: A live nine-month-old fetus found inside a *tereifa* is permitted by means of its own slaughter, in accordance with the opinion of Rava (Rambam *Sefer Kedusha, Hilkhot Ma'akhalot Assurot* 5:15, and see *Maggid Mishne* there; *Shulḥan Arukh, Yoreh De'a* 13:3).

טָעוּן שְׁחִיטָה, וְחַיָּיב בַּזְּרוֹעַ וְהַלְּחָיַיִם וְהַקֵּבָה, וְאִם מֵת – טָהוֹר מִלְּטַמֵּא בְּמַשָּׂא.

the fetus **requires** its own **slaughter** to permit its consumption, **and it is subject to the obligation to** give **the foreleg and the jaw and the maw** to a priest, as is required for a non-sacred animal that is slaughtered. **But** nevertheless, **if it dies,** the fact that its mother was slaughtered serves to render it **pure with regard to imparting impurity** to people **through** their **carrying** of it, as it does not impart the impurity of a carcass.

אֲמַר לֵיהּ רָבָא: טָעוּן שְׁחִיטָה, כְּמַאן – כְּרַבִּי מֵאִיר, וְאִם מֵת טָהוֹר מִלְּטַמֵּא בְּמַשָּׂא, כְּמַאן – כְּרַבָּנַן!

Rava said to Rav Ḥisda: Your ruling is inconsistent. When you say it **requires slaughter, in accordance with whose** opinion is that? It is **in accordance with** the opinion of **Rabbi Meir,**[N] that a live nine-month-old fetus is not permitted by virtue of its mother's slaughter. **But** when you say that **if it dies,** it is **pure with regard to imparting impurity through carrying, in accordance with whose** opinion is that? It is **in accordance with** the opinion of **the Rabbis.**

וְלִיטַעְמִיךְ, הָא דְּתָנֵי רַבִּי חִיָּיא: הַשּׁוֹחֵט אֶת הַטְּרֵפָה וּמָצָא בָּהּ בֶּן תִּשְׁעָה חַי – טָעוּן שְׁחִיטָה, וְחַיָּיב בַּזְּרוֹעַ וְהַלְּחָיַיִם וְהַקֵּבָה, וְאִם מֵת – טָהוֹר מִלְּטַמֵּא בְּמַשָּׂא; טָעוּן שְׁחִיטָה, כְּמַאן – כְּרַבִּי מֵאִיר, וְאִם מֵת – טָהוֹר מִלְּטַמֵּא בְּמַשָּׂא – כְּרַבָּנַן!

Rav Ḥisda replied: **And according to your reasoning,** the same difficulty arises with **that which Rabbi Ḥiyya teaches** in a *baraita*: With regard to **one who slaughtered** an animal that is **a *tereifa* and found inside it a live nine-**month-old fetus, it **requires** its own **slaughter, and it is subject to the obligation** to give **the foreleg and the jaw and the maw** to a priest. **But** nevertheless, **if it dies,** it is **pure with regard to imparting impurity through carrying.** When he says that it **requires slaughter, in accordance with whose** opinion is that? It is **in accordance with** the opinion of **Rabbi Meir. But** when he says that **if it dies,** it is **pure with regard to imparting impurity through carrying,** it is **in accordance with** the opinion of **the Rabbis.**

הָא לָא קַשְׁיָא, רַבִּי חִיָּיא – אִם כְּבָר מְצָאוֹ מֵת קָאָמַר. אֶלָּא לְדִידָךְ קַשְׁיָא!

Rava responded: **That** is **not difficult,** as it is possible that **Rabbi Ḥiyya was speaking** about **if one found** that the fetus **had already died** inside the mother. In such a case, Rabbi Meir concedes that its mother's slaughter renders it pure, as stated in the mishna. Accordingly, the *baraita* is entirely in accordance with the opinion of Rabbi Meir. **But according to your** opinion, that even if it was found alive and died later it is pure from the impurity of a carcass, it is **difficult.**

אֲמַר לֵיהּ: לְדִידִי נַמִי לָא קַשְׁיָא, אַרְבָּעָה סִימָנִים אַכְשַׁר בֵּיהּ רַחֲמָנָא.

Rav Ḥisda **said to** Rava: **According to my** opinion **also** it is **not difficult,** as I claim that the entire *baraita* is in accordance with the opinion of the Rabbis, and although the slaughter of its mother permits the fetus, its own slaughter can also permit it, as **the Merciful One considers four *simanim* to be fit**[N] for slaughter, two of the mother and two of the fetus, the fetus being permitted through the cutting of either pair.

כִּי סְלֵיק רַבִּי זֵירָא, אַשְׁכְּחֵיהּ לְרַב אַסִי דְּיָתֵיב וְקָאָמַר לֵיהּ לְהָא שְׁמַעְתָּא. אֲמַר לֵיהּ: יִישַׁר, וְכֵן אָמַר רַבִּי יוֹחָנָן. מִכְּלָל דִּפָלֵיג עֲלֵיהּ רַבִּי שִׁמְעוֹן בֶּן לָקִישׁ?

The Gemara relates: **When Rabbi Zeira ascended** to Eretz Yisrael, **Rav Asi found him sitting and saying**[N] **this *halakha*** of Rav Ḥisda, i.e., that the Merciful One considers four *simanim* to be fit for slaughter. Rav Asi **said to him: That is correct, and so says Rabbi Yoḥanan.** Rabbi Zeira asked him: Can I conclude **by inference** from your statement **that Rabbi Shimon ben Lakish,** Rabbi Yoḥanan's colleague, **disagrees with him?**

מִשְׁהָא הֲוָה שָׁהֵי לֵיהּ וְשָׁתֵיק לֵיהּ. וְאִיכָּא דְּאָמְרִי: מִשְׁתָּא הֲוָה שָׁתֵי וְשָׁתֵיק לֵיהּ.

Rav Asi answered: I do not know, as after Rabbi Yoḥanan made his statement, Rabbi Shimon ben Lakish **was waiting for him** to see if he would retract, **and** he therefore **remained silent** about whether or not he disagreed. But it is possible that after I left, he disagreed. **And some say** that Rav Asi said: At that time, Rabbi Shimon ben Lakish **was drinking, and** that is why **he remained silent.** Therefore, I do not know whether or not he disagreed.

NOTES

It requires slaughter, in accordance with whose opinion? In accordance with the opinion of Rabbi Meir – טָעוּן שְׁחִיטָה כְּמַאן כְּרַבִּי מֵאִיר: Rashi explains Rava's difficulty as follows: The ruling that this animal requires slaughter and is not rendered permitted by the slaughter of its mother is possible only according to the opinion of Rabbi Meir, who maintains that a nine-month-old fetus is not considered part of its mother and it is neither rendered pure nor permitted for consumption through her slaughter. Conversely, according to the opinion of the Rabbis, the slaughter of the mother does affect the offspring, albeit only with regard to ritual impurity. Therefore, the slaughter of the offspring itself should not be effective. Rav Ḥisda responds that the Torah permits an animal through the cutting of two of four *simanim*, and in this case even the offspring may be slaughtered, even according to the Rabbis.

The other early commentaries question this interpretation, as Rava himself stated earlier that the Torah permits the slaughter of an animal through the cutting of two of four of its *simanim*. One explanation is that Rava was aware of this answer but he wanted to hear Rav Ḥisda say it himself (Ramban). Alternatively, Rava spoke about the four *simanim* in that case only after he heard Rav Ḥisda mention it. Others suggest that Rava was puzzled by Rav Ḥisda's use of the phrase: Requires slaughter, which he understood to mean that its mother's slaughter is entirely ineffective with regard to it, and this is possible only according to the opinion of Rabbi Meir. Rav Ḥisda explained that when he said: Requires slaughter, he simply meant that it is rendered permitted through its own slaughter, in accordance with the opinion of the Rabbis.

The Merciful One considers four *simanim* to be fit – אַרְבָּעָה סִימָנִים אַכְשַׁר בֵּיהּ רַחֲמָנָא: The Rabbis in the mishna hold that the slaughter of an animal takes effect on a nine-month-old fetus found alive inside of it as well. Nevertheless, the slaughter's effect is limited in that it only renders the fetus pure from having the impurity of a carcass, but does not render it permitted for consumption. The novelty of Rav Ḥisda's statement is that even though the status of the offspring was already affected by that act of slaughter, which did not render it permitted for consumption, that does not preclude the possibility that a subsequent slaughter performed on the offspring itself will render it permitted for consumption. The basis for this statement is that a nine-month-old fetus can be permitted either through its own slaughter or through its mother's, as indicated in the end of the mishna that if one were to tear the mother open and then directly slaughter the fetus itself, everyone agrees that the fetus would be permitted (74b). Rav Ḥisda takes this one step further and claims that even in a case where slaughter was first performed on the mother, the offspring can still be rendered permitted through its own slaughter (Rashi).

Other commentaries explain that Rav Ḥisda was presenting a novelty within the opinion of Rabbi Meir. Even though Rabbi Meir holds that a nine-month-old fetus can be permitted for consumption only by slaughter performed directly upon it, he concedes that its mother's slaughter will be effective in rendering it pure from the impurity of a carcass (Ba'al HaMaor; see Ramban).

Rav Asi found him sitting and saying, etc. – אַשְׁכְּחֵיהּ לְרַב אַסִי דְּיָתֵיב וְקָאָמַר וכו׳: The printed version of the text reads: He found Rav Asi sitting. But as stated by Rashi, it is likely that the correct version is that Rav Asi, Rabbi Yoḥanan's student, found Rabbi Zeira sitting and saying this *halakha*, and Rav Asi quoted Rabbi Yoḥanan as saying the same ruling.

"רַבִּי שִׁמְעוֹן שְׁזוּרִי אוֹמֵר אֲפִילּוּ" וכו׳. הַיְינוּ תַּנָּא קַמָּא! אָמַר רַב כָּהֲנָא: הִפְרִיס עַל גַּבֵּי קַרְקַע אִיכָּא בֵּינַיְיהוּ.

§ The mishna teaches that **Rabbi Shimon Shezuri**[P] **says: Even** if a nine-month-old fetus emerged alive and is now five years old and plowing in the field it does not require slaughter. The Gemara asks: This opinion of Rabbi Shimon Shezuri **is** identical to that of **the first** ***tanna***, i.e., the Rabbis. What difference is there between them? **Rav Kahana said:** The difference **between them** is a case where the fetus **stood**[H] **upon the ground.**[N] According to the opinion of the first *tanna*, once the fetus walks on the ground there is a rabbinic decree requiring that it be slaughtered before it is consumed, lest people mistakenly permit other animals without slaughter. Rabbi Shimon Shezuri disagrees and holds that it does not require slaughter.

אָמַר רַב מְשָׁרְשִׁיָּא: לְדִבְרֵי הָאוֹמֵר חוֹשְׁשִׁין לְזֶרַע הָאָב, בֶּן פְּקוּעָה הַבָּא עַל בְּהֵמָה מְעַלְּיְיתָא – הַוָּלָד אֵין לוֹ תַּקָּנָה.

Rav Mesharshiyya said: According to the statement of the one who says that when defining the status of an animal **one needs to be concerned with its paternity,** if **a** ***ben pekua*** **copulated with a full-fledged animal, the offspring**[H] **has no rectification.**[N] Although when the mother and father are each a *ben pekua* the offspring is permitted without ritual slaughter, if the father is a *ben pekua* but the mother is not, the offspring is simultaneously defined as requiring slaughter, based on the mother, and being excluded from the requirement for slaughter, based on the father. Therefore, no act of slaughter can permit it.

אָמַר אַבָּיֵי: הַכֹּל מוֹדִים בְּקָלוּט בֶּן פְּקוּעָה שֶׁמּוּתָּר, מַאי טַעְמָא? כָּל מִלְּתָא דִּתְמִיהָא – מִידְכַּר דְּכִירִי לַהּ אִינָשֵׁי. אִיכָּא דְּאָמְרִי, אָמַר אַבָּיֵי: הַכֹּל מוֹדִים בְּקָלוּט בֶּן קְלוּטָה בֶּן פְּקוּעָה – שֶׁמּוּתָּר, מַאי טַעְמָא? תְּרֵי תְּמִיהֵי מִידְכַּר דְּכִירִי אִינָשֵׁי.

Abaye says: Everyone, i.e., even the first *tanna*, who requires the slaughter of a *ben pekua* that stood upon the ground, **agrees with regard to a** ***ben pekua*** with **non-cloven** hooves[H] that was found inside a kosher animal, **that it is permitted** by virtue of the slaughter of its mother. **What is the reason** for this? It is that **people remember any bizarre matter,** and there is no concern that if it is permitted without slaughter, people will mistakenly permit regular animals without slaughter. **Some say that Abaye said: Everyone agrees with regard to a** ***ben pekua*** with **non-cloven** hooves found inside an animal with **non-cloven** hooves that was itself born to a kosher animal, **that** the fetus **is permitted** without slaughter even if it stood on the ground. **What is the reason?** It is that **people remember two bizarre matters.**

NOTES

The difference between them is where the fetus stood upon the ground – **הִפְרִיס עַל גַּבֵּי קַרְקַע אִיכָּא בֵּינַיְיהוּ**: According to the Rabbis, there is a concern that people will permit the consumption of a regular animal without slaughter. Some commentaries explain that the intention is that the animal stood on its legs (*Or Zarua*), while others say that it means that it began to walk (Rashi; *Arukh*).

If a ***ben pekua*** **copulated with a full-fledged animal the offspring has no rectification** – **בֶּן פְּקוּעָה הַבָּא עַל בְּהֵמָה מְעַלְּיְיתָא הַוָּלָד אֵין לוֹ תַּקָּנָה**: Rashi explains that since, from its father's side, it does not require slaughter, it is considered as though one of its two *simanim* had already been cut, and an animal can be permitted only through the cutting of its two *simanim* together. Others add that even if an animal could be permitted by the cutting of one *siman*, there would be no rectification in this case, as both *simanim* are considered partly cut, because the seed of the father is mingled throughout the body (see 69a).

PERSONALITIES

Rabbi Shimon Shezuri – **רַבִּי שִׁמְעוֹן שְׁזוּרִי**: A fourth-generation *tanna*, Rabbi Shimon Shezuri was apparently a disciple of Rabbi Tarfon, but his primary discussions were with the most important disciples of Rabbi Akiva. His opinions are mentioned in the Mishna and in *baraitot*, although there are only a few *tanna'im* who report traditions in his name. Little is known about his life. The appellation Shezuri has been explained in various ways. Some suggest that it alludes to his occupation, one who spins [*shozer*] fibers (Introduction to Rambam's Commentary on the Mishna), or to the place where he lived, Shezor (*Kaftor VaFeraḥ*). In fact, the name Shezor has been preserved within the name of a Druze village known as Sajur located south of Peki'in, near which the modern Israeli community of Shezor was established.

HALAKHA

Stood – **הִפְרִיס**: If one slaughtered an animal and found a live nine-month-old fetus inside it, as long as it has not stood upon the ground it does not require slaughter. Some commentaries say that it must be killed before it may be eaten (*Tevuot Shor*), due to the prohibition: "You shall not eat with the blood" (Leviticus 19:26). If it stood upon the ground it requires slaughter, in accordance with the opinion of the Rabbis. In any case, the symptoms of a *tereifa* do not render it prohibited, in accordance with the interpretation of *Tosafot* and other early commentaries (Rambam *Sefer Kedusha*, *Hilkhot Ma'akhalot Assurot* 5:14; *Shulḥan Arukh*, *Yoreh De'a* 13:2).

If a ***ben pekua*** **copulated with a full-fledged animal the offspring** – **בֶּן פְּקוּעָה הַבָּא עַל בְּהֵמָה מְעַלְּיְיתָא הַוָּלָד**: If a *ben pekua* copulated with a full-fledged animal, the offspring has no rectification. If a male *ben pekua* produced offspring with a female *ben pekua*, the offspring is permitted. Nevertheless, this animal requires slaughter by rabbinic law, as it stood upon the ground, but the signs of a *tereifa* do not render it prohibited, in accordance with the interpretation of the Ran (*Shulḥan Arukh*, *Yoreh De'a* 13:4).

A ***ben pekua*** **with non-cloven hooves** – **קָלוּט בֶּן פְּקוּעָה**: If the hooves of a *ben pekua* are not cloven or if it has some other unusual feature, it is permitted for consumption without slaughter. Although the *halakha* generally follows the second version of the statement of a Sage, in this case it is in accordance with the first statement of Abaye. This is because the second statement does not appear in some versions of the Gemara. Furthermore, it is reasonable that the *halakha* should be lenient in this case, as the prohibition against consuming a *ben pekua* without slaughter applies by rabbinic law and is merely due to the appearance of prohibition (Gra). Some authorities, such as the Ran, citing the *ge'onim*, permit only the case of a *ben pekua* with non-cloven hooves born from a mother with non-cloven hooves, as there are two unusual features in this case. This ruling is in accordance with the principle that the *halakha* follows the second version of the statement of a Sage (*Shulḥan Arukh*, *Yoreh De'a* 13:2).

אָמַר זְעִירִי אָמַר רַבִּי חֲנִינָא: הֲלָכָה כְּרַבִּי שִׁמְעוֹן בֶּן שְׁזוּרִי, וְכֵן הָיָה רַבִּי שִׁמְעוֹן שְׁזוּרִי מַתִּיר בִּבְנוֹ וּבֶן בְּנוֹ עַד סוֹף כׇּל הַדּוֹרוֹת. רַבִּי יוֹחָנָן אָמַר: הוּא מוּתָּר, וּבְנוֹ אָסוּר.

Ze'eiri says that **Rabbi Ḥanina says:** The *halakha* **is in accordance with** the opinion of **Rabbi Shimon ben Shezuri** that a *ben pekua* is permitted without slaughter even if it stood upon the ground. **And similarly, Rabbi Shimon Shezuri would permit** without slaughter **the offspring** of a *ben pekua* **and the offspring of its offspring,** and so on **to the end of all** future **generations. Rabbi Yoḥanan says: It,** the *ben pekua* itself, **is permitted, but its offspring is prohibited** unless it is slaughtered.

אַדָּא בַּר חָבוּ הֲוָה לֵיהּ בֶּן פְּקוּעָה דִּנְפַל דּוּבָּא עֲלֵיהּ, אֲתָא לְקַמֵּיהּ דְּרַב אַשִׁי. אֲמַר לֵיהּ: זִיל שַׁחְטֵיהּ. אֲמַר לֵיהּ, הָאָמַר זְעִירִי אָמַר רַבִּי חֲנִינָא: הֲלָכָה כְּרַבִּי שִׁמְעוֹן שְׁזוּרִי, וְכֵן הָיָה רַבִּי שִׁמְעוֹן שְׁזוּרִי מַתִּיר בִּבְנוֹ וּבֶן בְּנוֹ עַד סוֹף כׇּל הַדּוֹרוֹת. וַאֲפִילּוּ רַבִּי יוֹחָנָן לָא קָאָמַר אֶלָּא בְּנוֹ, אֲבָל אִיהוּ – לָא!

The Gemara relates: **Adda bar Ḥavu had a *ben pekua* that was attacked by a bear** and was about to die. **He came before Rav Ashi** to inquire what to do. Rav Ashi **said to him: Go** and **slaughter it**[N] before it dies so that you can eat it, in accordance with the opinion of the first *tanna* that if a *ben pekua* stood upon the ground it requires slaughter. Adda bar Ḥavu **said to** Rav Ashi: **But doesn't Ze'eiri say** that **Rabbi Ḥanina says:** The *halakha* **is in accordance with** the opinion of **Rabbi Shimon Shezuri** that a *ben pekua* is permitted without slaughter even if it stood upon the ground, **and similarly, Rabbi Shimon Shezuri would permit** without slaughter **the offspring** of a *ben pekua* **and the offspring of its offspring,** and so on **to the end of all** future **generations? And even Rabbi Yoḥanan,** who disagreed, **said** his dissenting opinion **only** with regard to **its offspring, but** with regard to a *ben pekua* **itself,** he did **not** disagree that it is permitted.

אֲמַר לֵיהּ: רַבִּי יוֹחָנָן, לְדִבְרֵי רַבִּי שִׁמְעוֹן שְׁזוּרִי קָאָמַר.

Rav Ashi **said to** Adda bar Ḥavu: **Rabbi Yoḥanan was speaking according to the statement of Rabbi Shimon Shezuri,** i.e., he said that even Rabbi Shimon Shezuri permits only a *ben pekua* itself, but not its offspring. But Rabbi Yoḥanan himself agrees with the first *tanna* that a *ben pekua* that stood upon the ground is prohibited without slaughter.

וְהָאָמַר רָבִין בַּר חֲנִינָא, אָמַר עוּלָּא אָמַר רַבִּי חֲנִינָא: הֲלָכָה כְּרַבִּי שִׁמְעוֹן שְׁזוּרִי; וְלֹא עוֹד, אֶלָּא כׇּל מָקוֹם שֶׁשָּׁנָה רַבִּי שִׁמְעוֹן שְׁזוּרִי בְּמִשְׁנָתֵנוּ – הֲלָכָה כְּמוֹתוֹ!

Adda bar Ḥavu persisted: **But didn't Ravin bar Ḥanina say** that **Ulla says** that **Rabbi Ḥanina says** with regard to a different issue: The ***halakha*** **is in accordance with** the opinion of **Rabbi Shimon Shezuri; and moreover,** not only is the *halakha* in accordance with his opinion with regard to this matter, but in **any place where Rabbi Shimon Shezuri taught** a *halakha* **in our Mishna,** the ***halakha*** is **in accordance with his** opinion?

אֲמַר לֵיהּ: אֲנָא כִּי הָא סְבִירָא לִי, דְּאָמַר רַבִּי יוֹנָתָן: הֲלָכָה כְּרַבִּי שִׁמְעוֹן שְׁזוּרִי בִּמְסוּכָּן, וּבִתְרוּמַת מַעֲשֵׂר שֶׁל דְּמַאי.

Rav Ashi **said to** Adda bar Ḥavu: **I hold in accordance with this** statement of Rabbi Yonatan, **as Rabbi Yonatan says:** The ***halakha*** is **in accordance with** the opinion of **Rabbi Shimon Shezuri in** the case of one who is **dangerously ill, and in** the case of ***teruma* of the tithe of doubtfully tithed produce** [***demai***], but not in other cases, e.g., in the case of his disagreement with the first *tanna* concerning a *ben pekua*.

NOTES

Go and slaughter it – זִיל שַׁחְטֵיהּ: Since the animal was attacked by a bear, or a wolf according to Rashi, it is considered to have symptoms of a *tereifa*. Nevertheless, unlike a full-fledged animal with such symptoms, a *ben pekua* with symptoms of a *tereifa* is permitted for consumption once it is slaughtered. The early commentaries explain that this is because by Torah law a *ben pekua* is permitted for consumption even without slaughter. The requirement to slaughter it is a rabbinic obligation to avoid the possibility that someone might not be aware of the animal's status and think that the person was eating a full-fledged animal without slaughter. Since the prohibition is only due to appearances, it is sufficient if the animal is slaughtered, and there is no need to also be concerned about the existence of symptoms of a *tereifa*. Furthermore, the Sages do not apply their decrees to unusual situations (Ramban). Other commentaries disagree and insist that just as the Sages imposed the requirement of slaughter with regard to this animal, they likewise applied the *halakhot* of *tereifa* to it. Accordingly, they maintain that the instruction of Rav Ashi to slaughter the animal included the requirement to examine it to see whether or not it had developed symptoms of a *tereifa* when it was attacked (*Sefer Halttur*; Ra'ah).

מְסוּכָּן – דִּתְנַן: בָּרִאשׁוֹנָה הָיוּ אוֹמְרִים, הַיּוֹצֵא בְּקוֹלָר וְאָמַר: ״כִּתְבוּ גֵט לְאִשְׁתִּי״ – הֲרֵי אֵלּוּ יִכְתְּבוּ וְיִתְּנוּ; חָזְרוּ לוֹמַר – אַף הַמְפָרֵשׁ וְהַיּוֹצֵא בְּשַׁיָּירָא. רַבִּי שִׁמְעוֹן בֶּן שְׁזוּרִי אוֹמֵר: אַף הַמְסוּכָּן.

The Gemara now elaborates on these two cases. The case of one who is **dangerously ill is as we learned** in a mishna (*gittin* 65b): **Initially,** the Sages **would say** that in the case of **one who is taken out in a neck chain** [*bekolar*][L] to be executed **and** who **said: Write a bill of divorce for my wife, these** people who hear **should write** the document **and give** it to her. Although there was no explicit instruction to give it to her, this is understood to have been his intention, in order to release her from the obligation to perform levirate marriage or the ritual through which she becomes free of her levirate bonds [*ḥalitza*]. **They then said** that this *halakha* applies **even** to **one who sets sail and one who departs in a caravan** to a distant place. A bill of divorce is given to his wife under these circumstances even if her husband said only: Write a bill of divorce for my wife. **Rabbi Shimon ben Shezuri says: Even** in the case of **one who is dangerously ill**[H] who gives that instruction, they write the bill of divorce and give it to his wife.

תְּרוּמַת מַעֲשֵׂר שֶׁל דְּמַאי – דִּתְנַן: תְּרוּמַת מַעֲשֵׂר שֶׁל דְּמַאי שֶׁחָזְרָה לִמְקוֹמָהּ, רַבִּי שִׁמְעוֹן בֶּן שְׁזוּרִי אוֹמֵר: אַף בַּחוֹל שׁוֹאֲלוֹ וְאוֹכְלוֹ עַל פִּיו.

The case of ***teruma* of the tithe of *demai***[H] **is as we learned** in a mishna (*Demai* 4:1): With regard to ***teruma* of the tithe of *demai*,** i.e., *teruma* of the tithe that was separated from the produce of an *am ha'aretz*, who is suspected of not separating tithes properly, **that** fell and **returned to its** original **place,** becoming mingled with the rest of produce from which it had been separated, **Rabbi Shimon ben Shezuri says: Even on a weekday one may ask** the *am ha'aretz* whether or not he separated the necessary tithes **and** then **eat based on his statement.**[N]

LANGUAGE

Chain [*kolar*] – קוֹלָר: From the Latin collare, referring to a neck band or chain collar worn by captives or animals.

Roman prisoner's neck chain

HALAKHA

One who is dangerously ill – הַמְסוּכָּן: With regard to one who is dangerously ill, who sets sail in a boat, or who departs in a caravan to a distant place, if he said: Write a bill of divorce for my wife, those who hear should write one and give it to his wife. This *halakha* is in accordance with the opinion of Rabbi Shimon Shezuri (Rambam *Sefer Nashim, Hilkhot Geirushin* 2:12; *Shulḥan Arukh, Even HaEzer* 141:16).

Teruma of the tithe of *demai* – תְּרוּמַת מַעֲשֵׂר שֶׁל דְּמַאי: If one who is not trusted with regard to tithes was seen separating *teruma* of the tithe from his produce, which has the status of *demai*, then if this *teruma* fell back into the produce or into other produce and he claims that he set aside the *teruma* of the tithe again from that produce, his statement is believed and the produce is permitted. This applies even on a weekday. This *halakha* is in accordance with the opinion of Rabbi Shimon Shezuri (Rambam *Sefer Zera'im, Hilkhot Ma'aser* 12:4, and see Ra'avad there).

NOTES

Even on a weekday one may ask him and eat based on his statement – אַף בַּחוֹל שׁוֹאֲלוֹ וְאוֹכְלוֹ עַל פִּיו: *Demai* is produce taken from an *am ha'aretz*, one who is not trusted with regard to the separation of tithes. The Sages decreed that tithes and *teruma* of the tithe must be set aside from this produce, though there is no obligation to separate *teruma* from it, as even *amei ha'aretz* were careful with regard to the separation of *teruma*. The Sages stated that on Shabbat one may ask an *am ha'aretz* whether or not he had separated his tithes and eat the produce if he affirms that he did so. At the conclusion of Shabbat one may no longer eat from that produce until he has separated the tithes. Rabbi Shimon Shezuri maintains that just as the Sages permitted relying on an *am ha'aretz* in deference to Shabbat, as there is no way of rectifying the produce on Shabbat, the same applies in this case: Since the *teruma* of the tithe of *demai* fell back into its original place, where it cannot be rectified, as it prohibits non-sacred produce of up to ninety-nine times its volume, the Sages allowed one to rely on the statement of an *am ha'aretz* that he had separated the tithes (Rashi; see also Rashi on *Menaḥot* 30b). In the Jerusalem Talmud a different reason is stated: The Sages permitted relying on an *am ha'aretz* on Shabbat because he is afraid to lie on the holy day. Similarly, when he sees *teruma* being separated from his produce, he becomes fearful of this prohibition and would not lie when questioned about it (see *Tosafot*). Some commentaries explain this *halakha* as saying that the *am ha'aretz* is deemed credible if he says that after the *teruma* of the tithe fell back inside, he rectified the produce (Rambam, and see Ra'avad).

מתני׳ בְּהֵמָה שֶׁנֶּחְתְּכוּ רַגְלֶיהָ, מִן הָאַרְכּוּבָּה וּלְמַטָּה – כְּשֵׁרָה, מִן הָאַרְכּוּבָּה וּלְמַעְלָה – פְּסוּלָה, וְכֵן שֶׁנִּיטַּל צוֹמֶת הַגִּידִין.

MISHNA With regard to **an animal whose hind legs were severed,**[BH] if they were severed **from the leg joint and below,**[N] the animal is **kosher; from the leg joint and above,** the animal is thereby rendered a *tereifa* and is **not kosher. And likewise,** an animal **whose convergence of sinews**[B] **was removed**[HN] is a *tereifa* and is not kosher.

BACKGROUND

Animal whose hind legs were severed – בְּהֵמָה שֶׁנֶּחְתְּכוּ רַגְלֶיהָ: This image depicts the skeletal structure of the hindquarters of a cow. The area of the convergence of sinews is circled.

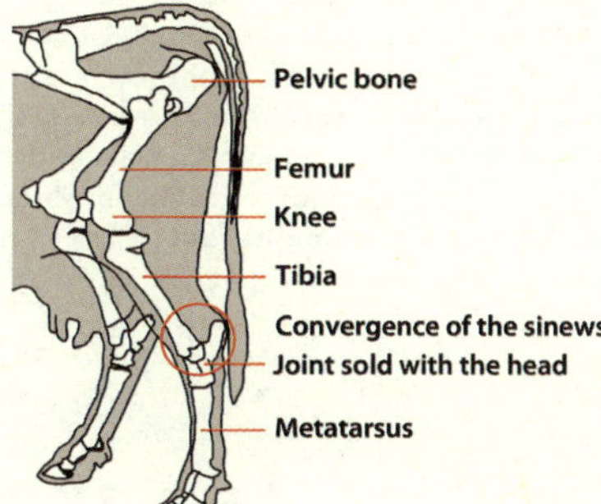

Hindquarters of a cow

Convergence of sinews – צוֹמֶת הַגִּידִין:

This diagram depicts the location of the convergence of the sinews according to (1) the first interpretation of Rashi, (2) the second interpretation of Rashi, and (3) the Ra'avad.

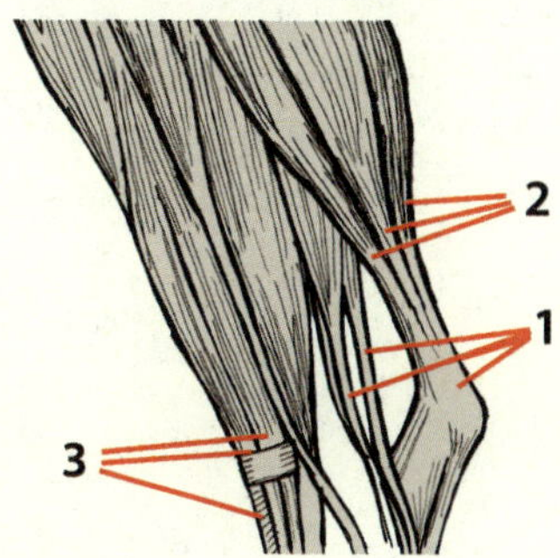

Convergence of the sinews

HALAKHA

Animal whose hind legs were severed – בְּהֵמָה שֶׁנֶּחְתְּכוּ רַגְלֶיהָ: With regard to an animal whose hind leg was severed, if it was severed at the lower joint, i.e., the leg joint that is sold together with the head, the animal is kosher. If a hind leg was severed in the upper bone, the femur, the animal is a *tereifa*. With regard to the middle bone, if it was severed anywhere other than the place of the convergence of sinews the animal is kosher. If it was severed in the area of the convergence of sinews the animal is a *tereifa* because its sinews have been cut. This is the opinion of the Rif and the Rambam, who rule in accordance with the second version of the statement of Rav Yehuda. Some commentaries prohibit the animal if the leg was severed anywhere on the middle bone, even if it was not in the place of the convergence of sinews, and even if the sinews themselves are intact. This is the opinion of Rashi, who rules in accordance with the first, more stringent, version of Rav Yehuda's statement. According to this opinion, if the leg was severed in the connecting area between the leg joint that is sold together with the head and the middle bone, the animal is a *tereifa*, though the later commentaries disagree as to the precise definition of this area. The Rema writes that in the lands of Ashkenaz and France the custom is to be stringent, in accordance with this second opinion (Rambam *Sefer Kedusha, Hilkhot Sheḥita* 8:11; *Shulḥan Arukh, Yoreh De'a* 55:1).

Whose convergence of sinews was removed – שֶׁנִּיטַּל צוֹמֶת הַגִּידִין: If the convergence of sinews in the thigh was severed or removed, the animal is a *tereifa*, even if the entire bone is intact. The convergence of sinews in the thigh of an animal is in the rear area of the middle bone, the place covered by the tail (Rashi). Some say that it is on the inside of the leg, toward the body of the animal (Ra'avad). One should be stringent in accordance with both opinions, although the first opinion is considered the more authoritative one (Rambam *Sefer Kedusha, Hilkhot Sheḥita* 8:17; *Shulḥan Arukh, Yoreh De'a* 56:1–2, and in the comment of Rema).

NOTES

From the leg joint [*arkuba*] and below, etc. – מִן הָאַרְכּוּבָּה וּלְמַטָּה וכו׳: The leg of an animal comprises three main bones apart from the small bones in the area of the hoof: The first is the lower bone, or metatarsus. It was often sold together with the head of the animal, as it contained little flesh. Connected to that is the middle bone, or tibia. This connects to the third, upper bone, also referred to as the thigh bone, or femur, which is connected to the tail bone. The area that forms the connection between each pair of bones is called the *arkuba*. The Gemara will discuss whether the mishna is referring to the joint that connects the metatarsus and the tibia, or the joint that connects the tibia and the femur.

The early commentaries disagree as to the precise definition of the *arkuba*. Rashi indicates that it refers to the entire joint that connects two bones, and that the joint is itself composed of several small bones. This is the interpretation followed in the commentary here. Other early commentaries maintain that it refers to the upper portion of each of the large bones, and the small bones connected to it (Ramban; Meiri). A third opinion holds that the *arkuba* is one of the larger bones (Rosh).

Convergence of sinews was removed – נִיטַּל צוֹמֶת הַגִּידִין: At the bottom of the middle bone, or tibia, on the rear side (Rashi), there is a convergence of three sinews that emerge from three muscles in the upper part of the thigh. They converge into what appears to be a single sinew, which eventually reaches the bone of the hoof. This is called the convergence of sinews in the thigh. The Gemara will discuss the limits of the area of this convergence of sinews. It is apparent from the Gemara that the phrase: Convergence of sinews in the thigh was removed, means that the leg was severed at that place, thereby removing the convergence of sinews. It is also possible that the mishna means that the convergence of sinews itself was removed, without the severing of the bone, as this also renders the animal a *tereifa*.

נִשְׁבַּר הָעֶצֶם, אִם רוֹב הַבָּשָׂר קַיָּים – שְׁחִיטָתוֹ מְטַהַרְתּוֹ, וְאִם לָאו – אֵין שְׁחִיטָתוֹ מְטַהַרְתּוֹ.

If **the bone** of a limb **was broken**[H] but the limb was not completely severed, and the animal was then slaughtered, **if the majority of the flesh** surrounding the bone **is intact, the slaughter of** the animal **renders it permitted; but if not, its slaughter does not render it permitted.**[N]

גמ׳ אָמַר רַב יְהוּדָה אָמַר רַב אָמַר רַבִּי חִיָּיא: לְמַטָּה – לְמַטָּה מִן הָאַרְכּוּבָּה, לְמַעְלָה – לְמַעְלָה מִן הָאַרְכּוּבָּה, בְּאֵיזוֹ אַרְכּוּבָּה אָמְרוּ – בְּאַרְכּוּבָּה הַנִּמְכֶּרֶת עִם הָרֹאשׁ.

GEMARA **Rav Yehuda says** that **Rav says** that **Rabbi Ḥiyya says:** When the mishna makes reference to the leg being severed from the leg joint and **below,** it means that the cut was **below the leg joint,** and when it says that if it was severed from the leg joint and **above** it is a *tereifa*, **it means** that the cut was **above the leg joint.** And **with regard to which leg joint did they say** this? **With regard to** the **leg joint that is sold together with the head** of the animal.[N] This is the lower leg joint that connects the lower bone, or metatarsus, and middle bone, or tibia. Accordingly, the animal is a *tereifa* only if the leg was severed in the middle bone or upper bone.

עוּלָּא אָמַר רַבִּי אוֹשַׁעְיָא: כְּנֶגְדּוֹ בְּגָמָל נִיכָּר.

Ulla says that **Rabbi Oshaya** says: The mishna is referring to the leg joint that in most animals cannot be seen from the outside, but **the corresponding** joint **in** the leg of **a camel** is prominent and **conspicuous.**[B] This is referring to the joint between the upper bone, or femur, and middle bone, or tibia. Accordingly, the animal is a *tereifa* only if it was severed in the upper bone.

אֲמַר לֵיהּ עוּלָּא לְרַב יְהוּדָה: בִּשְׁלָמָא לְדִידִי, דְּאָמֵינָא כְּנֶגְדּוֹ בְּגָמָל נִיכָּר – הַיְינוּ דְּקָתָנֵי: וְכֵן שֶׁנִּיטַּל צוֹמֶת הַגִּידִין. אֶלָּא לְדִידָךְ, מַאי ״וְכֵן שֶׁנִּיטַּל צוֹמֶת הַגִּידִין״?

Ulla said to Rav Yehuda: Granted, according to my opinion, **as I say** it means the joint whose **corresponding** joint **in** the leg of a camel is **conspicuous,** i.e., the upper joint, **this** explanation is consistent with **that which** the mishna **teaches: And likewise,** an animal **whose convergence of sinews was removed** is not kosher. The convergence of sinews lies on the lower part of the middle bone. Since I hold that if the middle bone is severed, this does not render the animal a *tereifa*, it is necessary for the mishna to teach that nevertheless, if that bone was severed at the point of the convergence of sinews, this would render it a *tereifa*. **But according to your** opinion that the mishna is referring to the lower joint, and if the middle bone is severed, this renders the animal a *tereifa*, **what** is the purpose of teaching: **And likewise,** an animal **whose convergence of sinews was removed** is not kosher?

HALAKHA

The bone was broken – נִשְׁבַּר הָעֶצֶם: With regard to any area of the leg that, if it were severed, would render the animal a *tereifa*, if it was just broken but not severed, and it protrudes outward, and the skin and flesh do not cover most of the width nor most of the circumference of the bone, it is a *tereifa*. If the skin and flesh cover most of the width and most of the circumference of the bone, it is still kosher (Rambam *Sefer Kedusha, Hilkhot Sheḥita* 8:12; *Shulḥan Arukh, Yoreh De'a* 55:5).

BACKGROUND

The corresponding joint in a camel is conspicuous – כְּנֶגְדּוֹ בְּגָמָל נִיכָּר: The area that is conspicuous in a camel lies close to the stomach in a cow, and is covered by muscles and other substances, and therefore it is not noticeable.

Dromedary, with conspicuous joint circled

NOTES

Its slaughter does not render it permitted [*metaharto*] – אֵין שְׁחִיטָתוֹ מְטַהַרְתּוֹ: Such a limb has the status of a hanging limb, which is prohibited for consumption, as derived on 73b from the verse: "And flesh that is torn [*tereifa*] in the field, you shall not eat" (Exodus 22:30; see Rashi here). The Gemara's use of the term *metaharto*, which refers to ritual purity, appears to indicate that this hanging limb imparts impurity after the animal's slaughter, just like a limb severed from a living animal, which imparts impurity by carrying. This is in fact the opinion of Rav cited in the Gemara on 76b. According to the opinion of Rav Ḥisda, the mishna is referring solely to the prohibition of consumption. Moreover, on 74a it was stated in the name of Rabbi Yoḥanan that this prohibition against eating the limb does not apply by Torah law, and the verse cited in this regard is a mere support for the *halakha*.

With regard to the leg joint [*arkuba*] that is sold together with the head – בְּאַרְכּוּבָּה הַנִּמְכֶּרֶת עִם הָרֹאשׁ: The early commentaries disagree as to the definition of the *arkuba*. According to Rashi it is one of the joints between the larger bones of the leg. Others maintain that the phrase: The *arkuba* that is sold together with the head, refers to the top part of the lower bone (Ramban). This explanation does not contradict that of Rashi, as it includes the small tarsal joint above the lower bone. According to this opinion, the phrase: From the *arkuba* and below, means: From the upper edge of the *arkuba* and below, and the animal is a *tereifa* only if the middle bone, the tibia, was severed. Other early commentaries contend that the *arkuba* that is sold with the head includes the entire lower bone, and according to Ulla, the entire middle bone is called the *arkuba* (see Rosh and Rabbi Ovadya Bartenura).

אֲמַר לֵיהּ: רְכוּבָה בְּלֹא צוֹמֶת הַגִּידִים, וְצוֹמֶת הַגִּידִים בְּלֹא רְכוּבָה. וְהָא ״נֶחְתְּכוּ״ קָתָנֵי! אִישְׁתִּיק.

Rav Yehuda **said to** Ulla: According to my opinion, the mishna is referring to two cases: The first is where the leg was severed above the lower **leg joint,** in the middle bone, **without** the removal of **the convergence of sinews, and** the second is where **the convergence of sinews** was removed **without** the leg above the **leg joint** being severed. Ulla then asked Rav Yehuda: **But** the mishna **teaches: Were severed,**[N] indicating that the leg was entirely severed, which perforce includes the convergence of sinews. Rav Yehuda **was silent,** as he did not have a resolution.

לְבָתַר דִּנְפַק, אֲמַר, מַאי טַעְמָא לָא אֲמַרִי לֵיהּ: לְמַטָּה – לְמַטָּה מִן הָאַרְכּוּבָּה, לְמַעְלָה – לְמַעְלָה מִצּוֹמֶת הַגִּידִין?

After Ulla **left,** Rav Yehuda **said** to himself: **What is the reason** that **I did not say to him** the following resolution: When the mishna states that if the leg was severed **below** the leg joint the animal is kosher, it means **below the** lower **leg joint,** and when it says that if it was severed **above** it is a *tereifa,* **it means** in the middle bone above **the convergence of sinews.** Accordingly, it would still be necessary to teach that if the convergence of sinews was removed, this would render it a *tereifa.*

הֲדַר אֲמַר: וְלָא אֲמַרִי לֵיהּ, וַאֲמַר לִי: ״נֶחְתְּכוּ״ קָתָנֵי? הָכָא נַמִי – ״מִן הָאַרְכּוּבָּה וּלְמַעְלָה״ קָתָנֵי.

Rav Yehuda **then said** to himself: It is good that I did not suggest this resolution, as **did I not** initially **say** a resolution **to him, and he said to me** that it was refuted by the fact that the mishna **teaches: Were severed,** which clearly indicates that it was severed completely? **Here too,** he could have said: You cannot explain the mishna as referring only to severing the leg above the convergence of sinews, as the mishna **teaches: From the** lower **leg joint and above,** which clearly includes the entire middle bone, including the area of the convergence of sinews.

רַב פַּפָּא מַתְנֵי הָכִי, אָמַר רַב יְהוּדָה אָמַר רַב אָמַר רַבִּי חִיָּיא: לְמַטָּה – לְמַטָּה מִן הָאַרְכּוּבָּה וּמִצּוֹמֶת הַגִּידִין, לְמַעְלָה – לְמַעְלָה מִן הָאַרְכּוּבָּה וּמִצּוֹמֶת הַגִּידִין, וְכֵן שֶׁנִּיטַּל צוֹמֶת הַגִּידִין; וְאַרְכּוּבָּה גּוּפָהּ – כִּדְעוּלָּא אֲמַר רַבִּי אוֹשַׁעְיָא.

Rav Pappa teaches the previous discussion **like this: Rav Yehuda says** that **Rav says** that **Rabbi Ḥiyya says:** When the mishna refers to severing the leg **below,** it means severing **below** both **the leg joint and the convergence of sinews,** i.e., the lower bone was severed, and when it refers to severing the leg **above,** it means severing **above** both **the leg joint and the convergence of sinews,** i.e., the upper bone was severed. **And** then the mishna adds that with regard to the middle bone, it is only a *tereifa* **when** the **convergence of sinews was removed.** And this explanation assumes that **the leg joint itself** is referring to the upper leg joint, **in accordance with** that which **Ulla said** that **Rabbi Oshaya** said, i.e., that it means the joint whose corresponding joint in the leg of a camel is conspicuous.

וּמִי אִיכָּא מִידֵי, דְּאִילּוּ מַדְלֵי – פָּסֵיק לֵיהּ וְחָיְה, מְתַתֵּי – פָּסֵיק לֵיהּ וּמֵתָה?

The Gemara questions Rav Pappa's explanation of the opinions of Ulla and Rav Yehuda: **But is there any** possibility **that if one went higher up** the leg and **severed** the middle bone above the convergence of sinews, **it would live,** i.e., the animal would not be a *tereifa,* but if **one went down** the leg and **severed it** on the convergence of sinews, it would be a *tereifa* **and would die** within twelve months? It is illogical that severing more of the leg is less life-threatening for the animal.

אֲמַר רַב אַשִׁי: טְרֵפוֹת קָא מְדַמֵּית לַהֲדָדֵי? אֵין אוֹמְרִין בִּטְרֵפוֹת זוֹ דּוֹמָה לָזוֹ, שֶׁהֲרֵי חוֹתְכָהּ מִכָּאן – וּמֵתָה, חוֹתְכָהּ מִכָּאן – וְחָיָה.

Rav Ashi said: Are you comparing different types of ***tereifot* to one another? One cannot say with regard to *tereifot*** that **this is similar to that, as** different areas of an animal's body react differently: One **cuts it from here,** at a low point on the animal's body, **and it** could **die;** and one **cuts it from there,** at a higher point, **and it** could **live.**

NOTES

But it teaches, were severed – וְהָא נֶחְתְּכוּ קָתָנֵי: As explained in the commentary, the term: Were severed, indicates that both the leg joint and the convergence of sinews were severed. If so, it is illogical for the mishna to initially teach the *halakha* in the case of the leg being severed entirely, which includes both the joint and the convergence of sinews of the thigh, and then to proceed to teach the *halakha* concerning the removal of the convergence of sinews alone. It would have been simpler for the mishna to state the *halakha* concerning the removal of the convergence of sinews alone, because then the *halakha* in a case where the leg was severed at that point would have been obvious (Rashi).

וְאֵלּוּ הֵן צוֹמֶת הַגִּידִין? רַבָּה אָמַר רַב אַשִׁי: דְּאַגַּרְמָא וּלְבַר. רַבָּה בַּר רַב הוּנָא אָמַר רַב אַשִׁי: דְּאַגַּרְמָא וּלְגָיו. רָבָא בְּרֵיהּ דְּרַבָּה בַּר רַב הוּנָא אָמַר רַב אַסִי: דְּעִילָּוֵי עַרְקוּמָא.

§ The Gemara asks: **And which** parts are included in **the convergence of sinews,**[NHB] such that if they are removed it renders the animal a *tereifa*? The sinews at the bottom of the bone cleave to it, as there is no flesh on that part of the bone. A short distance above that they separate from the bone and then they diverge from each other as they enter the flesh. **Rabba says** that **Rav Ashi** says: Those **which are off the bone,** before they diverge. **Rabba bar Rav Huna** says that **Rav Ashi** says: Those **which are adjacent to the bone.**[N] **Rava, son of Rabba bar Rav Huna, says** that **Rav Asi** says: The convergence of sinews begins even lower and includes those **which are above the *arkum*** bone,[N] a small bone that lies between the lower bone and the middle bone of the leg.

יְתֵיב הַהוּא מֵרַבָּנַן קַמֵּיהּ דְּרַבִּי אַבָּא, וְיָתֵיב וְקָאָמַר: דְּעַרְקוּמָא גּוּפַהּ. אֲמַר לֵיהּ רַבִּי אַבָּא: לָא תְּצִיתוּ לֵיהּ! הָכִי אָמַר רַב יְהוּדָה: הֵיכָא דְּפָרְעִי טַבָּחֵי. וְהַיְינוּ רָבָא בְּרֵיהּ דְּרַבָּה בַּר רַב הוּנָא אָמַר רַב אַסִי.

The Gemara relates: **One of the Sages sat before Rabbi Abba, and he sat and said:** The convergence of sinews includes the sinews **of the *arkum*** bone **itself. Rabbi Abba said to** his students: **Do not listen to** that Sage, as his ruling is too stringent. **This** is what **Rav Yehuda said:** It is in the place **where butchers split open**[N] the animal's leg. The Gemara comments: **And this is** the same as that which **Rava, son of Rabba bar Rav Huna,** says that **Rav Asi says,** i.e., that it includes the sinews above the *arkum*.

BACKGROUND

Which parts are in the convergence of sinews in the thigh – אֵלּוּ הֵן צוֹמֶת הַגִּידִין: This image shows three sinews. The largest passes behind a small bone that protrudes backward. Some say that this bone is the *arkum*.

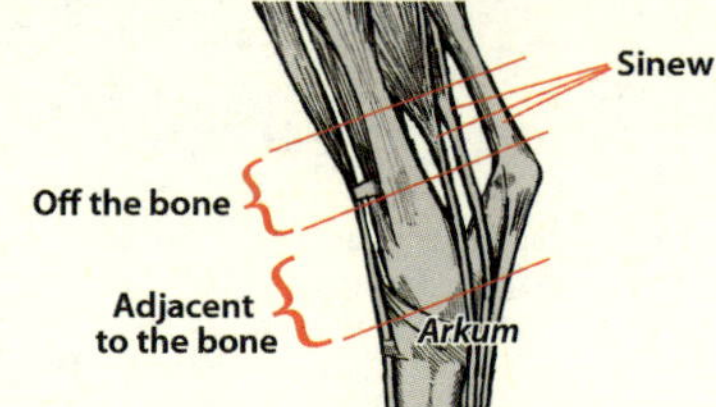

Possible boundaries of the convergence of the sinews

HALAKHA

Which parts are in the convergence of sinews in the thigh – אֵלּוּ הֵן צוֹמֶת הַגִּידִין: The convergence of sinews in the thigh starts above the *arkum* bone, which is a small bone that connects the middle bone, or tibia, to the leg joint that is sold together with the head. From this point upward these sinews converge and then spread across the tibia until they soften like flesh. In large domesticated animals the length of the convergence of the sinews is sixteen fingerbreadths, and some say four fingerbreadths. The Sages did not provide a measure in the case of small domesticated animals. Rather, the convergence of sinews continues until the sinews begin to soften or become small and thin, as stated by the *amora'im* in the Gemara (Rambam *Sefer Kedusha*, *Hilkhot Sheḥita* 8:13; *Shulḥan Arukh*, *Yoreh De'a* 56:3–5).

NOTES

Which parts are in the convergence of sinews in the thigh – אֵלּוּ הֵן צוֹמֶת הַגִּידִין: As explained on the following *amud*, the convergence of sinews in the thigh consists of three sinews, one thick sinew and two thinner ones. The commentaries disagree as to the identification of these three sinews. Some understand from Rashi's comments that the thick sinew extends from the rear bone that protrudes from underneath the thigh, while the two thin sinews pass alongside it. This interpretation is problematic as these sinews do not converge until below the joint. One explanation is that in this context the term: Convergence, means that they are adjacent to each other (see *Siḥat Ḥullin*). Others maintain that according to Rashi the convergence of sinews in the thigh refers to that sinew at the rear, which further up along the thigh divides into three sinews that reach three different muscles (see *Da'at Torah* on *Shulḥan Arukh*, *Yoreh De'a* 56:10).

Those which are adjacent to the bone – דְּאַגַּרְמָא וּלְגָיו: Rashi maintains that according to this opinion the area of the convergence of sinews is limited to the place where the sinews are adjacent to the bone, but not higher than that. Others contend that the convergence of sinews occupies a larger space according to this opinion than according to that of Rabba citing Rav Ashi (Rosh; Rid). The Ra'avad, cited at length by the Ramban, has an entirely different interpretation of this passage: He states that there are two convergences of sinews, one that faces the body inward, and another that faces outward on the area of the body covered by the tail. Rabba bar Rav Huna claims that the convergence of sinews is the inner one, whereas Rabba rules that it is the outer one (see Ramban).

The *arkum* bone – עַרְקוּמָא: The commentaries concur that the *arkum* bone is one of the small bones in the animal's tarsal joint. Yet there are six small bones in the joint, and the commentaries disagree as to which one of them is being referred to. Some say that it refers to the small bone that protrudes backward at the bottom of the thigh, but there are also claims in favor of one of the other five bones (see *Siḥat Ḥullin*).

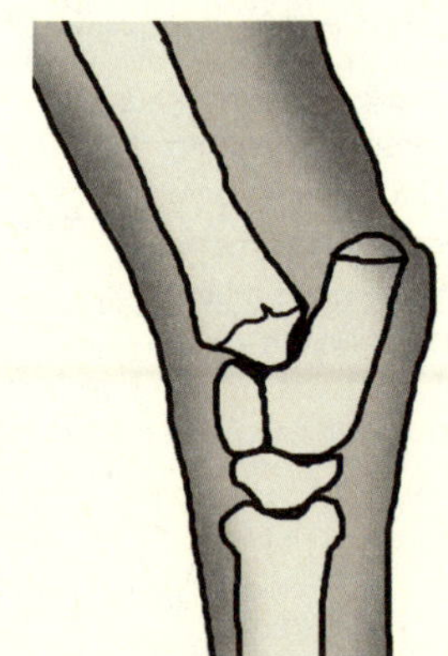

Tarsal joint, with bones identified by some commentaries as the *arkum*

Where butchers split open – הֵיכָא דְּפָרְעִי טַבָּחֵי: Rashi cites two interpretations of this phrase. His first suggestion is that it means the place where an incision is made in the animal's leg in order to separate the flesh from the bone with the aim of cutting out the sinews. The second suggestion is that it refers to the place where butchers usually cut open the animal in order to flay it. The Ra'avad offers a third interpretation, that it is the place where butchers perforate the legs of the animal so that they can hang it up.

NOTES

The convergence of sinews that they spoke of is the place where the sinews converge – צוֹמֶת הַגִּידִים שֶׁאָמְרוּ מָקוֹם שֶׁהַגִּידִין צוֹמְתִין: According to some commentaries, this is the same area referred to by Rav Yehuda when he said: Where the butchers split open, which, as stated by the Gemara, is the place mentioned by Rava, son of Rabba bar Rav Huna, citing Rav Asi, i.e., the area above the *arkum* bone (Rif).

Prominent…subsumed…hard, etc. – בְּלִיטֵי...בְּלִיעֵי...אַשּׁוּנֵי וכו׳: Some commentaries explain that all these descriptions refer to the same part of the convergence; as the sinews rise upward and spread they soften like flesh, become thinner, and redden (Ra'avad; see Ramban).

אָמַר רַב יְהוּדָה אָמַר שְׁמוּאֵל: צוֹמֶת הַגִּידִים שֶׁאָמְרוּ – מָקוֹם שֶׁהַגִּידִין צוֹמְתִין, וְעַד כַּמָּה? אֲמַר לֵיהּ הַהוּא מֵדְרַבָּנַן, וְרַב יַעֲקֹב שְׁמֵיהּ: כִּי הֲוֵינַן בֵּי רַב יְהוּדָה, אֲמַר לַן: שִׁמְעוּ מִנִּי מִלְּתָא דְּמִגַּבְרָא רַבָּה שְׁמִיעַ לִי, וּמַנּוּ – שְׁמוּאֵל: צוֹמֶת הַגִּידִין שֶׁאָמְרוּ – מָקוֹם שֶׁהַגִּידִין צוֹמְתִין בּוֹ, וּמִמָּקוֹם שֶׁצּוֹמְתִין עַד מָקוֹם שֶׁמִּתְפַּשְּׁטִין.

Rav Yehuda says that **Shmuel says: The convergence of sinews that they spoke** of in the mishna is the **place where the sinews converge**[N] and appear as though they are a single entity. The Gemara asks: **And until how far** does it extend? **One of the Sages, and his name is Rav Ya'akov, said to them: When we were** studying **in the school of Rav Yehuda, he said to us: Hear from me a matter that I heard from a great man, and who is he? Shmuel. The convergence of sinews that they spoke** of is the **place where the sinews converge, and** it extends **from the place where they converge until** the **place where they diverge** and are subsumed within the flesh.

וְכַמָּה? אָמַר אַבַּיֵי: אַרְבָּעָה בְּטַדֵּי בְּתוֹרָא. בְּדַקָּה מַאי? אָמַר אַבַּיֵי: בְּלִיטֵי – הָווּ צוֹמֶת הַגִּידִים, בְּלִיעֵי – לָא הָווּ צוֹמֶת הַגִּידִים;

The Gemara asks: **And how far** is this? **Abaye said: Four handbreadths in an ox.** The Gemara asks: **What** is the measure **in a small domesticated animal? Abaye said:** There is no set measure; rather, as long as the sinews are **prominent** and are not subsumed within the flesh, **they are** part of **the convergence of sinews,** but once they are **subsumed they are not** considered part of **the convergence of sinews.**

אַשּׁוּנֵי – הָווּ צוֹמֶת הַגִּידִים, רַכִּיכֵי – לָא הָווּ צוֹמֶת הַגִּידִים; אַלִּימֵי – הָווּ צוֹמֶת הַגִּידִים, קְטִינֵי – לָא הָווּ צוֹמֶת הַגִּידִים; חִוָּורֵי – הָווּ צוֹמֶת הַגִּידִים, לָא חִוָּורֵי – לָא הָווּ צוֹמֶת הַגִּידִים.

Abaye adds: The sinews that are **hard**[N] **are** part of **the convergence of sinews;** those that are **soft are not** part of **the convergence of sinews.** Those that are **thick are** part of **the convergence of sinews;** those that are **thin are not** part of **the convergence of sinews.** Those that are **white are** part of **the convergence of sinews;** those that are **not white are not** part of **the convergence of sinews.**

Perek **IV**
Daf **76** Amud **b**

NOTES

There is a majority of the structure – הָאִיכָּא רוֹב בִּנְיָן: According to this opinion, the animal is a *tereifa* only if both a majority of the number of sinews and a majority of their structure have been severed, i.e., two sinews, one of which is the thick one.

מָר בַּר רַב אַשִׁי אָמַר: כֵּיוָן דְּזִיגֵי, אַף עַל גַּב דְּלָא חִוָּורֵי.

Mar bar Rav Ashi said: Once the sinews begin to be **translucent,**[H] **even if they are not** actually **white,** they are considered part of the convergence of sinews.

אָמַר אֲמֵימָר מִשְּׁמֵיהּ דְּרַב זְבִיד: תְּלָתָא חוּטֵי הָווּ, חַד אַלִּימָא וּתְרֵי קְטִינֵי; אִיפְּסִיק אַלִּימָא – אָזְדָא רוֹב בִּנְיָן, אִיפְּסִיק קְטִינֵי – אָזְדָא רוֹב מִנְיָן. מָר בַּר רַב אַשִׁי מַתְנֵי לְקוּלָּא: אִיפְּסִיק אַלִּימָא – הָאִיכָּא רוֹב מִנְיָן, אִיפְּסִיק קְטִינֵי – הָאִיכָּא רוֹב בִּנְיָן.

§ With regard to the removal of the convergence of sinews, which renders the animal a *tereifa*, **Ameimar says in the name of Rav Zevid: There are three strands,**[H] i.e., sinews; **one is thick and** the other **two are thin.** If the **thick** sinew **was severed, a majority of the structure** of the convergence of sinews **is gone,** as the thick sinew is thicker than the other two combined. If **the thin ones were severed,** then **a majority of the number** of sinews **is gone.** If either type of majority has been severed, the animal is rendered a *tereifa*. Conversely, **Mar bar Rav Ashi teaches a lenient** version of this ruling: If the **thick** sinew **was severed,** since **there is a majority** of the **number** of sinews that remains, the animal is not a *tereifa*. Likewise, if **the thin ones were severed,** since **there is a majority of the structure**[N] that remains intact, the animal is not a *tereifa*.

HALAKHA

Once they begin to be translucent, etc. – כֵּיוָן דְּזִיגֵי וכו׳: Sinews that are not fully white but have a translucent appearance are not part of the convergence of sinews. This *halakha* is based upon the opinion of *Tosafot*, citing Rabbeinu Ḥananel and Rabbeinu Tam, and is not in accordance with the opinion of Mar bar Rav Ashi (*Shulḥan Arukh, Yoreh De'a* 56:5).

There are three strands, etc. – תְּלָתָא חוּטֵי הָווּ וכו׳: The convergence of sinews in an animal consists of two thin sinews and one thick one. If only the thick one is severed the animal is permitted, as a majority of the number of sinews remains intact. If the two thin ones are severed the animal is likewise permitted, as the remaining sinew is thicker than the other two put together and so a majority of the structure remains. This *halakha* is in accordance with the opinion of Mar bar Rav Ashi, as the *halakha* generally follows his rulings (Rambam *Sefer Kedusha, Hilkhot Sheḥita* 8:18, and see *Kesef Mishne* there; *Shulḥan Arukh, Yoreh De'a* 56:7, and see *Shakh* there).

בְּעוֹפוֹת, שִׁיתְסַר חוּטֵי הָווּ, אִי פָּסֵיק חַד מִינַּיְיהוּ – טְרֵפָה. אֲמַר מָר בַּר רַב אָשֵׁי: הֲוָה קָאֵימְנָא קַמֵּיהּ דְּאַבָּא, וְאַיְיתוּ לְקַמֵּיהּ עוֹפָא, וּבְדַק וְאַשְׁכַּח בֵּיהּ חֲמֵיסַר, הֲוָה חַד דַּהֲוָה שָׁנֵי מֵחַבְרֵיהּ, נַפְצֵיהּ וְאַשְׁכַּח תְּרֵי.

The Gemara comments: All this applies to animals, whereas **with regard to birds,**[H] **there are sixteen strands; if** even **one of them is severed,** it is **a *tereifa*. Mar bar Rav Ashi said: I was standing before father,** i.e., Rav Ashi, **and they brought before him a bird, and he examined** it to see if it was a *tereifa* **and found fifteen** sinews. **There was one of them that was different from the others; he broke it apart and it was found** to be composed of **two** sinews.

אָמַר רַב יְהוּדָה אָמַר רַב: צוֹמֶת הַגִּידִין שֶׁאָמְרוּ – בְּרוּבּוֹ; מַאי רוּבּוֹ? רוֹב אֶחָד מֵהֶן. כִּי אֲמַרִיתָהּ קַמֵּיהּ דִּשְׁמוּאֵל, אֲמַר לִי: מִכְּדֵי תְּלָתָא הָווּ, כִּי מִיפְּסִיק חַד מִינַּיְיהוּ לְגַמְרֵי – הָא אִיכָּא תְּרֵי!

The Gemara returns to the issue of the convergence of sinews in an animal. **Rav Yehuda says that Rav says: The convergence of sinews** of **which** the Sages **spoke,** stating that if it is severed the animal is a *tereifa*, is referring **to** the severing of **the majority of it.**[H] Rav Yehuda added: **What is** the meaning of **the majority of it?** This means **the majority of one of** the sinews. Rav Yehuda further stated: **When I stated this** *halakha* in the name of Rav **before Shmuel, he said to me: Since they are three** sinews, **when one of them is severed entirely, there are** still **two** remaining, which means that the majority of the convergence of sinews is intact. Therefore, the animal is still kosher.

טַעְמָא – דְּאִיכָּא תְּרֵי, הָא לֵיכָּא תְּרֵי – לָא. וּפְלִיגָא דְּרַבְנַאי, דְּאָמַר רַבְנַאי אָמַר שְׁמוּאֵל: צוֹמֶת הַגִּידִים, אֲפִילּוּ לֹא נִשְׁתַּיֵּיר בָּהּ אֶלָּא כְּחוּט הַסַּרְבָּל – כְּשֵׁרָה.

The Gemara infers from Shmuel's statement: The **reason** the animal is not a *tereifa* is only that **there are two** remaining, from which it may be inferred that if **there are not two** remaining it is **not** kosher, despite the fact that the other sinew is intact. The Gemara notes: **And** according to this version of his opinion, Shmuel **disagrees with** the opinion of **Rabbenai,** who also stated his ruling in Shmuel's name. **As Rabbenai says** that **Shmuel says:** With regard to **the convergence of sinews, even if only** one sinew **remains of it,** which is as thick **as the string** used to close the neckline of **a cloak** [***hasarbal***],[L] the animal is **kosher.**

וְאִיכָּא דְּאָמְרִי: מַאי רוּבּוֹ – רוֹב כָּל אֶחָד וְאֶחָד. כִּי אֲמַרִיתָהּ קַמֵּיהּ דִּשְׁמוּאֵל, אֲמַר לִי: מִכְּדֵי תְּלָתָא הָווּ – הָאִיכָּא תִּלְתָּא דְּכָל חַד וְחַד! מְסַיַּיע לֵיהּ לְרַבְנַאי, דְּאָמַר רַבְנַאי אָמַר שְׁמוּאֵל: צוֹמֶת הַגִּידִין שֶׁאָמְרוּ, אֲפִילּוּ לֹא נִשְׁתַּיֵּיר בָּהּ אֶלָּא כְּחוּט הַסַּרְבָּל – כְּשֵׁרָה.

And some say that there is a different version of this discussion. Rav Yehuda said: **What is** the meaning of **a majority of it?** This means **a majority of each and every one of** the sinews. Rav Yehuda added: **When I stated this** *halakha* in the name of Rav **before Shmuel, he said to me: Since they are three** sinews, **there is one-third of each and every one,** and that should be sufficient. There is no need for a majority of each sinew to remain. The Gemara notes: Rav Yehuda's statement in the name of Shmuel **supports** the opinion **of Rabbenai, as Rabbenai says** that **Shmuel says:** With regard to **the convergence of sinews** of **which** the Sages **spoke, even if** there **remains of** each of the three sinews **only** as much **as** the thickness of the **string** used to close the neckline of **a cloak,** the animal is **kosher.** This also indicates that there is no need for a majority of the sinew to remain.

"נִשְׁבַּר הָעֶצֶם" כּוּ׳.

§ The mishna states: If **the bone** of a limb **was broken** but the limb was not completely severed, and the animal was then slaughtered, if the majority of the flesh surrounding the bone is intact, the slaughter of the animal renders it permitted; but if not, its slaughter does not render it permitted.

LANGUAGE

Cloak [*sarbal*] – סַרְבָּל: This word, which also appears in the Bible (Daniel 3:21), usually refers to a unique Persian style of cloak. It probably derives from the Middle Persian šalwār, meaning trousers, and is similar to the Arabic سربال, *sirbāl*.

HALAKHA

With regard to birds – בְּעוֹפוֹת: In the case of birds there are sixteen sinews, and if the majority of any one of them is cut the bird is a *tereifa*. The Rema writes that as we are not experts with regard to the examination of the convergence of sinews in birds, in any situation where the convergence of sinews is damaged to the extent that it swells up and there is blood, the animal is a *tereifa*. The later commentaries discuss the details of this *halakha*, and they permit the animal in certain cases, by means of the cutting and examination of the place where there is a change in appearance. Nowadays many halakhic authorities rule stringently that one must cut open every bird and examine the convergence of sinews (Rambam *Sefer Kedusha, Hilkhot Sheḥita* 8:19; *Shulḥan Arukh, Yoreh De'a* 56:8).

The convergence of sinews of which the Sages spoke is referring to severing the majority of it – צוֹמֶת הַגִּידִין שֶׁאָמְרוּ בְּרוּבּוֹ: If the majority of each of the sinews in the convergence of sinews was severed, the animal is a *tereifa*. This ruling is in accordance with the opinion of Rav, more specifically in accordance with the second version of his statement, because generally the *halakha* accords with his opinion in matters of ritual law. Some early commentaries and later commentaries rule in accordance with the first version of Rav's statement, that if the majority of any one of the sinews was severed, it is a *tereifa* (Rambam *Sefer Kedusha, Hilkhot Sheḥita* 8:18 and *Kesef Mishne* there; *Shulḥan Arukh, Yoreh De'a* 56:7 and *Shakh* there).

HALAKHA

The bone was broken above the leg joint, etc. – נִשְׁבַּר הָעֶצֶם...לְמַעְלָה מִן הָאַרְכּוּבָּה וכו׳: In a case where the hind leg of an animal was broken in a place that, if severed, would render the animal a *tereifa*, and the entire bone or most of it protrudes outward, if the skin and flesh do not cover most of the width and most of the circumference of the bone, the animal is a *tereifa*. If they do cover most of its width and most of its circumference, it is kosher. If the break occurred in a place where, if it was severed there, the animal would not be rendered a *tereifa*, then even if the flesh and skin do not cover most of the bone, the animal is permitted and the limb is prohibited by rabbinic decree, as stated on 74a. The *halakha* is in accordance with the opinion of Rav and in accordance with the statement of Rav Pappa that most of the width and most of the circumference are required (Rambam *Sefer Kedusha, Hilkhot Sheḥita* 8:12; *Shulḥan Arukh, Yoreh De'a* 55:5).

אָמַר רַב: לְמַעְלָה מִן הָאַרְכּוּבָּה, אִם רוֹב הַבָּשָׂר קַיָּים – זֶה וָזֶה מוּתָּר, וְאִם לָאו – זֶה וָזֶה אָסוּר; לְמַטָּה מִן הָאַרְכּוּבָּה, אִם רוֹב הַבָּשָׂר קַיָּים – זֶה וָזֶה מוּתָּר, אִם לָאו – אֵבֶר אָסוּר, וּבְהֵמָה מוּתֶּרֶת.

Rav says: If the bone was broken **above the leg joint**[H] and then the animal was slaughtered, **if a majority of the flesh** around the break **is intact,** both **this,** the animal itself, **and that,** the limb, are **permitted.** The break does not render the animal a *tereifa* and the limb is not regarded as a hanging limb; therefore it is permitted by the slaughter of the animal. **But if not,** i.e., if a majority of the flesh around the break is not intact, both **this and that,** the animal and the limb, are **prohibited.** If the bone was broken **below the leg joint,** then **if a majority of the flesh is intact,** both **this and that** are **permitted; if not,** then the **limb** itself is **prohibited** from the area of the break and below, as it is not permitted by the slaughter of the animal, **but** the rest of the **animal is permitted.**

וּשְׁמוּאֵל אָמַר: בֵּין לְמַעְלָה בֵּין לְמַטָּה, אִם רוֹב הַבָּשָׂר קַיָּים – זֶה וָזֶה מוּתָּר, אִם לָאו – אֵבֶר אָסוּר, וּבְהֵמָה מוּתֶּרֶת.

And Shmuel says: Whether the break is **above or below** the leg joint, the *halakha* is the same: **If a majority of the flesh is intact,** both **this and that,** the limb and the animal, are **permitted. If** the majority of the flesh is **not** intact, the **limb** is **prohibited and** the **animal is permitted.** Even if the leg was broken above the leg joint the animal does not become a *tereifa* unless the leg was entirely severed.

מַתְקִיף לַהּ רַב נַחְמָן לִשְׁמוּאֵל: יֹאמְרוּ, אֵבֶר מִמֶּנָּה מוּטָּל בָּאַשְׁפָּה, וּמוּתֶּרֶת? אָמַר לֵיהּ רַב אַחָא בַּר רַב הוּנָא לְרַב נַחְמָן: לְרַב נָמֵי, יֹאמְרוּ: אֵבֶר מִמֶּנָּה מוּטָּל בָּאַשְׁפָּה וּמוּתֶּרֶת!

Rav Naḥman objects to this ruling **of Shmuel:** If one permits the animal despite the fact that its leg is prohibited, people **will say: A limb from** the animal **is placed in the garbage,** as it is prohibited, **and** yet the animal itself **is permitted?** They may then mistakenly conclude that even if that leg had been completely severed from the animal, the animal would be permitted. **Rav Aḥa bar Rav Huna said to Rav Naḥman:** This concern **also** exists **according to** the opinion of **Rav,** in a case where the bone is broken below the joint and the flesh is not intact. Rav rules in that case that the animal is permitted and the limb is prohibited. But is there not the concern that people **will say: A limb from** this animal **is placed in the garbage, and** the animal itself **is permitted?**

אָמַר לֵיהּ, הָכִי קָאָמִינָא: אֵבֶר שֶׁחַיָּה מִמֶּנָּה מוּטָּל בָּאַשְׁפָּה, וּמוּתֶּרֶת?

Rav Naḥman **said to him: This is** what I meant to **say:** People will say: **A limb from which** this animal **lives,** i.e., which if removed, renders the animal a *tereifa,* **is placed in the garbage, and** the animal itself **is permitted?** The concern exists only according to the opinion of Shmuel, who permits the animal even when the break is above the joint, as were it severed there, the animal would thereby be rendered a *tereifa*. People may mistakenly equate the case where the bone was broken and the case where it was severed and permit both. The concern does not exist according to the opinion of Rav, as he permits the animal only in a case where the bone is broken below the joint, and even if it were severed there that would not render it a *tereifa.*

שְׁלַחוּ מִתָּם: הִלְכְתָא כְּוָותֵיהּ דְּרַב, הֲדוּר שְׁלַחוּ: כְּוָותֵיהּ דִּשְׁמוּאֵל, הֲדוּר שְׁלַחוּ: כְּוָותֵיהּ דְּרַב, וְאֵבֶר עַצְמוֹ מְטַמֵּא בְּמַשָּׂא.

§ With regard to this dispute, **they sent** a ruling **from there,** Eretz Yisrael: **The *halakha* is in accordance with** the opinion **of Rav** that if the bone was broken above the leg joint, if a majority of the flesh around the break is not intact, both the animal and the limb are prohibited. **They then sent** a ruling: The *halakha* is **in accordance with** the opinion **of Shmuel** that only the limb is prohibited. **They then sent** a ruling: The *halakha* is **in accordance with** the opinion **of Rav** that the animal is a *tereifa,* **and** they added that the **limb itself** is not rendered pure by the slaughter; rather, it **imparts** the **impurity** of a limb from a living animal **by carrying.**[N] The animal itself, though, is rendered pure from the impurity of a carcass and is prohibited only as a *tereifa.*

NOTES

And the limb itself imparts impurity by carrying – וְאֵבֶר עַצְמוֹ מְטַמֵּא בְּמַשָּׂא: Although the animal is prohibited for consumption as a *tereifa*, its slaughter renders it pure from the impurity of a carcass. The hanging limb itself is considered to have fallen off before the slaughter, and therefore has the status of a limb from a living animal, which imparts impurity by carrying or through physical contact with it. This indicates that according to Rav, the slaughter renders the limb as though it had fallen off. Despite the fact that before the slaughter the limb was not regarded as a limb from a living animal, the act of slaughter renders it as such.

The Gemara discusses Rav's opinion on 74a. Rav Yosef states there that Rav maintains that only if the animal died by means other than slaughter, its death renders the limb as having fallen off, whereas if it was slaughtered, the limb is not considered to have fallen off. This is in accordance with the opinion attributed to Rabbi Yoḥanan there, that by Torah law such a limb is permitted, but the Sages prohibited it. Since the prohibition is only by rabbinic law, the limb is not regarded as being ritually impure.

מְתִיב רַב חִסְדָּא: לֹא, אִם טִיהֲרָה שְׁחִיטַת טְרֵפָה אוֹתָהּ וְאֶת הָאֵבֶר הַמְדוּלְדָּל בָּהּ, דָּבָר שֶׁגּוּפָהּ – תְּטַהֵר אֶת הָעוּבָּר, דָּבָר שֶׁאֵינוֹ גּוּפָהּ?

Rav Ḥisda raises an objection from a *baraita* cited earlier (73a) concerning whether the slaughter of a mother animal can render pure a limb of its fetus that was extended outside the womb even though the act of slaughter cannot render the fetus permitted for consumption. The Rabbis brought proof for their opinion that this limb is rendered pure from the *halakha* that a *tereifa* is rendered pure by slaughter even though it is not thereby permitted for consumption. Rabbi Meir responded: **No,** even **if the slaughter of a** ***tereifa*** **renders** the animal itself **pure, and** likewise, the slaughter of any animal renders pure **the limb that** was partially cut from it but still **hangs from it** from imparting the impurity of a carcass, despite the fact that this animal or limb is prohibited for consumption, that is so with regard to **something that is** part **of its own body.** Does it necessarily follow that **it should** also **render pure the limb** of its fetus, which is **something that is not** part **of its own body?** It is explicit in Rabbi Meir's claim that the hanging limb of a *tereifa* is rendered pure by the slaughter of the animal.

אֲמַר לֵיהּ רַבָּה: הֲדוּרֵי אַפִּירְכֵי לָמָּה לָךְ? אוֹתִיב מִמַּתְנִיתִין: נִשְׁחֲטָה בְּהֵמָה – הוּכְשְׁרוּ בְּדָמֶיהָ, דִּבְרֵי רַבִּי מֵאִיר. רַבִּי שִׁמְעוֹן אוֹמֵר: לֹא הוּכְשְׁרוּ!

Rabba said to Rav Ḥisda: **Why are you searching after refutations** from *baraitot* that are not known by all? You can **raise a conclusive refutation from the mishna** (127b): With regard to the limb or flesh of an animal that was partially severed but remains hanging from it, if **the animal was slaughtered,** the limb and the flesh **were** thereby **rendered susceptible** to contracting the impurity of food **by the blood** of the animal, as blood is one of the seven liquids that render foods susceptible to impurity; this is **the statement of Rabbi Meir. Rabbi Shimon says: They were not rendered susceptible** with the blood of the slaughtered animal. It is evident that according to all opinions in the mishna, the hanging limb and flesh are not regarded as a limb or flesh from a living animal, which would not need to be rendered susceptible to impurity, as they impart their own impurity.

אֲמַר לֵיהּ: מַתְנִיתִין אִיכָּא לְדַחוּיֵי, כִּדְדָחֵינַן.

Rav Ḥisda **said to** Rabba: The difficulty from **the mishna can be refuted, as we refuted** it earlier (73a), by claiming that the dispute about the blood rendering the animal susceptible to impurity concerns only the hanging flesh, but that a hanging limb from an animal that was slaughtered does have the status of a limb from a living animal and the associated impurity.

כִּי סְלֵיק רַבִּי זֵירָא אַשְׁכְּחֵיהּ לְרַב יִרְמְיָה דְּיָתֵיב וְקָאָמַר לַהּ לְהָא שְׁמַעְתָּא. אֲמַר לֵיהּ: יִישַׁר, וְכֵן תַּרְגְּמַהּ אַרְיוֹךְ בְּבָבֶל. אַרְיוֹךְ מַנּוּ – שְׁמוּאֵל, וְהָא מִיפְלַג פְּלִיג! הֲדַר בֵּיהּ שְׁמוּאֵל לְגַבֵּיהּ דְּרַב.

The Gemara relates that **when Rabbi Zeira ascended** to Eretz Yisrael **he found Rav Yirmeya sitting and saying this** ***halakha*** of Rav, i.e., that if the bone is broken above the leg joint and the flesh is not intact, the animal is a *tereifa*. Rabbi Zeira **said to him:** You have spoken **well, and Aryokh**[P] **interpreted** the matter **likewise in Babylonia.** The Gemara asks: **Who is Aryokh?** It is **Shmuel. But** that is difficult, as Shmuel **disagrees** with Rav concerning this issue. The Gemara explains: **Shmuel retracted his** opinion **in favor of** that of **Rav.**

PERSONALITIES

Aryokh – אַרְיוֹךְ: Aryokh is an ancient Babylonian name, like Nebuchadnezzar's captain Aryokh (see, e.g., Daniel 2:14). There are several possible explanations for why this became Shmuel's nickname. Rashi offers various explanations throughout the Gemara, all of which are based on the idea that Shmuel is considered a king because the *halakha* is ruled in accordance with his opinion with regard to civil matters (*Bekhorot* 49b), and there is a halakhic principle that the law of the kingdom is the law. In *Menaḥot* 38b Rashi states that Aryokh means king, based on the verse: "Judah is a lion's [*arye*] cub" (Genesis 49:9). Other commentaries also explain that the term Aryokh derives from the word for lion, the king of the animals (*Sefer Yuḥasin*). Here, Rashi explains that Shmuel's appellation relates to Arioch, king of Ellasar, mentioned in Genesis 14:1. Other commentaries add that this is an allusion to the fact that, on the one hand, as mentioned, Shmuel was a great king, as the *halakha* is ruled in accordance with his opinion in civil matters, but on the other hand, not [*al*] in ritual matters [*asar*]. Several commentaries suggest that he was called by this name because Arioch was as mighty as thirteen people (*Targum Yonatan*), and Shmuel expounded in thirteen yeshivot. Some parallel this with the nickname Abba Arikha, literally, the long father, a title given to Rav as an honorific indicating nobility (Ritva).

HALAKHA

Skin is like flesh – **עוֹר הֲרֵי הוּא כְּבָשָׂר**: According to some commentaries, there is an area on an animal where skin alone is effective in preventing a broken bone from rendering it a *tereifa*. This is the place right next to the leg joint, and the reason is that flesh is never found there. This is the opinion of the Rashba, in accordance with the first version of the statement of Ulla citing Rabbi Yoḥanan; see 77a (*Shulḥan Arukh, Yoreh De'a* 55:8).

Skin combines with flesh – **עוֹר מִצְטָרֵף לְבָשָׂר**: With regard to a broken bone in a place that renders the animal a *tereifa*, concerning which it is taught that if the flesh and skin cover most of the width or most of the circumference of the broken bone it is kosher, this leniency applies only if the majority of this covering consists of flesh. If half of the covering is skin and half is flesh, the animal is a *tereifa*. With regard to birds, whose skin is soft, the Rashba rules that skin can consist of half the covering (Rambam *Sefer Kedusha, Hilkhot Ma'akhalot Assurot* 5:8; *Shulḥan Arukh, Yoreh De'a* 55:7).

Sinews that will ultimately harden – **גִּידִין שֶׁסּוֹפָן לְהַקְשׁוֹת**: Soft sinews that will eventually harden are not considered flesh with regard to the covering of a broken bone. Some commentaries write that all sinews will ultimately harden. The *halakha* is in accordance with the conclusion of the Gemara that Rabbi Yoḥanan retracted in favor of the opinion of Rabbi Shimon ben Lakish (Rambam *Sefer Kedusha, Hilkhot Sheḥita* 8:12, and see *Kesef Mishne* there; *Shulḥan Arukh, Yoreh De'a* 55:9, and in the comment of Rema).

תָּנוּ רַבָּנַן: נִשְׁבַּר הָעֶצֶם וְיָצָא לַחוּץ, אִם עוֹר וּבָשָׂר חוֹפִין אֶת רוּבּוֹ – מוּתָּר, אִם לָאו – אָסוּר. וְכַמָּה רוּבּוֹ? כִּי אֲתָא רַב דִּימִי אָמַר רַבִּי יוֹחָנָן: רוֹב עוֹבְיוֹ, וְאָמְרִי לַהּ: רוֹב הֶקֵּיפוֹ. אָמַר רַב פָּפָּא: הִלְכָּךְ, בָּעֵינַן רוֹב עוֹבְיוֹ, וּבָעֵינַן רוֹב הֶקֵּיפוֹ.

§ **The Sages taught** in a *baraita*: In a case where **the bone broke and protruded outward, if skin and flesh cover a majority of** the bone[N] the animal is **permitted; if not,** it is **prohibited.** The Gemara asks: **And how much is a majority** of a bone? **When Rav Dimi came** from Eretz Yisrael to Babylonia, he said that **Rabbi Yoḥanan says: A majority of its width, and some say** that he said: **A majority of its circumference. Rav Pappa said: Therefore,** as there is no clear ruling on the matter, **we require** that the bone be covered by **a majority of its width, and we** also **require** that it be covered by **a majority of its circumference.**[N]

אָמַר עוּלָּא אָמַר רַבִּי יוֹחָנָן: עוֹר הֲרֵי הוּא כְּבָשָׂר. אֲמַר לֵיהּ רַב נַחְמָן לְעוּלָּא, וְלֵימָא מָר: עוֹר מִצְטָרֵף לְבָשָׂר, דְּהָא "עוֹר וּבָשָׂר" קָתָנֵי! אֲמַר לֵיהּ: אֲנַן "עוֹר אוֹ בָשָׂר" תְּנֵינַן.

Ulla said that **Rabbi Yoḥanan said: Skin is like flesh**[H] with regard to this issue, i.e., if the flesh has been removed but the skin covers a majority of the bone, the animal is kosher. **Rav Naḥman said to Ulla: And let the Master say** that **skin combines with flesh,**[H] i.e., that if flesh and skin together cover a majority of the bone the animal is kosher, **as the** *tanna* of the above *baraita* **teaches: Skin and flesh,** which indicates that skin alone is ineffective. Ulla **said to him: We learned** that the *baraita* states: **Skin or flesh.**

אִיכָּא דְּאָמְרִי, [אָמַר עוּלָּא] אָמַר רַבִּי יוֹחָנָן: עוֹר מִצְטָרֵף לְבָשָׂר. אֲמַר לֵיהּ רַב נַחְמָן לְעוּלָּא, וְלֵימָא מָר: עוֹר מַשְׁלִים לְבָשָׂר לְחוּמְרָא!

Some say that there is a different version of this discussion: **Ulla said** that **Rabbi Yoḥanan said: Skin combines with flesh. Rav Naḥman said to Ulla: And let the Master say** that **skin completes** the amount of **flesh**[N] required, and this **is a stringent** ruling. This would mean that if the majority of the bone is covered mostly with flesh and the rest of the majority is covered with skin the animal is kosher, but if the majority is covered half with flesh and half with skin, it is not kosher.

אֲמַר לֵיהּ: אֲנָא עוּבְדָא יָדַעְנָא, דְּהַהוּא בַּר גּוֹזָלָא דַּהֲוָה בֵּי רַבִּי יִצְחָק, דְּעוֹר מִצְטָרֵף לְבָשָׂר הֲוָה, וַאֲתָא לְקַמֵּיהּ דְּרַבִּי יוֹחָנָן וְאַכְשְׁרֵיהּ. אֲמַר לֵיהּ: בַּר גּוֹזָלָא קָאָמְרַתְּ? בַּר גּוֹזָלָא דְּרַכִּיךְ – שָׁאנֵי!

Ulla **said to him: I know** my ruling from the following **incident: As there was a certain fledgling that was in the house of Rabbi Yitzḥak,** and its leg broke, and **it was** a situation where the **skin combined with flesh** to cover the majority of the bone. **And Rabbi Yitzḥak came before Rabbi Yoḥanan and he deemed** the bird **kosher.** Rav Naḥman **said to him: Do you speak of a fledgling?** The *halakha* in the case of **a fledgling is different, as its skin is soft** and is considered like flesh.

הָנְהוּ גִּידִין רַכִּין דַּאֲתוֹ לְקַמֵּיהּ דְּרַבָּה, אֲמַר רַבָּה: לְמַאי לֵיחוּשׁ לְהוּ? חֲדָא, דְּאָמַר רַבִּי יוֹחָנָן: גִּידִין שֶׁסּוֹפָן לְהַקְשׁוֹת

The Gemara further relates: There was a case involving **certain soft sinews** that combined with flesh to cover the majority of a broken bone, and **they came before Rabba** for a ruling. **Rabba said: What concern** is there **with** the sinews in **this** case? **First,** there is no concern, **because Rabbi Yoḥanan says:** With regard to **sinews that will ultimately harden,**[H]

NOTES

If skin and flesh cover a majority of the bone – **אִם עוֹר וּבָשָׂר חוֹפִין אֶת רוּבּוֹ**: Rashi indicates that this *baraita* is explaining the phrase of the mishna: If the majority of the flesh is intact. Others claim that the mishna is referring to a bone that is not protruding, as in that case it is sufficient if most of the flesh is intact, even if it does not cover the majority of the bone. Conversely, the *baraita* is referring specifically to a protruding bone, in which case it is permitted only if the skin and flesh cover most of it (Rabbeinu Yona).

We require a majority of its width and we require a majority of its circumference – **בָּעֵינַן רוֹב עוֹבְיוֹ וּבָעֵינַן רוֹב הֶקֵּיפוֹ**: It is not immediately clear what the difference is between the terms: A majority of its circumference, and: A majority of its width. Rashi explains that a majority of its width refers to the width of the bone in the place where it was broken. If the broken edge of the bone protrudes outward and most of the width of the interior of the bone is not covered by flesh, the animal is a *tereifa*. By contrast, the phrase: A majority of its circumference, means most of the outer circumference of the bone. In other words, even if the broken edge does not protrude outward but is covered by flesh or skin, if the flesh from the area of the break has been removed to the extent that the bone is not mostly surrounded by flesh, the animal is a *tereifa*.

Other commentaries maintain that the decisive factor is not whether or not the bone protrudes, but simply how much flesh covers the bone. They explain that it is possible for flesh to cover most of the bone's width but not most of its circumference, e.g., if the bone is not of uniform size but is narrow at one end and wide at the other. In this case the flesh might cover most of the width along the bone, but not most of its circumference at its widest point (*Tosafot*; Rosh; see Rashba and the commentaries on *Tur* and *Shulḥan Arukh*).

And let the Master say that skin completes flesh – **וְלֵימָא מָר עוֹר מַשְׁלִים לְבָשָׂר**: Some commentaries suggest an alternative explanation, that this means that flesh is an effective cover for the bone only if there is skin over it, as the skin renders the flesh complete (Ba'al HaMaor, citing *Ge'onim*).

נִמְנִין עֲלֵיהֶן בַּפֶּסַח. וְעוֹד: הַתּוֹרָה חָסָה עַל מָמוֹנָן שֶׁל יִשְׂרָאֵל.

one may be registered as part of a group that will eat the **Paschal offering on their account,**[HN] i.e., even if those sinews are the only part of the lamb he will eat. Evidently, such sinews are regarded as flesh. **And furthermore, the Torah spared the money of the Jewish people,** and one must tend toward leniency.

אֲמַר לֵיהּ רַב פָּפָּא לְרַבָּה: רַבִּי שִׁמְעוֹן בֶּן לָקִישׁ, וְאִיסּוּרָא דְאוֹרַיְיתָא, וְאַתְּ אָמְרַתְּ מַאי לֵיחוּשׁ לְהוּ?! אִישְׁתִּיק.

Rav Pappa said to Rabba: But **Rabbi Shimon ben Lakish** disagrees with Rabbi Yoḥanan and holds that one may not be registered for those sinews, as they will eventually harden and are therefore not considered flesh. **And** therefore, the broken bone in this case is not covered by flesh and the animal is **prohibited by Torah law** as a *tereifa*, **and** yet **you say: What concern** is there **with** the sinews in **this** case? Rabba **was silent.**

וְאַמַּאי אִישְׁתִּיק? וְהָאָמַר רָבָא: הִלְכְתָא כְּוָותֵיהּ דְּרַבִּי שִׁמְעוֹן בֶּן לָקִישׁ בְּהָנֵי תְּלָת!

The Gemara asks: **And why was** Rabba **silent? But doesn't Rava** say that **the *halakha* is in accordance with** the opinion **of Rabbi Shimon ben Lakish**[N] in his disputes with Rabbi Yoḥanan only **with regard to these three** matters, i.e., three matters that are mentioned in *Yevamot* 36a, and not in other cases? If so, Rabba could simply have replied that the *halakha* is not in accordance with the opinion of Rabbi Shimon ben Lakish with regard to this issue.

שָׁאנֵי הָכָא, דַּהֲדַר בֵּיהּ רַבִּי יוֹחָנָן לְגַבֵּיהּ דְּרַבִּי שִׁמְעוֹן בֶּן לָקִישׁ, דַּאֲמַר לֵיהּ: אַל תַּקְנִיטֵנִי, בִּלְשׁוֹן יָחִיד אֲנִי שׁוֹנֶה אוֹתָהּ.

The Gemara answers: **Here,** with regard to sinews that will ultimately harden, **it is different, as Rabbi Yoḥanan retracted his** ruling **in favor of** the opinion of **Rabbi Shimon ben Lakish,**[N] **as** when Rabbi Shimon ben Lakish raised a difficulty against Rabbi Yoḥanan's opinion, Rabbi Yoḥanan **said to him: Do not provoke me** by asking questions to refute my opinion that the fact that the sinews will ultimately harden is disregarded, **as I teach it** in explanation of **a lone opinion** (see *Pesaḥim* 84a). Even Rabbi Yoḥanan conceded that the opinion he expressed was only according to one Sage, but is not the *halakha*.

הַהוּא נִשְׁבַּר הָעֶצֶם וְיָצָא לַחוּץ דְּאִישְׁתְּקִיל קוּרְטִיתָא מִינֵּיהּ, אֲתָא לְקַמֵּיהּ דְּאַבָּיֵי, שַׁהְיֵיהּ תְּלָתָא רִיגְלֵי.

The Gemara relates: There was **a certain** case in **which a bone** in an animal's leg **broke and protruded outward.** This bone was mostly covered with flesh and skin, but **a small piece [*kurtita*]**[L] of the bone **had been removed from it.**[HN] The case **came before Abaye,** who **delayed** his response until **three** pilgrimage **Festivals** had passed, when the Sages gathered together and he could ask them.

HALAKHA

One may be registered as part of a group that will eat the Paschal offering on their account – נִמְנִין עֲלֵיהֶן בַּפֶּסַח: One cannot be registered as part of a group that will eat the Paschal offering by being registered to eat soft sinews that will eventually harden, even though such sinews are edible. This is in accordance with the conclusion of the Gemara that Rabbi Yoḥanan retracted his initial ruling and agreed with Rabbi Shimon ben Lakish (Rambam *Sefer Korbanot, Hilkhot Korban Pesaḥ* 10:10).

A small piece of the bone had been removed from it – דְּאִישְׁתְּקִיל קוּרְטִיתָא מִינֵּיהּ: If a piece of an animal's bone broke and fell off but there remains enough skin and flesh to cover most of the break, including the area of the piece that fell, the animal is not considered a *tereifa* and is kosher. This is in accordance with the opinion of Rava, son of Rav Yosef bar Ḥama (Rambam *Sefer Kedusha, Hilkhot Sheḥita* 8:12; *Shulḥan Arukh, Yoreh De'a* 55:5).

LANGUAGE

Small piece [*kurtita*] – קוּרְטִיתָא: The term *koret* means a small item or fragment. It is similar in meaning to the Greek κεράτιον, *keration*, a unit of measure or a small horn. The word: Carat, a unit of measure that corresponds approximately to the weight of a carob seed, comes from the same Greek source, although the Greek word itself might have a Semitic origin. Some claim that *koret* is a variation of the Hebrew term *keretz*, meaning a slice or small piece.

NOTES

One may be registered as part of a group that will eat the Paschal offering on their account – נִמְנִין עֲלֵיהֶן בַּפֶּסַח: One of the unique requirements that applies to the Paschal offering is that it may be consumed only by those who were registered to eat it before it was slaughtered (see *Zevaḥim* 56b). Rabbi Yoḥanan's ruling that it is sufficient if one was registered to eat sinews that will eventually harden indicates that he considers the sinews to have the status of meat.

And why was Rabba silent, but doesn't Rava say the *halakha* is in accordance with Rabbi Shimon ben Lakish? – וְאַמַּאי אִישְׁתִּיק וְהָאָמַר רָבָא הִלְכְתָא כְּוָותֵיהּ דְּרַבִּי שִׁמְעוֹן בֶּן לָקִישׁ: Some of the commentaries question how the Gemara can raise a difficulty against Rabba from a statement made by his student, Rava. One possibility is that it is assumed that Rava would not have issued this statement had he not heard it from his teacher. Alternatively, it is likely that according to the original version of the text, Rav Pappa's discussion was with his teacher, Rava. If so, the difficulty based on Rava's statement is actually raised against Rava's own opinion.

As Rabbi Yoḥanan retracted his ruling in favor of Rabbi Shimon ben Lakish – דַּהֲדַר בֵּיהּ רַבִּי יוֹחָנָן לְגַבֵּיהּ דְּרַבִּי שִׁמְעוֹן בֶּן לָקִישׁ: This refers to the question of Rabbi Shimon ben Lakish on 122b with regard to the skin of the head of a young calf. That skin is still edible, as it has yet to harden. Rabbi Shimon ben Lakish inquired whether it is considered a food, and therefore one applies the *halakhot* of ritual impurity of foods to it if it is slaughtered and comes into contact with an impure item, and it would have the impurity of a carcass in the event that it died without being slaughtered. Rabbi Yoḥanan answered that it does not become ritually impure, as it will ultimately harden. When Rabbi Shimon ben Lakish raised a difficulty against this ruling from the mishna on 122a, which includes the head of a young calf in its list of animals whose hide is like their flesh, Rabbi Yoḥanan answered that the *halakha* is not in accordance with the ruling of that mishna, as it represents a minority opinion.

A small piece of the bone had been removed from it, etc. – דְּאִישְׁתְּקִיל קוּרְטִיתָא מִינֵּיהּ וכו׳: The commentary follows the understanding of Rashi and the Rambam that Rava issued a lenient ruling. Others explain that initially the majority of the bone was not covered, but a piece of bone subsequently fell away, thereby rendering a majority of the remaining bone covered. Accordingly, Abaye's dilemma is whether the original status of the animal as a *tereifa* continues, or whether its status should be reevaluated based on the new reality (Ba'al HaMaor). According to this interpretation, Rava's resolution from the *baraita* is stringent: Once most of the bone has protruded, the animal becomes a *tereifa* and there is no further remedy.

NOTES

Pulverized – מִתְרוֹסֵס: That is, it was flattened and weakened (Rashi). Alternatively, the skin and flesh swelled to the point that they were no longer fully attached to the bone (Meiri).

If it was decomposed what is the *halakha* – מִתְמַסְמֵס מַהוּ: The Gemara states on 43b that decomposed flesh is considered to have been removed from the animal. Nevertheless, the discussion there concerns flesh that is part of a limb, where the flesh's removal renders the animal a *tereifa*. But here, the cause of the animal becoming a *tereifa* is not the missing flesh itself. Rather, the question is whether or not the flesh protects the bone. For this purpose it is possible that even decomposed flesh is effective (*Tosafot*).

Cut in the shape of a ring – נִקְדַּר כְּמִין טַבַּעַת: According to some commentaries, this refers to cutting the flesh covering the bone (Rashi; Rabbeinu Gershom Meor HaGola). Alternatively, a hole was formed in the bone itself, and the cut is made in order to remove moisture. When the bone dries the hole closes up (*Arukh*).

אֲמַר לֵיהּ רַב אַדָּא בַּר מַתָּנָא: זִיל קַמֵּיהּ דְּרָבָא בְּרֵיהּ דְּרַב יוֹסֵף בַּר חָמָא, דְּחָרִיפָא סַכִּינֵיהּ. אֲתָא לְקַמֵּיהּ, אֲמַר: מִכְּדֵי נִשְׁבַּר הָעֶצֶם וְיָצָא לַחוּץ תְּנַן, מַה לִּי נָפַל, מַה לִּי אִיתֵיהּ!

Rav Adda bar Mattana said to the owner of the animal: **Go before Rava, son of Rav Yosef bar Ḥama, whose knife is sharp,** i.e., he has insight into halakhic matters and decides matters quickly, and ask him to decide your case. The owner **came before** Rava to seek his opinion. Rava **said** to him: **Since we learned** in the *baraita* (76b): If **the bone broke and protruded outward,** if skin and flesh cover a majority of the bone the animal is permitted, **what** difference is there **to me** if the bone **fell** out, and **what** difference is there **to me** if **it is in** its place? In either case, the animal is permitted.

אֲמַר לֵיהּ רָבִינָא לְרָבָא: מִתְלַקֵּט מַהוּ? מִתְרוֹסֵס מַהוּ? מִתְמַסְמֵס מַהוּ? הֵיכִי דָּמֵי מִתְמַסְמֵס? אֲמַר רַב הוּנָא בְּרֵיהּ דְּרַב יְהוֹשֻׁעַ: כׇּל שֶׁהָרוֹפֵא קוֹדְרוֹ.

With regard to a case where flesh covers the majority of a broken bone, **Ravina said to Rava:** If the flesh was torn in pieces and spread over the area, and if **gathered** it would constitute a majority, **what is** the *halakha*? Similarly, if the flesh was **pulverized**[NH] and thin, **what is** the *halakha*? If it was **decomposed, what is** the *halakha*?[N] The Gemara asks: **What are the circumstances** of this case in which the flesh is **decomposed? Rav Huna, son of Rav Yehoshua, said:** This is referring to **any** kind of flesh **that the doctor cuts away** [***kodro***] and removes to enable the surrounding area to heal.

אִיבַּעְיָא לְהוּ: נִיקַּב מַהוּ? נִקְלַף מַהוּ? נִסְדַּק מַהוּ? נִיטַּל שְׁלִישׁ הַתַּחְתּוֹן מַהוּ?

A dilemma was raised before the Sages: If the flesh that covers the bone **was perforated, what is** the *halakha*? Likewise, if the flesh **was peeled** off the bone, **what is** the *halakha*? If **it was cracked, what is** the *halakha*? If **the bottom third** of the width of the flesh, i.e., the part that is adjacent to the bone, **was removed, what is** the *halakha*?

תָּא שְׁמַע, דְּאָמַר עוּלָּא אָמַר רַבִּי יוֹחָנָן: עוֹר הֲרֵי הוּא כְּבָשָׂר. דִּלְמָא דִּקְנָה מַשְׁכָּא דִּידֵיהּ!

The Gemara suggests: **Come** and **hear, as Ulla says** that **Rabbi Yoḥanan says: Skin is like flesh.** This would appear to indicate that any covering is sufficient. The Gemara refutes this proof: **Perhaps** Rabbi Yoḥanan was referring to a specific case where there was never flesh on the bone, but only skin, e.g., adjacent to the knee, where **the skin holds its own** place close to the bone. This ruling may not apply in an area where there was flesh. Perhaps in such a place the bone must be covered by flesh that is still healthy.

אֲמַר רַב אַשִׁי: כִּי הֲוֵינַן בֵּי רַב פַּפִּי אִיבַּעְיָא לָן, נִקְדַּר כְּמִין טַבַּעַת מַהוּ? וּפְשַׁטְנָא מֵהָא דְּאָמַר רַב יְהוּדָה אָמַר רַב: דָּבָר זֶה שָׁאַלְתִּי לַחֲכָמִים וְלָרוֹפְאִים, וְאָמְרוּ: מְסָרְטוֹ בְּעֶצֶם וּמַעֲלֶה אֲרוּכָה, אֲבָל פַּרְזְלָא – מִזְרַף זָרֵיף. אֲמַר רַב פַּפָּא: וְהוּא דִּקְנָה גַּרְמָא דִּידֵיהּ.

Rav Ashi said: While we were studying **in Rav Pappi's study hall, we raised a dilemma:** If the flesh and skin were **cut in the shape of a ring**[NH] around the break, and yet most of the circumference of the bone is surrounded by flesh, **what is** the *halakha*? **And we resolved** this dilemma **from this** statement that **Rav Yehuda says** that **Rav says: I asked** about **this matter to the Sages and to the doctors,** what to do when a bone breaks and the surrounding flesh has been cut away, **and they said: One makes an incision in it with** a sharp piece of **bone** to help the blood flow and then congeal, **and** in this manner the wound **will heal.** The Gemara notes: **But** one should not make the incision with **an iron** implement, **as it will cause inflammation. Rav Pappa said: And this** advice should be implemented only in a case where one can see that **the bone is holding** firmly onto **its** flesh, as only in such a case will the flesh heal.

HALAKHA

Gathered…pulverized, etc. – מִתְלַקֵּט...מִתְרוֹסֵס וכו׳: With regard to a case where flesh covers the majority of a broken bone, if that flesh was scattered around the bone, or if it was squashed or peeling off the bone, or if its bottom third was removed, or if it was perforated or cracked, it is not regarded as though it covered a majority of the bone, and the animal is a *tereifa*. Since these dilemmas are left unresolved by the Gemara, the *halakha* is stringent (Rambam *Sefer Kedusha, Hilkhot Ma'akhalot Assurot* 5:8; *Shulḥan Arukh, Yoreh De'a* 55:10).

Cut in the shape of a ring – נִקְדַּר כְּמִין טַבַּעַת: If the flesh around a broken bone was cut with a knife above the break in a circular manner similar to the shape of a ring, but most of the circumference of the break is covered, the animal is kosher. This is the *halakha* only if the flesh adheres to the bone around the incision. The *halakha* is in accordance with the statement of Rav Yehuda citing Rav, as explained by Rav Pappa (Rambam *Sefer Kedusha, Hilkhot Ma'akhalot Assurot* 5:8; *Shulḥan Arukh, Yoreh De'a* 55:11).

מתני׳ הַשּׁוֹחֵט אֶת הַבְּהֵמָה וּמָצָא בָהּ שִׁלְיָא – נֶפֶשׁ הַיָּפָה תֹּאכְלֶנָּה, וְאֵינָהּ מְטַמְּאָה לֹא טוּמְאַת אוֹכָלִין וְלֹא טוּמְאַת נְבֵלוֹת. חִישֵּׁב עָלֶיהָ – מְטַמְּאָה טוּמְאַת אוֹכָלִין, אֲבָל לֹא טוּמְאַת נְבֵלוֹת.

MISHNA

In the case of **one who slaughters an animal**[H] **and finds a placenta in its** womb, one with **a hearty soul** [*nefesh hayafa*],[L] i.e., who is not repulsed by it, **may eat it,** as its consumption was permitted by virtue of the slaughter of the mother. Nevertheless, since generally speaking, people do not consume such placentas, it is not regarded as food **and** so it **cannot become impure**[H] with **the ritual impurity of food** even were it to come into contact with a source of impurity. **And** furthermore, it does **not** impart **the ritual impurity of animal carcasses** as it was permitted by virtue of the slaughter of the mother. But if **one intended to** eat **it,** one thereby elevated it to the status of food, and the placenta **becomes impure** with **the ritual impurity of food** if it comes into contact with a source of impurity. **But** even so, it still does **not** impart the **ritual impurity of animal carcasses.**[N]

שִׁלְיָא שֶׁיָּצְתָה מִקְצָתָהּ – אֲסוּרָה בַּאֲכִילָה; סִימַן וָלָד בְּאִשָּׁה וְסִימַן וָלָד בִּבְהֵמָה.

With regard to **a placenta, part of which emerged** from the womb before the mother was slaughtered, its **consumption** is **prohibited** even after the mother animal is slaughtered because the emergence of the placenta is **an indication of a fetus in a woman**[H] **and an indication of a fetus in an animal.**[H] Accordingly, there is a concern that the head of the fetus might have emerged in that part of the placenta, thereby rendering the fetus as having been born, a status that precludes it from being permitted by the slaughter of its mother. Since the offspring is prohibited, its placenta is likewise prohibited.

הַמְבַכֶּרֶת שֶׁהִפִּילָה שִׁלְיָא – יַשְׁלִיכֶנָּה לַכְּלָבִים, וּבְמוּקְדָּשִׁין – תִּקָּבֵר. וְאֵין קוֹבְרִין אוֹתָהּ בְּפָרָשַׁת דְּרָכִים, וְאֵין תּוֹלִין אוֹתָהּ בָּאִילָן, מִפְּנֵי דַּרְכֵי הָאֱמוֹרִי.

If **an animal that was giving birth to its firstborn expelled**[H] **a placenta, one may cast it to the dogs,** and one does not need to be concerned that the placenta came from a male fetus that has the consecrated status of a firstborn. **But in** the case of **sacrificial** animals the placenta **must be buried,**[H] because it came from a fetus that is assumed to have been sacred. The mishna adds: **But one may neither bury it at an intersection, nor may one hang it on a tree,** superstitious rites intended to prevent the animal from miscarrying again, **due to** the prohibition against following **the ways of the Amorite,**[N] which prohibits Jews from practicing the superstitious rites observed by gentiles.

גמ׳ מְנָא הָנֵי מִילֵּי? דְּתָנוּ רַבָּנַן: ״כׇּל בְּהֵמָה תֹּאכֵלוּ״ – לְרַבּוֹת אֶת הַשִּׁלְיָא; יָכוֹל אֲפִילּוּ יָצְתָה מִקְצָתָהּ? תַּלְמוּד לוֹמַר: ״אוֹתָהּ״ – אוֹתָהּ וְלֹא שִׁלְיָתָהּ.

GEMARA

With regard to the ruling that a placenta is permitted by virtue of the mother's slaughter, the Gemara asks: **From where is this matter** derived? **As the Sages taught:** "And **every** animal that parts the hoof, and has the hooves wholly cloven in two, and chews the cud, **of the animals, it you may eat"** (Deuteronomy 14:6). The verse is the source of the *halakha* that a fetus is permitted by virtue of the mother's slaughter (see 69a). The word "every" at the beginning of the verse serves **to include the placenta** as well as the fetus. One **might** have thought that a placenta is permitted **even if part of it emerged** from the womb before slaughter. Therefore, **the verse states: "It** you may eat," i.e., you may eat **it,** the slaughtered animal, **but not its placenta,** if it partially emerged.

HALAKHA

One who slaughters an animal – הַשּׁוֹחֵט אֶת הַבְּהֵמָה: If one slaughters an animal and finds a placenta inside it, the placenta is permitted for consumption (Rambam *Sefer Kedusha, Hilkhot Ma'akhalot Assurot* 5:13).

And it cannot become impure, etc. – וְאֵינָהּ מְטַמְּאָה וכו׳: The placenta of a carcass is considered like a waste product, and therefore it does not impart impurity as an animal carcass. If one intended to eat it, it can be rendered impure with the impurity of foods (Rambam *Sefer Tahara, Hilkhot She'ar Avot HaTumot* 1:15).

An indication of a fetus in a woman – סִימַן וָלָד בְּאִשָּׁה: If a woman expels a placenta, it is assumed that she also expelled a fetus. Since the sex of the fetus is unknown, she must observe the days of ritual impurity and purity for both a female and a male child (Rambam *Sefer Kedusha, Hilkhot Issurei Bia* 10:14; *Shulḥan Arukh, Yoreh De'a* 194:3).

An indication of a fetus in an animal – סִימַן וָלָד בִּבְהֵמָה: If a large domesticated animal expelled a placenta, it is presumed that it also expelled a fetus, and therefore any subsequent offspring will not have firstborn status (Rambam *Sefer Korbanot, Hilkhot Bekhorot* 4:10; *Shulḥan Arukh, Yoreh De'a* 315:7).

An animal that was giving birth to its firstborn expelled – הַמְבַכֶּרֶת שֶׁהִפִּילָה: If a large domesticated animal expelled a placenta and it is not known whether the fetus was a firstborn male, it is permitted to throw the placenta to the dogs. Since only a minority of offspring are sacred as firstborns, one does not need to be concerned for a minority, as explained by Rav Ika, son of Rav Ami (Rambam *Sefer Korbanot, Hilkhot Bekhorot* 4:10; *Shulḥan Arukh, Yoreh De'a* 315:7).

But in sacrificial animals it must be buried – וּבְמוּקְדָּשִׁין תִּקָּבֵר: If a sacrificial animal expelled a placenta and the offspring cannot be identified, the placenta must be buried. Since most of a sacrificial animal's offspring are sacred, one must be concerned that the offspring in this case was also sacred (Rambam *Sefer Korbanot, Hilkhot Bekhorot* 4:10).

LANGUAGE

Hearty soul [*nefesh hayafa*] – נֶפֶשׁ הַיָּפָה: In several places the Sages called one who is not delicate a hearty soul, or one of a hearty mind. This expression literally means a pretty, fine soul, and is probably a euphemism.

NOTES

If one intended to eat it it becomes impure with the ritual impurity of food but does not impart the ritual impurity of animal carcasses – חִישֵּׁב עָלֶיהָ מְטַמְּאָה טוּמְאַת אוֹכָלִין אֲבָל לֹא טוּמְאַת נְבֵלוֹת: It becomes impure with the ritual impurity of food due to the intention to eat it, but it does not impart the ritual impurity of animal carcasses as it does not actually have the status of meat.

Due to the prohibition against following the ways of the Amorite – מִפְּנֵי דַּרְכֵי הָאֱמוֹרִי: The seventh and eighth chapters of the *Tosefta* of tractate *Shabbat* detail practices that are prohibited due to being of the ways of the Amorites, i.e., superstitious beliefs. Superstitious beliefs, incantations, and divinations fall under the rubric of several Torah prohibitions. Divination and soothsaying are prohibited by the verse: "There must not be found among you…a soothsayer, an enchanter, a witch" (Deuteronomy 18:10), among others. In addition, these practices violate the general prohibitions: "And in their statutes do not walk" (Leviticus 18:3; see *Torat Kohanim* there), and: "Nor do after their doings" (Exodus 23:24). These refer to untested practices for which there is no logical rationale. Any practice that has been found to be an effective remedy may be utilized based on the empirical evidence, even if there is no clear scientific rationale for its effectiveness.

מִכְּדֵי אֵין שִׁלְיָא בְּלֹא וָלָד, לָמָּה לִי קְרָא? קְרָא אַסְמַכְתָּא בְּעָלְמָא.

The Gemara objects: **Now** the assumption is that there is **no placenta without a fetus.** Therefore, if part of the placenta emerged, there is a concern that the head of the fetus might have emerged in that part of the placenta, thereby rendering the fetus as having been born. Such a status would preclude it from being permitted by the slaughter of its mother. **Why do I need a verse** to teach this? The Gemara explains: The **verse is a mere support** for the *halakha*, but not the source for it.

"וְאֵינָהּ מְטַמְּאָה". בָּעֵי רַבִּי יִצְחָק בַּר נַפָּחָא: עוֹר חֲמוֹר שֶׁשְּׁלָקוֹ, מַהוּ? לְמַאי, אִי לְטוּמְאַת אוֹכְלִין – תְּנֵינָא,

§ The mishna states: **And** a placenta found inside a slaughtered animal **cannot become impure** with the ritual impurity of food and does not impart the ritual impurity of animal carcasses. In a related discussion, **Rabbi Yitzḥak bar Nappaḥa raises a dilemma: A donkey hide that one cooked** and it became softened, **what is** its halakhic status? The Gemara asks: **With regard to what** issue did he raise this dilemma? **If** it was **with regard to the ritual impurity of food, we** already **learn** this *halakha* in a *baraita*,

Perek **IV**
Daf **77** Amud **b**

אִי לְטוּמְאַת נְבֵלוֹת – תְּנֵינָא!

and **if** you say it was **with regard to the ritual impurity of animal carcasses, we** already **learn** that *halakha* as well in another *baraita*.

טוּמְאַת אוֹכְלִין – דְּתַנְיָא: הָעוֹר וְהַשִּׁלְיָא אֵין מְטַמְּאִין טוּמְאַת אוֹכְלִין; עוֹר שֶׁשְּׁלָקוֹ, וְהַשִּׁלְיָא שֶׁחִישֵּׁב עָלֶיהָ – מְטַמְּאִין טוּמְאַת אוֹכָלִין.

The Gemara elaborates: With regard to the **ritual impurity of food,** it is **as it is taught** in a *baraita*: **The hide and the placenta**[H] of an animal, which people do not typically eat, **cannot become impure** with the **ritual impurity of foods.** But **a hide that one cooked** until it became edible **and a placenta that one intended** to eat **can become impure** with the **impurity of foods.**

טוּמְאַת נְבֵילוֹת נַמִי תְּנֵינָא: "בְּנִבְלָתָהּ" – וְלֹא בְּעוֹר, וְלֹא בַּעֲצָמוֹתָיו, וְלֹא בַּגִּידִין, וְלֹא בַּקְּרָנַיִם, וְלֹא בַּטְּלָפַיִם;

With regard to **the ritual impurity of animal carcasses also, we** already **learn** in a *baraita*: The verse states: "And when a domesticated animal dies, of those that you eat, one who touches **its carcass** shall be impure until the evening" (Leviticus 11:39). The verse indicates that one is rendered impure if he touches its carcass, **but not** if he touches its **hide,**[H] **and not its bones, and not** its **sinews, and not** its **horns, and not** its **hooves.**

וְאָמַר רַבָּה בַּר רַב חָנָא: לֹא נִצְרְכָה אֶלָּא שֶׁעֲשָׂאָן צִיקֵי קְדֵרָה!

And Rabba bar Rav Ḥana said with regard to this *baraita*: This derivation **is necessary only** for a case in **which one prepared** these parts of the animal as a meat **pudding** [***tzikei kedera***],[L] in which they are cooked for an extended period and spices are added. One might have thought they would be considered edible flesh and therefore impart the impurity of a carcass. The *baraita* therefore teaches that this is not so.

לְעוֹלָם טוּמְאַת אוֹכָלִין, וְשָׁאנֵי עוֹר חֲמוֹר, דִּמְאִיס.

Given these two *baraitot*, why did Rabbi Yitzḥak Nappaḥa inquire about the status of the cooked hide of a donkey? The Gemara answers: **Actually,** Rabbi Yitzḥak Nappaḥa was inquiring about **the impurity of foods, and** although the *halakha* was already taught in the first *baraita*, Rabbi Yitzḥak Nappaḥa thought it is possible that **the hide of a donkey**[H] **is different, as it is repulsive** and perhaps even when cooked it is not regarded as food.

HALAKHA

The hide and the placenta – הָעוֹר וְהַשִּׁלְיָא: The hide and the placenta cannot become impure with the impurity of foods. But a hide that was boiled until it became edible, and a placenta that one intends to eat, can contract the ritual impurity of foods (Rambam *Sefer Tahara, Hilkhot Tumat Okhalin* 2:15).

Its carcass but not its hide, etc. – בְּנִבְלָתָהּ וְלֹא בְּעוֹר וכו׳: The following parts of an animal carcass do not impart the impurity of an animal carcass: Its bones, horns, and hooves; its hide, even if it is unprocessed; the tendon in its neck; its sinews; soup made from its meat; and the spices cooked with it. In what case is this ruling said? It is when they were separated from the carcass. But if one touched one of these parts while it was attached to the flesh, he is rendered ritually impure, provided that there was at least an olive-bulk of flesh there (Rambam *Sefer Tahara, Hilkhot She'ar Avot HaTumot* 1:7).

The hide of a donkey – עוֹר חֲמוֹר: If one boiled the hide of a donkey, it is uncertain whether it is then considered edible, and can therefore be rendered impure with the impurity of foods, or if it is too repulsive to ever be considered food (Rambam *Sefer Tahara, Hilkhot Tumat Okhalin* 2:16).

LANGUAGE

Meat pudding [*tzikei kedera*] – צִיקֵי קְדֵרָה: The ingredients of this meat pudding included the leftover juices of various types of cooked meat, to which wine and spices were added. It was probably called by this name because of the presence of the liquids, which one pours [*yotzek*] into the pot [*kedera*].

"שִׁלְיָא שֶׁיָּצְתָה". אָמַר רַבִּי אֶלְעָזָר: לֹא שָׁנוּ אֶלָּא שֶׁאֵין עִמָּהּ וָלָד, אֲבָל יֵשׁ עִמָּהּ וָלָד – אֵין חוֹשְׁשִׁין לְוָלָד אַחֵר. וְרַבִּי יוֹחָנָן אָמַר: בֵּין אֵין עִמָּהּ וָלָד, בֵּין יֵשׁ עִמָּהּ וָלָד – חוֹשְׁשִׁין לְוָלָד אַחֵר.

§ The mishna states: With regard to a **placenta,** part of **which emerged**[H] from the womb before the mother was slaughtered, its consumption is prohibited, as there is a concern that the head of the fetus might have emerged in that part of the placenta. Commenting on this mishna, **Rabbi Elazar says:** The Sages **taught** this *halakha* **only** in a case **where there was no fetus** found **in** the mother's womb. **But if there was a fetus** with its head and the majority of its body **in** the womb, **one need not be concerned for** the existence of **another fetus**[N] that might have been in the placenta. Therefore, the consumption of the placenta is permitted. **But Rabbi Yoḥanan says: Whether there was no fetus** found **in** the womb, or **whether there was a fetus, one** needs to **be concerned for** the existence of **another fetus** in the placenta, and therefore its consumption is prohibited.

אִינִי? וְהָא אָמַר רַבִּי יִרְמְיָה: לְחוּמְרָא אֲמָרָהּ רַבִּי אֶלְעָזָר!

According to the way the Gemara records the dispute, Rabbi Yoḥanan rules stringently and Rabbi Elazar rules leniently. The Gemara asks: **Is that so? But doesn't Rabbi Yirmeya say** concerning this dispute: **Rabbi Elazar said** an explanation of the mishna that presents **a stringency?**

אֶלָּא, אִי אִיתְּמַר הָכִי אִיתְּמַר, אָמַר רַבִּי אֶלְעָזָר: לֹא שָׁנוּ אֶלָּא שֶׁאֵינָהּ קְשׁוּרָה בְּוָלָד, אֲבָל קְשׁוּרָה בְּוָלָד – אֵין חוֹשְׁשִׁין לְוָלָד אַחֵר.

Rather, if it was stated, it was stated like this: Rabbi Elazar says: The ruling of the mishna is that the placenta is prohibited even if a fetus is found inside the womb. But the Sages **taught** this **only** in a case **where** the placenta **is not attached to** the **fetus** found inside. Consequently, one must be concerned with the possibility that the placenta came from another fetus that already left the womb, and it is therefore prohibited. **But if it is attached to** the **fetus** found inside, **there is no concern for** the possibility that the placenta came from **another fetus,** and therefore it is permitted.

וְרַבִּי יוֹחָנָן אָמַר: אָנוּ אֵין לָנוּ אֶלָּא שִׁלְיָא בְּלֹא וָלָד; אֲבָל יֵשׁ עִמָּהּ וָלָד, בֵּין קְשׁוּרָה בְּוָלָד בֵּין אֵין קְשׁוּרָה בְּוָלָד – אֵין חוֹשְׁשִׁין לְוָלָד אַחֵר. וְהַיְינוּ דְּאָמַר רַבִּי יִרְמְיָה: לְחוּמְרָא אֲמָרָהּ רַבִּי אֶלְעָזָר.

And Rabbi Yoḥanan says: In my understanding of the mishna, **we have** the ruling that the placenta is prohibited **only** in a case where there is a **placenta without** any **fetus** being found. **But if a fetus was** found **with it,** then **whether it is attached to the fetus** or **whether it is not attached to the fetus, there is no concern for** the existence of **another fetus.** The Gemara confirms: **And this** understanding of the two opinions **is** in line with that which **Rabbi Yirmeya says: Rabbi Elazar said** an explanation of the mishna that presents **a stringency.**

תַּנְיָא כְּוָותֵיהּ דְּרַבִּי אֶלְעָזָר: הַמַּפֶּלֶת מִין בְּהֵמָה חַיָּה וְעוֹף וְשִׁלְיָא עִמָּהֶן; בִּזְמַן שֶׁקְּשׁוּרָה בָּהֶן – אֵין חוֹשְׁשִׁין לְוָלָד אַחֵר, אֵינָהּ קְשׁוּרָה בָּהֶן – הֲרֵינִי מַטִּיל עָלֶיהָ חוֹמֶר שְׁנֵי וְלָדוֹת,

It **is taught** in a *baraita* **in accordance with** the opinion of **Rabbi Elazar:** The periods of purity and impurity observed by a woman after giving birth apply only after delivering a fetus with a human form. With regard to a woman **who expels** a fetus that has the form **of a type of domesticated animal, undomesticated animal, or bird,**[H] **and** there is **a placenta with them,** the *halakha* is as follows: **When** the placenta is **attached to them, there is no concern for** the existence of **another fetus**[N] that may have had a human form. But if the placenta is **not attached to them,** it is possible there was another fetus that had a human form and so **I** must **impose upon** the woman **the severity of two** types of **births,**[N] i.e., both the longer period of impurity observed after delivering a female, and the shorter period of purity observed after delivering a male.

NOTES

One need not be concerned for another fetus – אֵין חוֹשְׁשִׁין לְוָלָד אַחֵר: If the minority part of the placenta emerged from an animal's womb before the animal was slaughtered, the part that emerged is prohibited for consumption, as it was not permitted by the slaughter of the mother. Nevertheless, the majority part that remained inside is permitted (Rambam; Meiri).

When the placenta is attached to them there is no concern for another fetus – בִּזְמַן שֶׁקְּשׁוּרָה בָּהֶן אֵין חוֹשְׁשִׁין לְוָלָד אַחֵר: In *Nidda* 21a, Rabbi Meir and the Rabbis engage in a dispute in the case of a woman who expels a fetus that has the form of a domesticated animal, an undomesticated animal, or a bird. According to the opinion of Rabbi Meir, this woman is considered like any other who has a miscarriage: If it was a male, she observes seven days of impurity and thirty-three days of purity, and if it was a female, she observes fourteen days of impurity and sixty-six days of purity. The Rabbis disagree and maintain that such a fetus is not classified as a child, as it does not have a human appearance. Therefore, she does not observe the periods of purity and impurity for one who has given birth.

I impose upon the woman the severity of two births – הֲרֵינִי מַטִּיל עָלֶיהָ חוֹמֶר שְׁנֵי וְלָדוֹת: According to the opinion of Rabbi Meir in *Nidda* 21a, the severity of two births means the stringencies of the periods of impurity and purity observed for both the birth of a male and that of a female. This is because even if the fetus that was found was male, there is still a concern that the placenta contained a female, and vice versa. Rashi explains the *baraita* according to the opinion of the Rabbis, that the phrase: Severity of two births, means that it is associated with the miscarriage of a fetus with the form of an animal as well as a fetus with the form of a human. The woman observes the period of impurity due to the miscarriage of the fetus with human form, seven days if it was a male and fourteen if it was a female, but due to the miscarriage of the fetus with the form of an animal, she does not observe the period of purity that generally follows the period of impurity.

HALAKHA

A placenta, part of which emerged – שִׁלְיָא שֶׁיָּצְתָה: In a case where part of a placenta emerged from the womb and one then slaughtered the animal, if the placenta was attached to a fetus, the section that emerged is prohibited, while the rest of it is permitted (Rambam). Some say that the entire placenta is permitted (Ra'avad). If the placenta was not attached to a fetus, it is entirely prohibited due to the concern that there might have been a fetus inside the placenta. This is in accordance with the opinion of Rabbi Elazar (Rambam *Sefer Kedusha, Hilkhot Ma'akhalot Assurot* 5:13).

A woman who expels a type of domesticated animal, undomesticated animal, or bird – הַמַּפֶּלֶת מִין בְּהֵמָה חַיָּה וְעוֹף: In the case of a woman who expelled a fetus that had the form of a domesticated animal, an undomesticated animal, or a bird, and a placenta emerged with it, if the placenta was attached to the fetus there is no need to be concerned for the existence of another fetus. If it was not attached to the fetus there is a concern that there might have been another fetus. Therefore, due to uncertainty, this woman must observe the strictures of one who gives birth to both a male and a female (Rambam *Sefer Kedusha, Hilkhot Issurei Bia* 10:16; *Shulḥan Arukh, Yoreh De'a* 194:7).

HALAKHA

The ways of the Amorite – דַּרְכֵי הָאֱמוֹרִי: A medical practice that is tested and found effective is not included in the prohibition against following the ways of the Amorites, in accordance with the statement of Abaye and Rava. An act that is not performed for a medical purpose, or that experts say is not effective, is prohibited. All incantations are permitted; even if it is unknown whether a particular incantation heals, it is permitted, as some incantations are effective. Only those incantations that have been tested and found to be ineffective are prohibited. Some commentaries also prohibit all amulets that were not fashioned by an expert (*Shulḥan Arukh*, *Oraḥ Ḥayyim* 301:27, and see *Beur HaGra* and *Mishna Berura* there).

שֶׁאֲנִי אוֹמֵר: שֶׁמָּא נִימּוֹחַ שָׁפִיר שֶׁל שִׁלְיָא, שֶׁמָּא נִימּוֹחָה שִׁלְיָתוֹ שֶׁל שָׁפִיר.

The reason is **that I can say:** Perhaps the placenta that was found did not come from the fetus that was found, but from a fetus with a human form. To say this one must be concerned with the possibility that **perhaps** the **fetus of** the **placenta** that was found had a human form, and that fetus **dissolved,** and **perhaps** the **placenta of** the **fetus** that was found **dissolved.**

״הַמְבַכֶּרֶת שֶׁהִפִּילָה״. מַאי טַעְמָא? אֲמַר רַב אִיקָא בְּרֵיהּ דְּרַב אַמִּי: רוֹב בְּהֵמוֹת יוֹלְדוֹת דָּבָר הַקָּדוֹשׁ בִּבְכוֹרָה, וּמִיעוּט בְּהֵמוֹת – דָּבָר שֶׁאֵינוֹ קָדוֹשׁ בִּבְכוֹרָה, וּמַאי נִיהוּ – נִדְמֶה;

§ The mishna states: If **an animal that was giving birth to its firstborn expelled** a placenta, one may cast it to the dogs. The Gemara asks: **What is the reason** for this ruling? **Rav Ika, son of Rav Ami, said: The majority of domesticated animals give birth to something that** can be **consecrated** with **firstborn status,** i.e., an animal with the same form as its mother, **but a minority of animals** give birth to **something that cannot** be consecrated with **firstborn status, and what is this?** It is an animal that **resembles**[N] a species other than that of its mother.

וְכׇל הַיּוֹלְדוֹת – יוֹלְדוֹת מֶחֱצָה זְכָרִים וּמֶחֱצָה נְקֵבוֹת; סְמוֹךְ מִיעוּטָא דְּנִדְמֶה לְמֶחֱצָה דִּנְקֵבוֹת, וְהָוֵו לְהוּ זְכָרִים מִיעוּטָא.

And furthermore, with regard to **all gestating** animals, when they **give birth, half** of their offspring are **male and half** are **female.** Therefore, one can **combine the minority** of animals that **resemble** another species **with the half** that are **females, and** arrive at the conclusion that **male** offspring that resemble their species, which are the only offspring that can be consecrated with firstborn status, **are the minority.** Accordingly, one does not need to be concerned that the placenta found was from an animal consecrated with the status of a firstborn.

״וּבְמוּקְדָּשִׁין תִּקָּבֵר״. מַאי טַעְמָא? רוּבָּא בַּר מִיקְדָּשׁ הוּא.

§ The continuation of the mishna states: **But in** the case of **sacrificial** animals the placenta **must be buried,** because it came from a fetus that is assumed to have been sacred. The Gemara asks: **What is the reason** to assume this? The Gemara answers: It is because the **majority** of the offspring of sacrificial animals **are fit to be sacred,** as, in contrast to firstborn status, both female and male offspring of sacrificial animals can be sacred. Therefore, one must be concerned that the offspring, and its placenta, were sacred.

״וְאֵין קוֹבְרִים אוֹתָהּ״. אַבַּיֵּי וְרָבָא דְּאָמְרִי תַּרְוַיְיהוּ: כׇּל דָּבָר שֶׁיֵּשׁ בּוֹ רְפוּאָה – אֵין בּוֹ מִשּׁוּם דַּרְכֵי הָאֱמוֹרִי, אֵין בּוֹ רְפוּאָה – יֵשׁ בּוֹ מִשּׁוּם דַּרְכֵי הָאֱמוֹרִי.

§ The mishna adds: **But one may neither bury it** at an intersection, nor may one hang it on a tree, due to the prohibition against following the ways of the Amorite. The Gemara cites **Abaye and Rava, who both said: Anything that has** an apparently effective **medicinal** purpose or any other logical reason behind it **is not subject to** the prohibition against following **the ways of the Amorite.**[H] But if **it does not have** an apparently effective **medicinal** purpose **it is subject to** the prohibition against following **the ways of the Amorite.**

וְהָתַנְיָא: אִילָן שֶׁמַּשִּׁיר פֵּירוֹתָיו – סוֹקְרוֹ בְּסִיקְרָא, וְטוֹעֲנוֹ בַּאֲבָנִים! בִּשְׁלָמָא טוֹעֲנוֹ בַּאֲבָנִים – כִּי הֵיכִי

The Gemara challenges: **But isn't it taught** in a *baraita*: If there is **a tree that sheds its fruit**[N] prematurely, **one may paint it with red paint and load it with stones,** even though this is the practice of the Amorites? The Gemara explains the difficulty: **Granted,** it is permitted **to load it with stones,** as one does so for a logical reason, **in order**

NOTES

An animal that resembles – נִדְמֶה: An example of this is the offspring of a cow that looks like a donkey. The offspring does not have firstborn status, in accordance with the verse: "But the firstborn of an ox" (Numbers 18:17), which indicates that it is consecrated only if both the mother and the offspring have the appearance of an ox (see *Bekhorot* 5b).

A tree that sheds its fruit, etc. – אִילָן שֶׁמַּשִּׁיר פֵּירוֹתָיו וכו׳: Rashi on *Shabbat* 67a explains that the statement of Abaye and Rava refers to a practice concerning which it is not understood how it heals, even if it does in fact heal. Accordingly, the Gemara's difficulty with this statement from the *baraita* is that there is no rationale why painting a tree would improve the tree's condition, and so it should be prohibited even though ultimately it is effective. Other commentaries raise several difficulties with Rashi's interpretation, and explain that a practice that does not have a medicinal purpose refers to one that does not heal at all (Rashba). According to this explanation the painting of a tree is ineffective. If so, it should be forbidden according to Abaye and Rava.

דְּנִיכְחוּשׁ חֵילֵיהּ. אֶלָּא סוֹקְרוֹ בְּסִיקְרָא, אַמַּאי? כִּי הֵיכִי דְּלִיחְזְיוּהּ אֱינָשֵׁי וְלִיבְעֵי רַחֲמֵי עִילָּוֵיהּ.

that the tree's **strength will lessen.** It is possible that the tree shed its fruits prematurely due to excessive blossoming. It taxes the tree to sustain these blossoms, and this may render the tree incapable of sustaining the fruits that subsequently grow from the blossoms. Stones were used to weaken the tree during blossoming, thereby reducing the number of blossoms that it needed to nourish. **But** with regard to **painting it with red paint, for what** benefit is it performed that makes it permitted despite the fact that this was the practice of the Amorites? The Gemara explains: One does so **in order that people will see** the tree **and pray for it.**

כִּדְתַנְיָא: "וְטָמֵא טָמֵא יִקְרָא" – צָרִיךְ לְהוֹדִיעַ לָרַבִּים, וְרַבִּים מְבַקְּשִׁים עָלָיו רַחֲמִים. וְכֵן מִי שֶׁאֵירַע בּוֹ דָּבָר – צָרִיךְ לְהוֹדִיעַ לָרַבִּים, וְרַבִּים מְבַקְּשִׁים עָלָיו רַחֲמִים.

As it is taught in a *baraita*: It is derived from the verse: **"And he will cry: Impure, impure"** (Leviticus 13:45), that a leper must publicize the fact that he is ritually impure. **He must announce** his pain **to the masses, and the masses will pray for mercy on his behalf. And likewise, one to whom** any unfortunate **matter happens must announce** it **to the masses, and** then **the masses will pray for mercy on his behalf.**

אֲמַר רָבִינָא: כְּמַאן תָּלֵינַן כּוּבְסָא בְּדִיקְלָא, כְּמַאן – כִּי הַאי תַּנָּא.

Ravina said: In accordance with whose opinion **do we hang bunches of** unripe **dates on a palm tree** that casts off its dates, despite the fact that this is the practice of the Amorites? It is **in accordance with** the opinion of **this** ***tanna*** of the *baraita* just cited, who states that one must announce such occurrences to the masses so that they will pray for mercy.

הדרן עלך בהמה המקשה

Summary of **Perek IV**

This chapter dealt with one main topic, the *halakha* of an animal fetus found inside its slaughtered mother's womb. This scenario generally occurs when the mother encounters difficulty giving birth. Due to the danger to the animal's life, its owner might decide to slaughter it so that it will be permitted for consumption.

The assumption is that the act of slaughter is effective with regard to the entire animal, including everything inside it. Therefore, just as all its limbs may be eaten, so too, the fetus is considered part of it for the purposes of this *halakha* and may likewise be consumed without its own slaughter. This concept that a fetus is part of its mother's body has ramifications for other issues as well, as the prohibitions that apply to animals, e.g., forbidden fats and the sciatic nerve, do not apply to a fetus. The halakhic conclusion is that slaughter renders permitted even a fetus whose term of gestation is complete, a so-called nine-month-old in the terminology of the Gemara. As long as it is not yet born it is considered part of its mother's body. Consequently, by Torah law, a live offspring removed from the womb of its slaughtered mother, a *ben pekua*, does not require slaughter, even if it develops into a fully grown animal. Nevertheless, the Sages required that every offspring that stood upon its legs be slaughtered, due to the possibility of errors.

By contrast, if the mother of a fetus was not slaughtered before the fetus was born and the fetus did not complete its term of gestation, it cannot be rendered permitted through slaughter. If it had a full term of gestation it can be slaughtered, which means that it can be rendered permitted by the cutting of its own gullet and windpipe or those of its mother.

The necessity of slaughtering an animal that encounters difficulty giving birth generally arises after the labor has begun. If the head or most of the body of the fetus emerged before the slaughter, it can no longer be rendered permitted by the slaughter. But in general it is the foreleg, not the head, of the fetus that emerges first. The slaughter of the mother is ineffective with regard to the foreleg in this case, even if the fetus withdrew it back into the womb, as it has already left the mother's body. This *halakha* is based on the principle that meat that has left its appropriate domain, i.e., the area in which it is permitted, is permanently prohibited, as derived from the verse: "And you shall not eat any flesh that is torn of animals in the field" (Exodus 22:30).

This discussion concerning a limb that was extended by a fetus from the womb is relevant not only with regard to the prohibition against consuming a limb from a living animal, but also with regard to whether or not the animal has the status of being ritually impure with the impurity of an animal carcass. Since this limb is not permitted by the slaughter of the mother, contact with it might impart impurity to the flesh of the fetus and the mother. The *halakha* is that in this regard the extended foreleg is not considered a limb from a living animal, but a *tereifa*. In other words,

although the mother's slaughter does not render it permitted for consumption, it does serve to prevent it from having the impurity of a carcass. From this perspective, the discussions in this chapter were a continuation of both the *halakhot* of slaughter enumerated in Chapter One and the issue of *tereifot* examined in Chapter Three.

These two issues, the *halakha* of a fetus whose mother was slaughtered, and the status of a limb extended by a fetus from the womb, formed the main topics of this chapter. In addition, other similar matters were discussed, such as the *halakha* of a dead fetus in its mother's womb. If the mother was slaughtered, this fetus is permitted for consumption, but if it was not slaughtered, one might think that the fetus should impart impurity as an animal carcass. In this case the *halakha* of incorporated impurity comes into effect: An impure item found within a living creature does not impart impurity.

Others topics addressed in this chapter included the case of internal organs that were cut in an animal's lifetime and are not permitted by its slaughter, and various *halakhot* concerning a placenta, found inside or outside of the womb, without a fetus attached to it. The guiding principle in these cases is that a placenta is an indication of a fetus, and therefore it can be assumed that it contains remnants of that offspring. Consequently, it is treated as an offspring, both with regard to impurity as well as with regard to having the status of a firstborn or sacrificial animal.

This chapter also completed the discussions in Chapter Three with regard to a *tereifa*. The case addressed here was that of an animal whose legs were severed, specifically with regard to the status of the convergence of sinews in the thigh. The well-known principle with regard to *tereifot*, that their *halakhot* cannot be derived by logic but by a detailed knowledge of animal anatomy, was once again demonstrated in this chapter. An injury in an apparently vital place on the animal's body might not be fatal, while an injury in an apparently less vital place may be. As the Gemara states: If it is severed here it will live; if it is severed there it will die.

These were the main topics dealt with in this chapter. Incidental to these matters the Gemara discussed several fundamental issues involving the prohibition against consuming a limb from a living animal and the *halakhot* of impurity and purity.

Image **Credits**

My Notes